D1245834

Biographie

Jacques Duval

De Gilbert Bécaud
à Enzo Ferrari

*AUTO*biographie

Jacques Duval

De Gilbert Bécaud à Enzo Ferrari

QUÉBEC AMÉRIQUE

Catalogage avant publication de Bibliothèque et Archives nationa-
les du Québec et Bibliothèque et Archives Canada

Duval, Jacques
Jacques Duval
(Biographie)

ISBN 978-2-7644-0586-4

1. Duval, Jacques 2. Journalistes automobiles - Québec (Province)
- Biographies. I. Titre. II. Collection: Biographie (Éditions Québec
Amérique).

PN4913.D88A3 2007   070.4'496292092   C2007-941554-7

Conseil des Arts   Canada Council
du Canada   for the Arts

Nous reconnaissons l'aide financière du gouvernement du Canada par
l'entremise du Programme d'aide au développement de l'industrie de
l'édition (PADIÉ) pour nos activités d'édition.

Gouvernement du Québec – Programme de crédit d'impôt pour
l'édition de livres – Gestion SODEC.

Les Éditions Québec Amérique bénéficient du programme de subvention
globale du Conseil des Arts du Canada. Elles tiennent également à
remercier la SODEC pour son appui financier.

Québec Amérique
329, rue de la Commune Ouest, 3ᵉ étage
Montréal (Québec) Canada H2Y 2E1
Tél. : 514 499-3000, télécopieur : 514 499-3010

Dépôt légal : 4ᵉ trimestre 2007
Bibliothèque nationale du Québec
Bibliothèque nationale du Canada

Mise en pages : André Vallée – Atelier typo Jane
Révision linguistique : Annie Pronovost et Diane-Monique Daviau
Conception graphique : Louis Beaudoin

Tous droits de traduction, de reproduction et d'adaptation réservés

©2007 Éditions Québec Amérique inc.
www.quebec-amerique.com

Imprimé au Canada

À ma fille Brigitte, sans laquelle ce livre n'aurait sans doute jamais existé. Et à mes fils François et Pierre, pour qu'ils comprennent, sans nécessairement me les pardonner, mes trop nombreuses absences. Avec une tendre pensée aussi pour ma très chère et inoubliable Monique, sans oublier celle que la chance a mise sur mon chemin, Suzanne.

« Ce que tu as de jeune demeure ou périt,
mais ne vieillit jamais. »

Jacques Duval[1]
(*Afin de vivre bel et bien,*
Éditions Albin Michel)

---

1. Ce Jacques Duval est, bien sûr, un homonyme, dont l'existence et la citation
ont été portées à mon attention par Alain Stanké.

NOTE

C'est ma fille Brigitte qui est à l'origine de ce livre. Comme la grande majorité des personnes de son âge, elle ne connaît de son père que les quelque 40 années consacrées au journalisme automobile, que ce soit dans *Le Guide de l'auto* (pour lequel elle a travaillé pendant deux ans), ou par l'intermédiaire des journaux, de la télévision et de la radio. Que Jacques Duval ait côtoyé Gilbert Bécaud ou Yves Montand, qu'il ait été voyant, *disc-jockey* ou coureur automobile, elle n'en sait à peu près rien. Je savais que beaucoup de mes lecteurs ou téléspectateurs étaient dans la même situation; la requête de ma fille tombait donc à pic.

Brigitte sait qui je suis, mais elle ignore ce que j'ai été et c'est pour en apprendre davantage qu'elle m'a poussé à rédiger cette autobiographie. «De cette façon, je pourrai mieux te raconter à mes enfants», m'a-t-elle dit. J'avoue que cette remarque m'a beaucoup secoué et qu'elle m'a fait prendre conscience que j'avais plus de kilomètres derrière moi que devant. On a beau dire qu'en écrivant sa biographie, on revit de beaux souvenirs… Je suis plutôt d'avis que l'on meurt un peu.

C'est comme si, une fois que tout a été dit, il ne restait plus qu'à tirer sa révérence, en douce. Mais bon, soyons plus optimiste et voyons un peu ce que j'ai fait de bon, de mauvais et de discutable pendant les 73 premières années de ma vie.

REMERCIEMENTS

Cette carrière mouvementée qui fut la mienne n'aurait pas pu être ce qu'elle a été sans l'aide indicible de quelques personnes ayant joué un rôle déterminant dans les différentes étapes de mon cheminement. Je dois d'abord une grande reconnaissance à l'auteur, journaliste et éditeur Alain Stanké, qui m'a littéralement tenu par la main au début de ma carrière en me donnant le goût de l'écriture et les outils pour en faire un métier. C'est encore lui qui m'a aidé à mettre au monde cette institution qu'est devenu *Le Guide de l'auto*.

Je voudrais aussi témoigner de l'aide inestimable de M. Robert L'Herbier, qui m'a donné ma première chance à la télévision en m'offrant sur un plateau d'argent l'animation de plusieurs séries d'émissions axées sur la promotion du disque canadien à l'antenne de Télé-Métropole.

Merci également à feu Jack Tietolman, pour avoir cru en moi en me prêtant pendant plusieurs années les ondes de CKVL. Le regretté Paul-Marcel Raymond, alors directeur des émissions sportives à la télé de Radio-Canada, m'a aussi donné un sérieux coup de pouce en acceptant le projet de *Prenez le volant*.

La confection de cette AUTObiographie n'aurait pas pu se faire sans la contribution de quelques personnes m'ayant aidé à reconstituer des épisodes de ma vie. Parmi elles, je veux exprimer ma gratitude à Berthe Blanchet, ma première épouse, pour sa mémoire phénoménale et, surtout, pour avoir patiemment colligé les nombreux articles que j'ai signés à mes débuts dans le métier et ceux qui me furent consacrés.

Finalement et sans ordre de préférence, merci à Murielle Guay (ma première blonde), à ma tante Jeanne d'Arc Gauvin-Duval, à mon mécano Werner Finkbeiner, aux docteurs Fernand Labrie et Leonello Cusan, à mon éditrice Anne-Marie Villeneuve, à mes camarades de voyance Pierre Fournier (aujourd'hui dans le secret des dieux) et José Ledoux, aux journalistes Pierre Luc et Jean D. Legault, à Caroline Desrosiers, Richard Petit, Mario Petit, Jacqueline Vézina et à tous ceux et celles que j'aurais eu la maladresse d'oublier.

Finalement, un merci très spécial à ma conjointe Suzanne Charest, pour avoir toléré mon humeur changeante, mes questionnements et mes longues périodes de réclusion devant mon ordinateur, tout en se prêtant au rôle difficile de la première lectrice.

TABLE DES MATIÈRES

PREMIÈRE PARTIE

LA RADIO DANS LE SANG

PROLOGUE

QUI SUIS-JE VRAIMENT ?

Je ne suis pas mort !

Pourtant, ce n'est pas faute d'avoir pris des risques. C'est même presque un euphémisme de dire que j'ai vécu dangereusement : 18 ans de course automobile, un cimetière du disque dont les victimes souhaitaient m'expédier dans l'autre monde, une campagne journalistique musclée contre la pègre, de virulentes critiques de l'industrie automobile, des journées de 15 heures, 7 jours par semaine, plus de 2 000 essais de voitures à tombeau ouvert et j'en oublie sans doute. Je fais même partie des survivants du cancer. Avouez-le, plusieurs ne sont plus parmi nous pour bien moins que ça. Sans doute ai-je été chanceux de flirter toute ma vie avec le danger et de m'en être tiré à si bon compte, au grand désespoir de mes ennemis.

Cela dit, je pratique ce métier depuis 57 ans.

Mais de quel métier s'agit-il au juste puisque, pour bien des gens, je suis un journaliste automobile et rien d'autre ? Duval, le gars des chars : voilà comment on me surnomme fort souvent. L'image me colle à la peau. Pourtant, cet indissociable lien avec l'automobile ne reflète qu'une partie de ce que je suis. Mon passé est immensément plus éclectique qu'on le croit généralement. Laissez-moi vous en faire la preuve dans les pages qui suivent.

S'il m'arrive de me sentir usé, exténué, écrasé par le travail, je n'ai qu'à jeter un coup d'œil derrière moi pour avoir une idée assez précise des excès qui sont à l'origine de ces malaises occasionnels. Toutefois, je n'ai pas entrepris la rédaction de cette autobiographie pour vous parler de mes petits bobos, mais plutôt de cette vie débridée qui fut la mienne durant mes 7 premières décennies (ça fait moins vieux que 70 ans!) en ce bas monde. Mon chemin a croisé un si grand nombre d'avenues que j'ai du mal à savoir par où commencer : apothicaire, annonceur à la radio, *disc-jockey*, maître de cérémonie dans les cabarets, artiste de variétés (voyant), coureur automobile, journaliste, chroniqueur automobile, commentateur sportif à la télé et j'en oublie sans doute. Comme j'ai commencé ma carrière à la radio alors que je n'avais que 16 ans, point n'est besoin de faire de savants calculs pour se rendre compte que je m'esquinte au boulot depuis plus d'un demi-siècle, ce qui me vaut de ne plus avoir à payer ma cotisation annuelle à l'Union des artistes, dont je suis désormais un doyen, ce qui est loin de me ravir.

À vrai dire, j'ai fait tellement de choses depuis mon arrivée sur cette planète que j'ai souvent l'impression d'avoir vécu deux fois ou que c'est une autre personne qui a accompli certaines tâches à ma place. En réalité, cette mauvaise notion du temps vient sans doute du fait que j'ai toujours mis les bouchées doubles en faisant deux, sinon trois ou quatre choses à la fois. Du plus loin que je me souvienne, je n'ai jamais travaillé moins de 12 à 15 heures par jour, poussé par une passion qui, encore aujourd'hui, est toujours assez vive pour m'empêcher de ralentir, que ce soit dans mes activités quotidiennes ou encore au volant d'une voiture, au grand dam de mon avocat qui ne sait plus quel argument invoquer pour m'éviter de perdre mon permis de conduire. Je n'ai même pas encore raccroché mon casque de pilote ; il y a trois ans, j'ai participé, à titre d'invité spécial, à la course Honda-Michelin présentée en lever de rideau lors de la tenue du Grand Prix du Canada 2004 à l'île Notre-Dame. Parti 17e, j'ai réussi à remonter jusqu'à la 9e position, et ce, malgré les tentatives d'intimidation de deux participants sur la ligne droite précédant la ligne d'arrivée. À 160 km/h, j'ai été littéralement pris en étau entre deux voitures qui se collaient à mes portières, au point de faire voler en éclats mes deux rétroviseurs extérieurs. Je n'ai pas levé le pied pour autant et mes deux jeunes agresseurs ont terminé 10e et 11e, assez frustrés de ne pas avoir réussi leur «tasse-toi mon oncle». Cette course, en apparence banale, a été pour moi une véritable cure de jouvence, dans la mesure où je me suis mêlé à une bande de jeunes dans la vingtaine et que j'ai réussi à en laisser une dizaine derrière moi.

Ma folie ne s'arrête pas là puisque j'ai aussi repris récemment le volant d'une Porsche 911 en compagnie de mon fils François dans des épreuves consacrées aux voitures anciennes. «Un fou dans une Porsche», comme l'avait si bien dit mon ami Jean-Pierre Coallier il y a fort longtemps. À moins que ce ne soit René Homier-Roy qui ait eu raison lorsque, plus récemment, il me demandait si je n'étais pas «un peu hors d'âge» pour me livrer à de telles incartades.

CHAPITRE I

MA FAMILLE

Ma mère était radine et mon père, agent d'assurances. Elle était radine à un point tel qu'elle aurait, si la chose eut été possible, lavé les vieux papiers-mouchoirs qu'elle gardait chiffonnés sous sa robe près d'une poitrine inexistante. Elle n'était pas pauvre, loin de là, mais simplement très près de ses sous, une sorte de malédiction qui semblait courir dans la famille et que la grande dépression de 1929 avait exacerbée. Mon père, lui, arpentait les rues de Lévis, où nous habitions, pour aller chercher chez les démunis les 25 ou 50 cents par semaine qui représentaient leur prime d'une assurance vie devant permettre à leurs « héritiers » de les faire inhumer dignement sans s'endetter. Son boulot terminé, mon paternel s'enfilait de généreuses rasades de gros gin et disparaissait de ma vie comme s'il n'avait jamais existé. Pas étonnant que le côté familial de mon enfance, et principalement ma relation avec mon père, soit recouvert d'un grand voile blanc dont je ne réussis pas à trouver ce qu'il cache. Il y a bien certains évènements qui refont surface à l'occasion, mais ce ne sont que des flashs qui s'éteignent aussi rapidement qu'ils sont apparus.

Je me souviens par exemple d'une excursion de pêche à l'achigan sur les rochers à Saint-Jean-Port-Joli, où nous passions beaucoup de temps chaque été, dans un chalet situé juste en bas de la célèbre auberge du Faubourg. C'était un endroit magnifique en bordure du fleuve. Mon arrière-grand-père y avait aménagé un petit étang ainsi que quelques bâtiments où il gardait différents animaux. Le jour, les canards, les chevreuils, les lapins et les poules se promenaient en liberté et l'on se serait cru dans un petit jardin zoologique. J'y suis retourné récemment, mais je n'y ai pas retrouvé mes souvenirs de jeunesse. Avec mon père, je me rappelle vaguement aussi que j'avais assisté à une partie de baseball à Boston le jour où l'on annonça la mort du plus grand joueur de tous les temps, Babe Ruth. C'était le 16 août 1948 et je venais d'avoir 14 ans.

FACE DE LUNE

Fils unique, je ne peux même pas consulter un frère ou une sœur pour m'éclairer sur ce vide existentiel. J'ai beau sonder ma mémoire, je ne me souviens pas par exemple d'un seul souper en famille avec mon père et ma mère. Cela m'est si douloureux à certains moments que j'ai l'impression de m'être fait ravir un morceau de vie. Je cherche et je cherche, mais je n'arrive même pas à revivre mes Noël d'enfant. C'est un trou béant qui me désole, me frustre et je n'ai personne à qui m'adresser pour combler cette faille. Je souffre de ce statut de fils unique qui n'a personne à qui se raccrocher. Il m'arrive même de me demander si mon père et ma mère n'étaient pas divorcés, ce qui m'aiderait à élucider l'énigme de cette jeunesse égarée quelque part. Il semble que ce n'était pas le cas, mais comment expliquer par ailleurs que je n'ai pas souvenir de les avoir vus s'embrasser ni même de les avoir vus en présence l'un de l'autre. Voilà un mystère qui me taraude et que je suis incapable de résoudre autrement qu'en supposant que, pour des raisons que j'ignore, ma mémoire a tout effacé, comme si j'avais enfoncé par mégarde la touche «delete» de cet épisode de ma vie.

L'une des dernières survivantes de cette grande famille, ma tante Jeanne d'Arc, m'a confié qu'Omer (mon père) avait le sens de l'humour très aiguisé et qu'il aimait beaucoup raconter des histoires. Pour l'humour, je lui ressemble, mais disons qu'il n'y a pas plus mauvais conteur d'histoires que moi. Chaque fois que j'essaie de faire le drôle, je trébuche, je me trompe et, comme on dit couramment, je «brûle le punch». On dit aussi de mon père qu'il était bel homme et d'une grande gentillesse. Là-dessus, je ne ferai aucun commentaire; plusieurs diront que je n'ai pas hérité de ces deux aspects de sa personnalité. Chose certaine, j'ai eu une adolescence profondément marquée par les quolibets de mes compagnons de jeu, qui m'avaient surnommé «face de lune», parce que j'avais un visage tout rond qui sortait de l'ordinaire ou qui ne correspondait pas à cette majorité que les jeunes considèrent comme l'incontournable critère pour être admis dans leur cercle. En plus, j'avais le visage couvert d'acné, comme c'est souvent le cas à cet âge. Entre vous et moi, je fuyais les miroirs, qui ne servaient qu'à renforcer mes complexes.

Toujours soucieuse d'économiser, ma mère, née Gabrielle Baribeau, était sans doute d'avis que l'habit ne fait pas le moine. Elle avait dégoté dans une braderie une affreuse chemise bleue décorée de bouteilles de Coca-Cola. Ne pouvant résister à l'aubaine, elle en avait acheté trois ou quatre parfaitement identiques, qui donnaient l'impression que je portais constamment les mêmes fringues tout en me valant les commentaires désobligeants de mes camarades. Et pour couronner le tout, je commençai à perdre mes cheveux vers l'âge de 17 ans. J'étais au bord du désespoir et je devins vite la victime parfaite des charlatans de la crinière. Même au début des années 1950, il existait des tas de cliniques qui, sur la base d'arguments hautement scientifiques, prétendaient stopper la chute des cheveux et faire repousser ceux

qui avaient pris la fuite. Comme on dit familièrement, j'étais
« calé », mais je n'étais pas un phénix pour autant. Je confiai mon
sort à l'un de ces sorciers du cuir chevelu, qui fit chuter mes
maigres économies au même rythme que mes cheveux, insen-
sibles à toutes ses pommades ou potions magiques.

Si je n'ai pas souvenance de mon père autrement que par des
images très floues, sa famille me revient plus facilement en
mémoire, ne serait-ce que parce qu'elle comptait 20 enfants nés
de deux mères différentes. La première épouse de mon grand-
père Dominique Duval, Rose-Délima Toussaint, avait eu 8 enfants,
dont mon père Omer. Cette première femme étant décédée assez
jeune, probablement affaiblie par tant de grossesses, Dominique
continua de travailler pour la nation en donnant 12 autres enfants
à Alexina Saint-Pierre, qu'il avait mariée en secondes noces. Je
peux comprendre qu'après avoir vécu au milieu d'une telle progéniture, mon père ait été convaincu que sa pauvre maman et sa
belle-maman avaient suffisamment contribué à hausser le taux
de natalité du Québec en respectant les consignes du curé de la
paroisse de Charny sur l'obligation de recréer plutôt que de se
récréer. Et si cela n'arrive pas à vous convaincre de l'omniprésence
de la religion dans le Québec du début du siècle dernier, sachez
que ces saintes femmes ont enfanté quatre religieuses et deux
prêtres.

Pourtant, à cette époque tordue, et malgré toute cette ferveur
religieuse, on cachait toujours les simples d'esprit. Pendant que
les deux abbés, la congrégation de religieuses et le reste du régiment fêtaient l'arrivée du Nouvel An avec de joyeux « Chantons
en chœur » tirés des albums de *La Bonne Chanson* de l'abbé
Gadbois (qui portaient donc le sceau de notre mère la sainte
Église), l'un des garçons de la famille croupissait dans le hangar
derrière la maison. Tel un indésirable, on lui apportait de la
nourriture et on le visitait à l'occasion, mais il était plus ou moins
exclu de la vie familiale pour ne pas être pointé du doigt comme
le fou du village. Cet oncle, caché comme un criminel ou un

pestiféré, je ne l'ai jamais connu. C'est du bout des lèvres que la famille accepte aujourd'hui de confirmer son existence.

En dépit de cet incident, qui était loin d'être unique au début des années 1900, la famille Duval me plaisait beaucoup, ne serait-ce que par sa bonne humeur et le sens de l'humour de quelques-uns de mes oncles. Certains avaient des prénoms à coucher dehors, comme Hospice (sans blague) et Justinien, tandis que des parents plus lointains devaient supporter des noms aussi inusités que Goudélie ou Cézarie, dont étaient affublées deux tantes qui m'étaient inconnues jusqu'à tout récemment. Les plus drôles de la famille avaient des noms moins risibles : ils s'appelaient Raymond, Paul-Aimé et Roland Duval. Ils sont à présent tous décédés, malheureusement.

NAUFRAGE DANS LE TRIANGLE DES BERMUDES

Le récit que faisait Roland de son naufrage dans le triangle des Bermudes était une pièce d'anthologie que tout humoriste aurait aimé avoir à son répertoire. Le simple fait de pouvoir transformer une quasi-tragédie en un numéro comique tient d'ailleurs de l'exploit. C'était durant l'hiver de 1966 et ce cher oncle naviguait en compagnie de son frère, le capitaine Raymond Duval qui, en plus d'avoir inauguré la navigation hivernale sur le Saint-Laurent, était un petit armateur de belle renommée. Il était notamment propriétaire d'un bateau de transport (marchandise et passagers) d'envergure moyenne appelé le *Charny*. Au début de sa carrière, mon oncle Raymond avait longtemps fait le bonheur de riches Américains qui, pour aller chasser sur l'île d'Anticosti à partir de Québec, affrétaient le bateau dont il était capitaine, le *Fleurus*, afin de s'adonner à leur passe-temps préféré dans une ambiance de grand luxe. Il devint plus tard propriétaire du *Charny*, mais son nouveau navire connut toutefois une triste fin lorsqu'il fut victime d'une tempête (ou seraient-ce les mauvais esprits ?) en pleine nuit au cœur du désormais célèbre triangle des Bermudes.

Voici ce dont je me souviens d'un épisode de ce naufrage, sans doute beaucoup mieux raconté par mon oncle Roland, à qui je demanderais une certaine indulgence s'il était encore parmi nous.

« On essayait de rester à flot dans nos canots de sauvetage au beau milieu d'un océan déchaîné. On avait réussi à transborder quelques caisses de victuailles dans la chaloupe afin de survivre au cataclysme. Mon frère Raymond était à l'avant et moi à l'arrière quand une vague haute comme le château Frontenac nous est arrivée en pleine face. Sous le choc, une caisse a basculé dans la mer et Raymond m'a lancé un véritable cri de désespoir : « Crépisse (c'était son patois), Roland, essaye de pogner c'te maudite caisse-là, sans ça on n'est pas mieux que morts. » Je me suis étiré et en me penchant au risque de tomber à l'eau, j'ai réussi à ramener à bord cette précieuse cargaison qui pesait une tonne.

— Et qu'est-ce qu'il y avait de si précieux dans cette caisse, mon cher oncle ? lui demandai-je.

— C'était notre dernière caisse de cognac, vacarme ! (c'était le patois de mon oncle Roland) »

Voilà la preuve indubitable que l'humour fait toujours surface dans la famille Duval… à moins que ce ne soit une soif insatiable pour une bonne rasade de cognac.

Ce même oncle a aussi meublé mes souvenirs par de savoureuses anecdotes du temps où il officiait comme maître d'hôtel à Spencer Wood – ancien nom de la résidence officielle du lieutenant-gouverneur.

De Churchill à MacKenzie King, il les a tous connus dans leurs bons et leurs mauvais jours. J'avais prévu recueillir les propos de mon oncle sur les petits secrets des grands de ce monde desquels il aurait eu vent pendant son séjour à la résidence du lieutenant-gouverneur. J'ai malheureusement trop attendu et il est parti en emportant ses précieux souvenirs. C'est une situation qui se produit trop souvent avec les gens âgés qui nous quittent sans léguer leurs connaissances, leur expérience, leur savoir-faire

et, bien entendu, leurs souvenances. Ma propre mémoire cependant me rappelle un plantureux repas à Spencer Wood, où je
m'étais régalé d'amourettes d'agneau, un plat que je n'ai jamais
remangé depuis. S'il m'a marqué à ce point en si bas âge, c'est
sans doute que j'avais déjà un penchant pour la haute cuisine…
ou que ma mère n'était pas très habile aux fourneaux.

PENSIONNAT OU PRISON ?

Pour que ce récit ressemble à une autobiographie, je me dois de
vous dire tout de suite que je suis né à Lévis, rue Saint-Georges,
au premier jour de l'été de 1934 ou, plus religieusement, que
mon patron est un certain saint Louis de Gonzague, que j'allais
apprendre à détester très tôt dans ma vie. La raison en est que j'ai
fait mes études primaires au pensionnat Saint-Louis-de-Gonzague
de Québec, en humant durant la récréation l'innommable odeur
de houblon (de la brasserie Dow ou Boswell à proximité) mélangée
à celle des carcasses d'animaux morts dont la graisse servait à la
fabrication d'un savon appelé Barsalou (si ma mémoire m'est
fidèle, ce qui n'est pas garanti). Toujours est-il que ça sentait la
pourriture à plein nez et que personne à l'époque n'aurait songé
à monter aux barricades pour empêcher une centaine d'enfants
de vivre dans une atmosphère aussi irrespirable. Même les bonnes
sœurs de la Charité, qui étaient nos enseignantes, n'y pouvaient
rien.

Nonobstant ce qui précède, je me souviens d'avoir fait une
terrible crise de larmes et d'avoir voulu me sauver quand mes
parents, à la fin de l'été de 1942, m'ont déposé à l'accueil du pensionnat aux bons soins d'une religieuse qui prétendait en avoir
vu d'autres. Il reste qu'il n'est pas facile à huit ans d'être séparé de
son père et de sa mère pour aller vivre une année scolaire loin de
ses repères. Comme la plupart des mères de l'époque, la mienne
ne travaillait pas, mais elle avait une vie sociale très active dominée
par ses parties de bridge, un jeu dont elle était une championne
régionale. Elle avait même décroché le trophée Mercure lors d'un

tournoi disputé chez les Chevaliers de Colomb de Lévis. Ce séjour chez les sœurs fut pour moi, on le devine, très pénible : la nourriture y était tellement immangeable que celle des hôpitaux semblait sortir d'un restaurant cinq étoiles à côté de la nôtre. Le pire jour était le mercredi, où l'on nous servait du foie de veau que nous avions rebaptisé « du dur » tellement cette viande infecte était capable de résister aux couteaux les mieux aiguisés.

Ce genre de pensionnat serait aujourd'hui considéré comme une prison, compte tenu que nous n'en sortions qu'à l'occasion des fêtes de fin d'année et à Pâques, non sans avoir fait la tournée des églises le Vendredi saint. Le seul jour de visite était le jeudi et nous attendions tous impatiemment d'être demandés au parloir. Seule ma mère venait me voir régulièrement et elle m'apportait tantôt une orange, tantôt une tablette de chocolat, ce qui en temps de guerre était de véritables gâteries.

Mon échappatoire fut alors de devenir le gardien de but de l'équipe de hockey du pensionnat, ce qui me valut un championnat en fin d'année. Inutile de vous dire que Jacques Plante n'avait pas encore inventé le masque. La rondelle que je reçus en plein front laissa sa marque, une cicatrice que je porte encore sur le sourcil gauche.

Après deux ans de ce régime, je fis un bref séjour au collège de Lévis, pour ensuite terminer (ou presque) mes études à l'école Saint-François-Xavier sous la tutelle des frères maristes, dont l'un que nous appelions « le pif » en raison de son appendice nasal proéminent.

L'ÉTRANGE POUDRE BLANCHE

Je suppose que la mention de mon travail d'apothicaire dans le prologue a probablement piqué votre curiosité. Permettez-moi de faire la lumière sur ce qui fut, je pense, mon premier vrai petit boulot. Il est certain que j'usurpe le titre d'apothicaire et que je n'étais peut-être, sans le savoir, qu'un simple fabriquant de placebos. J'entretiens encore des doutes au sujet de cette poudre blanche que j'insérais dans des gélules pour les mettre ensuite dans des petites boîtes vertes portant le nom de ce « médicament » contre les douleurs rhumatismales et le lumbago : il s'appelait Sédalgine. Cela se passait au quatrième étage (le grenier, en fait) de notre grande maison de la rue Saint-Joseph à Bienville, où nous vivions, depuis la mort de mon grand-père, avec ma grand-mère maternelle qui entretenait ce petit commerce de vente par la poste de divers médicaments. Pour moi, cette étrange poudre blanche contenue dans de gros barils ressemblait un peu beaucoup à de la farine. J'emballais aussi pour ma chère grand-mère des comprimés pour le mal de tête, vendus dans de petits tubes en verre clair sous le nom de Lexel. Cette première carrière (j'avais alors une dizaine d'années) fut de très courte durée et je la relate seulement pour montrer le laxisme qui existait durant les années 1940 au Québec. En effet, vendre ainsi des médicaments maison par la poste serait aujourd'hui considéré comme un crime grave.

La Seconde Guerre mondiale venait tout juste de se terminer et les seuls souvenirs que j'en ai sont que mes parents utilisaient des « coupons de rationnement » remis aux familles par le gouvernement pour faire leurs achats chez l'épicier. On voulait ainsi limiter les abus afin de garder suffisamment de provisions pour les forces armées. Pendant la guerre, il y avait aussi, occasionnellement, le soir, ces fameux *black-out* qui vous obligeaient, au son d'une sirène tout à fait lugubre, à éteindre toute source de lumière dans la maison. Malgré tout le sérieux de ces opérations, elles me laissaient complètement impassible.

Après les petites pilules, je me suis recyclé dans le métier d'emballeur d'huile antimoustiques, un produit nommé Sportex que distribuait l'un de mes oncles, Adrien – ce qui démontre assez clairement que les Baribeau (nom de la famille de ma mère) avaient le sens du commerce très développé.

J'avais alors tout au plus 14 ans et je travaillais l'été dans un hangar minable, sans fenêtre, situé à proximité d'un endroit réservé aux poubelles. Par 30 degrés Celsius, ce n'était pas précisément des vacances de rêve. Mais à 2 ou 3 $ par jour, c'était le pactole qui venait s'ajouter aux 25 cents hebdomadaires que me donnait mon père pour mes petites dépenses. Notez qu'à l'époque, une tablette de chocolat coûtait 5 cents, le journal du matin ou un litre d'essence 3 cents. Une auto neuve s'achetait pour environ 600 $. En revanche, le salaire annuel moyen se chiffrait à 1 600 $. Mon travail précis consistait à prendre de gros contenants de cinq gallons d'« huile à mouche » (comme le disait mon oncle Adrien) et à en remplir de petites bouteilles au moyen d'une pipette en caoutchouc. Et comment croyez-vous que je devais m'y prendre pour enclencher le processus ? Oui, exactement comme pour siphonner de l'essence. Pas très appétissant ! Par la suite, je plaçais les bouteilles en rangées avant de visser les bouchons et d'appliquer les étiquettes, préalablement enduites de colle par votre serviteur.

Cet oncle Adrien, incidemment, fut une sorte de père adoptif pour moi, au moment où lui et son épouse Yvonne tentaient désespérément d'avoir un enfant, rêve qui se réalisa assez tard dans leur vie avec la naissance de leur fils Marc. Commis voyageur (c'était le terme en usage à l'époque) pour les produits Baribeau, il m'emmenait régulièrement dans ses déplacements partout au Québec, de la Mauricie à la Gaspésie. Comme tous les gens de sa profession, il était très drôle et me faisait beaucoup rire avec ses mots d'esprit.

Un jour en fin d'après-midi, il s'arrête devant une buvette d'une obscure campagne et demande au type à la porte à quelle heure commençait le combat de boxe, en faisant allusion aux inévitables batailles qui éclataient régulièrement dans ces endroits après que les clients avaient de loin dépassé le 0.08. Le revers de la médaille est que l'oncle Adrien aurait gagné n'importe quel tournoi de bons buveurs et qu'il lui arrivait souvent de s'évader pendant plusieurs jours dans les vapeurs de l'alcool ou, si vous aimez mieux, de « partir sur la brosse », selon une expression de moins en moins usitée de nos jours.

JOUER À FAIRE DE LA RADIO

Rien de mes petits boulots d'étudiant ne me prédestinait à mon premier vrai métier, celui d'« annonceur de radio », comme on disait autrefois. Épris de chansons françaises, amoureux des mots, premier de classe en rédaction et doué d'une voix que tout le monde disait belle, mon grand rêve était de faire profession-nellement ce que je faisais pour m'amuser pendant mon enfance : de la radio. J'avais en effet reçu en cadeau d'un autre de mes oncles un appareil de type *walkie-talkie*, sauf qu'à l'époque, cet instrument de communication n'avait pas encore connu l'ère de la miniaturisation. Il s'agissait donc de deux émetteurs-récepteurs ayant la forme d'une boîte de papiers-mouchoirs. J'en avais dis-simulé un derrière l'appareil de radio – il en trônait alors un dans chaque cuisine du Québec –, alors que l'autre était dans ma chambre à l'étage supérieur, à côté de mon tourne-disque. C'est de là que je jouais à faire de la radio, pour la plus grande fierté de ma mère. Ma chambre était devenue un studio de radio.

J'attendais que des voisins ou des amis arrivent à la maison et s'installent dans ce lieu de ralliement qu'était la cuisine pour commencer mon petit subterfuge. J'appuyais sur le bouton pour que le haut-parleur situé derrière la radio transmette mes propos et je commençais par un bulletin de nouvelles en lisant simple-ment l'actualité publiée le jour même dans *Le Soleil* ou dans *L'Action catholique*, les deux grands quotidiens francophones de la vieille capitale vers la fin des années 1940 (l'autre, le *Chronicle Telegraph*, était en langue anglaise). J'arrivais même à prononcer correctement les noms qui défrayaient l'actualité internationale en ce temps-là : Conrad Adenauer, Andreï Gromyko, Dwight Eisenhower, etc. J'enchaînais quelques minutes plus tard avec la présentation d'une chanson que je faisais jouer sur mon tourne-disque. On n'y voyait que du feu ! Trois fois sur quatre, les visi-teurs demandaient à ma mère quel poste elle écoutait, car il leur semblait ne jamais avoir entendu la voix de cet annonceur. Et trois fois sur quatre, ma mère était folle de bonheur d'annoncer que c'était son fils qui les avait fait tomber dans le panneau.

Lentement mais sûrement, mon avenir se dessinait et je me disais que j'avais peut-être le talent nécessaire pour que mon jeu devienne un métier. Il faut se rappeler que, pendant ces années, la radio occupait dans notre vie la même place que la télévision aujourd'hui. J'étais constamment suspendu au gros appareil RCA Victor qui trônait dans le salon, où j'écoutais chaque soir à 18 heures ce fameux radioroman pour adolescents relatant les aventures d'Yvan l'intrépide sur les ondes de CBV à Québec. J'aimais tellement cette émission que je m'étais procuré la musique qui lui servait d'indicatif : *La Cavalerie légère* de Franz von Suppé.

Si la radio me captivait, le cinéma occupait quant à lui une bonne partie de mes loisirs. Je fréquentais surtout une salle appelée Cinéma Canada, à Lévis, jusqu'à ce que je prenne connaissance d'un concours organisé par le poste CKCV dans le cadre d'une émission de bavardage hollywoodien animé par un étrange personnage du nom de Christo Christy. Il suffisait d'envoyer son nom et son adresse pour gagner des billets gratuits pour les cinémas de Québec, le Rialto ou le Cambrai, où j'allais souvent admirer les stars du temps, Burt Lancaster, Humphrey Bogart, Robert Mitchum, Gregory Peck, Errol Flynn ou Montgomery Clift. À mon arrivée à CKCV quelques années plus tard, je retrouvai mon fournisseur de billets de cinéma, une sorte de Monsieur Net maniéré, vaniteux et éternellement bronzé, tout vêtu de blanc. Il tenta sans succès de me séduire en m'invitant chez lui ou au restaurant, mais je ne me présentais jamais à ses rendez-vous.

Comme je l'ai écrit plus haut, j'habitais alors chez ma grand-mère à Bienville, une petite localité coincée entre Lauzon et Lévis, où je suis né, après Robert L'Herbier mais bien avant la tristement célèbre Marie-Andrée Leclerc, cette pauvre fille tombée amoureuse d'un tueur en série surnommé «le serpent» (de son vrai nom Charles Sobhraj) et accusée de complicité dans plusieurs meurtres crapuleux.

PREMIÈRES AMOURS

Je venais d'entrer dans l'adolescence quand ma vie amoureuse prit son envol. Ma première vraie blonde s'appelait Louisette; c'était une jeune fille de bonne famille et plutôt cultivée, autant que l'on peut l'être à 14 ans. Elle étudiait le piano classique et j'avais l'impression de fréquenter une future concertiste lorsqu'elle me jouait l'incontournable *Für Elise*. Notre romance fut platonique et ne dépassa jamais le respectueux baiser sur la joue et la main dans la main. On se voyait presque tous les soirs dans la rue Saint-Joseph à Bienville, sans rendez-vous, en feignant tous deux d'être là par hasard, mais en sachant très bien que la petite marche de santé n'était qu'un prétexte à cette rencontre providentielle. C'était la parfaite amourette d'adolescents sans conséquence et dont la réserve ressemblait à un sacerdoce par rapport au laisser-aller d'aujourd'hui. Louisette disparut de ma vie après quelques mois pour y faire une brève réapparition une dizaine d'années plus tard, à Montréal. Nous nous revîmes un soir pour faire le point sur nos vies respectives, rien de plus. La pianiste étoile de ma jeunesse alla ensuite se ranger dans un coin peu fréquenté de ma mémoire affective.

Je devais avoir 15 ans, peut-être moins, lorsque je m'inscrivis à une session d'études estivales à l'Université Laval de Québec. J'avais vu dans le journal une annonce invitant les jeunes envisageant une carrière à la radio à s'inscrire à des cours d'été portant sur les divers aspects de la carrière radiophonique. Pierre Boucher, un comédien bien connu qui fut plus tard président de l'Union des artistes, y enseignait les sciences sociales; Gérard Lamarche, de Radio-Canada, la réalisation; et Roland Lelièvre (le père du regretté Sylvain), les diverses fonctions du travail d'annonceur. Je dois dire que j'y ai beaucoup appris, surtout de Roland Lelièvre, qui était alors la voix la plus professionnelle de CBV, l'antenne québécoise de Radio-Canada. Il m'avait fasciné par sa façon de lire un message publicitaire, d'improviser, de décrire un évènement, d'animer une émission de musique ou de lire un bulletin d'informations. « Pour bien faire ressortir l'importance d'une nouvelle, il faut l'épingler sur un grand tableau comme s'il s'agissait d'une manchette de journal », disait-il. Il m'a beaucoup appris du métier que j'allais pratiquer pendant les 20 premières années de ma vie professionnelle.

Si j'avais bien assimilé toutes les facettes de la carrière radiophonique lors de ce stage à l'Université Laval, je fus beaucoup moins réceptif à l'apprentissage de la langue anglaise. Ma mère, qui comme tant d'autres avait beaucoup souffert du krach boursier de 1929 en raison des pertes importantes subies par son père, aurait souhaité que je devienne gérant de banque, métier pour lequel j'avais autant d'attirance que pour celui de dompteur de lions. Sans doute à cause du contexte économique de l'époque, elle considérait, comme plusieurs, que la connaissance de l'anglais était une condition *sine qua non* de la réussite et d'un avenir ensoleillé avec trois portes de garage et un « sous-sol fini ».

Sa première démarche pour que je devienne le fils bilingue qui aurait pu s'immiscer dans la riche bourgeoisie anglophone du Québec d'alors fut de m'expédier dans une colonie de vacances au lac Tékakwitha, près de Lewiston dans le Maine. Jeune adolescent boutonneux, introverti et allergique aux regroupements, j'avais pris le chemin des États-Unis avec la bonne humeur d'un condamné à mort. Or, la revanche fut douce au cœur du petit Québécois qui savourait davantage l'argot parisien (appris par la chanson française) que les rudiments de la langue de John Wayne. Comme le camp de vacances était bourré de Québécois comme moi venus y apprendre l'anglais, on imagine facilement avec qui je passai mes trois semaines d'internat dans les cabanes en bois rond du Maine ! Résultat : au retour de ce périple, je connaissais aussi bien l'anglais que l'astronomie.

Pour montrer qu'il ne m'en tenait pas rigueur, mon père m'avait acheté « aux États » une bicyclette avec laquelle j'allais faire mon « frais » pendant toute la fin de l'été dans les rues de Lévis. C'était un modèle que je ne saurais décrire autrement que

par le langage du temps, soit un « bicycle à pneus ballons »
comme personne n'en avait encore jamais vu dans les parages.
Mon truc préféré était d'installer sur les rayons d'une roue une
pince à linge à laquelle était fixé un bout de carton provenant
d'un paquet de cigarettes vide. En roulant, cet appendice faisait
tout un ramdam qui n'était pas sans rappeler le bruit d'un moteur.
Était-ce là la première manifestation de mon penchant pour
l'automobile ?

Cependant, ma mère n'en démordait pas : elle tenait à tout prix
à ce que j'apprenne l'anglais. C'est ainsi qu'au cours de ma première année de carrière radiophonique, elle me dénicha un professeur d'anglais avec lequel j'allais m'asseoir deux fois par semaine
sur les bancs d'un parc près de l'hôtel de ville de Québec pour
essayer de maîtriser les rudiments de la langue de Shakespeare.
Peine perdue encore une fois ! C'est mon amour de la course automobile qui allait finir par m'apprendre à me débrouiller en anglais,
compte tenu que ce sport, au Québec, était alors pratiqué en
majeure partie par des anglophones.

Sans même connaître un mot d'anglais, j'avais néanmoins
eu l'audace d'aller visiter New York avec un ami alors que je
n'avais que 14 ans. C'était pour moi une manière de m'éman-
ciper et, croyez-moi, j'ai vite appris le code des grandes villes.
Nous avions dormi dans un hôtel pour nous rendre compte
au petit matin que nos portefeuilles avaient disparu. Quelqu'un
était donc entré dans la chambre pendant notre sommeil pour
nous subtiliser notre mince pécule. Le préposé de l'hôtel avoua
que le problème existait et accepta de nous laisser partir sans
payer, même si nous n'avions pas eu la prudence de pousser le
verrou de la porte et d'accrocher la chaînette anti-intrusion.
Cette mauvaise expérience a fait que, tout au long de ma vie,
je n'ai plus jamais oublié de fermer chaque porte d'hôtel à
double tour et de placer mon portefeuille hors de la vue. Que ce
soit dans les plus somptueux palaces du bord de la Méditerranée,
dans les cabines de grands paquebots ou les chambres de motels

minables qui firent aussi partie de mes multiples voyages, je véri-
fiais toujours porte et fenêtres deux fois plutôt qu'une.

CHAPITRE II

LA RADIO POUR VRAI

Solitaire, timide et mal à l'aise en présence d'une foule, je devais être un peu masochiste pour vouloir devenir animateur de radio. Sans le savoir, c'était sans doute ma façon de sortir d'une certaine marginalité et de me venger de mon entourage qui m'ignorait complètement. Pendant toute ma jeunesse et même plus tard, je me suis senti rejeté et pas toujours le bienvenu, et ce, partout où j'allais. Il suffisait que l'on planifie une sortie ou une excursion quelconque pour que mes camarades de jeu s'entendent entre eux pour me donner la mauvaise heure ou le mauvais endroit de rendez-vous. Il y a peut-être une part de paranoïa dans tout ça, mais il reste que j'ai toujours eu, hélas, très peu d'amis. Face à ce vide, je décidai inconsciemment de leur faire un pied de nez, de devenir quelqu'un de connu et de me faire des amis parmi mes auditeurs.

La ligne directrice de ma carrière s'est tracée très tôt dans ma vie. Je n'avais que 16 ans quand j'ai fait parvenir à toutes les stations de radio du Québec une lettre sollicitant un emploi d'annonceur, sans autre curriculum vitæ que ma voix, mon amour du métier et un ardent désir de réussir. Cette démarche s'étant soldée par la litanie habituelle des formules de refus tirées du *vade-mecum* de la politesse épistolaire, je m'étais inscrit à ce qu'il était convenu d'appeler dans le temps un concours d'amateurs. En fait, ce type d'émission radiophonique fut probablement l'ancêtre des insipides Star Académie et autres vicissitudes de notre télé actuelle. Ce concours avait ceci de particulier qu'il ne s'adressait pas uniquement aux chanteurs ou musiciens, mais aussi aux annonceurs, à qui on demandait de lire la réclame du commanditaire de l'émission. L'ayant fait avec une certaine assurance, je fus désigné comme le gagnant de cette partie du concours. Le prix consistait en un emploi d'été à titre d'annonceur au poste CHRC de Québec, diffuseur de l'émission. Au printemps de 1951, la première porte venait ainsi de s'ouvrir.

Même si j'allais à l'encontre de son désir de me voir devenir gérant de banque, ma mère a néanmoins joué un rôle crucial dans ma première carrière d'animateur de radio. Autant elle pouvait me faire faire trois fois le tour de Lévis pour épargner dix cents à l'achat d'une lime à ongles, autant elle n'a pas hésité à aller faire sa petite enquête à Montréal avant de laisser son fils unique plonger dans l'univers perdu du monde artistique. Elle était allée rencontrer nul autre que Miville Couture, l'annonceur vedette de Radio-Canada. Je la vois d'ici, toute timide et révérencieuse, questionner M. Couture et lui demander si le métier qu'il pratiquait valait la peine qu'un jeune suive ses traces. Elle n'osa pas aborder la question, mais je suis sûr qu'elle brûla d'envie également de savoir si ce travail-là était payant. Pauvre maman, dont la seule et unique préoccupation, depuis la grande dépression, tournait autour de l'argent.

À titre anecdotique, je me dois de lever partiellement le voile sur certains membres de ma famille dont j'ai voulu me dissocier très tôt dans ma carrière. Je parle surtout ici du frère de ma mère,

Hervé Baribeau, un homme d'affaires riche et influent qui s'enorgueillissait aussi d'un titre de lieutenant-colonel. Il était propriétaire de Baribeau et fils, une fructueuse entreprise fondée par mon grand-père, spécialisée au début dans les pinces à linge et les cure-dents, et plus tard dans les bols à salade et les planches à steak en bois. Je ne l'aimais pas beaucoup en raison du salaire minable qu'il versait à ses employés et que l'on ne manquait pas de me rappeler à l'école. À tort ou à raison, je ne le portais pas dans mon cœur et, sachant qu'il faisait partie du conseil d'administration du poste CHRC, je savourais déjà l'idée de l'envoyer promener. Une offre de la direction de CKCV, la station rivale de CHRC, allait me permettre de le faire quelques jours plus tard. On me proposait sur-le-champ un emploi permanent comme annonceur, ce qui à l'époque consistait à lire les nouvelles, à animer toutes les émissions tombant dans votre horaire de travail, sans oublier la tâche de technicien, puisque l'on devait aussi faire tourner les disques.

Ce fut pour moi le début d'une carrière qui allait me mener dans bien des directions, y compris celles que je ne soupçonnais pas à l'époque, comme la course automobile et le rôle de médium dans un numéro de transmission de pensée nommé « Les voyants Pierre et Jacques ». Patience, j'y reviendrai.

J'étais encore sur un nuage d'avoir réalisé si jeune le rêve de ma vie quand ma mère me demanda de l'accompagner à l'hôpital de Lévis, où mon père avait été admis quelques jours plus tôt. Au moment de son hospitalisation, je n'avais pas compris la gravité de sa maladie et, pour moi, mon père était un homme jeune et solide qui rentrerait à la maison dans peu de temps. Maman m'annonça que l'on était sur le point de lui administrer l'extrême-onction et que sa dernière heure était venue. Quelques mois après le début de ma carrière radiophonique, mon père s'éteignait à l'âge de 53 ans, emporté par une cirrhose.

C'était au mois de mars 1952 et il n'avait cessé de répéter sur son lit de mort qu'il devait faire bien froid au cimetière à ce temps de l'année. Il l'avait dit aussi au prêtre, l'oncle Léo, lorsque celui-ci lui avait administré les derniers sacrements. J'avoue que même si je n'avais pas été très près de lui, sa mort m'a causé une peine immense, sans que je pressente toutefois que le poids de son absence serait à ce point dur à porter. J'ai pensé à lui pendant toute ma carrière, en me demandant souvent quelle aurait été sa réaction de voir son fils sortir des sentiers battus et s'aventurer dans un métier qui, aux yeux de plusieurs, n'en était pas un. Au-delà de quelques photos aux bords écornés, je n'ai vraiment que quelques minces souvenirs pour me rattacher à lui et je me rappelle que je l'apercevais souvent en revenant de l'école à bicyclette alors qu'il s'affairait à « couper » son 13 onces de gin près d'un bassin d'eau de source situé pas très loin du cimetière. À son insu, j'ai aussi souvent emprunté, sans permission bien sûr, sa Mercury 1946, un modèle dont la Volvo 544 apparue plus tard était presque une copie conforme. Je n'avais que 14 ou 15 ans et j'allais me balader quelques minutes aux environs de la maison sans penser le moindrement aux conséquences de mon geste. Je n'avais évidemment pas de permis de conduire et mon expérience au volant était très limitée. Subrepticement toutefois, une racine venait de s'implanter en moi.

MES AMIES : LA CHANSON ET SES VEDETTES

Dans ma jeunesse, ma seule et unique passion était la chanson française, de Andrex à Boris Vian. Grâce à elle, je connaissais Paris et la France comme si j'y étais allé à maintes reprises. J'arpentais « Les grands boulevards » avec Yves Montand, j'allais à « Ménilmontant » avec Charles Trenet, je descendais la « Rue de Lappe » avec Francis Lemarque et je découvrais la faune de Pigalle en compagnie de Georges Ulmer. Ma musique était celle des bals musettes et aucun des accordéonistes populaires du temps ne m'était inconnu. Mes préférés s'appelaient Émile Prud'homme, Freddy Balta, Gus Viseur et Tony Murena.

Mon premier pas pour permettre à cette passion de s'exprimer fut de proposer à mes patrons de CKCV un projet d'émission calqué sur la fameuse *Parade de la chansonnette française* qui était alors la pierre angulaire du poste CKVL de Verdun. Proposition acceptée, je devins l'animateur de *Paris Chante*, une émission quotidienne de quatre heures présentée en deux tranches (de 11 à 13 heures et de 16 à 18 heures). Et comme j'avais déjà un amour du travail gros comme la tour Eiffel, je remettais ça le dimanche dans une émission opportunément nommée *France Dimanche*, du titre d'une chanson de Trenet. Chaque quart d'heure était consacré à une vedette différente, d'Annie Cordy à Jacques Pills en passant par les Tohama, Lily Fayol, André Claveau, Les Compagnons de la chanson, Lina Margy, Jacqueline François, Henri Decker (son mari), Édith Piaf, Lucienne Delyle, Mouloudji, Georges Ulmer, Yves Montand, Francis Lemarque, Maurice Chevalier et tant d'autres. J'ai souvent eu des prises de bec avec le discothécaire du poste, Jean Leroy, sur le choix des artistes et des chansons pour mon émission. Nous n'avions pas les mêmes goûts et je devais très souvent insister pour programmer mes préférences. Mes connaissances de la chanson de cette époque sont telles que je peux souvent, encore aujourd'hui, me souvenir de la marque du disque et de la couleur de son étiquette pour chacune des vedettes du temps.

Il faut préciser ici que Québec était à l'époque, grâce au cabaretier Gérard Thibault, la plaque tournante de la chanson française dans la province de Québec. Tous les grands noms s'y arrêtaient, tantôt au cabaret Chez Gérard, tantôt à La Porte Saint-Jean, deux adresses à la mode dans l'agenda des oiseaux de nuit. Non seulement je faisais tourner les 78 tours de tout ce beau monde, mais j'avais souvent le privilège de les interviewer, ce qui me mettait dans un état proche de la pâmoison. J'étais si ébloui par toutes ces stars de mon enfance que je voulais nouer avec eux des liens d'amitié en les invitant à séjourner à la maison, sinon pour plusieurs jours, du moins le temps d'un repas et d'une nuitée.

À mes débuts à la radio, j'habitais toujours avec ma mère dans notre immense maison de quatre étages de Bienville, en banlieue de Lévis, ville dont on a toujours dit que ce qu'elle avait de plus beau était la possibilité d'admirer Québec juste en face. C'est ainsi, en les accueillant à la maison, que je découvris la timidité d'un Mouloudji, la bonhomie d'un Pierre Dudan, la vivacité d'une Irène Hilda et l'opportunisme d'un certain Raymond Massard.

Je fis également la connaissance de Gilbert Bécaud avant même qu'il ne devienne une des têtes d'affiche de la chanson française. Il était alors le pianiste accompagnateur de Jacques Pills, chanteur d'une certaine renommée dont la popularité gagna quelques précieux points lorsqu'il devint le plus récent mari de la célèbre Édith Piaf. Bécaud et lui avaient d'ailleurs écrit une chanson pour la môme Piaf, « Je t'ai dans la peau » ; avec le recul, ce titre ressemblait beaucoup à une déclaration d'amour. Travaillant le soir Chez Gérard, celui qui allait devenir « Monsieur 100 000 volts » à cause de son énergie électrisante n'avait rien à faire de ses après-midi et était venu nous dire bonjour à la station CKCV. Je l'avais reçu à bras ouverts et on avait causé de chansons, de ses projets, de son travail, de la ville de Québec, etc. Il n'arrêtait jamais de bouger et paraissait animé d'une énergie débordante. Je me rappelle qu'il s'était assis au piano dans le studio principal et m'avait fredonné quelques-unes de ses premières chansons, dont une qui s'appelait « Couventine » et que j'avais demandé au technicien sur place d'enregistrer. Je possède encore cet enregistrement, qui est d'autant plus précieux que Bécaud n'a jamais fait cette chanson sur disque.

Je me souviens aussi qu'un soir, nous sommes allés boire quelques bières à la taverne du Capitol, située au rez-de-chaussée de l'édifice où se trouvaient les studios de CKCV. Comme je travaillais, j'avais pris soin de mettre un 33 tours sur la table

tournante pour m'accorder une petite demi-heure de répit…
sauf que, dans le feu de la conversation, j'avais perdu la notion du
temps. Quand je suis remonté en studio, cela faisait dix minutes
que les auditeurs qui n'avaient pas changé de poste écoutaient grin-
cher l'aiguille du tourne-disque sur l'acétate. Et je peux vous dire
que les trois lignes du téléphone de la station n'arrêtaient pas de
sonner, avec mon patron Marcel Lebœuf au bout de l'une d'elles.

Mon excuse du lendemain fut que j'étais resté coincé dans
l'ascenseur (un problème fréquent) en allant me chercher un
sandwich. Ce petit incident raconté à Bécaud me valut de recevoir quelques mois plus tard la primeur d'un de ses premiers
disques : un 45 tours comprenant son premier grand succès,
« Quand tu danses », jumelé à une autre chanson qui ne passa pas
inaperçue, « Méqué Méqué ». Cette dernière tourna beaucoup à
l'époque, autant avec Charles Aznavour que Gilbert Bécaud, qui
l'avaient écrite ensemble.

Quelques années plus tard, je fus invité à une réception intime
et au premier tour de chant de Bécaud à Montréal. Curieusement, ni lui ni moi n'avons évoqué le passé et, dans mon cas,
c'était probablement parce que je préférais garder mes souvenirs
intacts plutôt que d'être déçu par un trou de mémoire.

Pierre Dudan, lui, était resté plusieurs jours chez nous et il
était obsédé par sa forme physique. Il m'avait confié la tâche de
lui trouver absolument un gym pour qu'il puisse s'entraîner
chaque jour, qu'importe que celui-ci soit situé à plusieurs kilomètres de la ville. Sachez que dans les années 1950, ce genre
d'établissement n'était pas monnaie courante et Pierre dut se
résoudre à faire une vingtaine de kilomètres tous les matins pour
aller faire de la mise en forme à Beauport. C'était un type charmant, bourré d'énergie et qui adorait le Québec. Je pense même
qu'il a plus tard marié une Québécoise avant que la mort vienne
le faucher prématurément. J'ai été particulièrement troublé et
surtout surpris par la nouvelle, puisque Pierre était l'image même
de la santé. D'origine suisse, il appréciait la nature et les grands

espaces. Deux chansons de lui me reviennent en mémoire : le fameux « On prend le café au lait, au lit » avec ses envolées tyroliennes et le célèbre « Clopin-Clopant » qui fut sans aucun doute sa chanson fétiche.

Quant à Mouloudji, de son prénom Marcel, c'était un introverti comme j'en ai rarement rencontré. Poli, retiré, parler pour parler n'était pas sa tasse de thé. À moins de discuter de chanson, de poésie ou de cinéma, il était difficile de le rejoindre dans sa bulle. Pour moi, il représentait l'incarnation de la tranquillité d'esprit, à l'image de ses chansons, et j'ai toujours été très ému en l'écoutant chanter « Comme un petit coquelicot ». Marcel Mouloudji était toutefois avant tout un acteur de cinéma, qui s'adonnait à la chanson plus comme passe-temps que pour gagner de l'argent.

« *WHAT IF NOBODY SHOWS UP ?* »

Je fus victime de mon innocence de jeune inconditionnel de la chanson avec le dénommé Raymond Massard, dont je n'avais même pas soupçonné, dans toute ma naïveté d'adolescent, qu'il était certes homosexuel, mais avant tout un profiteur. Son penchant sexuel ne me dérangeait absolument pas ; c'est plutôt sa manie de jouer les vedettes incomprises qui en vint plus tard à me tarabuster. L'individu en question était soliste de l'orchestre de Fred Adison, venu donner une série de spectacles au cinéma Capitol. Je l'avais invité à mon émission du dimanche pour parler chansons et faire tourner l'unique disque qu'il avait enregistré jusque-là. Nous nous étions tout de suite liés d'amitié, mais j'étais loin de m'imaginer les motifs qui m'avaient rendu si sympathique à ses yeux.

Il était venu à la maison et avait réussi à bien cacher ses tendances, de sorte que j'étais très fier d'avoir comme ami un artiste de la chanson française, fût-il un illustre inconnu. Après son retour en France, nous nous écrivions régulièrement et il ne manquait pas de m'informer que son plus grand désir était de revenir chanter au Canada. Selon ses dires, il rencontrait à Paris beaucoup d'agents et de producteurs qui, reconnaissant son grand talent, le conduiraient à une gloire certaine. Même si j'étais plutôt incrédule et que je ne lui trouvais pas le talent qu'il s'attribuait, le seul fait qu'il s'intéresse à moi me rendait sans doute complètement aveugle. Aveugle au point de remuer ciel et terre pour organiser un spectacle de variétés dont il serait la vedette, entouré de quelques artistes locaux, entre autres la chanteuse Claudette Avril qui connaissait un succès appréciable à la radio. En moins de temps qu'il n'en faut pour l'écrire, j'étais devenu, à 17 ans, producteur de spectacles, avec tout ce que cela représente, depuis la location d'une salle appropriée jusqu'à l'impression des billets, en passant par la campagne de publicité, la rédaction d'un programme, etc. Ma blonde Murielle m'avait donné un fier coup de main et j'avais profité de mon travail de *disc-jockey* à CKCV pour promouvoir l'évènement qui se déroulerait au collège de Lévis. Quant à Massard, il lui faudrait assumer ses frais de déplacement, ce qu'il fit sans se faire prier.

Le jour venu, tout était prêt pour accueillir « la grande vedette de la chanson française » créée de toutes pièces par son copain Jacques Duval. Ma mère y était, ma blonde, la famille de Claudette Avril, quelques amis à qui nous avions offert des billets gratuits… et personne d'autre. Ce qui me fait penser aujourd'hui à la fameuse citation américaine « *What if nobody shows up ?* ». Ce fut le cas, au grand désespoir de tout le monde et surtout du mien. Mon *ego* venait de manger un sacré coup. Malgré la publicité, le blablabla et tous les efforts des personnes intéressées, pas un traître chat ne se présenta au guichet pour venir assister au triomphe de M. Massard. Et ce fut ensuite la litanie des excuses et des explications : le mercredi est un mauvais soir pour ce genre d'évènement, il n'a pas fait beau, il y avait une partie de hockey, le collège de Lévis est inconnu de beaucoup de gens… Bref, nous nous racontions des histoires et nous inventions toute une kyrielle de menteries et d'excuses pour justifier notre échec, notre fiasco.

Inutile d'ajouter que ma carrière comme producteur de spectacles se termina sur-le-champ. Je croyais cependant avoir des obligations envers le chanteur que personne n'avait voulu voir et entendre. Il resta quelques jours à la maison en espérant se trouver du travail dans l'un des nombreux cabarets qui agrémentaient la vie nocturne de la vieille capitale, mais les propriétaires, moins naïfs que moi, firent la sourde oreille à son auto-promotion. Mon grand chanteur français décida alors de décamper pour Montréal, convaincu que son talent y serait davantage reconnu. Il s'installa dans la métropole et fit venir toute sa famille, papa, maman et un affreux chien qui n'attendait que de mourir de vieillesse tellement il était paresseux et geignard. Je me croyais libéré de cette erreur de jeunesse, content d'avoir pratiquement payé ma dette, jusqu'à ce que la famille Massard se dresse sur mon chemin un an après mon arrivée à CKVL en s'installant avec armes et bagages dans l'appartement que j'occupais à Verdun. Incapable de dire non, j'avais accepté de les dépanner pour quelques semaines, mais la période s'étira beaucoup trop à mon goût, assortie de quelques tentatives de séduction, promptement refrénées, du dénommé Raymond.

Heureusement, après la désillusion du collège de Lévis, je pus compter sur la présence à mes côtés d'une amie de cœur compréhensive, dévouée et généreuse. Si j'ai facilement oublié mes premiers battements de cœur pour Louisette, il en fut tout autrement de Murielle, mon amour de jeunesse… envers laquelle je ressens encore aujourd'hui un brin de culpabilité pour l'avoir laissée tomber aussi platement. Je l'avais connue sur le traversier à bord duquel je franchissais journellement le Saint-Laurent entre Lévis et Québec et sur lequel elle travaillait comme serveuse. J'avais repéré ce sourire radieux, illuminant le triste casse-croûte du pont intermédiaire, tantôt sur le *Louis-Joliet* tantôt sur le *Colbert*. J'étais loin d'imaginer que je serais celui qui viendrait plus tard assombrir sa bonne humeur rayonnante. Elle était si belle que je ne m'imaginais pas capable de la retenir à mes côtés.

Pourtant, son amour fut indéfectible, au-delà même de la cruelle séparation que je lui fis vivre.

Longtemps après mon départ de Québec, ma mère m'écrivait de longues lettres dans lesquelles elle me donnait des nouvelles de Murielle, tout en soulignant combien elle était triste que je l'aie quittée. Malgré notre séparation, Murielle continua à prodiguer ses gentillesses et ses soins à ma mère jusqu'à son décès en 1992 à l'âge de 86 ans. C'est d'autant plus ironique que ma mère n'avait pas immédiatement accepté cette jeune fille au début de nos fréquentations. Il faut dire que ma chère maman tenait grand compte des classes sociales, comme c'était de mise je suppose dans ce temps-là à Québec. Et le fait que la mère de Murielle avait été hospitalisée pour la tuberculose (on disait « consomption » dans le temps) la rangeait *de facto* parmi les négligés de la société.

Ce genre de comportement était alors très répandu dans la vieille capitale : les bourgeois de la haute ville n'adressaient pas la parole aux prolétaires de la basse ville.

SA MAJESTÉ SE FAIT ATTENDRE

Avant de prendre la route pour Montréal dans des circonstances assez particulières, j'avais tout de même eu l'occasion d'accumuler des souvenirs plus heureux, d'approfondir mon métier et de vivre toutes les expériences propres à ce que l'on appelait dans le temps les « postes de province ». C'est ainsi qu'à l'automne 1951, quelques jours seulement après mes débuts en ondes, Québec fut l'hôte de Sa Majesté la Reine Élisabeth, du prince consort et de tout ce qui suit derrière.

La station CKCV décida de diffuser certains moments forts de la visite royale, dont le défilé, qui devait débuter au château Frontenac et prendre fin au théâtre Capitol, où tout ce beau monde assisterait à un concert de l'Orchestre symphonique de Québec sous la direction de Wilfrid Pelletier. Des reporters étaient installés à des endroits stratégiques le long du parcours et chacun devait décrire le passage du cortège pendant quelques minutes. On m'assigna à ce qui devait être la tâche la plus facile, c'est-à-dire la description de l'arrivée au théâtre, que je devais faire juché sur la marquise du Capitol. Ensuite, je donnerais rapidement la parole à notre chef annonceur Marcel Lebœuf, situé dans le hall d'entrée. C'était sans compter avec les manifestants, qui décidèrent de venir troubler la fête en chahutant Élisabeth et son digne entourage près de la porte Saint-Jean, juste avant mon entrée en ondes. La police dut intervenir et elle le fit avec toute la délicatesse dont elle est quelquefois capable. Ce qui ne devait être qu'une paisible manifestation se transforma en une échauffourée. Le défilé prit donc un retard considérable, dont je dus payer le prix. Mon petit boniment d'à peine deux minutes se transforma en une interminable litanie qui m'apparaissait comme mon suicide radiophonique. Plus le temps passait, plus je paniquais et plus je paniquais, plus j'accumulais les bafouillages. J'avais bien ramassé quelques coupures de journaux et divers renseignements sur le passage à Québec de la famille royale, mais je n'étais absolument pas préparé à étirer le propos pendant 45 minutes dans les oreilles de mon patron qui attendait que je lui passe la parole en notant sans doute mes hésitations et mes erreurs.

Disons que je me suis souvent répété et qu'il était évident que je n'avais pas suffisamment de connaissances pour meubler les temps morts. Je n'avais pas non plus ce sens de l'à-propos qui m'aurait sans doute permis de raconter les potins juteux qui m'avaient été refilés par mon oncle, le maître d'hôtel à Spencer Wood, dont je vous ai parlé précédemment. Bref, quand j'écoute aujourd'hui l'enregistrement de mon interminable reportage, je m'assure qu'il n'y a personne dans les parages pour se payer ma tête.

Après cette laborieuse initiation, j'étais persuadé que rien de pire ne pourrait m'arriver tout au long de ma carrière. Ou du moins, je serais préparé à y faire face, comme le soulignait si bien celui que l'on surnommait «le prince des annonceurs», Roger Baulu, qui disait que «les meilleures improvisations sont celles qui sont préparées à l'avance». Toutefois, la radio de province était une radio d'école, d'apprentissage, et je me permets de le dire même si je risque de me faire haïr par tous les résidents de Québec pour avoir mis leur ville sur un pied d'égalité avec New Carlisle ou Bagotville. Remarquez que j'ai toujours l'excuse que je suis moi-même Québécois, même si je suis né du mauvais côté du fleuve. Bon, ce sont maintenant les Lévisiens qui vont m'expulser de mon patelin! Tout cela pour dire que ces postes étaient la véritable école de la radio.

J'y ai tout appris: le travail de présentateur, l'improvisation, les techniques d'entrevue, la narration, l'art de faire deux choses à la fois (placer un disque sur le plateau tournant tout en allongeant le propos jusqu'à ce qu'il soit prêt), l'écriture et même l'humilité. Il en fallait en effet une bonne dose, d'humilité, lorsqu'un auditeur appelé au hasard pour lui offrir un magnifique billet de deux dollars s'il écoutait la station m'avait simplement répondu de me le fourrer «vous savez où».

Si la chanson française n'avait aucun secret pour moi, j'étais d'une gaucherie sans nom lorsque je devais présenter certaines pièces de musique dites classiques. Je me souviens de l'appel du chef annonceur le jour où j'avais présenté un *Concerto en ré majeur op. 43* sans savoir que «op.» était l'abréviation d'opus. Par la suite, quand j'avais à annoncer une pièce de musique classique d'un artiste dont le nom m'apparaissait imprononçable, je m'arrangeais pour laisser tomber quelque chose par terre au moment où je devais décliner son nom. Le fracas enterrait ma prononciation boiteuse et le tour était joué. Mes camarades de travail de CKCV, à ce moment-là, s'appelaient Guy Samson, Normand Maltais, Freddy Grondin (le père de Stéphane, réalisateur à TQS), Roger Gagnon et compagnie, tandis que Richard Garneau travaillait pour la station rivale, CHRC.

Ma pire expérience comme intervieweur fut le jour où je m'étais présenté au Cinéma de Paris à Québec pour m'entretenir avec la vedette de la semaine, André Claveau («Cerisiers roses et pommiers blancs», «La petite diligence», etc.). À l'issue d'une entrevue d'au moins dix minutes, je me rendis compte que j'avais oublié d'enclencher le magnétophone, un appareil qui avait alors l'apparence d'une grosse valise et qui pesait près de 100 livres. À mon grand soulagement, M. Claveau avait courtoisement accepté de reprendre l'entrevue destinée à mon émission *Paris Chante*. Pensant ajouter un peu d'exotisme ou de couleur locale à l'émission, j'avais réussi à convaincre mon patron de nous laisser diffuser cette émission en direct d'un populaire restaurant français de Québec, Le Vendôme, sur la côte de la Montagne, que l'on retrouve encore d'ailleurs au même endroit aujourd'hui. Chaque vendredi, de 17 à 19 heures, j'invitais les gens à venir nous rencontrer et à déguster la cuisine française du Vendôme.

À la fin de l'émission, mon copain Pierre Hudon venait me rejoindre et nous passions de longs moments à nous prendre pour des intellectuels parce que nous mangions de la soupe à l'oignon et du pâté de foie gras qui n'en était pas, tout en vidant une bouteille de Saumur rosé d'Anjou qui me valait un mal de tête carabiné le lendemain.

En cette période où les cotes d'écoute étaient inexistantes, mon travail devait être apprécié puisque l'on me demanda d'animer le dimanche une émission similaire à celle de la semaine, *France Dimanche*. Malgré ce petit extra qui me contraignait à travailler 6 jours sur 7, mes émoluments restèrent les mêmes et je devais me débrouiller avec le fabuleux salaire de 14 $ par semaine. Cette maigre pitance était amputée du coût du traversier que je devais emprunter chaque jour entre Lévis et Québec pour me rendre au travail. La plupart du temps, je franchissais à pied les trois kilomètres séparant la maison du traversier et l'autre deux kilomètres m'amenant du débarcadère aux studios de CKCV.

Je participais aussi à une émission diffusée en fin d'avant-midi, *Avec un sourire mesdames*, dont les animateurs étaient Normand Maltais (qui travailla plus tard à CKAC comme journaliste, où il fut impliqué dans la Crise d'octobre) et Claude Duparc, un fanatique de voitures qui trouva la mort lorsque son Avanti vola en morceaux lors d'un accident plutôt bénin dont il aurait dû sortir vivant. Diffusée du grand studio de CKCV, elle était consacrée à des entrevues d'artistes de passage dans la vieille capitale et à des chansons interprétées par le pianiste Roger Lachance et sa sœur Madeleine. Si ma mémoire m'est fidèle, c'est à cette émission que Denise Filiatrault fit la connaissance de celui qui devait devenir son mari, Jacques Lorrain. Ce dernier avait séjourné plusieurs semaines à Québec et gravitait autour de Roche et Aznavour (Pierre et Charles), un amusant duo de chanteurs fantaisistes dont la dissolution devait mener à l'éclatante carrière du dénommé Charles Aznavour.

MONSIEUR SURPRISE ET MOI

Fréquentant régulièrement le cabaret Chez Gérard en face de la gare du Palais, j'y avais rencontré le maître de cérémonie permanent de l'endroit, Pierre Thériault, qui incarna longtemps « Monsieur Surprise » à la télé. Je l'admirais énormément, en raison principalement de son talent de présentateur, mais aussi parce qu'il chantait agréablement et qu'il s'exprimait avec une aisance peu commune. Il était de l'école d'un Jacques Normand et, sans l'accuser d'avoir un accent emprunté, on sentait chez lui un attachement profond à la France. Il faut préciser qu'à l'époque, toutes les entorses faites de nos jours à la langue par de trop nombreux animateurs et présentateurs n'existaient tout simplement pas. Il aurait suffire de dire « moé » en ondes pour perdre son emploi sur-le-champ. Puis-je vous dire que les studios seraient aujourd'hui déserts si l'on appliquait la même discipline ? L'autre côté de la médaille, c'est que notre radio était plutôt engoncée dans ses propos et que tout ce que l'on véhiculait en ondes subissait l'influence de l'auguste société Radio-Canada. On pourrait peut-être s'entendre pour adopter un juste milieu entre le « très chers auditeurs » des années 1960 et le « salut la gang » de maintenant ?

Toujours est-il que Pierre Thériault et moi sommes devenus de bons amis. Travaillant aussi comme comédien, il était souvent appelé à s'absenter et il m'avait fait l'honneur de me demander de le remplacer au cabaret Chez Gérard. Jamais de toute ma vie je n'oublierai ma toute première prestation comme maître de cérémonie au cabaret. J'avais préparé quelques chansons dont « Le bois d'Chaville » en compagnie du pianiste Roger Lachance et j'aurais donné tout l'or du monde pour faire un Pierre Thériault de moi. Mais c'était surestimer mon talent, mon aisance et mon habileté à vaincre autant le trac que la peur. Comme si cela n'était pas suffisant, la vedette de la semaine que je devais présenter n'était nul autre que l'illustre Charles Trenet. J'étais littéralement paralysé par la gêne et j'ai encore des cauchemars aujourd'hui sur mon manque de préparation pour une telle soirée.

M. Trenet, on le devine, avait un entourage bien particulier et se déplaçait en remuant beaucoup d'air à la façon des grandes stars. Au delà du « bonjourbonsoir » conventionnel, je n'ai vraiment pas eu l'occasion de franchir la barrière qui le séparait du commun des mortels. J'ai mieux connu par contre celui qui se présentait comme le frère de Charles Trenet, Claude Trenet, un jeune auteur-compositeur qui séjourna à Québec pendant plusieurs semaines, remplissant des contrats dans des cabarets de second ordre. On apprit plus tard qu'il était plutôt le demi-frère du fou chantant. Il n'en avait pas moins un certain talent, mais ses textes, ses ritournelles et sa manière de les interpréter ressemblaient beaucoup trop à du Trenet (Charles) pour lui permettre de sortir de l'ombre et de se démarquer. Je possède encore cependant le disque qu'il avait enregistré pour moi dans les studios de CKCV. Après son départ de Québec, je n'ai jamais plus entendu parler de lui et j'ai même été surpris que son nom ne soit pas mentionné lors du décès de l'auteur de « La mer ».

Ma contre-performance auprès du grand Charles Trenet tient sans aucun doute à ma trouille de me présenter en public, une peur qui m'a d'ailleurs suivi toute ma vie. Autant je peux affronter avec assurance un auditoire radio ou des dizaines de milliers de téléspectateurs, autant je suis timide, embourbé et inconfortable devant un véritable groupe, ne serait-ce que de quelques personnes. C'est pour cette raison que j'ai toujours fui les conférences ou tout autre évènement où je devais discourir sur l'automobile ou tout autre sujet devant la plus mince des assemblées. Cet inconfort remonte sans doute à mon enfance, alors que j'éprouvais une profonde allergie aux foules. Je m'abstenais par exemple de fréquenter les arénas, de crainte de me sentir malade, en proie à de violentes crises de foie. À l'occasion, j'allais par exemple voir jouer les As de Québec au Colisée et j'en revenais accablé d'un épouvantable mal de tête.

QUÉBEC ET SES GRANDES GUEULES

Je ne voudrais pas clore ce premier épisode de ma carrière radiophonique sans soulever un point particulier sur le rapport qui existe dans une ville comme Québec entre l'auditoire et ces animateurs qui s'arrogent le droit de forger l'opinion publique. Dans les années 1950, bien avant les André Arthur et Jeff Filion de ce monde, Québec a eu notamment son Saint-Georges Côté, qui fut pendant de nombreuses années la « grande gueule » de la capitale nationale. Animateur de l'émission matinale à CKCV, il était pratiquement Monsieur Québec, le roi des ondes avec ses propos enflammés qui lui valaient un très vaste auditoire. À sa décharge toutefois, il mettait un peu plus d'humour dans ses propos que les animateurs précités. N'empêche que Québec vivait au rythme de Saint-Georges Côté et que tout lui était permis, même en cette époque d'extrême droite sous la vigilance de l'Église catholique.

Son style débraillé détonnait pourtant énormément par rapport à la rectitude du temps.

UN SCANDALE M'AMÈNE À MONTRÉAL

Bien que j'aie été très attaché (et que je le sois encore) à la ville de Québec et que j'aie réussi à m'y créer une certaine réputation, je lorgnais dès mes débuts du côté de Montréal, l'inévitable destination de tout jeune animateur désirant faire une carrière radiophonique. J'insiste sur le mot « radiophonique » pour que les plus jeunes lecteurs prennent conscience du fait que la télévision n'existait pas encore au tout début des années 1950, sa timide entrée en ondes datant de 1952.

Le poste CKVL de Verdun, dirigé d'une main de fer par Jack Tietolman, était à l'époque l'équivalent de ce qu'est le réseau TVA aujourd'hui, c'est-à-dire une station dominant les cotes d'écoute et dépensant des sommes considérables pour y arriver. À ce chapitre, je ne suis même pas sûr que TVA investisse aujourd'hui autant d'argent (toutes proportions gardées) que le faisait CKVL pendant les belles années de la radio. Ainsi, avec l'aide de Pierre Dulude (qui fut à l'origine de la carrière en Europe de Félix Leclerc), M. Tietolman avait réussi à obtenir en primeur toutes les nouveautés de la chanson française et il avait même fait enregistrer à Paris l'indicatif de chacune des émissions du poste, dont la mémorable *Parade de la chansonnette française*, par le célèbre orchestre de Jacques Hélian. Tous les grands noms de la colonie artistique du Québec étaient aussi sous contrat avec CKVL ; parmi la liste se comptaient les Jacques Normand, Gilles Pellerin, Jacques Desbaillets, Claude Séguin, Claudette Jarry, Léon Lachance, Muriel Millard, Jean Coutu, Ovila Légaré, Willie Lamothe, sans oublier la famille Baulu au grand complet, Roger, Marcel et Jean. Et de nombreux autres évidemment dont les noms me restent sur le bout de la langue.

Mon rêve d'adolescent était de pouvoir côtoyer un jour toutes ces têtes d'affiche que j'écoutais presque chaque soir, même si

CKVL ne pouvait pas être captée à Québec. J'allais me réfugier dans la salle de contrôle de CKCV, qui était associée au poste de Verdun et qui diffusait certaines de ses émissions, dont *Le Fantôme au clavier* avec Jacques Normand, le pianiste Billy Monroe et l'humoriste Gilles Pellerin (dont «La mère à Rolland» fut l'un des monologues à succès). Avant la mise en ondes de ladite émission, nous recevions ce que l'on appelle le *feed* de la tête de réseau pour permettre au technicien de s'assurer que la qualité de la transmission était satisfaisante. Cela me donnait le loisir d'écouter la programmation locale de CKVL et d'admirer les annonceurs vedettes du temps, les Bertrand Gagnon, Yves Létourneau, Pierre Gauvreau, Léon Lachance, Pierre Fournier et, aux nouvelles, un certain Carl Dubuc, le père de l'éditorialiste Alain Dubuc.

Ébloui par tant de moyens, j'avais évidemment sollicité un emploi dans ce véritable cénacle de la radio et c'est un scandale qui fut à l'origine de mon départ de Québec pour Verdun.

Un après-midi de décembre 1953, quelques jours avant Noël, je reçus un appel du chef annonceur de CKVL me disant qu'un poste était à combler à la station en raison du renvoi d'un annonceur (dont je tairai le nom) qui s'était fait prendre à truquer un tirage au sort afin de faire gagner sa belle-sœur. On requérait ma présence dès le lendemain, 17 décembre, ce qui m'oblige à préciser qu'un voyage Québec-Montréal dans ces années-là n'était pas l'affaire de deux heures de route assorties de quelques contraventions comme aujourd'hui. C'était un long voyage auquel on se préparait longtemps à l'avance. L'autoroute 20 n'existait pas encore et je n'avais pas de voiture, de toute façon. La seule solution envisageable était le train ou l'autobus, et c'est un garçon de 18 ans plutôt dépaysé qui débarqua le lendemain à la gare Centrale.

Ma mère avait très à cœur le bien-être et la réussite de son fils unique, d'autant plus qu'il s'apprêtait à quitter le foyer familial pour de bon. Elle se chargea du côté pratique de mon déménagement express en me dénichant un beau salon double dans un

logement de la rue Verdun, chez M. et Mme Jean-Pierre Roy (pas
le joueur de baseball), des amis d'une amie de la cousine dont le
frère avait un oncle qui… bref, vous voyez le portrait.

Ainsi commença ma vie montréalaise, que je serais tenté
d'appeler ma vie de débauche.

CHAPITRE III

LES GLORIEUSES ANNÉES DE CKVL

Le lendemain, à mon arrivée à CKVL, ce fut l'émerveillement. La station radiophonique de Jack (comme l'appelaient affectueusement les proches collaborateurs de M. Tietolman) était tout ce que j'avais imaginé et encore plus. Il suffisait de s'asseoir cinq minutes à la cafétéria de Mme Dauphinais pour y voir défiler tous les grands noms du *show-business*. Certains d'entre eux étaient d'incorrigibles blagueurs qui aimaient bien se payer la tête d'un peu tout le monde. Ils avaient ciblé notamment la téléphoniste qui remplaçait à l'occasion Mme Raymond. Il faut dire que cette dame n'était pas très futée; il suffisait de lui demander d'annoncer dans le haut-parleur le nom de n'importe quelle personnalité pour qu'elle s'exécute sans se poser la moindre question. C'est ainsi qu'elle pouvait très bien se servir de son micro pour nous faire savoir que Samuel de Champlain, Frédéric Chopin ou Wilfrid Laurier était demandé au téléphone. Sur les trois étages du poste, c'était l'hilarité générale, ce qui démontre un peu le genre d'ambiance qui régnait à ce moment-là à la radio de Verdun. Il y avait aussi le numéro du gars soûl que jouait avec une pertinence sans pareille le comédien Armand Marion. Il apostrophait le premier venu et lui débitait les pires sornettes sur le ton d'un bonhomme totalement imbibé d'alcool. Au moment opportun, il retrouvait toute sa sobriété sous le regard médusé de l'interpellé.

À CKVL, l'une des lubies du grand patron était d'embaucher toute une ribambelle d'annonceurs (le poste devait en compter une vingtaine) dont quatre ou cinq travaillaient aux mêmes heures. Non seulement étions-nous nombreux à assumer la même tâche, mais il pouvait se passer deux ou trois heures au cours desquelles nous n'avions rien d'autre à faire que d'énoncer les lettres d'appel de la station à toutes les demi–heures, puisque plusieurs émissions étaient enregistrées à l'avance ou provenaient de l'extérieur. Très souvent, on se mettait à quatre pour dire simplement : « Vous écoutez CKVL et en fréquence modulée CKVL-FM Verdun. » L'un pouvait dire « vous écoutez », un autre « CKVL », un troisième « et en fréquence modulée » et un dernier « CKVL-FM Verdun ». Exténuant ! Jack adorait ce ton dynamique et cette diversité qui donnaient un son unique à son antenne.

Je ne mis que peu de temps à m'intégrer à cette bande de fêtards travaillant toujours en parfaite convivialité et dont la principale occupation était de s'amuser. Malgré mon statut de nouveau venu (ou peut-être justement à cause de cela), on m'assigna rapidement le rôle de narrateur dans l'un ou l'autre des nombreux radioromans que diffusait la station verdunoise. Je me promenais entre *Zézette* (une série comique qui mettait en vedette Jeanne Couët et Ovila Légaré), *Le Calvaire d'une veuve* (très mélo), *L'Histoire de Dieu* ou *Le Survenant* avec Jean Coutu dans le rôle-titre. Mon boulot consistait à faire les liens entre les scènes, avec des insertions du genre : « Pendant ce temps, au chenal du Moine… » Pour les « vétérans » de CKVL, ce travail était une corvée qui venait perturber leurs fréquentes parties de cartes, mais, pour moi, ce rôle de narrateur me donnait l'occasion d'élargir mes horizons et de faire la connaissance de nombreux comédiens et comédiennes. J'aimais beaucoup notamment la pétulante Juliette Béliveau, toute petite, un peu rabougrie en raison de son grand âge, mais remplie d'humour et de joie de vivre. Julien Bessette, par ailleurs, trouvait que je perdais mon temps comme annonceur et aurait voulu que je devienne comédien. Il m'avait d'ailleurs fait répéter plusieurs textes en sa compagnie.

Fort heureusement, mon travail prit rapidement une autre tangente et je fus affecté à des tâches plus intéressantes. Le rôle que je préférais par-dessus tout était celui de *disc-jockey*. Je passais le plus clair de mon temps dans la discothèque particulièrement bien garnie de CKVL, où Laurent Bourdy et François Cardin étaient les maîtres d'œuvre. Comme la station accordait une place prépondérante à la chanson française, j'y écoutais les dernières nouveautés arrivées de France et du Québec. En ce début des années 1950, nous étions à l'époque des 45 tours et des 33 tours, que l'on appelait aussi des microsillons ou des « longs-jeux ».

En raison de mes connaissances, de l'expérience acquise à Québec et de ma passion pour la chanson française, j'aurais beaucoup aimé devenir l'animateur de l'émission la plus populaire de CKVL, la *Parade de la chansonnette française*, mais c'était la chasse gardée des grandes vedettes de la station, les Jacques Normand, Roger Baulu et Jacques Desbaillets. L'émission avait d'ailleurs été créée en 1947 par Normand lui-même, en collaboration avec Guy Mauffette, qui devint plus tard l'animateur d'une émission phare de Radio-Canada, *Le Cabaret du soir qui penche*. Il n'était donc strictement pas question de les déloger de leurs niches, même s'ils n'avaient qu'un intérêt mitigé pour la chanson, ce qui se reflétait dans leurs propos et surtout dans leur manque d'ardeur. C'est cette attitude de leur part qui allait contribuer à donner un sérieux coup de pouce, autant à ma carrière qu'à la chanson québécoise.

À cette époque, la *Parade de la chansonnette française* était tellement écoutée qu'elle accaparait la presque totalité des heures de diffusion du poste. Elle occupait la case horaire de 11 à 14 heures et celle de 16 à 22 heures, pour un total de 7 heures de la programmation quotidienne. Quand on ajoute à cela le milieu de l'après-midi (de 14 à 16 heures) consacré à des émissions en anglais (à ses débuts, CKVL avait une licence d'opération bilingue), il n'en restait plus beaucoup pour autre chose à l'antenne. Incidemment, MM. Normand, Baulu ou Desbaillets n'avaient pas à tenir le micro pendant toute la durée de leurs émissions et ils se contentaient d'enregistrer leurs courtes présentations de chaque chanson, ce qui pouvait se faire en moins d'une demi-heure. C'est ce qui expliquait dans une certaine mesure le ton assez détaché et insouciant de leurs interventions. Le format de l'émission était simple et ne misait même pas sur les chansons les plus populaires du moment. Chaque quart d'heure était consacré à une vedette différente, que ce soit Annie Cordy ou Les Compagnons de la chanson en passant par les têtes d'affiche qu'étaient Tino Rossi, Maurice Chevalier, Édith Piaf, Yves Montand, etc.

Je fis malgré tout une proposition à mon patron, M. Tietolman. Même s'il était obnubilé par l'argent et les cotes de popularité, il avait un côté « bon père de famille » qui séduisait tout le monde.

Sa façon de détourner ceux qui venaient lui réclamer une petite augmentation de salaire est passée à l'histoire. Avec son accent bien particulier quand il s'exprimait en français, Jack vous promettait de faire de vous « un gros vedette populaire » encaissant de très gros salaires. Et il vous invitait à patienter, jusqu'à ce que le manège recommence. M. Tietolman avait aussi une autre façon de vous faire perdre tous vos moyens : fanatique de l'air conditionné, son bureau (je devrais dire son igloo) donnait l'impression de se trouver dans un réfrigérateur de boucher tellement il y faisait froid. Sans doute s'agissait-il d'une tactique pour vous geler les idées. En plus, il donnait toujours l'impression de ne pas vous écouter et passait son temps à découper des publicités de journaux pour les refiler à ses vendeurs en leur demandant pourquoi un tel ou un tel autre n'annonçait pas sur les ondes de son poste.

Mais il ne fallait surtout pas se fier aux apparences. Alors que vous aviez la ferme conviction qu'il ne vous écoutait pas, il vous lançait à brûle-pourpoint des questions fort pertinentes. Il suffisait de croire à son projet et d'avoir le bagout pour le « vendre » au grand manitou de CKVL. Si celui-ci décidait d'aller de l'avant avec votre idée, il se faisait un point d'honneur d'y mettre son grain de sel et de vous suggérer des ajouts ou des modifications. Face à ma proposition de retirer de l'horaire la première tranche de la *Parade de la chansonnette française* (celle de 11 à 14 heures) pour faire place au disque canadien et à toute cette gerbe de chansonniers qui commençaient à ennoblir un répertoire québécois jusque-là saccagé par d'innommables insignifiances, le grand patron suggéra de créer un « club du disque canadien ». Les auditeurs pourraient se procurer une carte de membre (avec ma photo s'il vous plaît !) et avoir la chance de gagner divers prix, dont ces fameux appareils de radio que Jack distribuait à tout venant avec l'assurance que les récipiendaires écouteraient CKVL, puisque les récepteurs ne pouvaient pas capter une autre station que la sienne. En l'espace de quelques jours, je me retrouvai animateur et président du *Club du disque canadien*, émission diffusée entre 11 heures et 14 heures. Mon rôle consistait à faire tourner des disques canadiens et à recevoir presque chaque jour les artistes du Québec qui venaient d'enregistrer un nouveau disque.

Avant l'entrée en ondes de cette émission, on m'avait offert la case du matin, sans savoir que j'étais un incorrigible dormeur ignorant que 5 heures sonnaient deux fois dans une journée de 24 heures. Bref, le couche-tard que j'étais devenu ne pouvait s'imaginer que des gens se levaient aussi tôt que 5 heures du matin pour aller au boulot. Et n'allez pas croire que cela se passait aux aurores. On était encore humain et civilisé au milieu des années 1950 et l'émission dont je parle débutait à 8 heures du matin. Au cours de mon premier mois dans la case horaire de 8 à 9 heures du matin, j'étais arrivé en retard neuf fois, ce qui me valut, à ma grande satisfaction, d'être renvoyé de l'émission et relogé dans une case horaire plus indulgente. Mon médecin, pour sa part, justifiait ce manque d'énergie matinal par un métabolisme lent, ce qui était sans doute la façon polie de me dire que j'étais paresseux. Il me faut préciser que les émissions matinales n'avaient pas en ce temps-là la même importance qu'aujourd'hui et surtout que l'offre n'était pas très nombreuse. En réalité, CKVL exerçait alors une telle domination des ondes que je n'ai aucun souvenir de ce que les autres stations de radio du temps (CHLP, CKAC, CBF et plus tard CJMS) diffusaient, à l'exception peut-être de *Chez Miville* à Radio-Canada.

Née en 1954, mon émission sur le disque canadien allait s'avérer une sorte de plaque tournante d'une industrie encore dans sa tendre enfance. Le *Club du disque* était devenu un incontournable pour les artistes québécois et je fus soumis aux pressions des divers promoteurs des nombreuses compagnies de disque qui avaient vu le jour en l'espace de quelques années, voire quelques mois. C'est ainsi que la discothèque de CKVL était devenue le rendez-vous des Yvan Dufresne (Apex), Roger Vallée ou Pierre Nolès (Fleur de Lys), Michel Constantineau, Gilles L'Écuyer (Trans Canada), Claude Ranello (Columbia), Claude Palardy (London), Jean Dubord (RCA Victor) et quelques autres dont les noms m'échappent. Preuve que la vie fait drôlement les choses, j'ai certaines fois revu quelques-uns d'entre eux plusieurs années plus tard, alors qu'ils avaient abordé d'autres avenues. C'est ainsi que Gilles L'Écuyer, recyclé dans l'immeuble, m'a vendu une copropriété dans le complexe des Terrasses du Lac, devant la voie maritime à Brossard. Claude Ranello est réapparu sur mon chemin un jour en Floride, alors qu'il visitait une amie dans le même lotissement immobilier où j'avais acheté une maison. J'ai aussi revu Claude Palardy, qui était alors le conjoint de Béatrice Von Dorp, une bonne amie de mon épouse. Les deux furent malheureusement victimes d'un terrible accident d'automobile quelques heures après être débarqués en Allemagne, lorsque Claude s'endormit au volant. Celui-ci fut tué presque instantanément, tandis que Béatrice se remit de ses blessures, mais sans doute pas de son chagrin.

Cela dit, les artistes défilaient tous les jours sur la rue Gordon à Verdun pour venir « ploguer » leurs nouveaux 45 tours. Nous étions au bon vieux temps de la *payola* (ce qui signifiait être rémunéré pour faire tourner un disque en particulier), mais cela n'avait toutefois rien de scandaleux à côté de ce qui se pratiquait dans le milieu du journalisme politique et dont je vous parlerai un peu plus tard. Les incitatifs consistaient la plupart du temps en des dîners dans de bons restaurants comme le fameux Pierrot Gourmet ou Chez Desjardins, le restaurant préféré de Charlemagne Landry, le gérant des Jérolas qui m'invitait régulièrement à sa table.

FERNAND GIGNAC CONTESTE

L'empire de Jack Tietolman ne se limitait pas à CKVL. Il était aussi propriétaire de deux journaux, le réputé *Radiomonde* et un journal de fin de semaine appelé *Samedi-Dimanche*, qui se voulait un concurrent du très populaire *Dimanche Matin*. C'était bien avant que les quotidiens de Montréal décident de publier une édition dominicale. Il n'était donc pas très difficile d'obtenir des articles dans *Radiomonde*, où l'on ne se gênait pas pour faire la promotion des émissions et des vedettes de CKVL. Comme quoi la convergence n'est pas un phénomène récent ! Le premier article qui me fut consacré par l'hebdo des artistes me présentait comme « le plus jeune annonceur du Québec », ce qui souleva les protestations d'un individu du nom de Fernand Gignac, qui travaillait à ce moment-là pour CHLP. C'est à lui, disait-il, que revenait le titre de benjamin des annonceurs. Sa contestation ne résista toutefois pas à la vérification des extraits de naissance : Fernand était né en mars 1934 alors que j'avais livré mes premières critiques trois mois plus tard, en juin. J'eus donc droit à un second article dans *Radiomonde*, confirmant mon statut de plus jeune annonceur aux dépens de Fernand Gignac, qui devint par la suite un bon ami que j'accueillais régulièrement dans mes émissions sur la chanson et le disque canadien. Comme il était du même âge que mois, à trois petits mois près, son décès en 2006 m'a particulièrement touché.

MON GOUROU, ALAIN STANKÉ

À CKVL, quand j'étais en studio, il y avait derrière la vitre un grand bonhomme (dans les deux sens du terme) qui allait avoir une influence considérable sur ma carrière et qui devint en quelque sorte mon mentor. Il s'agit d'Alain Stanké, dont le passé me fascinait et qui visiblement ne finirait pas sa vie assis devant un chronomètre et une feuille de route (*cue sheet*) en train de minuter la durée des commerciaux présentés en ondes et de s'assurer que l'émission se déroule selon le programme et le temps alloué. Alain était une vraie machine à idées; il n'avait peur de rien et avait le sens de l'humour d'un vrai gamin. On avait déjà l'impression qu'il allait s'amuser dans la vie. Et comme je souhaitais faire la même chose, nous devînmes de bons amis en l'espace d'une chanson.

Alain Stanké ne resta pas longtemps derrière la baie vitrée et, à la première occasion, il m'annonça qu'il quittait CKVL pour aller travailler comme journaliste au *Petit Journal,* un hebdomadaire sous la direction de Jean-Charles Harvey. Alain avait plein d'idées et comptait bien faire parler de lui le plus tôt possible. J'étais un peu triste de le voir partir, mais contrairement à ce qui se passe très souvent dans ce genre de situation, nous restâmes très près l'un de l'autre.

C'est à son contact que j'ai développé le goût de l'écriture. Déjà à l'école, je me débrouillais assez bien en ce domaine, mais c'est l'ami Alain qui m'enseigna les rudiments du journalisme et les subtilités du reportage : comment élaborer un article, comment tirer parti de l'importance du préambule, comment capter l'attention du lecteur et la garder jusqu'à la conclusion. C'est aussi à son contact que j'ai appris l'art de fabriquer un titre accrocheur. Tout en travaillant à CKVL comme *disc-jockey*, je me mis à écrire de petites chroniques qui, au début, étaient des biographies de vedettes de la chanson française que je refilais à la revue *Le Samedi*, un magazine grand format sur papier glacé qui sortait chaque fin de semaine en même temps que *La Revue populaire*. Par contre, je ne me souvenais pas avoir été l'auteur de sketches comiques, mais j'ai devant les yeux quelques numéros d'un petit journal qui s'appelait *Le Canadien riant* et pour lequel j'avais pondu des textes supposés drôles en sollicitant l'aide d'humoristes comme Gilles Pellerin ou Jacques Normand, même si ce dernier était d'abord un chanteur fantaisiste. Bref, l'humour n'occupait pas en ces années 1950 la place privilégiée qu'il détient maintenant.

AU TEMPS DES ENVELOPPES

Pour faire mon apprentissage du journalisme, j'accompagnais fréquemment Alain dans ses déplacements. Je me souviendrai toujours du dimanche où il avait été envoyé à Valleyfield pour couvrir l'inauguration de la travée levante du pont reliant la ville à Coteau-du-Lac, ouvrant ainsi la voie aux navires franchissant la voie maritime. Au milieu des années 1950, notre bon gouvernement avait une poigne solide non seulement sur l'église, mais aussi sur la presse écrite, qu'il ne cessait de cajoler comme en témoigne le communiqué de presse que l'on nous avait remis lors de l'ouverture du pont. Celui-ci avait été glissé dans une enveloppe et il s'accompagnait d'un beau billet de 10 $ si propre et si neuf qu'on avait l'impression qu'il venait tout juste d'être imprimé. Et 10 $ dans ces années, c'était l'équivalent de 200 $ de nos jours. D'ailleurs, le temps des enveloppes n'est pas encore révolu, comme on a pu s'en rendre compte durant la commission Gomery.

LES JOURNAUX JAUNES...

À propos d'argent, Alain et moi formions un tandem plutôt lucratif; nous écrivions ensemble des montagnes de potins, que nous vendions 50 cents l'unité à un petit journal jaune du temps (il était effectivement de couleur jaune) qui s'appelait *Ici Montréal*. Cette feuille de chou connaissait alors un immense succès et inspirait une grande crainte aux diverses personnalités de toutes les sphères d'activité, et cela, même si tout s'écrivait la plupart du temps sous le honteux couvert de l'anonymat.

En réalité, une bonne partie de nos articles ou potins étaient de pures inventions ou fantasmes. Un soir en revenant de Québec, nous nous étions arrêtés dans un motel de la région de Trois-Rivières et j'avais eu l'idée d'un article à parfum de scandale qui insinuerait que le propriétaire de l'établissement avait installé des caméras dans les chambres pour filmer les ébats amoureux des clients que des gens, dans une autre chambre, pouvaient visionner moyennant le paiement d'un prix d'entrée. L'article fut écrit sur-le-champ et publié la semaine suivante avec de vagues références à un motel de la région trifluvienne et sans aucun nom compromettant. Il n'y avait évidemment pas un mot de vrai dans ce papier, pas plus que dans les potins du genre : « Quel est donc cet avocat bien connu qui a été aperçu avec une planturexxx blonde la semaine dernière dans un bar branché des Laurentides ? » Vous voyez le genre.

... ET ROSES

À un certain moment, il y avait une telle prolifération de ces petits journaux jaunes qu'Alain eut envie de profiter de la manne. En collaboration avec un imprimeur de Berthierville, il lança une sorte de fascicule baptisé d'un nom qui est aujourd'hui à peu près disparu de la parlure québécoise. Cela s'appelait, tenez-vous bien,

Le Senteux, un terme qui s'apparenterait de nos jours à celui d'écornifleur, et qui désignait un individu qui fouine dans les affaires de tout le monde. Avec son sens de l'humour très délinquant, Alain avait exigé que le journal soit de couleur rose et, qui plus est, parfumé. J'avais des doutes sur le succès possible d'une telle publication et le temps me donna raison. Après quelques numéros, le journal *Le Senteux* disparut du marché, mais son créateur survécut facilement à cette folie d'adolescent. Je doute toutefois que mon ami Alain ait conservé cet épisode de sa vie dans son *curriculum vitæ* officiel. J'espère qu'il ne me tiendra pas rigueur d'avoir fait allusion ici à ce passage cahoteux de sa brillante carrière.

J'ai cependant cru qu'il ne fallait pas passer sous silence cette époque peu reluisante de la petite histoire des périodiques au Québec, d'autant plus qu'elle a servi de tremplin à un certain Pierre Péladeau, dont l'une des premières publications était un journal de la même espèce (*Nouvelles et potins*) qui connut son heure de gloire avec une chronique intitulée « Le Cave de la semaine ». Tout ce que le Québec avait de personnes connues craignait comme la peste de se retrouver la victime de cet affront public et de voir son nom et sa photo remplir la colonne du déshonneur. La même crainte existait envers *Ici Montréal* qui, en plus de nos débordements d'inspiration, publiait à l'occasion des nouvelles vraies à relent de scandale. En réalité, tous les collaborateurs travaillaient sous le couvert de l'anonymat, au point où certains livraient leur copie par la poste afin de ne pas être vus dans les parages des bureaux de l'éditeur. Tout le monde cherchait à savoir qui étaient les informateurs secrets qui étalaient tant de médisances dans ces journaux poubelle. À *Nouvelles et potins*, on était tout de même un peu plus rigoureux et M. Péladeau exigeait que les faits rapportés soient corroborés. N'empêche que c'étaient des vérités toutes crues.

UNE STATUE DE LA VIERGE QUI PLEURE

Alain Stanké publiait ses propres articles dans *Le Petit Journal*, dont il était un membre de la rédaction, et il m'arrivait d'y travailler occasionnellement comme collaborateur. Toutefois, nous avions réalisé quelques reportages ensemble, dont le plus mémorable portait sur une statue de la Vierge sise dans une petite chapelle au milieu du jardin d'un citoyen de Rivière-des-Prairies. Ce dernier, un monsieur Bergeron, prétendait que ladite statue versait des larmes chaque soir à 21 heures et qu'il y avait là un message alarmant pour la population du Québec. Nous avions affaire à un brave monsieur qui avait tout fait pour prouver que les larmes en question n'étaient pas de la frime ou le fruit d'une imagination trop fertile. Même le curé de la paroisse se disait le témoin oculaire de l'une de ces manifestations.

Nous aurions pu traiter l'affaire comme une absurdité sans intérêt et y consacrer quelques lignes dans les faits divers. Mais nous avions tous les deux un appétit féroce pour le sensationnalisme, l'inédit et le paranormal. Le résultat fut une véritable tartine coiffée d'un titre accrocheur dans le genre « Une statue de la Vierge qui pleure » et « quel message faut-il en tirer ? » Comme de raison, notre trouvaille fit la une du journal, avec photos de la maison, de son propriétaire, du jardin, de la statue de la Vierge et des petits pots de fleurs déposés à ses pieds. *Le Petit Journal* sortait alors le vendredi et constituait une des lectures préférées des Québécois. Le dimanche suivant, Alain et moi étions curieux de voir si quelqu'un pousserait la curiosité jusqu'à aller voir de quoi il retournait exactement. Nous partîmes avec sa voiture pour nous rendre compte qu'il y avait un embouteillage monstre dans tout le quartier où se trouvait la résidence de « la statue qui pleure ». On interrogea un agent de police afin de connaître la raison de toute cette commotion par un dimanche tranquille. Nul besoin d'ajouter que nous fûmes pris d'un indescriptible fou rire accompagné plus tard d'une certaine inquiétude sur l'inconfort créé au propriétaire de la maison après la montée en épingle de cette histoire. Chose certaine, nous n'avions plus aucun doute sur la popularité du *Petit Journal*. J'ajouterai seulement en guise de conclusion que les « apparitions de la Vierge » étaient si courantes au Québec à cette époque que la ville de Lourdes aurait pu poursuivre la province pour tentative de récupération de son industrie touristique.

AU TEMPS DES OREILLES DE LAPIN

À partir du 6 septembre 1952, la vie des Québécois changea de façon radicale. Ce fut le début de la fin de la belle époque des cabarets et des nuits de Montréal en raison de l'arrivée de la télévision, dont la popularité allait modifier à tout jamais notre façon de vivre. Pourtant, les premiers téléspectateurs n'avaient pas l'embarras du choix, compte tenu qu'il n'y avait qu'un poste canadien en ondes, le canal 2. Celui-ci diffusait principalement en français, mais quelques heures de sa programmation étaient consacrées à des émissions en anglais. Cela dura jusqu'à l'ouverture du canal 6, un peu plus tard qui, comme le 2, était sous le contrôle de la CBC (Canadian Broadcasting Corporation). La « grosse lampe » et les « oreilles de lapin » étaient devenues des expressions en vogue, tandis que *La Soirée du hockey* clouait toute la province à son fauteuil chaque samedi soir. En général, ce n'était pas très rigolo au point de vue programmation ; de plus, les premiers téléviseurs étaient aussi fiables qu'une Lada et coûtaient très cher pour l'époque. C'est pourquoi beaucoup de gens allaient regarder la télé devant la vitrine des grands magasins, qui la laissaient fonctionner même après l'heure de fermeture afin d'attirer des acheteurs éventuels.

Pendant ses premières années d'existence, la télé de Radio-Canada boudait un peu tout ce qui pouvait avoir une connotation populaire. Il y avait bien quelques émissions de variétés, mais il reste que c'était une télévision élitiste et un tantinet empesée.

Je mis un bon bout de temps avant de faire ma toute première apparition à la télévision. Ce début, je le dois à la même personne qui allait me faire confiance plus tard : Robert L'Herbier. Bien avant de prendre les commandes de la télévision privée à Télé-Métropole (canal 10), il animait une émission de 15 minutes chaque semaine à Radio-Canada en compagnie de son épouse, Rolande Desormeaux. Cela s'appelait tout simplement *Rolande et Robert* et je n'arrive plus très bien à me rappeler ce que j'étais allé faire à leur émission. J'avais dû jouer un tout petit rôle dans un sketch quelconque. Tellement angoissé à l'idée d'être vu à la télévision et après m'être autant vanté de ce début de célébrité, j'ai complètement oublié pourquoi M. L'Herbier avait réclamé ma présence et encore plus comment je m'acquittai de ma tâche !

CHAPITRE IV

UN PREMIER MARIAGE

Même s'il m'arrivait à l'occasion de retourner à Québec pour voir ma mère, les impératifs de ma jeune carrière d'annonceur à CKVL ne laissaient pas beaucoup de place aux loisirs. À un âge où les garçons d'aujourd'hui sont à peine sortis de l'adolescence, j'étais plongé dans un travail extrêmement accaparant. Sans courriel, sans télécopieur et avec des frais d'interurbain sans concurrence qui étaient le cauchemar des usagers du téléphone, j'avais, à part les lettres, très peu d'occasions de communiquer avec Murielle, qui était devenue pour moi une bonne copine plutôt qu'une amoureuse. Après une « vie de garçon » relativement calme et courte, j'éprouvais le besoin d'avoir une femme à mes côtés, même si j'avais à peine 21 ans. J'avais eu quelques flirts, principalement avec des chanteuses populaires de l'époque, mais ce n'était que cela, des flirts anodins, à une exception près. J'étais devenu amoureux d'une chanteuse, une rousse absolument séduisante que j'avais interviewée à quelques reprises et dont je faisais tourner les disques, sans doute plus souvent qu'elle le méritait, pour tenter de la séduire. Nous nous étions rencontrés à trois ou quatre reprises, mais elle semblait toujours sur ses gardes et plutôt distante. J'avais l'impression qu'elle me cachait quelque chose. Comme elle travaillait avec un groupe passablement connu, on chuchotait qu'elle entretenait probablement une relation avec le musicien qui dirigeait cette formation. Je crus comprendre qu'il serait plus prudent pour moi que personne n'apprenne que je tournais autour d'elle.

Cependant, je n'avais pas encore rompu avec mon premier amour, Murielle. La fin de cette relation se profila le jour de 1955 où je rencontrai la petite amie de mon cousin Jean Frenette, au chalet de sa famille au lac du Huit près de Thetford Mines. Elle s'appelait Berthe Blanchette. C'était en été et je revenais d'une semaine de vacances sur une plage de la côte est américaine. J'y avais attrapé un coup de soleil carabiné après m'être endormi sur le quai dans la douceur d'un après-midi chaud de juillet. Inutile de dire que j'étais souffrant le soir venu et Berthe s'offrit à atténuer ma douleur en m'appliquant une généreuse dose de Noxema. Au troisième passage de sa main insistante sur ma cuisse gauche, j'étais tombé amoureux de cette « infirmière » improvisée. Peu après, je lui envoyai une lettre enflammée pour la convaincre que j'étais l'homme de sa vie. J'avouerai ici à ma courte honte que j'avais demandé à mon ami Pierre Léger (Pierrot le fou), un poète qui passait plus de temps dans les bars qu'à son poste de rédacteur de nouvelles à CKVL, de m'écrire quelques vers bien sentis qui se lisaient comme suit : « Ma future épouse est un roseau naissant, telles dans les prairies les roses du printemps. » Sensible à ces quelques lignes de guimauve empruntée, Berthe accepta de se laisser passer la bague au doigt. Je retournai la voir trois ou quatre fois, pas plus, et la date du mariage fut fixée au mois de février suivant.

LA LANGUE COUPÉE

C'est lors d'un de ces voyages que ma vie faillit basculer complètement à la suite d'un accident qui aurait pu me priver de ce qui était l'instrument principal de ma carrière : la parole. C'était l'hiver et je revenais de Thetford Mines au volant de ma Ford presque neuve lorsque je fus surpris par une plaque de glace sur la chaussée aux alentours de Drummondville. Mon permis de conduire était lui aussi tout neuf; c'est dire que je n'avais pas encore une grande expérience de la conduite automobile. Je fus donc incapable de contrôler le dérapage et je me retrouvai nez devant dans un fossé profond. Je ne fus pas blessé sérieusement, sauf peut-être dans mon orgueil et à ce qui était mon « instrument de travail ». J'ai en effet la vilaine habitude de tirer la langue dans les moments angoissants. La première chose que je vis en regardant dans le rétroviseur fut un visage ensanglanté et une partie de mon précieux organe qui pendouillait dans ma bouche. Bref, sous le choc, je m'étais fait une profonde entaille à la langue et ce n'était pas beau à voir.

Ma première réaction fut de croire que ma carrière ne tenait plus qu'à quelques lambeaux de chair en piteux état. Je me précipitai vers la maison la plus proche. La pauvre dame qui m'ouvrit eut un mouvement de recul en m'apercevant. Elle appela une ambulance et je me retrouvai à l'hôpital de Drummondville, où le médecin de garde entreprit de me recoudre la langue en faisant tellement de points de suture que j'avais l'impression qu'il était en train de me tricoter un organe vocal tout neuf. On m'interdit de manger toute nourriture solide pendant cinq ou six jours et on me recommanda de parler le moins possible, et je pus quitter l'hôpital le jour même.

Le supplice et l'anxiété durèrent une longue semaine, pendant laquelle je fus muet comme une carpe. Finalement, j'allais pouvoir reparler normalement, mais sans pour autant me tourner la langue sept fois avant de le faire !

LA FROUSSE DE MA VIE

Je n'étais pas au bout de mes angoisses puisque, à mon insu, j'allais être la cible d'un « enterrement de vie de garçon » très particulier. Si l'évènement fut mémorable, il me fit aussi vivre la soirée la plus longue et la plus terrifiante de ma jeune existence. Il faut savoir qu'à l'époque, j'écrivais beaucoup d'articles sur le crime organisé ; j'étais en quelque sorte le Claude Poirier du temps. Un journal avait même publié un de mes articles, intitulé « La pègre veut bâillonner les journalistes d'action », en référence à Alain Stanké, Pierre Léger et Jacques Duval. Fréquentant beaucoup le milieu des cabarets et tentant de marcher sur les traces d'Alain Stanké – qui avait une attirance pour les affaires policières –, je m'acharnais à trouver des scandales partout, et j'étais toujours en quête de primeurs auprès de la police de Montréal. J'avais noué une certaine amitié avec le lieutenant Léo Lequin, qui me refilait des tuyaux à l'occasion.

C'est cet aspect de mon travail qui allait donner l'idée de mon « enterrement de vie de garçon » à mes camarades de travail. Nous avions quitté CKVL à Verdun après la fin des émissions françaises à 23 heures (le poste diffusait en anglais toute la nuit) pour aller prendre un verre comme à l'habitude au Café Saint-Jacques. En arrivant sur place, je fus accosté par deux colosses qui me forcèrent à monter dans une grosse voiture noire pendant que mes collègues faisaient mine de ne rien comprendre à cet enlèvement. Sans que l'on me dise quoi que ce soit, la voiture se dirigea vers le port de Montréal pendant que mes deux ravisseurs commençaient à parler entre eux de la façon dont ils disposeraient de mon corps. L'un était d'avis qu'il valait mieux me jeter dans l'eau froide du fleuve (en plein mois de janvier !) tandis que l'autre prétendait que le corps pouvait remonter à la surface et qu'il serait préférable d'enterrer mon cadavre à un endroit introuvable. C'est tout juste si l'on n'avait pas décidé de mon sort à pile ou face : pile, on le jette dans le fleuve vivant pour qu'il s'y noie, face on lui tire une balle dans la tête avant de le jeter à l'eau. Ils avaient aussi laissé planer l'idée de me couper les doigts.

J'étais – est-ce utile de le mentionner? – pétri de peur. Je tremblais de tous mes membres. La situation s'empira encore lorsque l'un des deux m'expliqua qu'ils avaient reçu ordre de se débarrasser de moi parce que j'avais écrit des faussetés sur un membre influent de la mafia. Je leur ai alors offert de rétablir les faits dans le journal et de m'excuser d'avoir terni la réputation de cette personne. Finalement, après une longue réflexion, ils me demandèrent d'écrire une lettre dans laquelle je promettais de me rétracter. Ils n'avaient pas accepté tout de suite ma proposition, car ils avaient besoin de réfléchir avant de prendre une décision.

Pendant ce temps, la voiture roulait et j'étais toujours très inquiet de ce qui allait m'arriver. Puis, soudain, l'auto s'arrêta, sans que je m'en rende tout à fait compte, en face du Café Saint-Jacques, où se trouvaient réunis une bonne quinzaine d'amis et de camarades de travail, qui riaient bruyamment et applaudissaient, fiers de m'avoir flanqué la frousse de ma vie. Je poussai un profond soupir de soulagement et allai rapidement m'enfiler deux gin tonics pour me remettre de mes émotions.

Il s'avéra que les deux fiers-à-bras étaient des policiers de la ville de Montréal. Toute l'affaire avait été montée par le service des nouvelles, où travaillait notamment (aux sports) un certain Robert Rivet, qui était aussi au service de la police dans un poste de relations publiques. Ce fut une soirée que l'on n'oublie pas de sitôt, laissez-moi vous le dire et, malgré son scénario de film d'horreur, j'en ai gardé un bon souvenir, tant il est vrai que «qui aime bien châtie bien».

UN VOYAGE DE NOCES CHEZ CLAUDE-HENRI GRIGNON

Quelques semaines plus tard et seulement sept mois après avoir fait la connaissance de Berthe, un de mes oncles, qui était prêtre, nous mariait en l'église de la Présentation-de-Notre-Dame de

Thetford Mines. C'était en février 1956. Notre voyage de noces fut consacré aux sports d'hiver et à quelques autres activités plus chaleureuses. Nous logions dans un immense chalet de La Sapinière à Val-David. Drogué par le travail, j'en profitai pour aller à Sainte-Adèle interviewer l'auteur des *Belles Histoires des pays d'en haut*, Claude-Henri Grignon, pour le compte de mon journal, *Radiomonde*. Je pense que ma nouvelle épouse comprit à ce moment précis que si j'étais bel et bien amoureux d'elle, j'étais aussi follement épris de mon métier. M. Grignon, alors âgé de 62 ans, fut d'une gentillesse extrême et m'envoya, après la publication de l'article sur lui, une lettre de remerciements que j'ai conservée précieusement. Il y avait écrit entre autres : « Vous dites de grandes vérités qui devraient réjouir mes ennemis. Vous avez vu juste et franchement, vous méritez des félicitations. »

L'entrevue, publiée le 3 mars 1956, révélait que le créateur de Séraphin et de Donalda avait débuté comme rédacteur au journal *Le Canada* à l'âge de 22 ans, qu'il avait été pamphlétaire et maire de Sainte-Adèle avant de se lancer dans l'écriture de radioromans. Il s'amusait à dire que « la radio, c'est de la littérature industrielle ». Avant d'écrire une autre des *Belles Histoires des pays d'en haut*, il avait pondu quelques séries radiophoniques comme *Le Déserteur* et *La Rumba des radioromans*. M. Grignon m'avait raconté que son roman *Un homme et son péché* n'était pas entièrement de la fiction et que son père avait bien connu les deux protagonistes de l'histoire. Initialement, le livre s'était vendu à 3 000 exemplaires, mais dès les premières semaines suivant la mise en ondes en 1939, on en avait écoulé 67 000 autres, ce qui démontre que la puissance des médias était très forte même avant l'apparition de la télé.

PAPA EST TOUT-PUISSANT

La vitesse ayant toujours été au centre de ma vie, mon fils François naquit le 13 décembre suivant, 10 mois seulement après mon mariage. Je me souviens que j'étais fier comme un champion olympique de mon premier enfant. Sa venue me donnait un sentiment d'invincibilité et de puissance que je n'avais jamais éprouvé auparavant. Dans ma nouvelle interprétation de la vie, rien ne surpassait cette gloire d'être père. Je me plaisais même à dire que mon fils ne pouvait pas être inscrit à un concours de beauté, car ce serait injuste pour les autres candidats.

Comme j'étais collaborateur à *Radiomonde*, André Rufiange, le rédacteur en chef, avait tapissé les pages du journal de photos de mon premier enfant en compagnie de ses heureux parents. *Radiomonde*, tout comme *Samedi-Dimanche*, appartenait à *Radio Futura*, un groupe contrôlé par le coloré propriétaire de CKVL, Jack Tietolman. Dans cet hebdo des artistes, je couvrais principalement l'industrie du disque et le monde de la chanson dans une chronique portant le titre tout à fait « cucu » de « Jac Duval en disc-ute ». Vous saisissez l'astuce, sans aucun doute. Chaque semaine, je faisais le tour des petites nouvelles liées au disque et à ses artisans. Je commettais aussi une colonne dans laquelle je faisais la critique des nouveautés. Bien sûr, j'étais aussi à l'affût de tous les évènements marquants de ce petit monde et il m'arrivait de faire la une du journal avec une grosse nouvelle.

Par exemple, j'avais écrit un article qui disait que Jacques Normand avait vu la mort de près, puisque son chalet de Sainte-Adèle avait brûlé de fond en comble. L'ennui, c'est que Normand n'y était pas au moment de l'incendie : il séjournait à Montréal. Le chef des nouvelles, André Rufiange, décida malgré tout de faire une grosse manchette coiffée d'un titre accrocheur, « Jacques Normand voit la mort de près ». Disons que comme exagération, c'était dur à battre. Heureusement, le journal n'était pas toujours aussi brouillon.

En relisant ces vieux journaux, je me rends compte que j'avais déjà un fort penchant pour la polémique. Après la publication d'un de mes articles, les grands quotidiens de Montréal s'en étaient pris aux palmarès (les fameux *hit-parades*) de la chanson populaire en les qualifiant de navets et de nullités. J'avais bondi à la défense des artistes et échangé des propos caustiques avec les journalistes coupables de cet affront.

Le virus de l'automobile devait déjà s'être implanté chez moi : je me plaisais à épier les artistes pour savoir dans quelle automobile ils roulaient. J'avais même publié un reportage dressant la liste de toutes les vedettes du temps avec, pour chacune, le modèle de voiture dans lequel leurs fans pourraient les apercevoir. Les Buick semblaient avoir la cote dans ce temps-là, c'était la marque la plus populaire auprès d'artistes comme Jean Coutu (*Le Survenant*), Jacques Normand, Maurice Gauvin (*14, rue De Galais*) ou Doris Lussier (le père Gédéon). J'en conduisais d'ailleurs une moi-même. On pourrait en déduire que je gagnais beaucoup d'argent, ce qui était loin d'être le cas. Par contre, j'avais réussi à atteindre le plateau magique des 100 $ la semaine, ce qui était alors le rêve de tout le monde. J'empochais 60 $ de salaire à CKVL, je gagnais encore 30 $ pour mes chroniques dans *Radio-monde* et on me payait un cachet de 20 $ pour mes articles dans *Samedi-Dimanche*.

AU MICROPHONE, JACQUES DUVAL

À la radio de CKVL, je continuais à animer mes émissions sur le disque canadien de 11 heures à midi et, après le long bulletin de nouvelles, de 13 à 14 heures. Je profitais de cette heure de répit pour aller dîner à mon restaurant préféré, Le Paris, rue Sainte-Catherine Ouest, près de Saint-Mathieu. Au milieu des années 1950, le menu du jour coûtait 2,50 $ et pour ce prix, on pouvait déguster un délicieux potage aux poireaux, un plat de sole bonne femme et des fraises fraîches au fromage en saison. Je quittais les bureaux de CKVL, rue Gordon à Verdun, sur les chapeaux de roues pour me rendre jusqu'au Paris en 10 minutes environ, ce qui me laissait à peine 35 minutes pour déguster l'excellente cuisine de ce restaurant on ne peut plus français à tous les égards. Il suffisait d'un embouteillage pour que je fasse honneur à une mauvaise réputation que j'ai traînée toute ma vie, c'est-à-dire mon manque de ponctualité. Mon horloge biologique doit être détraquée; je crois toujours avoir le temps de faire mille choses avant de me rendre à un rendez-vous, pour me retrouver constamment à la dernière minute ensuite. En revanche, lorsque je flâne dans la maison ou ailleurs, je peux dire l'heure qu'il est à la minute près, même s'il y a deux ou trois heures que je n'ai pas consulté ma montre.

Du plus loin que je me souvienne, je me suis toujours imposé un stress inutile en courant après le temps. J'ai donc un carnet d'excuses passablement bien garni pour justifier mes retards. C'en est tellement maladif que lorsque je suis en avance, je crois avoir quelques minutes pour faire autre chose et je me retrouve encore une fois dans l'embarras. À propos de mes retards à CKVL après mes lunchs express au Paris, il arrivait souvent que le technicien doive faire tourner une chanson ou deux en m'attendant. Une fois, je devais recevoir Jean-Pierre Ferland. Constatant que je manquais à l'appel et mettant en pratique son ancien métier d'annonceur, il décida de s'interviewer lui-même, avec tout l'humour qu'on lui connaît. Peu de temps après, je lui renvoyai la politesse en lui consacrant une pleine page dans *Radiomonde*, pour souligner la sortie de son microsillon *Rendez-vous à la Coda*, sur lequel on trouvait notamment deux futurs succès, «Ton visage» et «Du côté de la lune». L'article s'intitulait «À la bourse de la chanson, Jean-Pierre Ferland est une valeur sûre».

VIGNAULT, FERLAND, LALONDE, LOUVAIN

Mon émission était à l'époque le rendez-vous incontournable des artisans de la chanson. Chaque jour ou presque, j'y recevais aussi bien de parfaits inconnus que les grandes vedettes du moment. Ils n'avaient besoin pour seul laissez-passer que d'un nouveau disque, un 33 ou un 45 tours, qui leur ouvrait la porte à une excellente plate-forme publicitaire. C'est ainsi que je vis défiler à mon micro les André Lejeune, Robert DeMontigny, Margot Lefebvre, Michel Louvain, Pierre Lalonde, Ginette Reno, Paolo

Noël, Dany Aubé, Fernand Gignac et bien d'autres. Je devins d'ailleurs assez copain avec plusieurs d'entre eux, notamment Paolo Noël, qui fréquentait à l'époque une plantureuse blonde du nom de Lucille Serval, avant de tomber amoureux de Ginette Ravel. En feuilletant mes nombreux albums souvenirs remplis de mes anciennes chroniques pour *Radiomonde*, j'ai découvert, dans cet amoncellement de papiers qui s'en vont en charpie, que Mme Serval avait beaucoup fait parler d'elle dans les années 1950. Son talent de chanteuse l'avait menée jusqu'à Paris, où elle avait séjourné de nombreux mois. Elle s'y était produite dans de petites boîtes de nuit, mais elle avait surtout retenu l'attention du chanteur Sacha Distel qui, selon la rumeur, était tombé amoureux d'elle. Puis, Lucille Serval est à tout jamais disparue du monde artistique et je ne saurais dire ce qu'il est advenu de l'ancienne amoureuse de Paolo Noël.

Comme chacun sait, ce dernier était à ce point épris de bateaux qu'il vivait sur l'eau plusieurs mois par année. Il se présentait d'ailleurs sur scène fagoté comme un matelot en goguette en se faisant appeler «l'amant de la mer», ce qui, de nos jours, lui vaudrait d'être tourné en ridicule, non sans raison. En hiver, il habitait une petite cabane remplie de filets de pêche et de bouteilles de Chianti enveloppées de paille et coiffées de bougies dégoulinantes. Ce refuge d'artiste était situé juste à côté de la maison de sa mère à Repentigny. Paolo m'invitait souvent à partager un repas avec lui avant de me chanter ses dernières compositions. Lors d'un de ces soupers, j'avais insufflé le goût de l'automobile à notre Tino Rossi national et, quelques semaines plus tard, il me téléphona pour me dire qu'il venait de s'acheter une Porsche 1600 Super cabriolet semblable à la mienne. Malheureusement, je ne vis jamais cette voiture dans son état original, puisque Paolo fut victime d'un grave accident qui réduisit son auto à un tas de ferraille. En examinant la voiture au garage le lendemain, je me sentis un peu coupable de l'avoir entraîné vers les voitures sport.

Heureusement, il avait été plus chanceux que James Dean et s'en était tiré sans blessure grave malgré plusieurs tonneaux.

Après avoir été longtemps considéré comme un imitateur de Tino Rossi, Paolo réussit finalement à imposer sa propre personnalité avec des chansons de son cru qui allaient donner un élan à sa carrière. Il avait même décroché un contrat à CKVL pour une émission diffusée chaque dimanche en direct d'un restaurant de Saint-Léonard-de-Port-Maurice, désormais connu simplement sous le nom de Saint-Léonard. L'émission dont j'étais l'annonceur s'appelait *Un dimanche à la guinguette*, bel exemple s'il en est de notre attachement à la mère patrie. Une fois, pendant une pause commerciale, j'avais demandé à Paolo qui était cette grosse bonne femme assise dans la première rangée et qui ne cessait de crier : « Envoye, mon Polo ! » Ce à quoi il me répondit en serrant les dents : « C'est ma mère, christ, pis je l'aime de même. » J'avais rarement été aussi mal à l'aise dans ma jeune carrière...

J'étais aussi très près dans le temps de Claude Gauthier, qui en était à ses débuts, de Marc Gélinas, d'André Lejeune, de Donald Lautrec, de Jean-Pierre Ferland, de Willie Lamothe et de Pat di Stasio, le père de Josée. Ce dernier, soit dit en passant, était un auteur-compositeur qui avait pour seul défaut de ne pas en avoir l'air. Il écrivait pourtant de petites chansons plutôt sympathiques, qui ne connurent malheureusement jamais assez de succès pour lui éviter de sombrer dans le monde plus rémunérateur de la publicité. À maintes reprises, je lui avais consacré des articles dans *Radiomonde*, agrémentés de photos de sa jeune famille et de son épouse Jacqueline. Les chansonniers me fascinaient. Par la prolifération d'auteurs-compositeurs que j'accueillais à bras ouverts dans mes émissions et mes chroniques, j'avais la nette impression de vivre une époque privilégiée, celle de la naissance de la chanson québécoise.

Claude Gauthier habitait Saint-Bruno avec son épouse Suzanne, et il venait régulièrement à la maison pour me faire entendre ses compositions. Je fus d'ailleurs le premier auditeur (à l'exception de Suzanne, sans doute) de son succès « Le grand six pieds ». Il fallait qu'il soit un maudit bon ami pour me prêter sa Porsche 911 un jour que ma voiture de course avait rendu l'âme au circuit du mont Tremblant. Prêter une voiture étant déjà un crime de lèse-majesté, la prêter pour faire de la course est une horreur inqualifiable. Qui plus est, c'est lui-même qui avait apposé sur les portières mon numéro de course (58) avec du ruban gommé.

Quant à Willie Lamothe, j'ai rarement vu un type aussi drôle : il nous faisait mourir de rire chaque fois qu'il venait nous visiter. Un jour, je ne sais plus à quelle occasion, il avait planté une petite branche de saule derrière notre résidence de la rue Bellevue à Saint-Bruno. La petite branche devint un grand arbre magnifique qui enjoliva la propriété jusqu'au jour où nous avons été contraints de le sacrifier pour faire place à la piscine que les enfants réclamaient à grands cris. J'ai appris à connaître Willie en animant son émission quotidienne sur les ondes de CKVL : *Willie Lamothe et ses cavaliers des plaines*, diffusée en direct, devant public, du Carnaval Lounge du Café Saint-Jacques, au coin de Saint-Denis et de Sainte-Catherine. En compagnie du co-animateur Pierre Fournier, je transformais de simples histoires drôles en des sketchs pas toujours très amusants mais rendus plus hilarants par notre déguisement avec chapeau de cow-boy, lavallière, ceinture à revolver, bottes et toute la panoplie d'accessoires appropriés. En plus de Willie, il y avait là sa fidèle compagne Rita Germain et le regretté Bobby Hachey avec son éternel sourire.

Finalement, un mot sur Jean-Pierre Ferland. Il composa la musique de sa chanson « Les fleurs de macadam » alors que je le ramenais à Montréal dans ma Porsche cabriolet. Nous revenions du théâtre d'été La Marjolaine, à Eastman, où nous avions travaillé la veille. La vitesse, le bruit du moteur, le chuchotement du vent et le tapement répétitif des pneus sur le macadam l'avaient inspiré, d'où le rythme accéléré de la musique.

MAISON À VENDRE

Toute ma vie, j'ai eu ce que l'on appelle familièrement la bougeotte. C'est ainsi qu'après mon mariage et en l'espace de moins de deux ans, nous avions déménagé cinq fois. Après avoir habité un petit appartement de la rue de l'Église à Verdun, nous nous étions portés acquéreurs de notre première maison en février 1957, imitant en cela mon complice Alain Stanké, qui s'était installé peu auparavant au cœur d'un ensemble résidentiel nommé Riverside Park à Lasalle. Ma mère m'avait généreusement donné une somme équivalant à près de la moitié du prix d'achat de ce fameux *split level* que nous avons détesté dès le premier jour. La fournaise faisait un boucan d'enfer. De plus, comme nous n'avions pas eu assez d'argent pour reproduire la maison témoin, notre petit paradis n'avait pas très bonne mine. Si bien que trois mois plus tard, j'avais revendu la maison à l'accordéoniste Noël Talarico, qui faisait partie de l'équipe des *Joyeux Troubadours*, l'émission radio de fin d'avant-midi à Radio-Canada. Je le connaissais pour l'avoir rencontré quelques fois à CKVL et je ne lui avais rien caché du problème principal de la propriété. Sans doute les flonflons de son accordéon purent-ils adoucir les désagréables fausses notes du système de chauffage…

Alain Stanké, qui venait d'épouser sa Marie-Josée (Beaudoin), avait eu le temps avant notre départ de Lasalle de nous faire goûter à son sens de l'humour bien particulier. Profitant de notre complète innocence, il avait décidé de nous inviter à souper chez lui pour manger un steak tartare. Étrangers au soudain engouement de l'élite d'alors pour ce plat, Berthe et moi regardions ce tas de viande crue au milieu de la table avec une inquiétude qui passa rapidement au dégoût lorsque nos hôtes avancèrent leur assiette pour se servir une portion de cette viande non cuite. Du coin de l'œil, Alain et Marie-Josée nous observaient tout en savourant le succès d'un gag qu'ils avaient soigneusement répété plusieurs fois avec d'autres innocentes « victimes ». Après le fou rire d'usage, nous eûmes le privilège de nous joindre au club des branchés qui mangeaient du steak tartare. J'ignore si c'est la conséquence de cet apprentissage mortifiant, mais je n'ai jamais été très friand du tartare de bœuf.

Nous méritions bien d'aller vivre en banlieue, et pas n'importe où ! Nous mîmes cette fois le cap sur Saint-Bruno, où nous avions repéré une fort jolie maison au style moderne, avec de belles boiseries et une superbe cheminée en pierre. Le promoteur nous promit que la maison, située rue Bellevue, serait prête deux mois après la signature du contrat, soit en juillet. Ce n'est finalement que le 24 décembre, veille de Noël, que nous pûmes emménager dans cette nouvelle résidence, après avoir vécu comme des bohémiens dans des refuges atroces en attendant que la maison soit prête. En 1956, Saint-Bruno n'était encore qu'un tout petit village comptant à peine 3 000 résidents. J'y suis demeuré une bonne partie de ma vie et j'y suis revenu récemment rejoindre ma fille Brigitte, qui y vit avec ses deux filles.

Moins de deux ans après nous être installés sur la rive sud, soit le 10 octobre 1958, mon deuxième fils, Pierre, entama une vie qui allait s'avérer assez mouvementée.

BON SAMARITAIN ENCORE UNE FOIS

C'est vers cette époque que je fis la connaissance d'un chansonnier français dont je devins un ami proche. Un soir à CKVL, je reçus un coup de fil d'un collègue, Armand Marion (celui qui jouait si bien les gars soûls), un ventriloque qui, incapable de boucler ses fins de mois avec un métier assez peu en demande, faisait des rapports de météo sous le nom de Monsieur Baromètre, tout en assumant la direction de la Guilde des musiciens du Québec. À ce titre, il avait rencontré l'impresario de Gilbert Bécaud et celui-ci lui avait demandé de me contacter afin de savoir si je serais en mesure d'aider un jeune chansonnier qui venait de débarquer à Montréal. Cet artiste était Jean-Claude Darnal ; il venait de lancer un disque chez Polydor, sur lequel il interprétait notamment « Le tour du monde », « Toi qui disais »

« Le soudard » et quelques autres très belles chansons reprises aussi par Édith Piaf, Catherine Sauvage, Eddie Constantine, Juliette Gréco, Petula Clark, Isabelle Aubret et quelques autres.

Dès le lendemain, Darnal me téléphona et je l'invitai à venir participer à mon émission *Le Club du disque canadien* à CKVL. Je me liai rapidement d'amitié avec lui et je décidai de l'aider à bien profiter de son séjour au Québec – il était venu principalement pour chanter à l'émission *Music-Hall* à Radio-Canada, animée par Michelle Tisseyre. C'était là une autre manifestation de ce côté paternaliste qui m'avait poussé à aider autant d'artistes pendant ma brève carrière à Québec.

Le voyage de Jean-Claude à Montréal s'étira pendant trois mois, en raison d'une grève à Radio-Canada qui éclata dans la semaine précédant sa participation à *Music-Hall*. Pour accorder un petit congé bien mérité à ma mémoire, je me permets de consulter le premier tome de l'autobiographie de Darnal intitulée *On va tout seul au paradis*. Il y raconte des choses dont je n'ai pas du tout souvenir et me fait parler comme un pur colon anglicisé, sans doute pour faire rire ses lecteurs français. Car je jure sur ce que j'ai de plus précieux que je n'ai jamais dit des choses comme « c'maudit chriss de cop » et que je ne lisais pas des publicités dans lesquelles j'invitais les auditeurs à acheter des « chickens à cinquant' sous l'pound ». Pousse, Jean-Claude, mais pousse égal, comme on dit chez nous. Je ne nie pas avoir proféré des insultes à un policier, mais pas de cette manière. Mais quelle importance… Jean-Claude a sans doute voulu amplifier ma passion pour les voitures et ma manie de conduire comme si je disputais constamment la première place aux 24 Heures du Mans.

Il fait référence, par exemple, à une randonnée au cours de laquelle j'aurais sauté des trottoirs et des talus à une vitesse digne des inimaginables poursuites dont les films d'action nous régalent régulièrement. Par contre, il rend compte avec beaucoup de justesse de cet infâme chanteur raté que j'avais rencontré à Québec et qui avait commis le rare exploit de donner un spectacle pour lequel nous avions été incapables de vendre un seul billet. Comme je l'ai raconté précédemment, plutôt que de prendre le premier avion à destination de la France, couvert de honte, ledit chanteur s'était installé à Montréal, où il avait trouvé le moyen de me convaincre de l'héberger un certain temps, avec son père, sa mère et son affreux cocker hargneux et nauséabond. Sans doute pour alléger l'atmosphère mais aussi pour signifier à la famille Massard qu'elle n'avait pas l'exclusivité de mon appartement, j'invitai Jean-Claude Darnal à venir séjourner chez nous en attendant la fin de la grève à Radio-Canada. L'endroit était assez déprimant, mais il avait au moins la qualité d'être assez vaste pour que personne ne se marche sur les pieds. D'un côté, mon invité devait se farcir les lamentations de la mémère et, de l'autre, mes récriminations de devoir supporter cette famille parfaitement représentative d'une France insupportable. Mon ami Darnal décampa à la première occasion, soit après avoir été engagé dans ce petit cabaret typiquement français baptisé le Saint-Germain-des-Prés.

Il connut de nombreuses aventures et mésaventures pendant son long séjour au pays. Il conserva néanmoins de très bons souvenirs du Québec et s'y fit surtout de nombreux amis dans le milieu artistique. Aujourd'hui, il vient de temps à autre au Salon du livre de Montréal, il gratte toujours la guitare et continue d'écrire des chansons rigolotes qu'il interprète avec une voix qui n'a pas vieilli d'un ton.

Toutefois, la chanson n'était pas ma seule préoccupation, loin de là. Comme si ma somme de travail n'était pas suffisante, je besognais aussi en même temps à *Samedi-Dimanche*, un journal de fin de semaine destiné à concurrencer le populaire *Dimanche Matin* qu'avait fondé Jacques Francœur. Caméra en main, je passais mes samedis à courir les drames, les tragédies, les accidents, bref ce que l'on appelle vulgairement « les chiens écrasés ». Ce n'était pas toujours gai et je fus profondément marqué par la noyade de trois enfants en bas âge dans la rivière Châteauguay. La vue de ces petits êtres inanimés sur la berge était un spectacle déchirant.

79 MORTS SOUS LES YEUX

Pourtant, j'avais vu pire avant même de commencer à travailler comme journaliste de faits divers. Par le fruit du hasard, j'avais été le seul photographe présent dans l'heure suivant l'écrasement d'un avion de ligne à Issoudun, pas très loin de Québec, le 11 août 1957.

Je revenais justement de la vieille capitale lorsque j'entendis à la radio qu'un avion nolisé de la compagnie Maritime Central Airways venait de s'abîmer dans un boisé près du village d'Issoudun. N'étant pas très loin, je décidai de me rendre sur les lieux de la tragédie afin de pouvoir téléphoner à CKVL pour rendre compte de ce dont j'avais été témoin. Lorsque j'arrivai, il y avait quelques agents de la Police Provinciale (c'est l'appellation qui précéda celle de la Sûreté du Québec) qui empêchaient les badauds de s'approcher des restes de l'avion, mais ma caméra suffit à les convaincre que j'étais journaliste.

Je me faufilai à travers les décombres et je me heurtai tout de suite à des visions d'horreur, comme cette poupée déchiquetée et ces morceaux de caoutchouc mousse troué qui, quelques minutes plus tôt, servait encore de rembourrage à des sièges d'avion. C'était une région marécageuse et on devinait à peine la présence de restes humains ici et là. Curieusement, les visages avaient disparu, comme si le choc avait transformé les passagers en une vulgaire bouillie d'os et de chairs qui rendrait leur identification pratiquement impossible. L'objectif de la caméra réussissait à minimiser l'horreur de la scène et je repartis de là trempé et nauséeux.

À peine remis de mes émotions, j'appelai les journaux le lendemain pour leur offrir mes photos. Finalement, c'est le *Herald*, un tabloïd de Montréal, en collaboration avec l'agence internationale Associated Press, qui m'offrit d'acheter mes clichés à prix fort. Ce n'est pas tellement la somme de 50 $ que j'encaissai qui changea quoi que ce soit, mais plutôt le fait de voir mon nom dans le journal du lendemain sous ma photo montrant une vue d'ensemble des lieux de ce qui s'avéra la plus grosse catastrophe de l'histoire de l'aviation civile au Canada, avec un total de 79 morts.

Quelques jours plus tard, *La Presse* publia un document exclusif, soit une photo montrant avec précision les débris du DC-4 d'Issoudun. Cette photo avait une histoire : elle avait été prise avec ma caméra par M. Pierre Renaud, le frère du copilote tué dans la tragédie. En arrivant sur les lieux, M. Renaud était dans un tel état de désespoir et de choc qu'il avait refusé de rester derrière le périmètre de sécurité établi par la GRC. Il avait emprunté ma caméra et criait aux agents que personne ne l'empêcherait de prendre des photos qui seraient pour la famille le seul souvenir du disparu. Sensible à son émotion, la GRC l'avait finalement laissé passer.

Toujours comme reporter, je me suis farci également des dossiers interminables tant sur la pègre que sur les grandes injustices de l'époque. Je me demande encore comment j'arrivais à trouver le temps pour faire mes enquêtes, animer mes émissions à la radio, rédiger mes textes pour *Radiomonde* et travailler à faire le pitre sur la scène des divers endroits d'amusement du Québec. Avais-je le don d'ubiquité ? En fouillant comme ça dans mon passé, j'en ai souvent l'impression. Et ce n'est pas fini !

LA CIRCULATION DU HAUT DES AIRS AVEC UN CASSE-COU

Les bulletins de circulation émanant du ciel (que ce soit d'un avion ou d'un hélico) et dont on fait grand cas aujourd'hui sont loin d'être nouveaux. J'ai été sans le vouloir le pionnier des bulletins de circulation, non seulement du haut des airs, mais aussi sur les ondes radiophoniques. Riche et rusé, le sympathique patron de CKVL, Jack Tietolman, m'avait fait venir à son bureau un beau jour, vers la fin des années 1950, pour me dire que lors

d'un séjour à New York, il avait entendu à la radio de courts
bulletins de circulation diffusés à partir d'un avion. Il voulait
instituer le même service à Montréal, en commençant d'abord
par des reportages couvrant une période où le trafic était particulièrement lourd, soit le dimanche après-midi. Comme j'étais
alors affecté à l'animation du dimanche après-midi, il avait décidé
que je serais l'heureux élu. Non seulement m'avait-il désigné
comme reporter à la circulation, mais il m'avait aussi demandé
de m'occuper des détails organisationnels.

Cela ne pouvait pas mieux tomber, car j'avais parmi mes amis
d'enfance un certain Jacques Lemelin, dont la famille (propriétaire des Autobus Lemelin) habitait à côté de chez nous au
moment où nous logions rue Wolfe à Lévis. Je savais qu'il était
devenu pilote d'avion et je m'adressai tout de suite à lui pour
savoir s'il aimerait faire ce genre de travail. Il accepta sur-le-champ,
en me précisant qu'il était propriétaire d'un hydravion et qu'il
travaillait principalement comme pilote de brousse. J'étais loin
de m'imaginer que cela signifiait aussi pilote casse-cou ! Nous
prîmes donc entente pour qu'il vienne me cueillir chaque
dimanche au club nautique de Saint-Vincent-de-Paul, près du
pont Viau, du côté sud de la rivière des Prairies.

Dès notre première sortie, je fus en mesure de découvrir toute
l'adresse, la dextérité, la témérité et surtout le brin de folie qui
distinguaient le pilote de brousse d'un autre pilote. Je le connaissais pour ses frasques et ses folies, mais jamais je ne l'aurais cru
capable de tant de pitreries aux commandes d'un avion. D'abord,
il décida d'aller passer à deux reprises sous le pont Jacques-Cartier,
avant de prendre la direction de Saint-Bruno, où j'habitais à
l'époque. « On va aller dire bonjour à ta femme », m'avait-il dit
dans les écouteurs. Et là, au-dessus de la rue Bellevue, il fit un
rase-mottes dont tous les résidants de la rue ont parlé pendant
dix ans. Comme si ce n'était pas suffisant, mon Jacques me
demanda si je savais comment faire tourner le lait des vaches.
Devant ma réponse négative, il descendit au ras du sol dans la

région de Saint-Basile, juste au-dessus d'un troupeau de vaches. Les pauvres ruminants ne savaient plus où se terrer et couraient dans tous les sens, effrayés par le bruit et la proximité de cet engin volant. Nul besoin d'ajouter que nos sorties dominicales ne durèrent pas très longtemps. Les plaintes affluaient au ministère des Transports (ou l'organisme en charge à l'époque de la sécurité aérienne) et trois ou quatre semaines plus tard, mon ami avait reçu son congé. Ce n'était rien toutefois par rapport à la nouvelle tragique que j'appris quelques années plus tard : la témérité avait fini par avoir le dernier mot face à mon ami Jacques Lemelin. Il avait trouvé la mort quelque part dans le Grand Nord du Québec, alors qu'il faisait ce qu'il aimait le mieux au monde : piloter un avion.

À CKVL, le grand patron se fatigua rapidement de son dernier jouet et il décida de donner encore plus d'ampleur à son nouveau dada, la circulation. Il réussit à convaincre la Police Provinciale de se joindre à nous pour innover encore davantage. Son projet fut accepté. Chaque dimanche, je me joignais à un policier pour patrouiller le ciel de Montréal en hélicoptère. Mais Jack Tietolman étant Jack Tietolman, il tenait mordicus à ce que le policier ait plus qu'un rôle passif. J'essayais de mon côté de conseiller les automobilistes sur les endroits à emprunter pour éviter les embouteillages, pendant que le sergent Maurice Dupont qui m'accompagnait s'adressait quant à lui aux automobilistes du haut de l'hélicoptère avec l'aide d'un porte-voix. Le pilote descendait le plus bas possible et le policier hurlait ses recommandations aux pauvres automobilistes. «Vos lumières de *break* ne fonctionnent pas!» ou «Tassez-vous à droite pour laisser passer le véhicule d'urgence!» Bref, c'était assez loufoque, si vous voulez mon avis.

Tout cela démontre assez bien par contre à quel point la radio actuelle est d'une pauvreté attristante en comparaison de ce qu'elle était il y a 40 ans. On dit même qu'à cette époque, il en coûtait dix fois plus cher qu'aujourd'hui pour mettre sur pied une bonne programmation radiophonique. Une station comme CKVL, par exemple, diffusait de trois à cinq radioromans par jour pendant ces années glorieuses de la radio québécoise, faisant vivre des dizaines et des dizaines de comédiens et d'auteurs. Et que dire des émissions musicales, avec des orchestres de 8 à 12 musiciens, sans compter les chanteurs et chanteuses invités. De nos jours, la radio se contente de faire du blabla, ou encore une sorte de programmation communautaire requérant un microphone et un appareil de téléphone pour ouvrir les ondes au premier loustic qui a envie de s'exprimer. Que ce soit pour parler de la politique, du monde artistique, des affaires sociales, de l'économie, de l'actualité, du sexe, de que sais-je encore, on engage un animateur et on fait une tribune téléphonique. Heureusement, Radio-Canada échappe en partie à cette recette facile.

À bien y penser, il n'y a pas que la radio qui ait succombé à la facilité. La vie nocturne d'une ville comme Montréal, très animée il y a un demi-siècle, a profondément changé, au point où elle n'existe pratiquement plus de nos jours. J'en sais quelque chose : à la fin des années 1950, ma vie faillit emprunter un tout autre chemin, celui des cabarets, de la vie nocturne et d'un monde souvent en marge de la société.

DEUXIÈME PARTIE

LE GRAND VIRAGE

Les années 1960

CHAPITRE V

DIEU LE PÈRE

Que ce soit par mes débuts à la télévision, mes succès en course automobile, ma brève incursion dans le monde des cabarets, la création du *Guide de l'auto*, la rencontre du grand amour de ma vie ou le changement de cap de ma carrière, les années 1960 constituent probablement la période cruciale de mon existence. Ce fut, en somme, l'époque décisive de ma vie professionnelle, le croisement des divers chemins qui m'ont mené là où je suis aujourd'hui.

À l'aube de 1960, j'étais loin de me douter que la décennie qui débutait m'emmènerait dans une tout autre voie que celle que j'avais suivie jusque-là. Après tout, je venais de recevoir le Grand Prix du *disc-jockey* à l'occasion du Gala de la chanson canadienne. C'est le regretté Jacques Bouchard, le publicitaire, qui m'avait remis le trophée en tôle véritable qui étale ses dorures sur une étagère de mon bureau, au milieu des coupes et autres breloques provenant de la course automobile. Sans vantardise, je dois admettre que j'avais déjà une bonne emprise sur le milieu de la chanson au Québec. Avec mon émission à CKVL, ma chronique sur le disque dans *Radiomonde* et la création imminente du mémorable *Cimetière du disque* qui allait renforcer cet ascendant, il n'est pas faux de dire que j'avais presque droit de vie ou de mort sur les disques *made in* Québec. On m'avait même demandé à quelques reprises de rédiger des textes d'appréciation à l'endos de pochettes de disque, ce que je fis notamment pour Michel Louvain et Jean-Pierre Ferland, si ma mémoire ne me trahit pas. Ne le répétez pas, mais j'ai aussi écrit quelques versions françaises de succès américains, dont « *He's Got The Whole World In His Hands* » – « Il tient le monde dans ses mains » –, une chanson gospel de Randy Travis qui fut chantée en français par Roland Montreuil et Normand Maltais.

Ces deux derniers faits sentent le conflit d'intérêt à plein nez, je le sais bien, mais personne n'avait dit un mot à l'époque. Par ailleurs, j'avais été désigné pour faire partie du jury du Festival du disque, l'ancêtre de l'ADISQ, qu'avait mis sur pied Jacqueline Vézina en 1965, bien avant son célèbre Salon de la femme. Je me joignis donc à Pierre Morin, Serge Garand, Claude Gingras et René Homier-Roy pour décider quels seraient les récipiendaires des divers prix, dont les prestigieux trophées Félix-Leclerc, décernés aux artisans de la chanson de chez nous. Ce fameux évènement, partiellement subventionné par le ministère des Affaires culturelles, consistait en une vaste exposition qui se tenait à l'aréna Maurice-Richard et au cours de laquelle le public était invité à participer à des ateliers sur la chanson, à rencontrer les vedettes du disque, à assister à des émissions et à visiter divers kiosques de promotion des compagnies œuvrant dans le milieu. Le Festival se clôturait par la remise des Grands Prix du disque lors d'un gala à la Place des Arts retransmis par la télévision de Radio-Canada. C'est le jury dont je faisais partie qui choisissait les lauréats dans les diverses catégories, ainsi que le gagnant du Grand Prix du disque, la plus prestigieuse des récompenses. Nous

nous réunissions à plusieurs reprises dans les semaines précédant le Festival afin de nous entendre sur les artistes les plus méritants, ce qui n'était pas évident avec des gens aux goûts musicaux si différents. Ainsi, Homier-Roy et moi étions souvent d'un avis contraire à celui des autres jurés, dont la formation était plus classique.

Le choix du premier grand gagnant ne posa toutefois aucun problème : il s'agissait de Robert Charlebois, que nous avions décidé de couronner pour son premier microsillon. Pour illustrer une nouvelle fois le climat de rigueur et de puritanisme qui sévissait encore au Québec dans les années 1960, sachez que nous fûmes vertement critiqués pour avoir choisi un disque dont l'une des chansons, « La boulée », faisait référence à « un mouton qui pisse ». Quand on pense à tout ce qui se dit, se chante et s'écrit de nos jours, on peut en déduire que nous avons fait un sacré bout de chemin, même si je tends à penser que l'on va beaucoup trop loin à l'occasion.

J'ai conservé d'excellents souvenirs de ces années. Je devins notamment un bon ami de René Homier-Roy qui, au milieu des années 1960, logeait juste au-dessus de l'appartement que j'occupais occasionnellement dans un immeuble de la rue Forest Hill dans le quartier Côte-des-Neiges. Je devins son conseiller automobile, il écrivit une ou deux fois la préface de mon *Guide de l'auto* et je le voyais de temps à autre chez lui pour des repas mémorables. Mon meilleur souvenir de cette amitié est très certainement cette inoubliable excursion d'une semaine dans les Keys en Floride, à bord du nouveau bateau que j'avais acheté en 1991. J'étais parti de West Palm Beach avec ma seconde épouse, Monique, dont vous ferez bientôt la connaissance. Pour sa part, René s'était joint à nous à Fort Lauderdale, en compagnie de Pierre Morin. Je fournissais le bateau, un Tiara de 31 pieds, alors que nos invités s'occupaient de la bouffe et, croyez-moi, nous n'allions pas voyager en seconde classe ! Les provisions de homard, de crabe, de langoustines et de divers produits d'épicerie fine accompagnés de grands vins, d'apéritifs et de digestifs donnaient le ton à une semaine de haute gastronomie en mer.

Cette croisière de luxe donna cependant lieu à quelques mésaventures attribuables à l'inexpérience autant du capitaine que de son équipage. En effet, j'étais loin d'être un Cousteau en matière de navigation et mes invités Pierre et René savaient à peine faire un nœud ou attacher les amarres. Quant à Monique, elle devait s'y reprendre à trois fois pour lancer à l'employé d'une marina le câble qui servait à amarrer l'embarcation.

Notre première déconvenue survint dans la baie de Biscayne, alors que je cherchais désespérément le petit canal à emprunter pour se rendre à Key Largo, puis à Islamorada. Je tournai en rond pendant deux bonnes heures afin de repérer l'endroit pendant que la noirceur approchait. Est-il besoin de préciser que je n'avais pas cru nécessaire d'équiper mon bateau d'un GPS ! Nous avions frôlé des hauts-fonds à quelques reprises lorsque Pierre aperçut soudainement un bateau qui se dirigeait vers la rive. Je pris la décision de le suivre en me croisant les doigts pour qu'il se dirige vers le canal en question. Ce fut le cas et quelle ne fut pas notre surprise, en essayant de reculer dans l'espace que la marina nous avait assigné pour la nuit, de nous entendre interpeller en français par un bonhomme qui me dirigeait : « Jacques, tourne à gauche et donne un petit coup de gaz » ou « C'est beau, ferme tes moteurs ». C'était un groupe de Québécois de la région de Trois-Rivières qui nous avaient reconnus et qui, comme toujours chez les gens de bateaux, s'étaient portés à notre aide.

Plus tard, pendant notre retour de Key West, nous avions repéré, au bord de l'Intracoastal, un petit resto assez sympathique où nous décidâmes d'accoster. Comme il y avait un fort courant et des vents contraires, j'éprouvai de la difficulté à m'approcher du bord et René tenta de me venir en aide en utilisant une perche qu'il avait agrippée à un crochet du quai. Il avait eu beau tirer de toutes ses forces, le bateau s'éloignait dans la direction opposée. Pourtant, mon matelot improvisé ne voulait absolument pas lâcher prise, de sorte qu'il se trouvait pratiquement à l'horizontale et sur le point de tomber entre le bateau et le quai. Au tout dernier instant, son instinct de survie prit le dessus et il laissa tomber la perche dans les profondeurs marines plutôt que de s'offrir une baignade hasardeuse.

Le voyage nous gratifia néanmoins de moments plus réjouissants. Par exemple, nous fûmes accompagnés pendant près d'une heure par une famille de dauphins qui nous donna un spectacle inoubliable avec leurs cabrioles et ce que l'on considère erronément comme leurs sourires attendrissants.

Cela dit, cette belle amitié avec René s'effrita avec le temps sans que je sache exactement pourquoi. Il me rendit hommage dans la vidéo tournée à l'occasion de mon 70e anniversaire, puis ce fut le silence. Il paraît que je ne suis pas le seul à avoir été rayé de son carnet d'adresses, comme me le racontait récemment Chantal Renaud, que j'ai revue avec immensément de plaisir en compagnie de son mari, Bernard Landry. La sachant très près de René Homier-Roy, je lui avais demandé de lui transmettre mes amitiés, ce à quoi elle répondit que, comme à moi, il ne lui adressait plus la parole, sans raison apparente.

LES PREMIERS *VROUM VROUM*

Alors que certains trouvent leur divertissement dans le golf, le vélo ou le ski, c'est le sport automobile qui m'attrapa au vol au milieu de la vingtaine. Le plaisir de pousser une voiture dans ses derniers retranchements faisait désormais partie de mes fins de semaine. Pour la course, j'avais fait mes classes en 1959 dans une Alfa Roméo Sprint Veloce, dont la beauté était aussi notoire que les caprices de sa mécanique et qui était aussi à l'aise sur une piste de course qu'un chien dans un jeu de quilles (Par considération pour ceux et celles que les *vroum vroum* laissent indifférents, je ne ferai que survoler ici mes années de course automobile, en priant les fanatiques de ce sport de se reporter à la fin de ce livre, à l'annexe II : « La course automobile, ses hauts et ses bas », pour une histoire détaillée de ce pan de ma vie). Ma belle Italienne (ma voiture) céda promptement sa place à une Allemande, une Porsche 356 B roadster 1961, plus austère sans doute, mais combien plus robuste. Ce fut le début d'une longue relation avec les créations germaniques, qui démontraient, avec une lucidité incontestable, cette vérité de Lapalisse selon laquelle «pour gagner une course, il faut d'abord la terminer». Avec une Porsche, je mettais toutes les chances de mon côté. J'ai d'ailleurs piloté pas moins d'une dizaine de voitures de cette marque pendant mes quelque 18 années de course automobile à un niveau semi-professionnel, soit de 1960 à 1978, et de façon plus occasionnelle comme simple amateur jusqu'à ce jour.

Je devine déjà vos deux questions : «N'avez-vous jamais eu peur?» et «Combien avez-vous gagné en bourses pendant votre carrière?» À la première, je répondrai que oui, j'ai eu peur, et que c'est même là une grande partie de ce qui m'attire vers ce que plusieurs considèrent comme un sport cruel ou inutile. Vaincre votre peur, relever le défi et vous engouffrer dans un premier virage avec 25 ou 30 voitures dont les pilotes veulent tous être à la place que vous occupez, ce n'est pas toujours une sinécure. Mais la peur dont vous parlez, la peur de l'accident par exemple, n'est pas ressentie comme on a tendance à le croire. La peur du pilote automobile se rapproche beaucoup plus de celle du chanteur ou de l'acteur avant d'entrer en scène : c'est plutôt un trac fait de papillons dans l'estomac et qui s'estompe une fois le spectacle bien enclenché ou le premier tour complété. Il ne faut pas confondre non plus la peur et la tristesse, cet état d'âme dans lequel je me suis trouvé après avoir été témoin d'un grave accident ou même d'un décès, comme cela m'est arrivé à quelques reprises durant des courses auxquelles je participais. Devant de telles situations, je réagissais comme la plupart des automobilistes qui entendent parler d'un accident de la route, en me disant que «ça n'arrive qu'aux autres».

En ce qui concerne l'état de mon compte en banque, je dois dire que j'ai fait de la course dans des catégories qui n'ont jamais été très lucratives (2 000 $ pour une première place à Daytona Beach en 1971) et que nous étions alors très loin des cachets ou salaires faramineux versés aujourd'hui en formule 1 ou même en Nascar. À mon époque, il fallait avoir à la fois de la passion et de l'argent pour faire rouler une voiture de course. Avec mes minces revenus du temps, on ne mangeait pas énormément à la maison quand j'ai fait mes premières armes en piste. Les comptes impayés étaient plus nombreux que les chèques encaissés. Mais je ne regrette rien, car c'est en quelque sorte la course automobile qui m'a mis au monde comme chroniqueur automobile. Sans la crédibilité que m'a apportée ce jalon de ma vie, jamais je n'aurais pu pérorer sur l'automobile et surtout critiquer avec autant de véhémence ce que le Québécois a de plus cher : sa voiture.

À ce qui précède, j'ajouterai que le financement initial de ma carrière de coureur automobile est venu de ce fameux numéro de variétés que j'avais mis au point en compagnie de Pierre Fournier, un confrère annonceur de CKVL. Les plus âgés se souviendront peut-être de ces deux zouaves, l'un en smoking, l'autre en habit de soirée, qui racolaient les foules dans les cabarets du Québec avec un numéro de variétés autour duquel planait le mystère le plus complet…

CHAPITRE VI

LES VOYANTS

Étais-je détenteur d'un don spécial me permettant de lire dans les pensées ou faisions-nous appel à un code secret pour mystifier les spectateurs qui, partout au Québec, accouraient en grand nombre pour voir ce numéro de télépathie dont la publicité nous décrivait comme « Les voyants Pierre et Jacques, les maîtres de la transmission de la pensée » ? Le Jacques, c'était moi tandis que mon partenaire se nommait Pierre Fournier. Ce collègue de CKVL était à l'origine de cet épisode peu connu de ma vie sur les planches. J'y ai sans doute laissé un peu de ma santé, mais j'y ai fait aussi beaucoup d'argent vers la fin des années 1950 et le début des années 1960. À cette époque, Montréal avait une vie nocturne très mouvementée, avec une prolifération de cabarets et de spectacles de qualité.

Il n'était pas rare de pouvoir applaudir Édith Piaf ou Maurice Chevalier dans l'est de la ville et Rosemary Clooney ou Perry Como dans l'ouest. C'était sans compter les « barbottes » (où l'on jouait aux cartes pour de l'argent) et autres tripots clandestins qui fleurissaient avant le grand nettoyage de Montréal par le directeur de l'Escouade de la moralité, Me Pacifique (Pax) Plante, et ses disciples.

C'est grâce à ce numéro des voyants que j'ai réussi à financer mes premières années de course automobile. Alors que je gagnais autour de 150 $ par semaine à CKVL, nous pouvions facilement empocher 1 000 $ (500 $ chacun) pour 13 spectacles répartis sur 6 jours au cabaret Casa Loma, le plus respecté sinon le plus respectable des endroits du genre durant la belle époque des nuits de Montréal.

Avant d'aller plus loin, je me dois de reconnaître l'apport du regretté Pierre Fournier, qui a été en quelque sorte l'ingénieur du numéro des voyants. Un soir, à CKVL, nous nous tournions les pouces comme d'habitude en attendant de décider lequel des trois annonceurs en service allait interrompre sa lecture ou son roupillon pour décliner les lettres d'appel de la station entre deux émissions provenant de l'extérieur. Une fois cette exténuante tâche accomplie, Pierre m'emmena à l'écart pour me dire qu'il avait vu la veille un spectacle du tonnerre au théâtre Saint-Denis, mettant en vedette un couple (un homme et une femme) dans une démonstration de transmission de la pensée plutôt impressionnante. Ils travaillaient sous le nom de Myr et Myroska ; l'un des deux se promenait dans la salle en réclamant des spectateurs divers objets personnels (cartes d'identité, montres, porte-monnaie, etc.) que l'autre arrivait à découvrir avec une déconcertante facilité malgré la présence d'un bandeau sur les yeux. Bonhomme peu facile à impressionner et incrédule par-dessus le marché, mon ami Pierre n'était pas tombé dans le panneau ouvert par nos deux « clairvoyants ». Contrairement au reste du public, il ne leur avait pas concédé de dons surnaturels. Il croyait même avoir percé leur secret et il me demanda sur-le-champ si je voulais me joindre à lui pour monter un petit numéro du même genre, ne serait-ce que pour s'amuser aux dépens de nos collègues.

Selon lui, nous aurions besoin de quelques heures par jour pendant un mois pour peaufiner son idée, mettre au point et répéter un petit spectacle d'une vingtaine de minutes. Malgré mon mariage récent, j'acceptai de travailler avec Pierre, persuadé que l'aventure ne durerait pas très longtemps. Mais c'était sous-estimer sa détermination et surtout la façon très sérieuse dont il avait abordé le sujet. Nous ne nous étions pas imaginé non plus qu'en étant dans le milieu de la radio, les contacts seraient beaucoup plus faciles à nouer. En effet, CKVL voyait défiler chaque jour dans ses studios autant de comédiens, de réalisateurs, de chanteuses, de musiciens et d'artistes en tout genre que l'on est susceptible d'en rencontrer aujourd'hui dans la tour de Radio-Canada. D'ailleurs, au moment même où notre numéro en était encore à ses premiers balbutiements, il nous arrivait d'en servir un échantillon aux diverses personnalités qui s'attardaient au casse-croûte de la station verdunoise. Je me souviens encore de Pierre se levant soudain, comme propulsé par un ressort, pour fondre littéralement sur un artiste en train de siroter son café et me lançant à la volée : « Jacques, concentre-toi, quelle est la marque de cigarettes que fume ce monsieur ? » Je me tournais pour faire dos à notre cobaye tout en donnant la bonne réponse à la question. Alors, Pierre récidivait en me demandant combien de cigarettes il restait dans le paquet, question qui amenait non seulement une autre bonne réponse mais également une surprise mêlée d'ébahissement de notre spectateur improvisé. Ce sont ces petites séances impromptues qui nous valurent nos premiers contrats. Curieusement, c'est mon ami José Ledoux (qui allait remplacer Pierre Fournier quelques années plus tard) qui fut à l'origine de nos débuts sur scène. José s'occupait alors de théâtre à Verdun et il avait accès à diverses salles (dites paroissiales) où nous pourrions tester notre numéro. Malgré notre nervosité, tout se déroula parfaitement et les rares spectateurs présents furent littéralement médusés par notre prestation.

Les gens qui tentaient de percer le mystère de notre numéro et d'écarter nos «dons» de devins empruntaient la piste la plus naturelle. Pierre et moi étant employés d'une station de radio, ne serait-il pas possible que nous ayons dissimulé sur nous un tout petit transmetteur nous permettant de communiquer l'un avec l'autre? Il n'en était rien évidemment, mais la remarque nous donna l'idée d'en faire mention au début du spectacle. Dès le spectacle terminé, nous invitions les sceptiques à nous suivre dans notre loge, où nous étions prêts à leur faire un *strip-tease* pour leur démontrer que nos corps de jeunes hommes étaient vierges de tout accessoire de communication. Sans transmetteur, sans *walkie-talkie*, comment diable arrivions-nous à estomaquer la province entière par la seule utilisation de questions claires énoncées en termes anodins : «Concentre-toi, pense à moi, Jacques, es-tu avec moi?» Nos paroles étaient en apparence tout à fait innocentes et aussi peu révélatrices que les réponses d'un politicien appelé à commenter un sujet délicat. Ou bien nous utilisions un code secret ou bien nous étions réellement nantis d'un pouvoir surnaturel.

Je ne vous dirai pas tout de suite sur quoi reposait ce numéro, pas plus que je ne vous dirai le secret de la Labatt bleue ou la façon dont Caramilk insère le caramel dans ses barres de chocolat. À moins que…

Mais je saute les étapes. S'il y a une époque de ma vie qui est bourrée d'anecdotes, c'est bien celle-là. Après notre premier spectacle à Verdun, nous prîmes confiance et nous décidâmes de travailler encore plus fort pour rendre notre numéro impénétrable. Nous avions mis en scène une ouverture au cours de laquelle Pierre se promenait autour de la scène et recueillait la date de naissance de quelques spectateurs. Tout en demeurant agenouillé (la scène était surélevée) près de la personne en question, il me demandait de donner la date, le mois et l'année de sa naissance, ce que je faisais en deux coups de cuiller à pot. Après quatre ou cinq minutes de ce petit jeu, Pierre attrapait le

micro et disait tout haut ce que tout le monde pensait tout bas :
«Vous croyez sans doute que Jacques et moi nous faisons des
signes quelconques. Alors, pour effacer ce doute, je demanderais
à un spectateur de venir sur scène apposer ce bandeau sur les
yeux de notre médium.» Après deux ou trois salamalecs pour
attester de l'opacité du bandeau, le spectacle pouvait démarrer
pour de bon. Pierre se rendait alors dans la salle pour interpeller
les gens et trouver les objets les plus hétéroclites, du soutien-gorge
à l'inévitable «plume fontaine» Waterman.

ARRANGÉ AVEC LE GARS DES VUES ?

Entre-temps, nous avions continué d'exercer notre nouveau
talent sur tout ce que le monde du spectacle comptait de sommités de passage au restaurant de CKVL. En moins de temps qu'il
n'en faut pour l'écrire, le réalisateur de *Music-Hall*, l'émission de
variétés la plus regardée au Québec, animée par la grande Michelle
Tisseyre, nous invitait à présenter notre numéro de transmission
de pensée à la télé. L'émission, soulignons-le, était en direct, ce
qui donnait plus de poids à un numéro comme le nôtre, qu'un
enregistrement aurait pu permettre de truquer. En revanche, il
est certain que la télévision ne se prêtait pas parfaitement à notre
travail et que les téléspectateurs de l'époque avaient tendance à
rabaisser tout ce qu'ils voyaient d'un peu sorcier au petit ou au
grand écran d'une phrase lapidaire : «C'est arrangé avec le gars
des vues.» Qu'importe, notre présence à *Music-Hall* ne passa pas
inaperçue et nous fûmes inondés d'appels d'impresarios, de
producteurs, de gérants d'artistes et de propriétaires de cabarets
qui voulaient nous mettre sous contrat.

C'est ainsi que s'ouvrirent les portes du Casa Loma, le cabaret
de la rue Sainte-Catherine que gérait de main de maître le mystérieux Andy Cobetto. Avait-il ou non une quelconque association
avec la pègre de ce temps-là ? Je n'en sais rien, mais je sais par
ailleurs qu'il avait drôlement sorti Paolo Noël du pétrin quand
celui-ci avait signé sans prendre garde un contrat qui le dépouillait

de la grande majorité de ses revenus. M. Cobetto avait fait venir l'auteur du contrat dans son bureau en lui recommandant de le déchirer devant lui ou de voir à surveiller ses arrières dans les prochains jours. Jamais plus Paolo ne réentendit parler de ce chevalier d'industrie.

Pour notre part, c'est surtout Mme Grimaldi (épouse de Jean et mère de Francine) qui s'occupa de nous trouver des contrats. Mais quand on avait fait le Casa Loma, la porte de tous les cabarets du Québec étaient grandes ouvertes. Nous avons travaillé entre autres à la Porte Saint-Jean à Québec, un restaurant et club de nuit propriété du sympathique Gérard Thibault, qui s'était fait toute une renommée dans le monde du spectacle en recevant dans son autre cabaret, Chez Gérard, les plus grandes têtes d'affiche du temps, de Charles Trenet à Jacqueline François. Nous avons souvent partagé la vedette de la Porte Saint-Jean avec la chanteuse et pianiste Vicky Autier.

LA POLICE SOLLICITE NOTRE AIDE

Le numéro des voyants nous a aussi menés dans différentes salles de spectacle comme le cinéma Champlain, dans l'est de Montréal. C'est là d'ailleurs que nous avions reçu la visite de deux enquêteurs de la Police Provinciale cherchant à élucider une cause devenue célèbre, la disparition de Denise Therrien, une jeune fille de Sherbrooke qui, à ce jour, n'a jamais refait surface, morte ou vivante. Ces messieurs auraient souhaité que nous les aidions à retrouver la disparue, pensant sans doute que nous avions un don spécial nous permettant de communiquer avec l'au-delà. Est-il besoin de préciser que nous fûmes un brin mal à l'aise face à une telle demande qui, si elle dénotait la grande crédibilité de notre travail, faisait également preuve d'une déconcertante naïveté. De la part de policiers, surtout, c'était même un peu gros.

Mme Grimaldi trouva également que notre numéro était idéal pour animer les conférences, congrès et autres ralliements qui se déroulaient à Montréal. Seul hic : nous devions pouvoir travailler en anglais, problème qui fut résolu en l'espace de quelques semaines. Nous n'avions fait que traduire la plupart de nos échanges verbaux, tout en prenant soin d'apprendre le nom anglais de tous les objets bizarroïdes que les spectateurs avisés nous présentaient. Jamais personne, d'ailleurs, ne put nous déjouer. Même si le processus était plus long à l'occasion, nous arrivions toujours à nommer les objets les plus rares ou les plus saugrenus. Gilles Laflamme, le trompettiste de l'orchestre de Marcel Doré, qui faisait partie des meubles au Casa Loma, avait même un jour défait son instrument en morceaux pour tenter de nous prendre en défaut. Peine perdue! D'ailleurs, ces musiciens de cabaret étaient parmi les mieux placés pour percer le mystère, puisqu'ils assistaient soir après soir à notre spectacle. Ce qui les laissait complètement abasourdis était de constater que mes réponses étaient toujours différentes alors que mon partenaire me répétait souvent les mêmes mots.

Par exemple, Pierre pouvait ordonner : «Concentre-toi, Jacques, qu'est-ce que je tiens dans la main?» Ce à quoi je répondais : «Une montre-bracelet.» Puis, il répétait la même chose, soit : «Concentre-toi, Jacques, quelle en est la marque?» Et je répondais correctement qu'il s'agissait d'une Bulova, avant de me faire demander : «Concentre-toi, Jacques, quelle est l'heure et quelles sont les minutes affichées?» Et la réponse s'avérait exacte encore une fois. Il n'en fallait pas plus pour mettre un terme à toutes les allégations sur l'existence d'un code quelconque entre nous deux. Même si personne ou presque ne se souvient de ce court épisode de ma vie, notre succès dépassa les frontières du Québec : le magazine anglophone *Variety* nous décerna la palme du «meilleur numéro de variétés en Amérique». Et il s'en fallut de peu pour que nous soyons invités au réputé *Ed Sullivan Show* à la télévision des États-Unis.

UN SPECTACLE BÉNÉVOLE TROP ARROSÉ

Néanmoins, notre numéro de voyants ne fut pas toujours à l'abri de certains dérapages, voire d'un embarras indicible causé par le coude léger de mon camarade. En effet, Pierre combattait quelquefois sa nervosité en tentant de la noyer dans de généreuses rasades de Black and White. Ce fut particulièrement dramatique le soir où nous avions accepté de donner notre spectacle à une soirée-bénéfice pour venir en aide aux réalisateurs de Radio-Canada qui peinaient à joindre les deux bouts lors d'une grève mémorable qui perdurait. Tout le gratin du monde du spectacle québécois était présent dans un cinéma de l'est de la ville. Le fait d'avoir à épater une foule aussi sélecte et exigeante nous avait transformés en de véritables boules de nerfs. Pierre s'était donc imbibé de sa boisson préférée alors que je m'étais enfilé deux ou trois gin tonics, mon apéritif de l'époque. Mon partenaire ne tenait pas en place. Pour ma part, j'étais d'un calme olympien, proche des bras de Morphée. Fournier se promenait dans la salle et le scotch l'avait tellement mis en orbite qu'il parlait à la vitesse de l'éclair et que je ne comprenais rien à ses propos, de sorte que nous nagions dans une vraie comédie d'erreurs. Un pamplemousse était identifié comme un éléphant en peluche et un mouchoir de poche avait pour moi toutes les caractéristiques d'un tapis en poil de chameau. C'eut été loufoque comme numéro de vaudeville, mais les rires avaient pour nous un relent de catastrophe.

Fort heureusement, ce gala durait deux jours et le lendemain soir, ayant appris notre leçon (à tous les points de vue), notre numéro se déroula sans anicroche pour se terminer en triomphe… ou presque. Nous en avions mis plein la vue à tout le monde, même si notre but était d'abord de nous faire apprécier des réalisateurs en vue de futurs contrats à la télévision. Quelques mois plus tard, nous étions d'ailleurs invités à l'émission *Porte ouverte* animée par Jacques Normand, ce qui, encore une fois, donna un sérieux coup de pouce à notre notoriété et à notre carnet d'engagements.

DANS UN SÉRIEUX PÉTRIN

Pendant tout ce temps-là, Pierre et moi travaillions toujours à CKVL comme annonceurs, arrivant à concilier tant bien que mal nos horaires de jour avec nos longues soirées dans les boîtes de nuit. Cette vie n'était pas sans danger, comme j'allais m'en rendre compte un certain samedi matin en revenant de l'hôtel Saint-Eustache, où nous avions donné deux spectacles dans la soirée. À ce moment-là, Pierre Fournier avait abandonné le numéro pour aller travailler au service des nouvelles de Radio-Canada, où on lui interdisait d'avoir un autre emploi, quel qu'il soit, à l'extérieur des murs de l'auguste édifice.

Je m'étais donc rabattu sur mon ami José Ledoux, un homme de théâtre. Dans son smoking à queue, il était tout aussi imposant dans une salle que Pierre Fournier. Après un gros mois de travail, José connaissait tous les rouages du spectacle, y compris ses risques.

Nous revenions donc tous les deux de Saint-Eustache dans mon Alfa Roméo, par le chemin longeant vers l'est le bord de la rivière des Prairies. Comme il était près de deux heures du matin, je roulais à vive allure. Mon coupé Sprint Veloce était propulsé par le petit quatre cylindres à deux arbres à came et sans doute aussi par les deux ou trois gin tonics que j'avais bus à la va-vite après notre dernier spectacle.

Même si cela est loin de pardonner mon geste d'une stupidité sans nom, il faut dire que l'alcool au volant n'était pas vu à l'époque (et à tort certainement) comme la combinaison mortelle qu'on lui reconnaît aujourd'hui. Je roulais donc trop vite pour passer inaperçu ; or, une voiture de la police municipale patrouillait dans le coin. Au lieu de parlementer avec le policier, je me mis à l'enguirlander de belle façon pendant qu'il rédigeait une contravention en règle sans détecter chez moi une quelconque odeur d'alcool. Je pense même que l'on ne s'en souciait guère à l'époque.

J'attrapai la contravention en maugréant et fis un départ express comme si l'on venait d'agiter le drapeau vert sur une piste de course. Imbécile comme on peut l'être avec un verre de trop, je décidai de semer la voiture de police, qui s'était lancée à ma poursuite. José, à côté de moi, ne disait mot : il était aussi imperturbable que s'il avait été tranquillement assis dans son salon.

Pourtant, je devais rouler à plus de 75 milles à l'heure (le système métrique n'avait pas encore été adopté) au moment d'aborder un virage sur la gauche juste avant l'entrée du pont Viau. Le hululement strident des sirènes de police mêlé à la présence de gravier sur la chaussée furent suffisants pour me faire perdre le contrôle de l'Alfa Roméo, qui partit en tête-à-queue avant de heurter en marche arrière la « cuisine d'été » d'une maison située à proximité. Sous la force de l'impact, José et moi avions fait céder le dossier du siège, de sorte que nous étions pratiquement couchés dans la voiture quand la lampe de poche de mon policier se braqua sur mon visage de con.

J'étais, vous vous en doutez bien, dans un sérieux pétrin. La cuisine adjacente à la maison avait été déplacée de quelques pouces, mais l'Alfa pouvait encore rouler malgré son arrière sérieusement rétréci. Aujourd'hui, nous aurions été conduits au poste de police *manu militari* avec les menottes, la voiture aurait été envoyée à la fourrière et l'agent nous aurait dressé une contravention pour conduite dangereuse, refus d'obtempérer, fuite, conduite en état d'ébriété et que sais-je encore. Bref, il ne resterait plus qu'à attendre la date du procès et la facture des avocats.

Or, après le désastre, on me tendit une seconde contravention avec invitation à comparaître en cour pour les dommages causés à la propriété et on me laissa partir au volant de mon auto accidentée. Ce n'est que le lendemain matin que je pris conscience de l'ampleur des dégâts et des problèmes qui pourraient en résulter. J'avais toutefois le privilège d'avoir parmi mes voisins de Saint-Bruno un jeune avocat dont le père était juge. Je lui passai un coup de fil dans la matinée du samedi. Il écouta mon récit assorti de ma litanie d'excuses et promit de me rappeler afin de m'indiquer les procédures à suivre. Je tairai volontairement son nom pour ne pas réveiller de vieux fantômes, surtout que mon voisin allait devenir plus tard une sommité dans l'administration de la justice. Il ne s'écoula pas plus d'une heure avant que cet avocat me téléphone pour me dire d'aller voir le chef de police de la municipalité où j'avais fait un fou de moi et de lui présenter mes profonds regrets en même temps qu'une enveloppe contenant… disons une lettre d'excuses et quelques photos de la reine Élisabeth.

À ma grande surprise, ce fut la fin de ce dérapage dont j'allais néanmoins me souvenir toute ma vie, tant il est vrai qu'un geste comme celui-là aurait pu gâcher tout le reste de mon existence. L'ayant confessé ici, je me sens déjà un peu mieux.

LE SECRET D'UNE BONNE MÉMOIRE

Même si notre numéro de voyants marchait rondement, nous lui avions ajouté pendant un certain temps un à-côté qui ne recelait aucune forme de truquage et qui donnait encore plus de crédibilité à nos exploits de devins. Tout récemment, je regardais une émission de télé en provenance des États-Unis au cours de laquelle il fut question d'un exercice destiné à permettre aux gens âgés de réveiller leur mémoire défaillante et d'en prolonger l'acuité. Quelle ne fut pas ma surprise de me rendre compte qu'il s'agissait précisément de la méthode que nous utilisions déjà il y a de cela plus de 40 ans !

Si, comme le chante Jeanne Moreau de façon ravissante, vous avez la mémoire qui flanche, cette recette pourrait sans doute vous aider à déjouer les mauvais tours de cette faculté si précieuse. L'exercice est lié à ce que l'on appelle l'association d'idées; il consiste à créer, au moyen des chiffres, des images qui aident considérablement à se remémorer des mots, des objets ou des situations particulières. J'ai déjà enseigné ma méthode à plusieurs personnes (dont ma petite-fille Alyssia) qui ont appris à la maîtriser en quelques minutes seulement. Voici le fin mot de l'histoire.

Il faut en premier lieu apprendre à transformer les chiffres de 1 à 10 en objets, de préférence des objets qui ont vaguement la forme du chiffre, bien que ce ne soit pas absolument nécessaire. Le chiffre 1, par exemple, peut être une bougie ou un crayon, le chiffre 2 un serpent ou un cintre, le chiffre 3 une paire de menottes, le chiffre 4 une chaise, le chiffre 5 une étoile, etc. La liste peut s'allonger jusqu'à 10 ou 20 selon que vous avez une mémoire d'oiseau ou d'éléphant.

Une fois que les chiffres ont été imagés dans votre esprit, il suffit de demander à quelqu'un d'énumérer divers objets, que vous devrez associer un après l'autre aux objets que vous avez préalablement accolés aux chiffres. Il faut alors faire preuve de l'imagination la plus débridée et créer des situations saugrenues pour faciliter la récupération des objets logés dans votre mémoire. Un exemple : si l'on vous a donné le mot « lampe » comme premier article, vous devez l'associer à la bougie qui représente le chiffre 1. Personnellement, j'imaginerais que la lampe possède des bougies au lieu d'ampoules et qu'elles finissent par mettre le feu à l'abat-jour. Plus tard, en repensant à ma bougie, je la verrais mettre le feu à la lampe et cet objet me reviendrait facilement. Prenons le serpent associé au chiffre 2. Si on me donnait le mot « armoire », je verrais quelqu'un ouvrir cette armoire et être terrifié par la présence d'un serpent sur l'une des étagères; par association d'idées, j'aurais tôt fait de jumeler l'armoire avec son serpent.

De prime abord, ce jeu qui aide considérablement à rafraîchir une mémoire en péril peut sembler compliqué, mais il suffit de s'y mettre pour s'apercevoir qu'il s'agit d'un jeu d'enfant.

Pendant cette partie supplémentaire de notre spectacle, nous utilisions un grand tableau noir sur lequel nous inscrivions les mots suggérés par les spectateurs, assortis des chiffres de 1 à 10 ou de 1 à 20. Les gens dans la salle énuméraient par la suite les chiffres dans le désordre et je nommais les articles correspondants. Le seul désavantage est qu'il était difficile de répéter ce numéro plus d'une fois ou deux dans la même soirée, compte tenu que la mémoire a besoin d'un certain temps pour effacer ce qu'elle a emmagasiné.

Après quelques années de cette vie mouvementée et épuisante, notre numéro de voyance avait fait le tour du Québec. Or, nous n'étions pas prêts à nous exiler pour aller faire carrière à l'étranger, notamment aux États-Unis, où on nous réclamait. José et moi avions chacun notre vie familiale et le rideau allait bientôt tomber sur cet épisode de nos vies. Une dizaine d'années plus tard, Lise Payette eut l'idée de nous réunir pour parler de notre numéro de télépathie et en servir un petit échantillon à son auditoire. Encore une fois, tout le monde fut médusé. Plus récemment, l'ex-réalisateur de Radio-Canada Jean Bissonnette aurait voulu faire revivre notre numéro dans le cadre du festival Juste pour rire, mais José Ledoux et moi avons décidé qu'il serait difficile de lui donner la tournure comique nécessaire à un tel évènement. Car les voyants, c'est du sérieux.

Quel était notre secret, notre façon de faire ? Devinez.

CHAPITRE VII

LE CIMETIÈRE DU DISQUE

Ayant réussi à me bâtir une petite réputation, tant à l'antenne de CKVL que dans le journal *Radiomonde*, comme « le promoteur officieux » de la chanson et du disque canadien, je fus recruté dès l'ouverture de Télé-Métropole (« votre canal 10 ») en 1961. Son directeur des programmes, Robert L'Herbier, m'offrait une émission hebdomadaire consacrée à la naissante industrie du disque au Québec. Cette émission dura sept ans et changea de titre presque chaque saison. Elle s'appela *33 Tours, Le Monde du spectacle, Le Club du disque* et *Le Coin du disque*. Cette série allait faire de moi l'embaumeur de bien des petites vedettes préfabriquées, qui connurent leur plus grande heure de gloire dans mon « cimetière du disque ». C'est en référence à cet épisode de ma carrière et à mon rôle de critique automobile (qui allait venir plus tard) que l'animatrice Marie-France Bazzo m'avait présenté un jour lors d'une entrevue à son émission de radio comme le « terroriste des ondes ». C'est elle également, que je salue ici pour son

sens de l'humour, qui m'avait attribué la paternité de l'expression
« *racing* poupoune » désignant ces *groupies* aux seins bien rebondis
gravitant dans l'entourage des pilotes de course.

Mais revenons à d'autres rondeurs, soit les disques *made in*
Québec.

Après une longue disette au cours de laquelle la production
locale n'avait été ni très prolifique, ni très relevée, on avait commencé à voir surgir un semblant de relève qui allait mettre en
veilleuse tous ces artisans du rigodon, des chansons de cow-boy
(c'est ainsi que l'on appelait le country à cette époque) et du folk-
lore en général. Loin de moi l'idée de mépriser ce « bon vieux
temps » mais il faut bien avouer que les rares artistes de talent de
cette époque étaient noyés dans un flot de « quétaineries » à faire
passer Elvis Gratton pour un intellectuel. Mais on commençait à
voir poindre la lumière au bout du tunnel.

Je me souviens encore du premier disque que j'avais acheté
dans mon bled de Lévis, un 78 tours de Jacques Normand sur
lequel il chantait « Il faut de tout pour faire un monde ». Parmi les
vedettes de ces années 1950, on pouvait compter les Fernand
Robidoux, Lucille Dumont, Lise Roy, Muriel Millard, Rollande
Desormeaux, Claudette Jarry, Jacques Labrecque et, bien sûr,
Robert L'Herbier qui, comme moi, était né à Lévis (sous le nom
de Robert Samson). La nouvelle vague se tissait autour de vedettes
comme Michel Louvain, Donald Lautrec, Claude Valade, Guylaine
Guy, Jen Roger, Renée Claude, Aglaé, Colette Bonheur, Michèle
Richard, Ginette Ravel, Pierre Lalonde, Pauline Julien, Ginette
Reno et toute une famille de débutants que les compagnies de
disque (Apex, Fleur de Lys, RCA Victor, Columbia, Trans Canada)
se disputaient âprement. Il faut aussi se rappeler que cette époque
effrénée vit naître une myriade de groupes composés de chanteurs et de musiciens semi-talentueux (je suis poli) surgis de nulle
part et dont le principal atout était de plaire aux jeunes filles,
généralement en pâmoison devant un soliste aux cheveux bien
bouclés. Il y avait les Hou Lops, les Sultans, les Lutins, les Habits

Jaunes, les Classels, César et ses Romains, sans oublier les fameux Baronets, groupe au sein duquel évoluait René Angélil, en compagnie de Pierre Labelle et Jean Beaulne. Nous étions en pleine époque yéyé. Je réservais néanmoins une place de choix aux auteurs-compositeurs qui tentaient de chausser les souliers de Félix Leclerc ou de Gilles Vignault. Cette déferlante de chansonniers comprenait les Claude Léveillé, Raymond Lévesque, Claude Gauthier, Pierre Létourneau, Stéphane Venne, Pierre Calvé, Jean-Paul Filion, Jean-Pierre Ferland et d'autres sans doute auxquels je présente mes excuses pour ce trou de mémoire.

M. L'Herbier jugea donc qu'il y avait place à la télévision pour une émission qui servirait la cause du disque canadien, mais en y prêtant une oreille critique. Il m'accorda sa pleine confiance, sachant par ailleurs que j'avais une passion personnelle pour la chanson d'expression française et que je faisais déjà de beaux efforts pour en assurer la diffusion. J'avais même créé à CKVL le Club du disque canadien, dont les quelques milliers de membres possédaient une carte en bonne et due forme attestant de leur soutien à la chanson québécoise. C'était aussi le titre de l'émission que j'animais tous les jours de 11 à 14 heures. J'y faisais tourner exclusivement des disques québécois et j'y recevais les artistes qui venaient présenter leurs plus récents enregistrements. Pour la télé, l'émission que M. L'Herbier voulait que j'anime n'avait pas de structure précise et tout avait été laissé à mon inspiration. Seul mon co-animateur avait été désigné; il s'agissait de Roger Gosselin, que j'avais moi-même engagé à CKVL et qui faisait partie du nouveau personnel de CFTM-TV. Avec son calme habituel et son petit sourire en coin, Roger était le partenaire idéal et me donnait beaucoup d'assurance. Si j'ai bonne mémoire, mon premier réalisateur fut Jean Paquin, lui-même un ancien chanteur, qui avait décidé d'orienter sa carrière vers un métier plus susceptible de l'aider à boucler ses fins de mois.

Au départ, l'émission consistait à faire l'énumération des nouveaux disques de la semaine accompagnée d'une brève critique et à interviewer deux ou trois artistes qui venaient faire la promotion de leur dernier 45 tours ou, le cas échant, de leur microsillon. Pour les plus jeunes, précisons qu'un 45 tours était un petit disque à peine plus grand qu'un CD moderne avec un grand trou au milieu qui exigeait l'utilisation d'une rondelle de la dimension d'une pièce de 2 $ pour être fixé sur le plateau du tourne-disque. Il comportait habituellement deux chansons, chacune gravée sur l'une des faces du disque. Quant au 33 tours, aussi appelé microsillon, il s'agissait d'un disque de 12 pouces (un peu plus de 25 centimètres) de diamètre sur lequel on arrivait à réunir une bonne douzaine de chansons.

Dès la deuxième ou troisième émission, je trouvai que la formule manquait de « punch » et qu'il nous fallait un élément spécial pour captiver l'auditoire. J'eus alors l'idée d'apposer un prix (fictif) sur chacune des nouveautés de la semaine, en leur donnant une valeur équivalente à la qualité de la prestation de l'artiste. Un bon disque conservait son prix de détail suggéré de 95 cents, tandis que les autres pouvaient se retrouver dans la case des soldes avec des « prix » allant de 25 à 75 cents. Le plus mauvais disque, pour sa part, était tout simplement jeté au « cimetière » ou plus explicitement enfoui dans un incinérateur d'où s'échappait une épaisse fumée blanche pendant qu'une musique sinistre accompagnait cette cérémonie funèbre. C'était, comme je l'avais cru, le déclic qu'il nous fallait pour populariser cette émission, légèrement défavorisée au début par une heure de diffusion un peu tardive, le mardi soir à 21 h 30. Lors d'une rencontre récente, Dominique Michel me racontait comment elle et les vedettes du temps avaient la frousse de subir l'infamie du « cimetière du disque » et de voir leur carrière plonger dans un gouffre sans fin.

Mise en orbite par cette chronique qui tue (c'est le cas de le dire), l'émission connut par la suite un énorme succès, au point où elle décrocha « la plus haute cote d'écoute des émissions du genre au Canada français », comme l'écrivait Jeanne Frey dans une chronique TV-Radio publiée dans L'Actualité de juillet 1963.

Cette gentille dame devait avoir un faible pour moi, puisqu'elle avait aussi ajouté à mon sujet : « … son expérience, jointe à sa gentillesse naturelle et à sa souriante autorité, en firent du jour au lendemain l'animateur parfait ». Elle faisait référence à la période où nous organisions de furieux débats sur divers sujets touchant le monde du spectacle.

Aujourd'hui, je vous assure qu'il ne se passe pas une semaine sans que quelqu'un me rappelle cet épisode de ma carrière de « critique musical ». On en parle encore 45 ans plus tard, sauf à TVA où, lors d'une rétrospective de ses 45 ans d'existence en janvier 2007, on a complètement ignoré l'existence du « cimetière du disque » et des émissions s'y rattachant. Ce fut pourtant l'une des émissions les plus marquantes de l'histoire de ce réseau.

Certains savent et d'autres pas que Claude Rajotte a gentiment perpétué mon « cimetière du disque » à son émission de télé, en lui donnant le nom plus actuel de « cimetière du CD ». Je le remercie du clin d'œil.

UNE PETITE VENGEANCE

Bien sûr, on m'a demandé des dizaines de fois si certains artistes choqués ou mécontents d'avoir été ridiculisés par cette chronique n'avaient pas tenté de me faire un mauvais parti. Certains y ont sans doute songé sur le coup, mais la seule vraie riposte dont je me souviens est celle du groupe les Sheriffs, dont la réaction fut somme toute peu maligne et, à la limite, amusante, compte tenu qu'ils s'étaient arrangés pour que l'évènement soit photographié et dûment reproduit dans les petits journaux à potins du temps. Les membres des Sheriffs s'étaient donc amenés à CKVL sur la rue Gordon à Verdun et avaient attendu que je sorte du studio où je venais d'animer mon émission pour déverser devant mon auto de pleins paniers de citrons en guise de protestation. Ils avaient revêtu leurs costumes de scène, qui les faisaient ressembler à des cow-boys d'opérette, et une nuée de photographes s'amusaient à pointer leur objectif devant un Duval anéanti et incapable de monter dans sa grosse Buick. J'avais évidemment choisi d'en rire et la démonstration tourna rapidement en une grosse farce, avec suffisamment de citrons (8 000 en tout) pour faire de bonnes limonades pendant une année complète. Tout le monde se lançait à qui mieux mieux ces fruits de l'amertume qui, sur la neige blanche, faisaient un très bel effet. En quittant les lieux, j'avais confié à un journaliste présent : « Vous savez, il est quand même toujours aussi mauvais, leur disque. »

Je dois quand même avouer que je n'ai pas toujours dormi sur mes deux oreilles pendant les quelques années que dura cette émission. Je me disais que parmi les « artistes » que j'épinglais et envers lesquels j'étais quelquefois assez caustique, il pourrait bien s'en trouver un jour qui se diraient que j'avais ruiné leur carrière et que je méritais de me faire casser les deux jambes ou pire encore. Or, je m'inquiétais pour rien et je pense qu'en fin de compte, tout le monde trouva que le « cimetière du disque » avait un côté humoristique à ne pas prendre au sérieux. Bizarrement, c'est lors d'une émission de télé dominicale animée par André Robert plusieurs années plus tard, que l'on me prit vraiment au sérieux. André avait voulu que je fasse revivre le fameux « cimetière » pendant quelques minutes afin de rappeler aux plus jeunes ce qu'était cette mémorable chronique en son temps. Il m'avait donc demandé de choisir le disque que, cette semaine-là, j'aurais enfoui six pieds sous terre. Dans le simple but de déclencher une controverse, j'avais opté pour la très populaire chanson « T'es mon amour, t'es ma maîtresse » qu'interprétaient alors en duo Ginette Reno et Jean-Pierre Ferland. Mon explication était que cette chanson me rendait mal à l'aise, que le mot « fesse » me dérangeait et que, de toute manière, je ne voyais pas la légitimité du couple Reno-Ferland dans la vraie vie. La controverse souhaitée ne tarda pas à se manifester : je reçus un torrent d'insultes de la part de critiques de télé vexés et d'un public majoritairement gagné par cette merveilleuse chanson. Gilles Talbot, le producteur du disque, fut le premier à monter aux barricades et il m'en voulut jusqu'à sa mort, le malheureux. De toute manière, je suis persuadé que cette petite algarade contribua à relancer les ventes du disque en question.

Au rayon des grandes et petites anecdotes, je me rappelle que lors de la toute première émission de ce qui s'appelait à l'époque Télé-Métropole, nous n'avions pas la petite rondelle de plastique précitée que l'on devait insérer au centre des 45 tours pour les faire jouer sur un plateau destiné aux 33 tours. Il avait fallu que je me précipite chez Archambault pour en trouver une afin que nous puissions faire entendre les nouveaux disques de nos invités.

Parmi ces derniers, il y avait souvent mon bon ami Raymond Lévesque, qui était alors très actif. Nous l'avions reçu à quelques reprises à l'émission et nous n'avions pas manqué de constater qu'il était un peu « dur de la feuille ». Il avait encore toutefois *une* bonne oreille et comme j'étais celui qui posait le plus souvent les questions, Roger Gosselin m'avait conseillé de m'asseoir à la droite de Raymond, du côté où il entendrait mieux mes interventions. L'auteur de « Quand les hommes vivront d'amour » prêche par l'exemple en affichant toujours une très grande gentillesse. Après une rencontre récente dans une quelconque réception, il m'avait fait parvenir un petit mot : sa compagne Céline lui avait fait remarquer qu'il avait été agressif à mon endroit, il tenait à s'en excuser et jetait le blâme sur sa surdité qui le porte à parler plus fort qu'il le devrait. En une autre occasion, à mon émission sur le disque canadien, j'avais rappelé à Monique Leyrac, une chanteuse au répertoire très poétique, qu'elle avait, à ses débuts, « commis » une rengaine de type populaire dont le titre m'échappe. Mme Leyrac n'avait pas souvenance de ce disque et, au bord du dédain, elle nia catégoriquement avoir enregistré un tel navet. Dans les mêmes circonstances, Claude Dubois avait choisi de rigoler quand je lui avais dit que je possédais dans mes archives personnelles un 33 tours très spécial : *Claude Dubois et ses montagnards*, sur lequel il interprétait des chansons western plutôt moches. C'était, somme toute, une amusante relique de ses premiers pas dans le métier à l'âge de 12 ans.

LES ONDES SACRÉES

Comme je l'ai écrit plus haut, l'émission changea de nom à quelques reprises et devint, pour une ou deux saisons, *Le Monde du spectacle*. En plus d'y faire la revue des nouveautés de la semaine, nous organisions des débats afin de discuter de différents sujets touchant précisément… le monde du spectacle.

Une fois, par exemple, nous avions invité Paul Dupuis, un comédien célèbre de l'époque qui, en compagnie de Monic Nadeau (journaliste) et de Gaétane Létourneau (chanteuse), était venu débattre au sujet de la responsabilité des journalistes en matière de critique. Dans une autre émission, il avait été question d'une chanson primée par Radio-Canada lors du concours « Chansons sur mesure » et qui laissait planer de sérieux doutes sur son originalité. Elle s'appelait « Les amours anciennes » et sa trame musicale, selon plusieurs, tenait du plagiat en rappelant énormément la chanson « Les belles amourettes » tirée d'un disque intitulé *Chansons d'amour des rois de France*. Certains de ces débats furent plutôt orageux; je n'hésiterais même pas à dire que j'ai été un des pionniers de ces émissions actuelles où les invités se crêpent le chignon à propos de tout et de rien. Il faut se rappeler qu'à leurs débuts et pendant un certain nombre d'années, la télévision et la radio étaient d'une grande rigueur, frisant même la rigidité. J'ai toujours le fou rire quand je regarde de vieilles émissions de *Prenez le volant* et que je constate à quel point nous pouvions être précieux, sobres, austères et, disons-le, ennuyeux. Par exemple, il n'était pas question de lancer un « maudit » en ondes, au risque non seulement d'être réprimandé par le CRTC mais aussi de perdre son émission. Et on ne se présentait pas face à une caméra sans costume et cravate, à moins d'être interviewé comme l'homme de la rue, témoin d'une catastrophe quelconque.

Par conséquent, quand un Pierre Nolès (producteur de disques très coté à l'époque) affrontait un Claude Gingras (le chroniqueur musical de *La Presse*) et qu'il lui lançait : « Toé, mon maudit intellectuel ! » comme cela était arrivé à notre émission, il y avait de nombreux retentissements. Je ne nierai pas que l'on cherchait la polémique et un brin de scandale afin de hausser les cotes d'écoute – pratique très courante de nos jours, mais avec des limites beaucoup plus permissives. Il y eut d'autres prises de bec mémorables, notamment entre le regretté Marc Gélinas (comédien et auteur-compositeur) et un journaliste à potins à qui il reprochait d'encenser des disques pourris et de négliger l'œuvre des chansonniers. Marc lui avait dit qu'il enregistrerait son prochain disque en « flushant les toilettes » pour voir si le critique merdique lui accorderait une bonne cote.

Cependant, le pire échange de propos tendancieux se produisit entre les journalistes Jean Morin et Monic Nadeau et le chroniqueur artistique Jean Laurac. Ce débat particulier voulait dénoncer la corruption morale qui existait à Montréal au sein de l'industrie du music-hall. L'émission fut censurée par les avocats de Télé-Métropole, qui jugèrent que l'un des invités était allé trop loin. Pourtant, c'était bel et bien la vérité qui avait été dite. L'intervention des conseillers légaux du canal 10 fit que *Le Monde du spectacle* fut amputé d'une bonne partie de son contenu cette semaine-là.

Un autre exemple de ce qui aujourd'hui n'aurait absolument aucune conséquence et qui dans les années 1960 était absolument tabou a trait à certaines paroles de l'ami André Vézina, qui travaillait pour moi à CKVL comme annonceur et *disc-jockey*. Il présentait une émission lors d'un passage de la reine Élisabeth au Canada et comme il avait un fort penchant souverainiste, il avait dédié la chanson « T'es moche » de Félix Marten à la reine. Comme j'étais celui par lequel le scandale était arrivé, je fus dans l'obligation de congédier André Vézina à la demande express de mon patron, Jack Tietolman.

Bref, les ondes étaient sacrées, à l'époque. Tout ce qui se dit de nos jours dans une émission comme *Tout le monde en parle* aurait entraîné en ce temps-là la révocation pure et simple du permis de diffuser de la SRC. Quant à Guy Fournier, on l'aurait sans doute pendu haut et court.

Pour revenir à Marc Gélinas, lui et moi avons été très liés pendant les années où il était marié à Carole Belmont, un mannequin qui toucha un peu à tout dans le monde artistique. C'était un couple très fragile et j'ai souvent joué le rôle de médiateur. Malheureusement, Marc buvait beaucoup et pour Carole, la vie était devenue insupportable. Personnellement, j'avais non seulement beaucoup d'amitié pour Marc, mais je lui vouais aussi une grande admiration. Je l'ai beaucoup aidé en diffusant ses disques régulièrement, parce que je trouvais qu'il avait réussi un bel équilibre entre la chanson à textes et la musique dite commerciale. C'était un temps où l'on n'en avait que pour les chansonniers aux textes profonds et quelquefois inextricables dits sur une musique ennuyeuse. Marc avait su contourner cet écueil tout en offrant une chanson bien structurée, intelligente, mais dont on retenait facilement paroles et musique comme le démontre si bien son grand succès « La Ronde ». Pour beaucoup toutefois, il passait pour un chanteur commercial, donc négligeable. Jean-Pierre Ferland m'avait d'ailleurs un jour parlé de ce snobisme d'une certaine élite qui, disait-il, « t'adore quand tu fais des chansons avec lesquelles tu crèves de faim et te rejette comme un vulgaire produit de consommation dès que tu fais une chanson qui devient un succès populaire ».

Après la fin de ma série d'émissions sur le disque et la chanson québécoise, CFTM m'offrit de rester en ondes pour y faire la critique des nouveaux disques et perpétuer le « cimetière du disque » dans un autre cadre. Ce fut d'abord le samedi, dans une émission animée par Roger Gosselin et dont le plus illustre participant était notre fameux capitaine Bonhomme incarné par Michel Noël qui, soit dit en passant, connut une brève carrière de chanteur avant de devenir comédien. Par la suite, ma chronique fut déplacée à l'émission *Bon Dimanche*. Cette dernière fut animée par plusieurs personnes, dont André Robert, le cofondateur (en compagnie d'Edward Rémy) du journal *Échos Vedettes*, où je fus chroniqueur pendant de longues années.

Autant on m'associe aujourd'hui à l'automobile, autant à l'époque j'étais «Dieu le père dans le monde du disque canadien», comme l'avait écrit Yves Leclerc dans un long article publié en couverture du *Télé-Presse* le 12 avril 1969. Un autre scribe me présentait comme «le fier défenseur du disque local», ajoutant que je l'avais «critiqué, défendu, relevé, imposé et aimé». Quand est venu le moment de tracer un bilan de ma vingtaine d'années consacrées à l'avancement du disque canadien et de la chanson d'expression française, je me sentais à la fois content et déçu des résultats, comme je l'avais expliqué à Yves Leclerc en entrevue : «L'industrie du disque au Québec n'a pas vraiment évolué. Elle a grossi. Pour un bon artiste il y a dix ans, il y en a cinq maintenant, mais le nombre de mauvais a augmenté d'autant. Le bon goût aussi a très peu progressé. Évidemment, le public est un peu plus ouvert, mais si peu! Charlebois se vend (c'est un génie), mais je ne peux pas faire tourner un de ses disques à CKVL sans recevoir des dizaines de téléphones de protestation. Les gens sont encore naïfs, candides, ils avalent encore des vedettes qu'on veut leur imposer. Et ils ont peur du nouveau.» Au sujet du «cimetière du disque», M. Leclerc m'avait demandé si ma réputation de «terreur» dans le milieu n'avait pas été acquise par des méthodes un tant soit peu démagogues, ce à quoi j'avais répondu que «le fait de casser les disques, de les jeter, tous ces gadgets pour attirer l'attention, ça a probablement ses mauvais côtés. Mais, par contre, ça a certainement contribué à faire parler du disque canadien d'une façon extraordinaire. Avant, personne ne s'en occupait».

L'HYMNE DU QUÉBEC

Savez-vous que le Québec a déjà eu son hymne national, courtoisie du canal 10 ? Cette vénérable institution de la culture québécoise avait organisé en 1963 un concours visant à doter notre belle province d'un chant de ralliement. Devant l'importance du défi, elle avait programmé cette émission le soir, entre 23 h 00 et 23 h 45. Les œuvres reçues avaient été soumises, entre autres, par Jacques Blanchet, Marc Gélinas, Camille Andréa et Muriel Millard ; c'est cette dernière qui s'était attiré la faveur du jury, dont je faisais partie. À ma connaissance, cet hymne appelé « Québec, Québec, mon beau pays et mes amours » n'a jamais connu de consécration officielle et est tombé dans un oubli abyssal quelques semaines après le concours. Pourquoi ? Sans doute parce que l'establishment culturel considérait à l'époque le canal 10 comme un vulgaire bazar de la quétainerie.

CHAPITRE VIII

UN FILS INSTABLE

Côté familial, c'est par une coïncidence tout à fait fortuite que mon deuxième fils, Pierre, a échappé à la mort en 1962. Nous avions appelé notre médecin de famille pour qu'il vienne à la maison examiner notre fils François, qui souffrait de la rougeole. Il allait relativement bien, mais nous souhaitions nous en assurer, parce que mon épouse et moi devions partir en vacances à l'occasion de la Semaine de la vitesse des Bahamas. François, notre fils aîné, avait six ans, et il partageait sa chambre avec son frère Pierre qui, alors âgé de quatre ans, n'allait pas encore à l'école. Comme il était tôt le matin, les deux étaient encore couchés. Après avoir échangé quelques propos avec le médecin, celui-ci décida d'aller jeter un coup d'œil à François afin de s'assurer que la guérison allait bien. En entrant dans la chambre, il avait trouvé Pierre, jusque-là en parfaite santé, en proie à des convulsions et dans un état de crise aiguë. Ce fut alors la panique, le branle-bas et le déclenchement de mesures d'urgence que même le médecin eut du mal à refréner. Pierre avait contracté une méningite, ce que nous ignorions évidemment à ce moment-là. Reprenant le contrôle de ses émotions, notre médecin appela tout de suite une ambulance et s'occupa d'empêcher Pierre de s'étouffer avec sa langue. À le voir dans un tel état, les pires scénarios nous passaient par la tête, sans que nous osions nous l'avouer par crainte de nous inquiéter davantage l'un et l'autre. On le transporta d'urgence à l'hôpital Sainte-Justine, où il fut immédiatement mis en isolement, sous respirateur, bardé de tubes et de fils. Sa vie n'était plus en danger, mais on pouvait craindre qu'il garde des séquelles de sa maladie, comme des troubles neurologiques, des difficultés d'apprentissage et une dépression respiratoire. Pierre demeura hospitalisé pendant près de trois semaines, au cours desquelles il devint turbulent, pour ne pas dire insupportable. Il faisait voler en l'air tous les objets à sa portée et criait son mécontentement d'être confiné à cette unité de soins qui ressemblait un peu à une pouponnière.

Plus tard, nous nous sommes souvent demandé, sa mère et moi, si cet épisode de son enfance n'avait pas en quelque sorte joué un rôle dans son comportement ultérieur. Car Pierre, je dois le confesser, s'est avéré une source de problèmes pendant son adolescence et plus tard dans sa vie adulte, de par son instabilité et ses dépendances aux drogues douces qui l'ont mis dans le pétrin plus souvent qu'à son tour, tout en sabotant son existence. Doté d'une intelligence supérieure et d'une habileté exceptionnelle dans bien des domaines, il aurait pu se tailler une place de choix dans la société. Mais comment ne pas être reconnaissant envers un fils qui, quelques années plus tard, vers l'âge de 12 ans, devait me sauver la vie ?

Peu de temps après que j'eus appris à nager, Pierre et moi étions allés nous baigner dans un petit étang sur la montagne à Saint-Bruno. Je m'étais aventuré trop loin du bord et je fus soudainement pris de panique en constatant que je ne pouvais plus toucher le fond. Je me débattais comme un damné pour rester à la surface et j'avais déjà avalé beaucoup d'eau quand je vis surgir de nulle part mon fils Pierre, qui s'amusait sous un petit radeau flottant au milieu de l'étang. Il comprit tout de suite que j'étais en difficulté et vint me porter secours en moins de deux. Sans sa présence à mes côtés ce jour-là, j'ignore ce qui serait arrivé. Je lui serai éternellement redevable de m'avoir tiré de ce faux pas.

On m'a souvent demandé pourquoi aucun de mes enfants n'a marché sur mes traces. À cela je réponds que Pierre était sans doute celui qui aurait été le plus susceptible de le faire. À l'adolescence, il avait commencé à faire du karting et se débrouillait fort bien. De toute évidence, il était rapide et combatif. Après y avoir fait ses preuves, il s'inscrivit à l'école Jim-Russell de Mont-Tremblant afin de s'initier à la course automobile. Encore là, il s'avéra très compétitif. Il s'était inscrit au championnat de formule Ford ouvert aux débutants; toute la saison, il livra une belle lutte à Bertrand Fabi. Ce dernier termina premier au classement de fin d'année, juste devant Pierre. Bertand prit ensuite la route de l'Europe et s'illustra d'entrée de jeu dans le circuit britannique avant d'être victime d'un accident mortel au début de sa seconde campagne. Pierre, qui avait noué des liens étroits avec Bertrand, en fut très affecté. Il souhaitait que je le commandite, mais je lui avais demandé de faire le premier effort en sollicitant un appui financier auprès de certaines compagnies afin de me démontrer sa propre passion du sport. Mais le cœur n'y était plus et il emprunta une route beaucoup trop facile…

En toute décence et parce qu'il est un être attachant, je ne vous entretiendrai pas de ses nombreuses frasques, qui nous ont causé beaucoup de soucis, même s'il m'a lui-même offert d'en dresser la liste pour ces mémoires. Sa plus belle réalisation est certainement d'être le père de Valérie, une adolescente aussi belle que talentueuse, une harpiste en herbe très douée et violoniste à ses heures. Sa mère Suzanne veille à ce qu'elle devienne une musicienne accomplie sous la gouverne de son professeur, Mme Lucie Gascon.

UNE FILLE ET UNE LICENCE FIA

Après mes deux fils, François et Pierre, notre désir que notre troisième enfant soit une fille fut exaucé. En août 1963, Berthe donna naissance à un bébé tout joufflu à l'épaisse chevelure noire qui allait porter le prénom de Brigitte, choisi à une époque où madame Bardot faisait beaucoup parler d'elle en termes élogieux. Malgré les temps difficiles que nous traversions, en raison de mes absences répétées et de ma présence à la maison de plus en plus sporadique, mon épouse était aux anges. La fierté vint se joindre à son bonheur d'occasion quand elle vit que papa, maman et bébé faisaient la une du journal *Télé-Radiomonde*. Brigitte fit ses débuts à la télévision bien avant de se joindre à moi occasionnellement au *Guide de l'auto* sur les ondes du canal Vox, puisque dans les jours suivant sa naissance, le caméraman Johnny Laurence était venu la filmer pour l'émission *L'été des artistes* à Télé-Métropole.

En plus de la naissance de Brigitte, le 23 août 1963 m'apporta une autre grande réjouissance sous la forme d'un petit bout de papier chèrement et difficilement acquis : une licence internationale FIA de course automobile. J'étais fier et honoré d'avoir mérité ce permis tant convoité qui m'ouvrait les portes de n'importe quel type de course automobile, y compris la formule 1. Aujourd'hui, les pilotes aspirant à un volant en Grand Prix doivent s'élever encore un peu plus au-dessus du lot avec une super licence qui n'existait pas à mon époque.

Cela dit, cette troisième grossesse avait été difficile pour mon épouse, tant sur le plan physique que moral. Quelques semaines après la naissance de Brigitte, elle dut faire face à la rentrée scolaire, avec François qui entreprenait sa deuxième année tandis que Pierre en était à son initiation. D'un commun accord avec notre médecin de famille, nous décidâmes qu'il serait préférable que Brigitte reste un certain temps dans une pouponnière de Longueuil afin de permettre à sa mère de refaire ses forces. Berthe allait la visiter chaque jour et j'imagine que ce fut une période bouleversante pour elle. Quant à moi, je constate que j'ai cruellement négligé mon devoir de père en investissant temps et énergie dans la futile poursuite du succès. Brigitte était pourtant une enfant adorable. Un jour, elle a dit à sa mère qu'elle était «gourmande d'amour», ce qui n'était sans doute pas étranger à mes trop fréquentes absences. À trois ans, elle passait beaucoup de temps à s'amuser avec sa petite amie Jill, la voisine d'en face qui était anglophone. Après un seul été, Brigitte était devenue bilingue et prenait un malin plaisir à corriger notre propre prononciation anglaise. C'est ce qui lui permet aujourd'hui de parler la langue de Shakespeare sans le moindre accent.

Lasse d'attendre un mari qui ne rentrait jamais, mon épouse a par la suite pris la décision de s'évader des tâches domestiques en acceptant un poste de secrétaire à Expo 67, grâce à la complicité d'un ami belge, Paul Frèrotte, qui avait ses entrées dans l'administration de l'évènement. Brigitte était confiée à une gardienne pendant la journée, tandis que mes fils François et Pierre avaient été inscrits comme pensionnaires au collège Jésus-Marie à Outremont, où j'allais les cueillir de temps à autre le vendredi après-midi avant de les ramener le dimanche soir. Autant ma carrière se portait de mieux en mieux, autant ma vie privée était souffrante, pour la simple raison que j'étais rongé par la culpabilité.

MERCI BERTHE

Je me dois d'ouvrir ici une parenthèse pour remercier ma première épouse, Berthe, sans qui l'écriture de cette autobiographie aurait été beaucoup plus compliquée, voire impossible, tellement la mémoire a cette fâcheuse habitude de nous faire faux bond à certains moments. Je lui dois une fière chandelle de s'être souvenue de plusieurs évènements ou anecdotes qui me permettent d'étoffer mon propos. Mieux encore, elle avait colligé dans d'immenses cahiers les milliers d'articles que j'ai écrits dans ma vie de même que ceux qui m'ont été consacrés, que ce soit les couvertures de magazines et de journaux ou encore toutes ces publications qui, depuis toujours, suivent pas à pas le quotidien des artistes ou des diverses personnalités liées de près ou de loin au monde du spectacle.

En fouillant dans ces piles de journaux, j'ai retrouvé des noms, des faits et, surtout, des dates que j'avais complètement oubliés et qui, aujourd'hui, me donnent l'occasion de reconstituer une vie dont l'intensité me laisse tout à fait ébahi. Je me permets de relever au hasard quelque-uns de ces dossiers, articulets ou simples bouts de papier ayant échappé au grand ménage que l'on a tendance à faire de temps à autre pour éviter de crouler sous des montagnes de paperasses périmées.

D'AZNAVOUR À VICTOR-LÉVY BEAULIEU

J'ai devant moi par exemple une carte de souhaits du début des années 1960 signée par Georges Guétary et dans laquelle le tombeur de nos mères m'offre ses vœux en me gonflant la poitrine d'un « Bonne année à un grand champion ». Le 10 février 1959, dans *Radiomonde*, Charles Aznavour me confiait : « Un jour, je serai riche », prédiction que j'avais traduite en écrivant : « Bientôt, le célèbre auteur-compositeur ne rêvera plus de châteaux en Espagne, mais il en sera propriétaire. » J'avais oublié que j'avais suivi d'aussi près la carrière de notre Michèle Richard nationale qui, à l'âge de 15 ans, était déjà, *dixit Radiomonde*, le « *best-seller* du disque chez les femmes ». Autre record à son palmarès : elle avait chanté à 400 émissions de télé avant d'avoir atteint l'âge de 16 ans. Je me dois de relever aussi un petit mot envoyé de Paris par Paolo Noël, uniquement pour citer l'adresse tristement romantique d'où parvenait sa missive : 7, rue Gît-le-Cœur, Paris VIe.

Parmi toutes ces coupures de journaux et de magazines, il s'en trouve plusieurs traitant de ma propre carrière. Je remarque qu'il devait y avoir quelqu'un (ou quelqu'une) qui m'aimait beaucoup dans ce petit guide de télévision intitulé *TV Hebdo*. En effet, je m'y retrouve souvent à la une, notamment dans un numéro de mars, où j'y suis représenté avec deux petites cornes au-dessus de la tête, et coiffé du titre «Jac Duval, démon du disque et de la vitesse» pour annoncer les débuts de *Prenez le volant* à la télévision de Radio-Canada. Cela se passait bien avant que Marie-France Bazzo me surnomme «le terroriste des ondes». Dans une autre édition de *TV Hebdo*, on découvre une virulente critique – intitulée «Ces gogos que nous sommes» – de mon émission *Le Coin du disque*, signée de la plume assassine du chroniqueur Lévy Beaulieu, qui n'utilisait pas encore son prénom de Victor, mais dont le style était déjà foudroyant comme le démontrent les propos suivants: «ces parasites que sont la plupart de nos supposées vedettes du disque» ou encore, en référence à la chanson populaire louangée par *Le Coin du disque*: «le Québec ne peut se permettre de rater son avenir après avoir raté son passé». En guise de conclusion, Beaulieu écrivait: «(...)je n'en veux pas pour cela à MM. Duval et Gosselin; ils font partie du rouage d'une vaste machine et ne s'aperçoivent sans doute pas de la portée de leur action ou de leur inaction.» J'avais eu un droit de réplique, dont je fis usage dans un article que j'ai malheureusement égaré; tout comme Lévy, j'adorais déjà la controverse et je dirais même que je faisais tout pour la provoquer.

Quand je me remémore par exemple une de mes sorties contre la «grivoiserie» et «les chansons faciles» de Georges Brassens à l'occasion de son passage à *La Comédie canadienne* en 1961, je ne suis pas très fier de moi. Je suis renversé d'avoir émis de tels propos envers un artiste dont j'avais acheté tous les disques et que j'admirais profondément. Était-ce pour secouer, remuer ou allumer la mèche que je me laissais aller à des contradictions semblables? Puis-je vous dire que dans ce cas particulier, je m'étais fait «varloper» autant par mes lecteurs que par bien des artistes, sans doute surpris de ma prise de position. Mon ami Jacques Normand, entre autres, signait alors un billet hebdomadaire dans mon journal *Radiomonde*; il m'y avait remis à ma place comme je le méritais : « Il ne faut pas confondre, mon cher Jacques, grivoiseries et gauloiseries et je me promets à Noël de vous offrir un dictionnaire, un Rabelais et un François Villon afin d'éclairer votre lanterne. » J'avais entretenu une guéguerre de quelques mois avec Normand et lui avais promis un atlas parce qu'il avait fait une faute d'orthographe en citant le village natal de Gilles Vigneault, l'écrivant Natashwann au lieu de Natashquan.

Qu'importe, je fais mon *mea culpa* et j'implore M. Brassens dans son cimetière de Sète de me pardonner mes étourderies et mes divagations. Oui, vous aviez raison, Georges, quand vous m'avez écrit personnellement : « Non, les braves gens n'aiment pas qu'on suive une autre route qu'eux. » Quand je parle de Jacques Normand comme d'un ami, j'exagère peut-être un peu, mais à peine. Comment décrire autrement un bonhomme que je conduisais chaque matin à la succursale de la Commission des liqueurs (l'ancêtre de la SAQ) pour qu'il s'y procure son 13 onces de cognac quotidien ? On en était au point où le vendeur demandait à Normand si c'était pour boire sur place ou pour apporter...

Quand je fouille dans cet amoncellement de coupures de journaux, je me demande comment, dans les années 1960, j'arrivais à vaquer à autant d'occupations en une période de 24 heures. Étais-je un insomniaque, un hyperactif ou un bourreau de travail qui trimait entre 18 et 20 heures par jour 7 jours sur 7 ? Je ne me rappelle tout simplement plus comment je pouvais rédiger toutes mes chroniques et mes critiques de disque dans *Radiomonde*, écrire des reportages généraux dans *Samedi-Dimanche, Le Petit Journal, La Patrie, Métro Express* ou *Nouvelles illustrées*, animer cinq heures d'émission par jour à CKVL, *Le Coin du disque* à Télé-Métropole, donner des spectacles au cabaret, faire de la course automobile les fins de semaine et tenter de remplir mes obligations familiales pendant tout ce temps. Je ne trouve pas d'explication à ce rythme de vie absolument démentiel, à moins de supposer que je devais dormir trois ou quatre heures par jour, pas plus.

CHAPITRE IX

LE GRAND PRIX D'HUBERT AQUIN

Sans doute parce que j'étais le seul journaliste automobile du temps – ou pour une autre raison que je ne suis jamais arrivé à m'expliquer –, l'ancien maire de Montréal, Jean Drapeau, m'estimait beaucoup. C'était d'ailleurs réciproque, d'abord parce qu'il a su donner à sa ville un statut international en étant à l'origine d'évènements aussi grandioses que l'Exposition universelle de 1967 et les Jeux olympiques de 1976. En plus, j'appréciais son intérêt sincère pour l'automobile, penchant aussi inattendu chez lui qu'un goût pour les plantes artificielles chez Pierre Bourque.

Pour qu'il accepte, à mon invitation, de faire le trajet entre Montréal et Mont-Tremblant en hélicoptère, par un beau dimanche après-midi, pour donner le départ d'une course, il fallait qu'il ait un engouement véritable pour ce sport, dont la popularité à l'époque ne dépassait pas de beaucoup celle du curling ou du boulingrin.

J'avais rencontré M. Drapeau une première fois en 1963, deux ans avant l'ouverture du circuit Mont-Tremblant. Il m'avait téléphoné pour me demander des conseils sur un projet qui venait d'atterrir sur son bureau à propos de la tenue éventuelle d'un Grand Prix de formule 1 sur l'île Sainte-Hélène. Contre toute attente, l'auteur de ce projet était l'écrivain réputé Hubert Aquin, qui travaillait au début des années 1960 comme réalisateur à l'Office national du film. Il vouait une grande admiration au quintuple champion du monde, l'Argentin Juan Manuel Fangio. De plus, comme beaucoup d'intellectuels avant et après lui, Aquin savait faire la différence entre une « course de chars » et un affrontement opposant des pilotes et des ingénieurs parmi les plus doués au monde.

Monsieur le maire estimait que le projet d'Aquin était intéressant et il souhaitait que je forme une sorte de comité pour en étudier la faisabilité. Même si j'avais commencé à faire de la course automobile, je ne connaissais pas encore tous ceux qui tiraient les ficelles de ce sport au Québec, d'autant plus que nous étions à l'époque où le fossé entre francophones et anglophones était abyssal. Or, malgré ma notoriété radiophonique, j'étais un illustre inconnu pour ces messieurs du monde de la course. J'avais toutefois fait la connaissance de Norman Namerow, qui se débrouillait assez bien en français et dont l'épouse était une femme cultivée d'une grande gentillesse. Norman publiait aussi le premier vrai magazine automobile canadien, *Canada Track and Traffic*. Homme d'affaires averti, il m'apparaissait comme la personne idéale pour se joindre à Hubert Aquin et à moi afin d'échafauder les plans de ce qui permettrait à Montréal d'être l'hôte du premier Grand Prix du Canada.

Nous eûmes deux ou trois rencontres pour préparer notre rendez-vous avec le maire Drapeau. Norman Namerow s'était occupé de contacter la FIA pour sonder le terrain, qui semblait très favorable à l'installation d'un GP à Montréal, tandis que j'étais chargé du volet publicité et promotion. Je m'étais même débrouillé pour faire venir à Montréal l'importateur Ferrari pour l'Amérique du Nord, le célèbre Luigi Chinetti – c'était non seulement un ami proche d'Enzo Ferrari, mais également celui qui l'avait incité à fonder sa propre marque. J'avais été aidé en cela par George Wooley qui était à ce moment-là le concessionnaire des quelques Ferrari vendues chez nous. En effet, elles étaient rares, et cela, même si l'on pouvait acheter à peu près n'importe quel modèle Ferrari pour moins de 20 000 $. C'est ce même M. Wooley, probablement le bonhomme le plus affable qu'il m'ait été donné de rencontrer, qui me prêtait régulièrement des Ferrari pour des essais routiers.

Quant à Hubert Aquin, nous découvrîmes qu'il était animé d'un enthousiasme débordant pour la course automobile. Cela devint surtout évident lorsqu'il accepta mon invitation à venir parler de son projet lors d'une réunion du Club Auto Sport Métropolitain. Pendant une bonne heure, nous eûmes le privilège de découvrir un côté inconnu de cet homme de lettres. Après quelques rencontres à l'hôtel de ville et une visite de l'île Sainte-Hélène, envisagée comme site de la course, M. Drapeau décida de donner le feu vert au projet. Tout baignait dans l'huile, c'est le cas de le dire. La tenue du premier Grand Prix du Canada était déjà prévue pour 1963.

Toutefois, il y avait un écueil et il allait s'avérer ma première grande déception du monde politique. L'île Sainte-Hélène, bien qu'en territoire montréalais, était du ressort du gouvernement du Québec, qui devait donc donner son aval à notre évènement. Le maire Drapeau n'était pas sans avoir certains ennemis, comme c'est souvent le cas dans les milieux politiques.

UN GRAND PRIX, OUI, MAIS À 25 KM/H

La raison qu'on allait invoquer au gouvernement pour bloquer le projet tient toutefois du plus grand burlesque et démontre encore une fois que le ridicule ne tue pas. Pour contrer le projet, on se servit du prétexte des limites de vitesse en vigueur sur l'île, règlement qu'il était impossible de faire modifier pour les trois ou quatre jours que durerait le Grand Prix. Pour autant que les monoplaces de formule 1 n'excèdent pas la vitesse limite de 15 mph – soit autour de 25 km/h –, il n'y aurait aucun problème. Cependant, la loi ne pouvait être abolie, ne serait-ce qu'une fin de semaine. C'était aussi stupide que ça.

J'ai retrouvé la coupure d'un article publié le 16 mars 1963 dans *Le Devoir* et coiffé du titre suivant : « Une piste de course d'automobiles sera construite sur l'île Sainte-Hélène ». On y annonçait que le circuit aurait une longueur de 2,1 milles et pourrait recevoir 75 000 spectateurs. Finalement, l'article précisait qu'un syndicat appelé « le Grand Prix de Montréal » avait été mis sur pied et que ses « directeurs étaient l'homme d'affaires [sic] Hubert Acquin, l'avocat Willibrod Gauthier (dont je n'ai pas souvenir), l'éditeur Norman Namerow et le radiodiffuseur Jacques Duval ».

Dans l'année suivant cette rocambolesque histoire, mon ami Norman Namerow, qui n'avait que 32 ans, décédait sur les pentes du mont Saint-Sauveur, victime d'un accident cardiovasculaire alors qu'il y faisait du ski. C'était le samedi 20 février 1964. Plus tard, on inaugura une plaque commémorative en son honneur au circuit Mont-Tremblant, dont l'avant-dernier virage en épingle fut baptisé le *Namerow*.

LA NAISSANCE DE MONT-TREMBLANT

Incidemment, c'est peu après notre tentative ratée d'implanter un Grand Prix à Montréal que je fis la connaissance d'un homme d'affaires de Mont-Tremblant qui voulait m'entretenir d'un projet de piste de course dans la région. J'avais croisé Léo Samson lors d'une course sur glace à laquelle je participais à Sainte-Agathe. Comme il ne connaissait personne dans le milieu de la course automobile, il m'avait attrapé au passage pour me faire part de son projet.

L'idée était intéressante. J'acceptai donc son invitation de me rendre à Mont-Tremblant afin de voir le site envisagé et, surtout, de vérifier s'il s'agissait du fantasme d'un passionné d'automobile ou d'un projet réalisable. M. Samson, alors propriétaire de l'hôtel Chalet des chutes, arriva à la réunion au volant d'une superbe Mercedes-Benz 300 SL. « Au moins, me dis-je, j'ai affaire à un connaisseur. » Il me présenta ses associés, qui étaient tous des hommes d'affaires de la région. Leur but premier était évidemment de créer de l'achalandage pendant la période estivale, considérée jusque-là comme la saison morte après la fermeture des pentes de ski. C'était, on s'en doute, bien avant l'arrivée du grand cirque d'Intrawest. En outre, Mont-Tremblant était le lieu d'origine du jeune pilote Peter Ryan, qui venait de perdre la vie dans une course en Europe. Avant de partir, il avait sans doute transmis le virus de la course à ses concitoyens.

Devant le sérieux de l'entreprise, j'organisai une rencontre entre le président du Montreal Motor Racing Club, Ross de St. Croix (qui organisait alors des courses à Saint-Eugène près de Rigaud) et le groupe de Mont-Tremblant. Quelques mois plus tard, le terrain avait été arpenté, le circuit tracé et les plans tirés pour la construction du premier vrai circuit de course automobile du Québec, le circuit Mont-Tremblant. J'étais plutôt fier d'avoir contribué à sa réalisation. J'ai d'ailleurs été très flatté de constater, il y a quelques mois à peine, que l'on m'en attribuait pratiquement la paternité dans un ouvrage sur l'histoire de la course automobile au Canada, *The Chequered Past*, écrit par David A. Charters et publié par l'Université de Toronto en 2007.

Si la course automobile connaît un tel engouement au Québec, c'est en majeure partie grâce à l'existence du circuit de Mont-Tremblant. Sans la présence de cette piste mondialement connue, on peut se demander si les Villeneuve, Tagliani, Carpentier, Godin, Spénard, Bourbonnais et compagnie auraient adhéré à ce sport. Sans vantardise, je pense avoir joué un rôle non seulement dans l'implantation au Québec de ce circuit de calibre majeur, mais aussi dans sa notoriété. Chaque semaine pendant près de huit ans, le circuit et du même coup la course automobile ont eu droit à une promotion exceptionnelle à la télé de Radio-Canada au cours de mon émission *Prenez le volant*. Il est probable que plusieurs jeunes téléspectateurs se sont alors découvert une passion pour la course automobile ou l'automobile tout court.

LES FOLLES NUITS DE NASSAU

Dans les années 1960, ce n'est pas un cliché de dire que la mort errait partout où se disputait une course automobile. Il n'était pas rare que trois ou quatre pilotes de renommée trouvent la mort quelque part entre Zeltveig en Autriche ou Spa en Belgique, à l'époque où le championnat du monde de formule 1 se déroulait principalement en Europe. Si la sécurité actuelle des voitures de course doit beaucoup à l'avancement de la technologie, il ne faudrait surtout pas négliger le rôle qu'ont joué plusieurs pilotes des années médianes de la F 1 dans la conception de monoplaces offrant une meilleure protection en cas d'accident. Pour avoir vu brûler sous mes yeux le jeune pilote californien Dave McDonald et le vétéran Eddie Sachs aux 500 d'Indianapolis de 1964 (ce qui amena le remplacement de l'essence par le méthanol comme carburant), je peux affirmer que leur sort cruel a grandement contribué à la mise au point des réservoirs en forme de cellules en matière souple utilisés de nos jours dans toutes les voitures de course.

Cela dit, le danger inhérent à la course automobile a toujours été une incitation à la fête, aux soirées abondamment arrosées et un prétexte à des blagues pendables comme celles qui marquèrent les folles nuits de Nassau. Le sport automobile vivait alors sa période la plus exaltée, celle où le goût de s'amuser était aussi grand que le goût de monter sur le podium.

Dans les années 1960, les Bahamas n'étaient pas une destination touristique très courue pendant les mois d'hiver ; un promoteur local avait donc eu l'idée d'organiser une semaine complète de course automobile sur l'île de Nassau au début du mois de décembre, de manière à attirer l'attention des médias sur les beautés de cet archipel méconnu. Son truc était simple : il consistait à payer le déplacement à partir de Miami aussi bien des coureurs que des voitures de course et à offrir aux pilotes les plus renommés une chambre gratuite dans l'un des hôtels de Nassau.

Pour que l'évènement ait un certain rayonnement dans la presse un peu partout en Amérique, il proposait à un groupe de journalistes accrédités de venir passer une semaine sur place aux frais de son Altesse Royale. L'initiative se révéla fructueuse et on commença à entendre parler davantage des Bahamas.

Il faut dire qu'en plus de courses souvent palpitantes, il s'y passait des choses ahurissantes lors des réceptions bien arrosées qui avaient lieu chaque soir dans un hôtel différent. Pour les coureurs, les mécanos, les journalistes et tout le monde lié de près ou de loin à la Semaine de la vitesse des Bahamas, ces sept jours étaient le prétexte à une joyeuse fiesta et une occasion de fraterniser plutôt que de se livrer à une sérieuse compétition. Bref, on était là pour le spectacle davantage que pour le sport. N'empêche que les gros noms de l'époque étaient présents, incluant : les Dan Gurney, A.J. Foyt, Bruce McLaren, Pedro Rodriguez, Stirling Moss et des dizaines d'autres, qui voulaient d'abord et avant tout festoyer et se payer du bon temps, quelquefois au détriment des autres.

UNE MERCEDES À L'EAU

L'incident le plus cocasse, le plus hasardeux et le plus publicisé survint en 1962 quand un riche coureur américain, héritier d'une industrie brassicole, décida de mettre à l'épreuve le slogan de la compagnie de location d'autos Avis. Cette dernière venait de lancer une campagne stipulant que l'on pouvait louer une voiture chez eux dans n'importe quelle ville et la remettre n'importe où après usage : « *Rent it here, leave it anywhere.* » Dans le cas présent, le « *anywhere* » devint le fond d'une piscine d'un populaire hôtel de Nassau au beau milieu d'un 5 à 7. Notre loustic avait loué une Mercedes-Benz 190 SL cabriolet, s'était faufilé jusqu'à la piscine de l'hôtel et l'avait ensuite précipitée dans l'eau en restant au volant, en habit de soirée, un verre de Martini à la main. La scène était chaotique et drôle à la fois. Les photographes s'étaient précipités sur leurs appareils pour capter ce moment inédit et un peu trop festif au goût des propriétaires de l'hôtel.

L'audacieux personnage, par contre, s'en tira avec les honneurs de la guerre. Je soupçonnerais même que la compagnie Avis lui a accordé une passe spéciale lui permettant de « louer » gratuitement des voitures chez eux pour le reste de sa vie. Après son mauvais coup, il avait téléphoné au bureau local de la compagnie pour leur demander si leur slogan était bien « *Take it here, leave it anywhere* ». Sur confirmation, il les informa que la voiture qu'il avait louée pouvait être récupérée dans le fond de la piscine de l'hôtel en question. Comme la photo de cette monumentale blague s'était retrouvée à la une de plusieurs quotidiens américains le lendemain, est-il besoin de dire que Avis en avait retiré une immense publicité gratuite pour son nouveau slogan qui, je n'en doute pas, fut subséquemment retouché pour éviter ertains… abus.

C'est aussi durant une de ces nuits chaudes de Nassau que j'appris à maîtriser l'art du double débrayage en compagnie d'un jeune coureur canadien, John Cannon, qui devint par la suite très connu dans le milieu du sport automobile. J'avais ingurgité ma part de gin tonic quand John s'était mis à me raconter que l'on pouvait toujours se tirer d'affaire sans embrayage avec une voiture de course. Il suffisait de pratiquer une certaine technique dont il voulut faire la démonstration sur-le-champ, au beau milieu de la nuit, en utilisant la MGA de location que je conduisais.

Nous arpentions la rue principale de Nassau et mon professeur enfilait les rapports de la boîte manuelle sans même enfoncer la pédale d'embrayage. J'étais médusé par sa dextérité et je ne comprenais absolument pas comment il s'y prenait pour effectuer ce qui m'apparaissait comme un véritable tour de magie. Il m'expliqua qu'il suffisait de marier la vitesse du moteur à celle des engrenages de la boîte, puis il m'invita à prendre le volant.

Tout en suivant ses conseils, je tentai de faire aussi bien que lui, mais l'alcool n'aidant pas, la pauvre boîte de vitesse émettait des lamentations d'engrenages qui grinçaient à fendre l'âme dans un vacarme d'enfer. Après avoir probablement réveillé tout le voisinage, je parvins à réussir un ou deux passages de vitesses, non sans m'être infligé une bonne rougeur à la paume de ma main droite. Mon cours de conduite improvisé m'avait fasciné et, après une bonne nuit de sommeil, je fus en mesure de mettre correctement en pratique ma petite leçon de la veille. Il m'arrive fréquemment aujourd'hui, par paresse ou pour impressionner un passager, d'utiliser le même truc en ayant une petite pensée pour John Cannon, mon regretté professeur de mes folles nuits de Nassau.

EN PISTE DERRIÈRE A.J. FOYT

Comme je n'étais allé dans les Bahamas qu'à titre de journaliste, pour le compte de CKVL, l'envie de courir me démangeait au plus haut point. Mais je n'avais pas de voiture. J'inventai alors un petit subterfuge pour participer à une course de formule Vee, qui mettait en piste ces monoplaces bon marché conçues à partir d'éléments mécaniques de Volkswagen Beetle.

J'étais allé voir un Américain qui possédait trois ou quatre de ces voitures et lui avais fait miroiter mon intérêt à acquérir l'un de ces engins pour faire de la course au Canada. Je lui avais proposé de me louer une voiture pour participer à la grande finale du lendemain en lui promettant de l'acheter si je me sentais à l'aise au volant. En échange de 300 $ ou à peu près, il accepta mon offre.

Après avoir participé aux essais du matin, j'étais prêt : ganté, casqué et vêtu d'une combinaison de pilote empruntée à un autre coureur. Je devais avoir un sacré culot, car j'allais me mesurer à toute une armada de pilotes de réputation mondiale qui avaient accepté de disputer le Grand Prix de formule Vee pour s'amuser dans ces reliquats de Volkswagen. Il y avait là les Dan Gurney, A.J. Foyt, Bruce McLaren et autres célébrités des circuits internationaux. Comment faire pour ne pas avoir l'air d'un idiot au sein d'un tel entourage? Dans une effusion de logique toute simple, je décidai que toutes les voitures étant identiques, je n'avais qu'à me placer derrière un pilote de pointe et à emprunter les mêmes trajectoires que lui dans les virages. Mettant en veilleuse toutes les autres petites subtilités de la course automobile, je ne devais pas avoir tout à fait tort, puisque je réussis à m'agripper à la cinquième position derrière A.J. Foyt et à la conserver jusqu'à la fin. La chance était sans doute de mon côté ce jour-là, mais j'étais néanmoins très fier de ce résultat tout à fait inespéré. Cela ne m'a pas pour autant convaincu que la formule Vee était pour moi et je décidai de perdre le prix de la location, qui devait servir de dépôt sur l'achat de la voiture, au grand dam du vendeur.

~

La Semaine de la vitesse des Bahamas prit fin sur une note beaucoup moins amusante lorsqu'un prototype Ferrari fit une série de tonneaux avant d'exploser en flammes dans le chahut du départ de la dernière course de la semaine. Dans des conditions normales, le camion à incendie aurait dû pouvoir intervenir dans la minute suivant l'accident, mais nous nous rendîmes compte avec horreur que ledit camion était trop haut pour passer sous le pont pour les spectateurs qui enjambait la piste juste après la ligne de départ. Dans un désordre monumental et pendant que le pauvre pilote était prisonnier du brasier ardent, le véhicule d'intervention dut parcourir les cinq milles du long circuit de Nassau dans le sens contraire pour accéder au lieu de l'accident. Il arriva trop tard. Les six ou sept minutes que nécessita l'arrivée des pompiers furent fatales au malheureux pilote, dont le décès jeta un voile funeste sur la Semaine de la vitesse des Bahamas, mettant un terme à ce qui avait débuté sous des auspices beaucoup plus joyeux.

CHAPITRE X

JEUX (D'HOMMES) INTERDITS

C'est à Télé-Métropole, en 1964, que j'entamai ma carrière de chroniqueur automobile télé dans le cadre d'une émission qui fit couler beaucoup d'encre en son temps. *Jeux d'hommes* se voulait une transposition du scandaleux (à l'époque) magazine *Playboy*. Non seulement cette publication faisait-elle des ravages dans l'intimité de certains messieurs, mais l'éditeur Hugh Hefner avait également eu l'idée de créer des clubs privés, où déambulaient des serveuses stupidement déguisées en «bunnies», dans des maillots de bain dont le seul but était de mettre en évidence de généreuses poitrines gonflées de je ne sais quelle substance.

Jacques-Charles Gilliot avait eu le mandat de réaliser cette émission, qui ne pouvait trouver de meilleur animateur que Jean-Pierre Coallier, reconnu pour son style un peu plus débridé que ses confrères du moment. Comme dans le magazine, où des articles de fond très sérieux côtoyaient les provocantes photos de femmes nues, le contenu de l'émission était composé de chroniques sur des sujets allant des dernières bévues gouvernementales aux plus récentes créations de sous-vêtements pour femmes.

Jean-Pierre était entouré du colonel Pierre Sévigny (c'était avant l'affaire Munsinger, qui éclata lorsqu'on découvrit qu'il aurait échangé des secrets d'État avec une prostituée et espionne allemande), de Me Alban Flamand, du mannequin professionnel Élaine Bédard, de la chanteuse Flo de Parker et de votre serviteur, qui présentait le compte rendu de ses plus récents essais routiers. La plupart du temps, je fustigeais les constructeurs automobiles, si bien que l'on m'avait déjà baptisé « le démolisseur », pour faire écho à « la mise en terre » de certains disques à mon émission *Le Club du disque*. Pour sa part, Me Flamand discutait de divers sujets liés à la loi tandis qu'Élaine Bédard suivait de près les nouveautés de la mode féminine, avec un œil braqué de préférence sur les tenues légères. *Jeux d'hommes* oblige !

L'ÉCONOMISEUR BIDON

C'est dans le cadre de cette émission débraillée que je fus victime de la pire arnaque de ma carrière. Même si l'essence ne coûtait qu'environ 12 cents le litre en ce milieu des années 1960, les inventeurs (et les fumistes) étaient déjà à l'œuvre pour tenter de mettre sur le marché des systèmes pour diminuer la consommation d'essence. L'un d'eux m'avait affirmé qu'il possédait un appareil capable de réduire la consommation d'un véhicule automobile de 50 pour cent. Petit, chauve et l'air tout à fait innocent, mon interlocuteur était le portrait type du « patenteux » : un individu qui croit dur comme fer à la valeur de sa trouvaille et qui a longtemps travaillé dans l'ombre pour la mettre au point.

Le réalisateur suggéra que nous lui accordions le bénéfice du doute et je le reçus en entrevue pour lui permettre de nous faire part de sa découverte. Sitôt diffusée, l'entrevue suscita un tel intérêt auprès des consommateurs que nous décidâmes de lui offrir un second passage à l'antenne, au cours duquel je ferais l'essai du dispositif en question. Comme je m'en doutais depuis le début, les résultats révélèrent une efficacité nulle. Toutefois, notre inventeur, plus futé qu'on le croyait, prétendit que le test n'était pas valable parce qu'il avait été réalisé par temps de pluie. Cédant à ses revendications, voire à ses supplications, j'acceptai de recommencer l'essai, qui démontra cette fois une diminution substantielle de la consommation d'une grosse Chevrolet de l'année.

Après ces révélations en ondes, puis-je vous dire que tous les automobilistes du Québec voulaient acheter leur économiseur? Le hic, c'est que celui-ci n'était pas encore prêt à être commercialisé en grande série. Je pris donc le soin d'annoncer que dès sa mise en vente, les auditeurs de *Jeux d'hommes* seraient les premiers à en être informés.

Quelques mois plus tard toutefois, c'est un agent de la Sûreté du Québec qui vint me rendre visite : il enquêtait sur une fraude orchestrée par notre génial inventeur. Ce dernier avait profité de la diffusion de l'émission et de l'intérêt qu'elle avait suscité pour convaincre des hommes d'affaires de la région de Saint-Hyacinthe d'investir dans sa compagnie.

Plus fin renard que moi, le policier m'apprit que les tests avaient été truqués. Notre bonhomme était moins innocent qu'il en avait l'air… Il avait dissimulé un réservoir d'essence auxiliaire dans le coffre à bagages de la voiture d'essai. Il se servait d'un commutateur placé sous le tableau de bord pour alterner entre le réservoir régulier et l'autre. En somme, je m'étais fait avoir comme un vulgaire amateur, ce qui me valut d'avoir à témoigner au procès pour fraude du petit monsieur. Ce fut la fin de l'invention du siècle, et le début de mon scepticisme envers tout ce qui s'appelait et s'appelle encore économiseur d'essence.

Ce ne fut pas pour autant la fin de *Jeux d'hommes*, même si celle-ci approchait.

Compte tenu de la personnalité de son animateur, Jean-Pierre Coallier, l'émission n'était pas dépourvue d'humour, ce qui contribuait à mieux faire passer les moments un peu salaces. Présentée à une heure de grande écoute, *Jeux d'hommes* connut un succès colossal. Elle fut même classée en première place des cotes d'écoute de l'agence Nielson en 1965. Malgré tout, sa diffusion ne put se poursuivre bien longtemps à cause des interventions du clergé, des mouvements féministes, des groupes religieux et de ces organismes militant contre tout ce qui est susceptible d'offenser la morale publique. Un brave curé de région alla même jusqu'à dire à ses ouailles de s'abstenir de regarder *Jeux d'hommes*, sous peine d'excommunication. Nous étions au milieu des années 1960… est-il besoin de le rappeler ?

Par ailleurs, autant on peut critiquer le puritanisme du temps, autant on peut s'interroger sur le laisser-aller consternant de la télévision d'aujourd'hui. Je ne suis pas scandalisé, mais tout simplement choqué de voir à tout moment les fesses de l'un et de l'autre ou d'entendre les propos orduriers que l'on nous sert dans les médias sous le fallacieux prétexte de faire de l'humour. Qu'y a-t-il de drôle à entendre quelqu'un proférer : « je m'en crisse comme de l'an quarante, j'étais en beau sacrament, j'suis tanné de me pogner le beigne » ou quelque autre assortiment de mots tout aussi édifiants ?

Je fis d'autres apparitions à Télé-Métropole plus tard dans ma carrière, mais après *Jeux d'hommes* en 1966, je me dirigeai du côté de Radio-Canada, où je restai un bon moment pour animer les émissions *Prenez le volant*, *Aller-retour* et, tenez-vous bien, *Match sur roulettes*.

CHAPITRE XI

LA NAISSANCE DE *PRENEZ LE VOLANT*

La voix de Dieu triompha ! Après s'être fait admonester par quelques âmes bien-pensantes et un petit groupe de curés retors, Télé-Métropole décida de retirer des ondes l'émission *Jeux d'hommes* et, conséquemment, ma chronique automobile, qui était l'un des maillons de la chaîne.

Dans la foulée de l'ouverture du premier vrai circuit de course automobile au Québec, à Mont-Tremblant, il y avait en 1966 un engouement certain pour ce sport qui, jusque-là, était resté enfermé dans son petit cocon anglophone, comme protégé de la masse populaire.

J'eus l'idée d'élaborer le projet d'une émission hebdomadaire de 30 minutes sur l'automobile et Radio-Canada me semblait la station tout indiquée pour mettre à l'antenne un tel concept. J'avais bien pensé proposer le projet à Télé-Métropole, où je travaillais depuis déjà cinq ans, mais certaines remarques de la haute direction sur la nécessité de ne pas froisser les gros commanditaires de la station lors des essais routiers de *Jeux d'hommes* m'avaient laissé clairement entendre qu'il fallait ménager la chèvre et le chou, ce que je n'étais pas prêt à faire. À Radio-Canada, j'aurais carte blanche (ou à peu près) et je pourrais donner mon opinion sans avoir à subir la moindre censure.

Avec un mince dossier de trois à quatre pages énonçant les différentes facettes de l'émission que j'envisageais et la façon de les réaliser, je me présentai sur rendez-vous au bureau de M. Paul-Marcel Raymond, ancien joueur de hockey qui était alors directeur des émissions sportives de Radio-Canada.

Le projet lui plut tout de suite. Quelques jours plus tard, je signais un contrat pour une série de 13 émissions estivales, dont la mise en ondes débuterait tout juste deux mois plus tard. Il me présenta Ronald Corey, qui allait en être le réalisateur, et nous nous entendîmes pour que le titre proposé, *Prenez le volant*, soit retenu. Après une ou deux réunions, il sembla évident que ce genre d'émission ne souriait pas particulièrement à Ronald. Le flambeau fut donc remis entre les mains de Gaston Dagenais, qui avait d'ailleurs beaucoup plus d'expérience.

Le premier obstacle à surmonter était le tournage des essais routiers. J'avais suggéré que cela se fasse au circuit de Mont-Tremblant, pour que nous puissions travailler sans contrainte de trafic, de vitesse ou de temps. Il suffisait de louer la piste pour un ou deux jours à la fois (quelquefois plus, à l'automne) et nous avions toute liberté pour travailler à notre guise. En une journée, nous arrivions à tourner deux essais sur piste avec une équipe de trois personnes : le caméraman, le preneur de son et moi. Le seul problème à résoudre fut celui du « car de tournage », c'est-à-dire la voiture qui transporterait l'immense caméra 16 mm et son opérateur afin de filmer des images de la voiture en action.

Notre première idée fut d'utiliser l'une des voitures les plus rapides sur le marché, une Chevrolet Corvette cabriolet de l'année, que le garage Duval Motors (aucun lien de parenté) était prêt à nous offrir en échange de remerciements à la fin du générique. Suprême erreur ! Je vois encore notre caméraman, Léo Thompson, le dos à la route, la tête au vent et essayant de maintenir sa caméra 16 mm Éclair de plus de 10 kilos tout en résistant aux accélérations brutales de la voiture et à ses freinages en catastrophe. Nous avions eu beau l'attacher le plus solidement possible, il n'arrivait absolument pas à fixer son objectif et à garder la voiture dans le viseur.

Il fut donc décidé d'utiliser une voiture familiale, qui permettrait de fixer le pied de la caméra au plancher du compartiment arrière et d'obtenir ainsi des images un peu plus stables. Par contre, avec ce véhicule beaucoup plus lourd, les pneus étaient rapidement réduits en charpie et les freins perdaient toute efficacité après seulement deux ou trois tours à rouler sur le circuit. Un jour, l'une des roues du véhicule s'était même fendue sous le stress et la familiale avait bien failli se retourner sens dessus dessous. C'était le prix à payer pour obtenir des résultats convenables. Cette fois-là, après le tête-à-queue, Léo Thompson, que nous mettions près de dix minutes à enchaîner à sa position dans le compartiment arrière, s'en était expulsé tel un David Copperfield se libérant d'une camisole de force en un temps éclair.

Nous prenions des risques considérables et nos anges gardiens devaient sans doute être constamment aux aguets, car en huit ans de ces jeux dangereux, les dégâts furent limités à des mésaventures sans conséquences graves. À force de vouloir obtenir des images spectaculaires en roulant à tombeau ouvert avec des voitures qui n'étaient absolument pas construites pour repousser les limites sur une piste de course, j'ai finalement fait deux tonneaux, l'un avec un coupé Fiat 850 et l'autre avec une Datsun (aujourd'hui Nissan) 510. Ces incidents mis à part, nous avons joué avec le feu sans en payer le prix comme je l'ai évoqué au début de cet ouvrage.

En ondes, l'émission connut un succès allant bien au-delà des attentes de la CBC. Elle obtint même la plus forte cote d'écoute de Radio-Canada, si je me fie à un article rédigé pour *La Presse* par Rudel Tessier. On nous critiquait sévèrement parce que nous faisions l'essai de voitures conçues pour la route sur un circuit, ce qui n'avait aucun rapport avec la réalité selon nos détracteurs, mais je défendais mon point de vue en affirmant que c'était ce qui donnait à l'émission son côté spectaculaire. En somme, beaucoup de gens critiquaient la formule, mais ils étaient quand même parmi nos fidèles téléspectateurs. Je suis sûr que si nous nous étions contentés de rouler à une vitesse « pépère » sur la route ou dans un joli parc bordé d'arbres, le succès de l'émission en aurait souffert.

En général, les échos que nous avions de *Prenez le volant* étaient très favorables. Je n'ai jamais oublié la lettre d'une mère de famille du Bas-du-Fleuve, qui m'avait écrit que l'émission était la récompense hebdomadaire de ses enfants lorsqu'ils avaient bien travaillé sur la ferme pendant la semaine. « S'ils ne font pas du bon travail et qu'ils sont paresseux, leur punition est de ne pas pouvoir regarder *Prenez le volant* », m'avait-elle confié.

Selon le comédien Michel Barrette, « un facteur qui contribuait au succès de l'émission était l'existence à l'époque de clans tissés serrés vouant une loyauté indéfectible à leur marque préférée. Il y avait les pro-GM, les pro-Ford ou les pro-Chrysler, ce qui créait une sorte de guéguerre entre chaque groupe. Quand un modèle s'illustrait par ses performances à l'émission, disons une Ford LTD, le clan Ford jubilait et narguait les clans ennemis. Ces derniers rétorquaient que Duval allait essayer la Chevrolet Impala la semaine suivante et que la LTD en mangerait toute une. » Michel Barrette, incidemment, était l'un des assidus de *Prenez le volant* et il avoue tenir de là sa passion de l'automobile. Jamais pourtant il n'aurait pu s'imaginer qu'il se joindrait à moi beaucoup plus tard pour coanimer une reprise de l'émission sur les ondes de TVA en l'an 2000.

Mais revenons à la série originale. On sait que peu d'émissions, de nos jours, gardent l'antenne pendant plusieurs années. Or, après le succès de la première série estivale de *Prenez le volant*, l'émission fut reportée à l'affiche l'été suivant, pour 13 autres semaines, le vendredi soir à 20 heures. Par la suite, l'émission fut prolongée à 26 puis à 39 télédiffusions par année, grâce à une commandite de la compagnie Sunoco. Nous étions diffusés la semaine en noir et blanc avec une case horaire d'automne juste après la légendaire *Soirée du hockey* le samedi soir. Une année, on nous avait même demandé de rester à l'antenne pendant 52 semaines, ce qui fut tout un défi : cela nous obligea à passer plusieurs semaines automnales à Mont-Tremblant afin de tourner les essais qui seraient diffusés en hiver. Bref, ce beau voyage dura huit ans ; il aurait été difficile de demander mieux !

Même si la couleur avait fait son apparition à la télé en 1966, *Prenez le volant* dut attendre jusqu'en 1971 pour bénéficier d'un dividende aussi précieux. À part une critique particulièrement malicieuse parue dans le journal *Le Devoir*, je pense que la plus belle réussite de cette émission est de ne jamais avoir suscité le plus petit scandale, alors que son contenu était d'une extrême sensibilité. Jamais la société Radio-Canada n'est intervenue de quelque façon que ce soit pour me demander de modifier mes propos, de les adoucir ou de les nuancer.

En coulisses, les commentaires allaient bon train à propos de mon intégrité, des pots-de-vin que j'étais susceptible de recevoir et autres malversations dans lesquelles j'aurais facilement pu tomber. Il est évident que j'aurais pu profiter de la situation pour me prêter à toutes sortes de combines. Ce n'était toutefois pas dans mon bréviaire de l'éthique professionnelle. J'ai toujours maintenu la même ligne de conduite, qui était de dire la vérité pure et simple, comme je l'avais fait précédemment comme critique de disque. J'ai d'ailleurs suffisamment d'ennemis pour prouver que ma méthode en a agacé plus d'un. En revanche, j'ai renseigné auditeurs et téléspectateurs au mieux de mes connaissances.

En 1971, j'accordai une entrevue à Pierre Foglia pour un article du cahier des sports de *Montréal Matin*. Le portrait s'intitulait « Trop cher pour être achetable », précisément parce qu'on avait causé de ma vulnérabilité à d'éventuelles offres d'achat de la part de constructeurs automobiles. Après un long préambule sur l'honnêteté des gens d'influence et sur la facilité de l'être quand on n'en a pas, il m'avait demandé si j'étais achetable. J'avais répliqué que tout le monde avait son prix et que le mien était si élevé qu'en définitive je n'étais pas achetable, d'où le titre de son papier. Pierre Foglia avait été très surpris d'apprendre que personne n'avait tenté de me corrompre. Car le danger était énorme : il aurait suffi que l'on m'offre de l'argent pour que je le révèle en ondes. Alors, on s'abstenait. La touche finale du portrait dressé par Foglia comportait une de mes révélations : « Sais-tu que je n'ai pas un seul véritable ami ? » Et Foglia de conclure : « C'était le portrait d'un homme seul… seul mais que ça ne dérange pas tellement de l'être. » C'était là toutefois une demie-vérité.

À Radio-Canada, ma latitude était telle que je m'occupais d'à peu près tout ce qui touchait à l'émission. Seule la mise en ondes relevait de Louis Arpin, réalisateur mieux connu pour sa ceinture noire de judo. Il était un grand spécialiste de ce sport et avait écrit quelques bouquins sur le sujet. Au circuit Mont-Tremblant, j'étais non seulement le pilote des voitures, mais je m'occupais aussi du tournage lui-même. Je devais trouver les voitures d'essai et m'assurer de leur présence à la piste aux dates convenues. Comme il n'y avait pas de recherchiste attitré à l'émission, je devais aussi faire ce travail moi-même, en plus de visiter régulièrement la salle de montage pour m'assurer que les séquences de tournage étaient respectées.

À ce moment-là, les locaux de Radio-Canada étaient installés dans l'ancien hôtel Ford, sur le boulevard Dorchester (l'actuel boulevard René-Lévesque). Pendant plusieurs années, l'émission fut enregistrée dans le petit studio 19, auquel on pouvait accéder par une grande porte de garage du côté de la rue Bishop. Il me fallait y ramener les mêmes voitures que celles qui apparaissaient dans le tournage fait au circuit quelques mois auparavant. Les compagnies d'automobiles n'ayant pas de voitures de presse à l'époque, je devais les emprunter au concessionnaire à deux reprises, en espérant qu'elles n'avaient pas été vendues entre l'essai filmé à Mont-Tremblant et l'enregistrement en studio, où je passais en revue l'aménagement intérieur du véhicule. Quand l'émission était en ondes pendant l'hiver, je devais les faire laver près de l'immeuble de Radio-Canada afin de m'assurer qu'elles étaient propres avant d'entrer en studio. Et qui, à votre avis, devait écrire les textes destinés à l'annonceur de l'émission, Pierre Perrault? Je vous le donne en mille.

La seule intervention de la direction me vint de Paul-Marcel Raymond qui, au début, me suggéra d'accorder moins de place à la course automobile (ma passion) et un peu plus à monsieur Tout-le-monde et à sa voiture. Je n'avais pas osé le faire, sachant que l'émission était sous la responsabilité du département des sports de Radio-Canada. En fait, c'est sa demande très légitime qui permit à l'émission de prendre son envol et je l'en remercie aujourd'hui, même s'il nous a quittés depuis longtemps.

LE SEL DE LA SEMAINE

Lors d'une entrevue portant sur *Prenez le volant*, dans un moment d'égarement ou de fanfaronnade, j'avais dit que je pouvais deviner la marque et le modèle de voiture de n'importe qui en lui posant simplement six ou sept questions. Je devais me prendre pour un vrai voyant, puisqu'il s'agissait d'un audacieux défi.

Alors que j'étais persuadé que cette crânerie était tombée dans l'oubli, je reçus un appel du réalisateur du *Sel de la semaine*, qu'animait avec autorité Fernand Séguin à la télé de Radio-Canada. Il avait vu l'article incriminant et me proposait de jouer le jeu

en plus de me prêter à une entrevue sur l'expression de la personnalité par le choix d'une voiture. Face à mon inquiétude, il me
proposa de pré-enregistrer le segment au cours duquel j'inter-
rogerais les personnes choisies. En somme, on embellirait la
situation si nécessaire afin que je n'aie pas l'air d'un parfait
idiot.

À ma grande surprise, le jeu se déroula assez bien pour moi
puisque je fus en mesure d'identifier correctement la voiture de
sept des dix personnes interrogées. Il faut dire que j'étais avantagé
par le nombre restreint de modèles alors disponibles sur le marché.
Je demandais d'abord aux gens s'ils étaient mariés ou célibataires,
ce qu'ils recherchaient dans une automobile, quel était leur
métier, où se situait leur résidence, etc. Deux fois sur trois, un
jeune père de famille barbu et professeur de son état, amateur de
vins et grand voyageur, conduisait soit une Renault 16, soit une
Volvo 144 s'il était un peu plus fortuné. Les médecins roulaient le
plus souvent en Mercedes, les avocats en BMW, tandis que les
automobilistes qui habitaient à la campagne optaient le plus souvent pour un produit Chrysler.

Le reportage fut présenté presque intégralement et mon audace
ne fut pas tellement malmenée.

CHEF ANNONCEUR

À CKVL, j'avais fait mon chemin et il semble que j'étais apprécié
de la direction pour mon ardeur au travail, même si je m'absen-
tais souvent, que ce soit pour le cabaret, la course automobile ou
mes activités journalistiques. J'avais toutefois le beau rôle : j'avais
été nommé chef annonceur, un poste aujourd'hui disparu et qui
consistait à auditionner et engager les candidats au poste d'annonceur ainsi qu'à préparer leurs horaires de travail.

C'est dans ce rôle que j'ai permis à plusieurs collègues de faire
leurs débuts dans le métier. Je pense à Pierre Marcotte, Jean Yale,
Pierre Olivier, le poète Michel Garneau, le regretté Claude Bou-
lard et quelques autres dont les noms vont sans doute me revenir

un de ces quatre, en pleine nuit. Je m'attribuais bien entendu les heures les plus convenables à mon agenda de travail, tant il est vrai que l'on n'est jamais si bien servi que par soi-même. Une grande partie de mon temps était accaparée par la course et la nécessité de trouver régulièrement des pièces manquantes pour la remise en état de mes voitures. Il m'arrivait de devoir faire un voyage éclair de 36 heures chez Porsche à Zuffenhausen en Allemagne pour aller quérir des pièces qui n'étaient pas disponibles au Canada. C'était bien avant les Fed Ex et DHL de ce monde, à un moment où la poste n'offrait pas des services rapides comme ceux d'aujourd'hui.

UN COMMERÇANT EXÉCRABLE

Même si l'on dit que je suis un bon communicateur, la flatterie ne fait pas tellement partie de mon caractère et je serais totalement incapable de travailler comme relationniste ou même comme simple vendeur. Je ne suis pas doué pour le commerce, comme j'ai eu l'occasion de m'en rendre compte lorsque je me suis improvisé marchand d'accessoires d'automobile dans un petit local de Lachine.

Mon intrusion dans ce domaine repose cependant sur un fait intéressant, c'est-à-dire la brève carrière en formule 1 d'un Québécois d'origine ontarienne, Peter Broeker. Ce dernier s'était davantage fait connaître dans les années 1960 comme fabricant de systèmes d'échappement sport commercialisés sous le vocable de Stebro. Essentiellement, il avait capitalisé sur le succès mondial de la firme italienne Abarth qui, en plus de mettre au point des voitures de course, se spécialisait dans la vente de pots d'échappement dont on disait qu'ils augmentaient la puissance du moteur en favorisant l'évacuation des gaz brûlés dans la tubulure. Je n'ai jamais vraiment cru à cette assertion, mais ce qui importait surtout, c'est que ces systèmes produisaient une sonorité exquise tout en exhibant des embouts chromés ravissants.

Peter Broeker avait réussi à se tailler une place dans ce marché et se débrouillait fort bien non seulement avec les produits Stebro, mais également avec divers accessoires (volants, pommeaux de levier de vitesse, porte-clés, rétroviseurs sport et autres babioles) qu'il écoulait dans sa boutique située dans une ruelle du centre-ville de Montréal. Il faisait aussi de la course automobile avec des monoplaces de sa création et il réalisa finalement le rêve de sa vie en construisant une voiture de formule 1.

Comme il comptait s'absenter du pays pendant une période indéterminée pour aller disputer le championnat du monde, il nous offrit, à George Nicholas et à moi, de reprendre son commerce à un prix fort avantageux. George, mon partenaire dans cette aventure, était mon ami et copilote. J'avais pleinement confiance en lui, puisqu'il était déjà dans les affaires comme copropriétaire, avec son père, de Nicholas Fourrures sur la rue Wellington à Verdun. Je n'étais finalement qu'un prête-nom ; c'est George qui dirigeait le plus souvent les opérations. Il était autant l'administrateur que le directeur des ventes et passait le plus de temps possible à la boutique pour recevoir les clients. C'était mieux ainsi, car je lui avais prouvé assez clairement que j'étais un fort mauvais vendeur les rares fois où j'avais accepté de le remplacer.

Un jour, je discutais avec un client qui voulait acheter une bricole à 19,95 $ et qui barguignait sans cesse pour que je lui fasse un meilleur prix. En plus, il hésitait sur le bien-fondé de son achat et l'affaire traînait en longueur. Au bout de cinq minutes, excédé, je lui lançai : « Coudon ! Tu l'achètes ou tu l'achètes pas, ton mau-dit rétroviseur ? J'ai pas rien que ça à faire, moi, d'attendre que tu te décides. » Au même moment, George entra dans le magasin et me lança un regard courroucé en me tançant : « Jacques, on parle pas aux clients comme ça. » Je le laissai se débrouiller avec le pauvre acheteur et ce fut la fin de ma brève carrière de vendeur.

Nous prîmes conscience quelques mois plus tard que ce boulot supplémentaire ne valait pas tous les efforts que nous y consacrions et que les bénéfices étaient presque inexistants. Nous décidâmes donc de vendre le commerce à un de mes amis de Lévis, qui s'intéressait au commerce automobile. Il s'agissait de Raymond Lemelin, le frère du pilote qui avait inauguré avec moi, au Québec, les bulletins de circulation diffusés à partir d'un avion. En réalité, les Lemelin étaient des amis d'enfance, mes voisins quand j'habitais sur la rue Wolfe à Lévis. Leur père, Nazaire, était propriétaire d'une compagnie d'autobus qui reliait Lévis à Rivière-du-Loup et à Edmundston au Nouveau-Brunswick. Quand on s'ennuyait, on prenait l'autobus gratuitement et on allait faire un tour quelque part dans le Bas-du-Fleuve, ce qui m'a valu de connaître par cœur et dans l'ordre tous les villages qui sillonnaient notre trajet : Lévis, Beaumont, Saint-Michel, Saint-Vallier, etc.

En hiver, ces gros autobus orange étaient remplacés par des autoneiges à skis et à chenilles (de marque Bombardier, sans doute). Je les voyais passer devant la maison en fonçant dans un tourbillon de neige, ce qui leur donnait l'air de sortir d'un film de science-fiction. C'était bien avant le réchauffement de la planète et de nos hivers au cours desquels la neige est souvent une denrée rare. J'ai l'impression qu'il y aura bientôt pénurie d'hivers si ça continue.

CHAPITRE XII

LE COUP DE FOUDRE POUR MONIQUE

C'est grâce à l'automobile que je fis la connaissance de celle qui allait devenir d'abord mon inséparable compagne et plus tard mon épouse. Elle s'appelait Monique Ruhlmann, un nom alsacien fort peu répandu au Québec. Parce que le sport automobile était alors dominé par une poignée d'anglophones qui en avaient fait leur chasse gardée en créant des clubs pratiquement privés comme le Montreal MG Car Club ou le Laurentian Auto Club, je décidai qu'il était temps de répliquer en fondant un club automobile dont les activités se dérouleraient en français et dont les membres seraient en majorité francophones.

Ainsi naquit en 1964 le Club Auto Sport Métropolitain, encore connu aujourd'hui sous l'acronyme CASM. Je n'étais évidemment pas seul dans cette barque; on y retrouvait aussi Lucien Lecompte, François Favreau, Michèle Gibault, George Nicholas, Jean Rhab, Berthe Duval et celui qui avait été mon partenaire dans la tentative d'implanter le Grand Prix de formule 1 à Montréal,

Norman Namerow. Ce dernier avait voulu se joindre à nous en signe de solidarité, devant la présence de plus en plus forte de l'élément francophone dans le sport automobile au Québec.

Parmi les membres très actifs du club, il y avait les frères Bellefeuille, Pierre et Jean. Le second, policier à la Ville de Montréal, était le mari de Monique qui, pour sa part, faisait partie du premier comité de direction à titre de secrétaire. En raison de ma notoriété et en tant que membre fondateur du regroupement, on décida de me nommer président de ce premier club automobile français. Évidemment, cela me donna l'occasion de rencontrer Monique plus souvent, puisque nous tenions des réunions au moins une ou deux fois par mois afin de préparer chacune des assemblées mensuelles du CASM. J'étais évidemment marié et déjà père de deux enfants, ce qui compliquait la situation à une époque où séparation et divorce étaient des mots à consonance de péché, de trahison et de lâcheté.

Par son dynamisme, son effervescence, son esprit débrouillard, son humour, Monique me plaisait néanmoins énormément. Les cheveux blonds sur les épaules, les yeux allumés et mesurant à peine cinq pieds, elle me faisait beaucoup penser à Dominique Michel. Elle ne faisait pas du tout son âge ; plus tard, malgré les 25 ans qu'elle avait en 1964, j'avais souvent de la difficulté à l'emmener avec moi dans les puits des divers circuits de course automobile, parce que l'on croyait qu'elle était mineure. Même pour aller au cinéma, elle devait souvent exhiber ses papiers pour prouver qu'elle était majeure et vaccinée.

Mais je vais trop vite, nous n'en étions pas encore là au moment de la création du CASM. C'est même son effondrement qui fut à l'origine de ma déclaration d'amour pour Monique. Le club avait pris une direction qui me plaisait plus ou moins en organisant des épreuves d'habileté sur des stationnements de centres commerciaux ou des rallyes où un spécialiste des mathématiques avait beaucoup plus de chances d'aspirer à la victoire que le meilleur pilote automobile sur terre. Chez ceux qui, comme

moi, auraient voulu orienter davantage le Club Auto Sport Métropolitain vers la course automobile, cette ligne de conduite fit l'objet d'une dissension qui mena à la démission de plusieurs membres influents du groupe. J'en étais. Par contre Monique, par
respect pour son mari qui faisait partie du groupe opposé, décida
de rester dans le clan des pro-rallyes.

Nous, les contestataires, nous décidâmes de prendre les choses
en main et de fonder un second club qui, lui, aurait une vocation
axée sur la course automobile. Ce groupe pouvait compter sur
François Favreau, Lucien Lecompte et un certain Jean-Luc Doudeau,
qui tenait un petit restaurant appelé La Grange au Bouc sur Côte-
des-Neiges, où nous tenions nos réunions presque secrètes. Après
consultation avec le CASC (Canadian Auto Sport Club), nous
réussîmes à obtenir le permis nécessaire à la création du second
club de langue française de l'île de Montréal, l'ACAM ou Association des Coureurs Automobile de Montréal. Toutefois, ces
deux clubs automobiles français étaient en discorde ou, si vous
aimez mieux, ne se parlaient pas. La séparation avait créé une sorte
de rivalité absolument stupide que, pour des raisons pas tout à
fait catholiques, je m'appliquai à apaiser par la signature d'un
traité de paix.

Mon intervention était cousue de fil blanc, mais on doit tout
pardonner à un amoureux prêt à faire sa grande déclaration
d'amour. Fraîchement nommé président de l'ACAM et sachant
que Monique faisait toujours partie du comité de direction du
CASM, je lui téléphonai pour l'inviter à dîner sous le prétexte de
discuter du différend opposant les deux clubs et minant notre
crédibilité auprès des anglophones. Ces derniers ne demandaient
pas mieux que de voir des francophones se tirer mutuellement
dans les pattes. Elle accepta de me rencontrer à mon restaurant
de prédilection, le Paris, rue Sainte-Catherine Ouest.

Avant de passer à l'essentiel, je continuai mon subterfuge en
demandant à Monique si elle serait d'accord pour que les deux
clubs partagent le coût d'un trophée que nous donnerions au

gagnant du grand rallye international Shell, qui devait prendre fin dans les semaines suivantes à Montréal, après la traversée du Canada. Elle fut emballée par l'idée… et le reste de la soirée fut consacrée à des choses plus sérieuses et plus personnelles.

À mon grand étonnement, elle m'avoua que je ne la laissais pas indifférente et que son mariage, non consommé, n'allait pas très bien. Elle songeait même à quitter son mari pendant quelques semaines pour réfléchir à son avenir. Ma déclaration d'amour eut pour effet d'accélérer les choses et elle s'installa dans un appartement de la rue Mackay peu de temps après cette première vraie rencontre. Ce fut le début d'une aventure, puis d'une longue fréquentation ponctuée de cohabitations occasionnelles, d'une vie régulière sous le même toit et, finalement, d'un mariage en 1982. Je me souviens que pour notre première sortie officielle, j'étais allé la chercher au volant d'une resplendissante Mustang cabriolet bleu pâle qui était, en 1964, le premier exemplaire de ce modèle 1965 à faire son apparition dans les rues de Montréal.

Avant de faire la connaissance de Monique, j'avais eu une relation amoureuse avec une fille plutôt délurée qui s'était jointe au Club Auto Sport Métropolitain. Elle était assez jolie, elle conduisait une voiture sport (une MG-A) et elle était surtout très désireuse de partager autre chose que son auto avec un membre du club. Je m'étais donc dévoué pour lui tenir compagnie et je l'avais même invitée à prendre un verre après l'une de nos réunions. Le soir même, elle était devenue ma maîtresse. Cette aventure soudée strictement par le sexe s'était poursuivie jusqu'à ce que je rencontre Monique quelques mois plus tard.

Outrée d'avoir été répudiée, la demoiselle qui se faisait appeler Eileen décida d'exercer sa petite vengeance de la façon la plus sordide qui soit : elle téléphona à mon épouse pour lui raconter en long et en large mes manquements au beau sacrement du mariage et mes infidélités. Ce coup de fil allait allumer chez ma conjointe une colère bien légitime accompagnée d'une peine indicible. À mon retour à la maison ce jour-là, il n'était pas question d'expliquer, mais de subir les invectives et les larmes de celle à qui je venais de causer un immense chagrin. J'avouai tout, sans chercher d'excuse pour amoindrir la portée de mes agissements.

Nous étions à l'automne 1966. Il se passerait huit ans avant que je décide d'envisager le divorce et d'aller vivre avec Monique. Entre-temps, je m'efforçai de rétablir la paix dans mon ménage, de m'occuper un peu des enfants et, surtout, de tenter de mettre fin à ma relation avec Monique. Nous avions vécu ensemble pendant l'été de 1966, puis j'étais retourné à la maison avec la ferme intention de reprendre la vie commune avec Berthe. Monique décida que la meilleure façon de nous oublier mutuellement était qu'elle aille travailler à Toronto, ce qu'elle fit pendant près d'un an. Cela n'eut qu'un seul résultat : faire monter mes factures d'interurbain. Nous nous parlions régulièrement au téléphone pour nous donner des nouvelles et la conversation se terminait toujours de la même façon : « Je t'aime. »

L'amour en exil fit place à une reprise de nos tête-à-tête lorsqu'elle décida enfin de rentrer dans la métropole. Encore une fois, ce fut un amour qui s'effeuillait comme la marguerite. Il fut ponctué soudainement par la grossesse de Monique, dont l'enfant ne vit jamais le jour, parce que nous avions décidé qu'un avortement serait préférable dans les circonstances. Ce fut une grave erreur, la faute la plus douloureuse de ma vie et un évènement qui hanta sporadiquement Monique jusqu'à la fin de ses jours. Je vous confie qu'il m'est extrêmement pénible d'évoquer ce triste souvenir et de le rendre public.

À l'époque, je menais quotidiennement un combat entre la passion et la raison. Au milieu des années 1960, le divorce n'était pas une mince affaire : il signifiait pratiquement l'échec d'une vie. D'une part, la raison me poussait à rentrer à la maison avec femme et enfants mais, d'autre part, la passion me renvoyait constamment dans les bras de Monique. Avec toutes mes hésitations et cette interminable attente, elle aurait été tout à fait justifiée de

me donner congé afin de connaître enfin une vie normale. Elle
m'a attendu pendant environ huit ans avant que je décide de
demander le divorce.

~

Malgré toutes mes bonnes intentions, ma vie à Saint-Bruno
auprès de ma famille se déroulait dans un climat d'incertitude.
Notre couple, de part et d'autre, s'efforçait de mener une vie normale et heureuse. Berthe faisait semblant de ne rien savoir de mes
relations avec Monique, alors que moi j'évitais de m'aventurer
sur le terrain glissant de la vie amoureuse. Heureusement, dans
un sens, que nous avions les enfants pour mettre un peu de
piquant dans notre vie, même s'il arrivait que nous ayons envie de
nous arracher les cheveux à la suite de leurs mauvais coups. C'était,
par exemple, le temps où tous les jeunes croyaient fermement que
leur talent et leur bonne fortune les mèneraient tout droit dans
le sillage des Beatles. Il devait bien y avoir 100 000 groupes de
jeunes gratteurs de guitares électriques dans les sous-sols du
Québec et tous avaient la conviction que la cacophonie qui sortait
de leurs instruments tenait du génie, alors qu'elle avait tous les
ingrédients pour alimenter mon cimetière du disque.

Mon fils François était de ceux-là; il avait fondé un groupe du
nom de Terra Pots (Arrêt Stop à l'envers) dont le vacarme musical
envahissait trop souvent à mon goût le sous-sol de la maison. En
plus de ce tintamarre exaspérant, leurs exploits de délinquants se
déclinaient entre la conduite de voitures sans permis et la culture
de la marijuana devant la maison, au vu et au su de parents et
même de policiers qui ignoraient tout de ces jolis petits arbustes.

Leur coup le plus malin fut sans aucun doute destiné à des
soldats de l'armée du Québec qui, lors des évènements de
l'automne 1970, surveillaient 24 heures sur 24 la maison où
habitait la sœur et le beau-frère de Robert Bourassa, située juste
derrière la nôtre sur la rue Bellevue à Saint-Bruno. Mes chers fils,
avec la complicité de quelques amis, s'étaient procuré une ligne

ou deux de ces fameux pétards avec lesquels tous les jeunes ont, à un moment ou un autre de leur adolescence, secoué la quiétude de leur quartier. S'il existait un moment qui ne se prêtait pas à ce genre de gaminerie, c'était bien celui-là, mais allez donc faire comprendre ça à des ados d'une quinzaine d'années…

Les policiers, pratiquement assoupis dans leur voiture tellement notre village semblait en perpétuelle dormance, furent donc brutalement tirés de leur demi-sommeil par une pétarade aussi brutale qu'inattendue. Les deux vigiles de service se précipitèrent hors de leur cocon de tôle banalisé, revolver à la main, pour voir d'où provenait cette attaque sournoise. Tout le voisinage était en émoi, mais les regards se tournaient vers la résidence des Duval pour essayer de jauger l'ampleur de tout ce chamboulement. À part les enfants, personne ne l'avait trouvé drôle, surtout pas les soldats, qui avaient servi une sérieuse semonce aux coupables, assortie d'un sévère avertissement aux parents, c'est-à-dire mon épouse et moi.

DE LA CHANSON À L'AUTOMOBILE

En 1966, je venais d'avoir 32 ans lorsque je me suis rendu compte que je n'avais pas le don d'ubiquité et qu'il me serait impossible de mener la double carrière de chroniqueur automobile et de présentateur d'émissions de variétés. Je risquais d'y laisser ma santé. J'étais tiraillé entre deux champs d'intérêt qui n'avaient rien en commun, mais qui m'attiraient tout autant. J'avais à la fois une grande passion pour l'automobile et pour le milieu artistique qui m'avait accueilli à bras ouverts au cours des quinze années précédentes. Pendant un an ou deux, je m'étais tenu en équilibre sur un fil de fer, ne sachant pas trop de quel côté j'allais retomber. Chose certaine, mon agenda automobile était bien rempli : j'écrivais des chroniques dans divers magazines et journaux (dans la revue *McLean* notamment), je faisais de la course automobile presque chaque fin de semaine, je tenais une rubrique à la radio et j'avais pratiquement l'entière responsabilité de

Prenez le volant tous les vendredis soir à la télé de Radio-Canada. À cela allait bientôt s'ajouter la rédaction solo du *Guide de l'auto* qui vit le jour en 1967, sur une suggestion de Monique de réunir les textes de mes essais télévisés et ceux de mes chroniques de magazine pour en faire un opuscule à l'intention des automobilistes.

En effet, c'est Monique qui eut l'idée de réunir les textes de l'émission griffonnés sur des cartons, et d'en faire un petit recueil pour automobilistes. L'idée était excellente et ne supposait pas une lourde somme de travail, puisque la rédaction de ce livre était déjà toute faite. On publierait mes chroniques de conseils de la revue *McLean* en première partie et les essais routiers des voitures présentées à *Prenez le volant* en seconde partie. Mon bon ami Alain Stanké étant devenu directeur des Éditions de l'Homme, je le contactai sur-le-champ ; après un quart d'heure de discussion dans son bureau, l'entente était conclue. J'avais insisté pour que le livre bénéficie des retombées de l'émission et porte le titre de *Prenez le volant*, mais avec le flair qu'on lui connaît, Alain me fit accepter son titre : *Le Guide de l'auto*. L'ouvrage parut au début de 1967 et connut un succès au-delà de nos espérances.

Cette première édition, non millésimée et qui se vend fort cher actuellement à l'encan, était on ne peut plus modeste. La fiche technique faisait à peine quatre lignes et une seule photo d'une qualité minable accompagnait chaque essai de voiture. Pour bien démontrer que ce premier livre avait vraiment été fait sur l'inspiration du moment, sachez que certaines photos avaient été carrément repiquées du film 16 mm utilisé pour le tournage de *Prenez le volant* ! Le lecteur intéressé avait tout de même trouvé dans cette édition préparatoire moult conseils sur la conduite et l'entretien de son véhicule, en même temps que mes impressions d'une Renault construite à Saint-Bruno, d'une Fiat 850 avec laquelle j'avais fait un tonneau, de la Chevrolet Corvair tant controversée et d'un petit roadster Honda (le S-600) qui fut le premier modèle de ce constructeur japonais à débarquer au Canada.

Avec la vente des 10 000 exemplaires de l'édition initiale, Alain Stanké était ravi de l'expérience et me demanda si j'étais prêt à lui fournir l'édition 1968. Et c'était parti ! La suite de l'histoire du *Guide de l'auto* a été une véritable saga, avec ses coups d'éclat, ses cocasseries, sa fulgurante progression et une profonde trahison dont je vous révélerai tous les détails dans le chapitre intitulé « Le coup d'envoi ».

UN DÉBUT LABORIEUX EN EUROPE

En août 1968, je reçus un appel du regretté John Ross, qui était alors l'éminence grise de la course automobile au Québec. En vertu de son rôle de directeur de course (*clerk of the course*), c'est lui qui avait la main haute sur toutes les épreuves professionnelles se déroulant au circuit de Mont-Tremblant. Quelques mois plus tôt, en avril, John m'avait accompagné en Europe avec son épouse Mary pour assister à ma première course en sol européen, le BOAC 500, une épreuve d'endurance de 500 milles disputée au circuit de Brands Hatch en Angleterre. C'était trois ans avant que le transporteur aérien British Overseas Air Corporation devienne British Airways.

N'ayant encore jamais mis les pieds en Europe, je pense que cette première découverte d'un continent étranger m'excitait davantage que la course que j'allais disputer. Je n'avais évidemment pas réussi à fermer l'œil de la nuit à bord de l'avion et juste avant l'atterrissage à Londres, une infime portion de l'Angleterre s'était déroulée sous mes yeux alors que j'étais rivé au hublot. En débarquant de l'avion, je sautai sur le premier appareil de téléphone pour appeler Monique (pour qui il était 2 heures du matin) afin de lui faire partager mon emballement pour l'Europe. Elle s'amusa de mes commentaires, sachant très bien que je n'avais encore rien vu d'autre que l'aéroport d'Heathrow. En arrivant à l'hôtel Washington (qui est devenu mon préféré à Londres), une enveloppe m'attendait à la réception. C'était un télégramme de Monique sur lequel était écrit : « Expos 6, Los Angeles 2 », le résultat de la partie de baseball dont j'avais regardé le début à la maison avant de partir pour l'aéroport. Un tel geste était du Monique tout craché, tout comme les petits mots d'amour truffés d'humour qu'elle glissait un peu partout dans mes bagages.

Quant à la course elle-même, je m'y étais honnêtement débrouillé au volant d'une Porsche 906 dont le stade de préparation n'inspirait pas une grande confiance. Entre vous et moi, c'était ce que l'on appelle dans notre milieu une vraie poubelle.

J'avais d'abord demandé qu'on installe une ceinture de sécurité ; celle-ci n'était pas encore obligatoire en Europe dans les années 1960, parce que plusieurs pilotes préféraient être éjectés de leur voiture en cas d'accident grave plutôt que d'attendre le gros choc final bien assis dans le cockpit. On avait accédé à ma demande mais j'appréhendais tout de même la conduite de cette 906 avec son volant à droite et son levier de vitesses à gauche. Jeune pilote fraîchement débarqué de l'avion et flétri par le décalage horaire combiné à une nuit blanche, je devais m'installer au volant d'une voiture mal préparée et foncer sur un circuit inconnu en manipulant le levier de vitesses de la main gauche. Comme piège à erreurs, il est difficile de trouver mieux.

Pourtant, les choses se passèrent relativement bien, du moins à mes yeux, puisque je fus d'entrée de jeu plus rapide que mon coéquipier Mario Cabral, un Portugais qui avait fait un peu de formule 1 et qui en était à sa première course après une période de convalescence consécutive à un grave accident lors d'un Grand Prix. Il faut dire que le circuit de Brands Hatch possède un tracé très similaire à celui de Mont-Tremblant, ce qui m'avait permis de m'y sentir rapidement à l'aise.

Quant à mon coéquipier, il avait un air très noble qui m'intimidait beaucoup, surtout qu'un important entourage gravitait sans cesse autour de lui comme s'il s'agissait d'un héros national ou d'une célébrité sur le chemin du retour.

Après une qualification peu impressionnante imputable principalement au fait que notre Porsche se voyait priver d'alimentation en essence dans les virages à gauche, la course ne s'annonçait pas très joyeuse pour l'écurie privée que nous représentions, au milieu des équipes d'usine de chez Porsche, Alfa Romeo, Ferrari, Ford, etc. Je me disais que j'allais faire de mon mieux dans les circonstances, ne serait-ce que pour ne pas décevoir mon bon ami Rod Campbell, alors l'éditeur du magazine *Canada Track and Traffic*, et tous ceux qui avaient travaillé très fort pour que deux pilotes canadiens (l'autre étant Craig Fischer) soient bien récompensés de leur bonne performance aux 12 Heures de Sebring. Cette course, disputée en Floride et comptant pour le championnat du monde des constructeurs, précédait le BOAC 500 et j'y avais terminé en deuxième place de la catégorie Grand Tourisme.

LA MORT EN DIRECT

Si je me souviens très bien de tous les détails de ma première course en Europe (de mon premier voyage outre-mer, en fait), c'est qu'un évènement tragique, à jamais inscrit dans les annales de la course automobile, s'est produit le même jour, soit le 7 avril 1968.

Il était environ midi lorsque le paddock de Brands Hatch devint soudainement silencieux. Comme c'était l'heure du lunch, les moteurs s'étaient tus et les haut-parleurs avaient cessé de diffuser leurs informations habituelles. Mais ce silence me semblait plus lourd qu'à l'accoutumée. Quelques secondes auparavant, on avait annoncé d'un ton solennel que l'idole mondiale de la course automobile, le Britannique Jim Clark, venait de perdre la vie sur le circuit de Hockenheim en Allemagne. Tout le monde se regardait, à la fois incrédule et profondément triste. Personne n'eut besoin de demander une minute de silence. Jamais je n'avais ressenti un tel calme en présence de 50 000 personnes.

Les gens de mon équipe étaient d'autant plus atterrés que Jim Clark devait normalement être mon copilote selon la liste initiale des participants au BOAC 500. Ne tenant sans doute pas à se déshonorer dans cette poubelle de 906, il avait déclaré forfait, tout comme son remplaçant Brian Hart, un pilote de formule 2 qui devint plus tard un fabricant réputé de moteurs de course.

Dans une ambiance qui ne suscita aucune grande montée d'adrénaline, le départ fut quand même donné et la course se déroula sans que personne ait vraiment le goût de s'adonner à ce sport, qui peut quelquefois devenir cruel, impitoyable et sans pardon. Notre Porsche survécut tout de même à l'épreuve et endura ses 500 milles de course sans autre handicap que ses performances décevantes face à une meute d'Alfa T33 d'usine réglées comme des horloges. Nous avions réussi à nous accrocher à une 6e place dans la catégorie des prototypes de deux litres et moins, performance peu glorieuse.

Quant à mon collègue canadien Craig Fischer, il n'avait même pas conduit la Lola T70 lui ayant été assignée, parce qu'il s'était endormi dans son auto quelques minutes avant d'assumer son relais et que la voiture éprouva plus tard des ennuis mécaniques. Craig, on le constate, était d'un naturel très calme. S'il avait été astronaute, il aurait trouvé le moyen de rater le départ de la navette spatiale.

Après la course, je retournai à Londres en compagnie de John Ross et de son épouse afin d'y séjourner quelques jours et de m'imprégner de l'ambiance *flower power* qui y régnait à l'époque. Je visitai tous les sites touristiques habituels, du London Bridge au palais de Buckingham, où l'amateur de musique militaire en moi avait été fasciné par la minutie et le décorum de la fameuse cérémonie du changement de la garde royale.

J'allai également me balader sur Carnaby Street, cette petite artère commerciale qui croulait littéralement sous une succession ininterrompue de boutiques de vêtements tous plus *flyés* les uns que les autres. Friand de magasinage comme je l'ai toujours été, je me laissai entraîner par le courant en essayant des tenues à des années-lumière de ma personnalité mais qui, dans la mascarade londonienne, me paraissaient *very cool indeed*. J'étais donc reparti de Londres avec 1 000 $ en moins dans mes goussets et attifé d'une garde-robe qui comprenait entre autres un costume orangé avec des boutons en satin, un veston bleu à devant croisé si large que j'avais l'air d'un portier d'hôtel et, bien entendu, une avalanche de cravates avec une profusion de fleurs multicolores capable d'éclairer une ruelle sombre à la tombée de la nuit. En ouvrant mes valises, ma femme m'avait regardé en se retenant pour ne pas éclater de rire et mes chemises à longues pointes devinrent d'excellents chiffons à laisser traîner dans le coffre de la voiture… au cas où.

UN VOLANT DE F1 POUR 3 000 $

Mais revenons à ce fameux coup de fil que j'avais reçu de John Ross en août 1968. Celui-ci m'offrait tout bonnement de participer au premier Grand Prix du Canada devant se tenir au circuit Mont-Tremblant au mois de septembre suivant. John me déclina les grandes lignes de la proposition : en échange de 3 000 $, je pourrais disputer la course dans la voiture de réserve (le mulet) de l'écurie Lotus Gold Leaf, qui était en quelque sorte l'équipe de soutien de Lotus, dont le seul pilote était le Britannique Graham Hill. Ce dernier allait devenir champion du monde la même année, après avoir succédé au regretté Jim Clark, décédé plus tôt dans la saison.

Sur le coup, je faillis m'évanouir de surprise avant de retrouver mes esprits et de remercier John Ross de me faire un tel honneur, surtout que lui et moi avions eu quelques accrochages dans le passé. Évidemment, je n'avais pas la somme requise, mais je pensais pouvoir facilement convaincre un commanditaire de me fournir l'argent en échange d'une publicité sur la voiture.

Après quelques jours de réflexion, je me rendis compte que j'allais me lancer dans une aventure risquant d'avoir des conséquences néfastes pour ma carrière, qui se partageait alors entre l'animation de *Prenez le volant* à la télé, l'écriture de mon bouquin (*Le Guide de l'auto*) et mes espoirs de remporter le championnat du Québec en course automobile. Je n'avais aucune expérience de la conduite d'une monoplace et je risquais de me couvrir de ridicule face à des pilotes de Grand Prix aguerris. Je décidai d'accepter l'offre à la condition que la Lotus soit mise à ma disposition au moins une semaine avant la course, afin que je puisse en assimiler la conduite. John Ross s'avoua incapable de me le promettre. Sachant que les attentes du public à mon égard seraient très élevées et que le risque surpassait les bénéfices anticipés, je déclinai finalement la proposition et c'est finalement l'Ontarien Bill Brack qui hérita de mon volant. Il fit d'ailleurs très honorable figure en se classant parmi les dix premiers. Pendant plusieurs années toutefois, j'ai souvent regretté de ne pas avoir eu le courage de mettre l'opinion publique de côté et d'accepter de courir au moins un Grand Prix dans ma carrière.

DE GILBERT BÉCAUD À ENZO FERRARI

En septembre 1969, quelques minutes seulement après avoir disputé le Grand Prix de Trois-Rivières, je montai dans un petit avion privé qui m'emmena à Montréal, où je devais prendre un vol d'Air France à destination de Paris. Comme j'étais encore vêtu de ma combinaison de pilote, je me changeai tant bien que mal dans les toilettes de l'avion avant d'aller rejoindre mon compagnon de voyage, Albert Tremblay, alors chroniqueur automobile à *La Presse*. Comme moi, il avait été invité par Renault à faire l'essai de la nouvelle Renault 12 en Alsace. Tout en bavardant de choses et d'autres durant la nuit, Albert me confia qu'il s'apprêtait à quitter le journal et me demanda s'il me plairait de prendre sa place.

Cette offre pesa lourd dans la balance quand vint le moment pour moi de décider de la suite de ma carrière. L'automobile me passionnait et j'avais le goût de m'y consacrer à part entière en écrivant mon *Guide de l'auto* et des essais routiers pour le journal tout en continuant d'animer mon émission *Prenez le volant* à Radio-Canada. Par contre, mon travail à CKVL, mes chroniques sur le disque et mon rôle d'animateur d'émissions de variétés à la télévision avaient un côté fascinant qui n'était pas à dédaigner. Je recevais toutes les nouveautés du disque, j'étais de toutes les premières et j'avais l'occasion de frayer avec les plus grandes vedettes internationales de la chanson, de Gilbert Bécaud à Yves Montand.

Par exemple, j'ai devant moi une coupure de journal datant de 1959 qui témoigne de ma rencontre avec mon idole, Yves Montand, lors de son premier voyage à Montréal. Le célèbre chanteur et acteur m'avait accordé une entrevue au cours de laquelle je lui avais demandé notamment pourquoi il n'avait jamais tourné de film « chantant », ce à quoi il avait répondu que « la France ne fait pas de bons films musicaux ». Selon lui, le scénario était toujours le même : un chanteur inconnu monte à Paris, où il finit par devenir une grande vedette de la chanson après quelques péripéties à l'eau de rose.

En fin de compte, c'est ma passion pour l'automobile et pour la course qui me fit tourner le dos à la chanson et à mes nombreuses activités en ce domaine. On m'offrait la chance de continuer à faire ce que j'aimais, soit animer des émissions de télévision et écrire sur l'automobile. Au point où les choses en étaient, avec des semaines de 7 jours de travail et des journées de 16 heures, je ne pouvais plus continuer à servir deux « maîtresses » et espérer rester en bonne santé pendant encore longtemps. Les chansons de Montand deviendraient désormais mon passe-temps, tandis que les créations d'Enzo Ferrari, le *commendatore* (commandeur) qui régnait avec une main de fer sur la petite fabrique automobile du même nom, feraient partie de mon quotidien de journaliste automobile.

Fort de la recommandation d'Albert Tremblay, j'eus un entretien avec le patron du temps à *La Presse*, Roger Lemelin, qui accepta ma candidature. Malheureusement, avant même que j'aie pu fournir une seule ligne de texte, le journal tomba en grève, pour une courte période, croyait-on. Or, après un mois, rien n'était réglé et le conflit semblait vouloir se poursuivre encore longtemps. Un peu mal à l'aise, je rencontrai la direction ; on me promit de me payer intégralement le salaire prévu tout en me recommandant de ne pas le crier sur les toits. Je ne sais plus très bien combien de temps dura cette grève, mais j'attendis patiemment tout en encaissant un chèque tombé du ciel.

Ma nouvelle vie venait de commencer.

TROISIÈME PARTIE

LE PRIX DE LA CÉLÉBRITÉ

Les années 1970

CHAPITRE XIII

LE MAIRE DRAPEAU RÉCIDIVE

L'échec du Grand Prix sur l'île Sainte-Hélène ne ralentit pas pour autant l'ardeur du maire Drapeau à donner à Montréal un évènement automobile, quel qu'il soit. Ainsi, au début de 1970, trois ans après l'Exposition universelle, je fus de nouveau convié à son bureau pour discuter d'un autre projet. Selon son habitude et dans le but exprès de vérifier la détermination de ceux qui allaient le rencontrer, monsieur le maire m'avait donné rendez-vous à l'hôtel de ville autour de 6 heures le matin.

Je me souviendrai toujours de la remarque qu'il m'adressa en regardant par la grande fenêtre de son bureau les embouteillages de l'heure de pointe se former petit à petit. Dans sa sage logique, il s'était tourné vers moi en me priant de lui expliquer pourquoi les gens qui travaillaient à une extrémité de l'île habitaient à l'autre extrémité et vice-versa. «On aurait tellement moins de problèmes si tout le monde résidait près de son lieu de travail», m'avait lancé le grand patron de la métropole.

Cela dit, il enchaîna tout de suite avec le sujet à l'ordre du jour et le rôle qu'il attendait de moi. Son grand rêve était de faire des îles de l'Expo un site permanent d'expositions et d'évènements divers. Il voulait que je prenne en charge l'ancien pavillon du Canada pour en faire un musée automobile, un salon de la voiture de course, en quelque sorte. Il avait rencontré lors d'un voyage en Belgique un dénommé Paul Deetens, promoteur du Racing Car Show de Bruxelles, et il voulait recréer à Montréal un évènement du même acabit. Il avait décidé que je serais son homme pour agir comme conservateur ou chef d'orchestre de cette exposition baptisée « L'homme et la course automobile ». Le défi m'emballa tout de suite, surtout que j'avais de nombreuses connaissances dans le milieu de la course, aussi bien en Amérique qu'en Europe.

Le maire Drapeau m'expliqua les grandes lignes du projet, puis m'invita à prendre rendez-vous avec un de ses lieutenants pour en savoir davantage. J'ai malheureusement oublié le nom de ce monsieur, mais je me souviens qu'il faisait preuve d'un certain détachement face aux complications de la politique municipale et qu'il avait surtout un sens de l'humour typiquement britannique. Je le décrirais mieux en disant qu'il ne prenait rien au sérieux et qu'il ne « s'enfargeait » pas dans les fleurs du tapis. Je devais d'ailleurs avoir un bel exemple de sa façon de faire après avoir accepté le mandat de « meubler » cette exposition.

Le conseil avait accepté qu'un budget de 25 000 $ soit consacré à la location d'une dizaine de voitures de course, qui viendraient s'ajouter à celles du promoteur belge engagé par la Ville de Montréal à des conditions que j'ignorais. Elles devaient cependant être généreuses, puisque monsieur Deetens débarqua à Montréal avec armes et bagages pour toute la durée de l'exposition (trois mois), accompagné de son épouse et du petit chien de circonstance. Avec son air de *play-boy* grisonnant qui se donnait beaucoup d'importance, il m'apparaissait comme un fumiste, mais je n'allais tout de même pas semer la zizanie dans les relations diplomatiques entre la Belgique et la Ville de Montréal...

De mon côté, en bon employé loyal voulant impressionner ses patrons, je m'étais efforcé de payer le moins cher possible pour obtenir les voitures les plus intéressantes du moment, notamment une Porsche 910 ayant gagné plusieurs courses de côte en Europe et le prototype d'une voiture sport construit par les gens de la Manic, ce petit coupé sport sur mécanique Renault qui fut fabriqué au Québec pendant quelques années avant de disparaître dans la nuit des temps. En tout et pour tout, j'avais réussi à louer mes 10 voitures pour un peu moins de 20 000 $ et je m'étais empressé d'annoncer la bonne nouvelle à mes patrons.

À ma grande surprise – ce qui démontre ma totale naïveté vis-à-vis la façon d'administrer le budget d'une ville comme Montréal –, mon interlocuteur sembla aussi heureux d'apprendre la nouvelle que si je venais lui dire que l'ancien pavillon du Canada avait été rasé par les flammes. Je me souviens encore de sa réaction : «Mon beau Jacquot, tu vas devoir trouver un moyen de dépenser ton budget de 25 000 $, parce que l'année prochaine, la Ville ne te donnera pas une maudite cenne de plus que ce que tu vas avoir dépensé cette année. Fais repeinturer les chars, mets-leur des pneus neufs, fais ce que tu veux mais dépense tout ton budget. C'est comme ça que ça marche, la politique, mon jeune.»

Si mon patron immédiat ne fut pas emballé de mes économies, vous auriez dû entendre, par contre, la réaction des gens à qui j'avais loué des voitures quand je leur téléphonai pour leur dire : «Dis donc, Steve, tu sais la Ferrari que tu m'as louée pour 2 000 $, est-ce que ça te dérangerait beaucoup si je te donnais 3 000 $ à la place?» Nul besoin de vous décrire leur stupéfaction et leur contentement au bout du fil.

L'exposition connut un honnête succès grâce à la publicité faite autour de la venue à Montréal de quelques grands noms du monde de l'automobile. Le responsable européen du Salon était d'origine belge et il connaissait déjà un bon ami à moi du nom de Paul Frèrotte, qui fut pendant un an ou deux le directeur du circuit Mont-Tremblant. C'est grâce à eux que je pus organiser des journées spéciales afin d'honorer diverses personnalités européennes de la course, dont Jacky Ickx, Paul Frère et le célèbre Britannique Stirling Moss. Le Salon exposait d'ailleurs une Cooper-Climax qui avait été conduite par ce dernier.

Ces journées me permirent de nouer des liens d'amitié avec Jacky Ickx, pilote chez Ferrari, et Paul Frère, qui gagna notamment les 24 Heures du Mans avant de se convertir au journalisme automobile, métier qu'il pratique toujours même s'il est sur le point de devenir nonagénaire. Il y a trois ans, au Salon de Genève, je l'ai trouvé couché sous une Nissan à huit heures du matin. Alors que tous ses collègues sirotaient leur café, il avait voulu vérifier un détail technique, m'avait-il dit en se relevant. Finalement, l'aventure du Salon de la voiture de course se termina de façon un peu nébuleuse avec le départ du promoteur belge, disparu en emportant avec lui le prototype de la Manic qui ne lui appartenait pas du tout. L'affaire fit la manchette des journaux quelques mois plus tard, pour ensuite aller mourir avec les autres magouilles non expliquées de la sombre petite histoire des voitures de collection.

AVEC MON AMI MICHEL VAILLANT DANS *TINTIN*

Pour moi toutefois, cette histoire eut d'heureuses répercussions, puisqu'elle m'avait permis de faire la connaissance du créateur de la bande dessinée *Michel Vaillant*, Jean Graton, l'un de nos invités au musée. En guise de remerciements, il me gratifia d'une présence (voir photo) dans un épisode de la série se déroulant au circuit du Mont-Tremblant et publié dans un numéro spécial de la revue *Tintin*. J'y étais l'ami de Michel Vaillant, dont la voiture de course avait été trafiquée afin d'être contrôlée à distance par une sorte de télécommande manipulée par un escroc qui avait beaucoup à gagner en sabotant la monoplace du célèbre champion. Graton fut en quelque sorte un visionnaire : il existe maintenant un appareil similaire capable de régler la mécanique d'une voiture de course à partir des stands. Cela s'appelle la télémétrie, mais cette percée technologique était encore loin de la réalité dans les années 1960.

LE SUBSTITUT D'OMAR SHARIF

Après avoir donné un sacré coup de pouce à la vente de tout un lot de coupés Fiat 124 lors d'un essai exhaustif à mon émission *Prenez le volant*, le constructeur italien m'invita l'automne suivant à visiter ses installations à Turin et dans la région. J'allai aussi faire un saut du côté de chez Lancia, qui tentait à l'époque une timide percée sur le marché canadien avec des modèles tels la Flavia et, plus tard, la Scorpion et la Beta. Je n'ai aucun scrupule à dire que je fus reçu comme un roi, compte tenu que je n'avais nullement cherché un tel traitement. J'avais louangé la Fiat en question parce qu'elle m'avait emballé et qu'elle m'apparaissait comme une mini-Ferrari. Pendant mon séjour, Lancia me prêta pour mes divers déplacements un magnifique coupé Beta. La voiture en question était décorée d'un emblème discret portant la mention « Lancia *bridge team* ». Je supposai que la compagnie commanditait une équipe de bridge et je me promis de vérifier la chose auprès du service des relations publiques. Ce ne fut pas nécessaire.

J'avais stationné l'auto près d'un grand magasin, où le fou du shopping que je suis était allé faire quelques emplettes. À mon retour, il y avait une bonne dizaine de femmes et de demoiselles autour de ma Lancia. Je ne comprenais absolument pas l'objet de ce tohu-bohu ; je crus même d'abord que quelqu'un avait eu un accident et heurté ma voiture. Lorsque je me faufilai pour déverrouiller la portière de gauche, les femmes me jetèrent un regard mêlé de déception et de mauvaise humeur. J'eus le temps de remarquer qu'elles avaient toutes un petit carnet d'autographes ou un papier avec un crayon. Le conducteur qu'elles attendaient n'était malheureusement pas le bon.

En fait, je conduisais la voiture qui était normalement assignée à l'acteur d'origine égyptienne Omar Sharif qui, en sa qualité d'excellent joueur de bridge, faisait partie de l'équipe Lancia. J'eus beau leur fredonner « Un jour Lara… », je fus incapable de leur faire oublier le beau docteur Jivago.

EN PANNE DANS PARIS

Après mon voyage en Angleterre, j'avais promis à Monique de l'emmener découvrir l'Europe avec moi. Je profitai d'un autre séjour chez Fiat en Italie pour lui offrir de m'accompagner. Notre hôte accepta de me prêter une voiture de presse pour me permettre de faire un peu de tourisme. Il s'agissait d'un coupé Fiat 124 qui, dès notre arrivée à Venise, nous causa un premier ennui. Elle pétaradait comme une voiture de course. Bref, il fallut faire remplacer la *marmitta* (le pot d'échappement) qui était à l'origine de nos bruyants déplacements. Plus tard, à Paris, après une nuit très froide et surtout inhabituelle de la mi-octobre, le bloc-moteur se fendit, tout simplement parce que les préparateurs de chez Fiat avaient omis de mettre de l'antigel dans le radiateur.

Toutefois, l'anecdote ne se termine pas là. En cherchant le siège social de Fiat dans un immeuble de la Grande Armée (selon l'adresse donnée dans le bottin), j'avais frappé à une porte pour me faire ouvrir par l'un des chefs d'orchestre les plus réputés de France, Aimé Barelli, le mari d'une chanteuse très célèbre du temps, Lucienne Delyle. Comme coïncidence, il eût été difficile d'imaginer mieux. J'avais en effet fait tourner les disques de ce couple des centaines de fois pendant ma carrière de *disc-jockey*! Je fus tellement surpris de ce coup du hasard que j'en demeurai muet d'hébétude, pendant que M. Barelli m'indiquait poliment que les gens de chez Fiat avaient déménagé. Quant à la voiture, elle disparut de ma vue au bout d'une remorque en route pour le plus proche concessionnaire. Elle avait terminé son périple et nous, le nôtre.

POUSSE, MAIS POUSSE ÉGAL

C'est Louis-José Houde qui m'a récemment rappelé que j'ai connu ma minuscule minute de gloire au grand écran, détail que j'avais enfoui si profondément dans mes souvenirs que je l'avais pratiquement oublié. Après un spectacle à Magog, cet humoriste de la relève avait loué dans un club vidéo un de ces films qui montrent jusqu'à quel point le cinéma québécois a fait de longues enjambées au cours des deux dernières décennies. Le titre seul suffit à dépeindre ce que je veux dire, puisque ce chef-d'œuvre s'intitulait *Pousse, mais pousse égal*. Il s'agissait d'une comédie dans le vieux style burlesque, réalisée par Denis Héroux. Louis-José s'est bidonné en regardant ce bout de pellicule, non pas à cause de la drôlerie du sujet, mais plutôt de la production même du film.

Tourné en 1974 (et sorti au début de 1975), il donnait entre autres la vedette à Gilles Latulippe, Céline Lomez, Juliette Huot et Jean Lajeunesse. Ma participation se limitait à une courte scène dans laquelle je jouais le rôle d'un conducteur de corbillard. À bord de ce véhicule, je m'engageais, avec un collègue, dans une course improvisée dans les rues de Québec; comme on peut s'y attendre, le cercueil était éjecté du véhicule par la portière mal fermée à la suite d'un virage sur les chapeaux de roues. La scène était rigolote, sans doute, mais il semble que le scénario ne tenait pas suffisamment la route pour que *Pousse, mais pousse égal* passe à l'histoire autrement que par son humour «tarte à la crème». À moins que ce ne soit en raison de la faiblesse des moyens déployés dans ces années-là pour soutenir le cinéma québécois…

Au milieu des années 1970, il était très mal vu de montrer au cinéma des scènes de poursuites de voitures, parce que l'automobile était devenue la mal aimée que l'on accusait de toutes les tares imaginables : violence, pollution, gaspillage, accidents, pertes de vie, pour n'en nommer que quelques-unes. On s'apprêtait à vivre la fameuse crise de l'énergie qui fit bondir le prix de l'essence et le tempérament de tous les activistes de la société. Dans ce contexte, j'étais personnellement l'ennemi à abattre.

PARLONS CONTRAVENTIONS

À cause de la nature même de mon travail et de l'image que je m'étais moi-même infligée à la télévision en poussant les voitures à des vitesses indécentes ou même en m'adonnant pendant une vingtaine d'années à la course automobile, les gens me demandent souvent si j'ai bénéficié de la clémence des policiers lors d'excès de vitesse sur les routes publiques. On a tendance à croire que le simple fait d'être connu – et reconnu pour rouler vite dans l'exercice de vos fonctions – vous vaut automatiquement un passeport pour franchir le mur du son avec l'absolution de tous les agents qui n'attendent normalement qu'un faux pas de monsieur Tout-le-monde pour lui dresser une contravention.

La réponse à cette délicate question varie selon l'époque. On a souvent fermé l'œil sur mes entorses aux limites imposées dans les 20 premières années de ma carrière, mais l'étau s'est considérablement resserré depuis que le système s'est à la fois alourdi et délibéralisé. L'apparition des contrôles électroniques, mais surtout le vent de changement qui a assagi le Québec ont fait que les policiers ne peuvent plus toujours agir comme à la belle époque. Fini les conducteurs avec une bière entre les deux jambes, qui se faisaient dire par un policier complaisant de rentrer à la maison; fini les tapes sur l'épaule accompagnées d'un avertissement : « Pas si vite, mon jeune, sans ça, je vais être obligé de te donner un ticket, la prochaine fois. »

Dans ce Québec insouciant, je me suis souvent fait poser des questions sur ma voiture plutôt que de me faire demander mon permis et mon certificat d'immatriculation. Et même quand les choses sont devenues plus corsées, j'ai eu le rare privilège de m'en sortir à maintes reprises en exhibant une lettre que je gardais aussi précieusement qu'un billet de loterie gagnant dans la boîte à gants des voitures que j'essayais.

En effet, l'Association des policiers du Québec m'avait demandé de participer à une commission parlementaire qui se penchait sur les risques du travail d'un officier de la route appelé à travailler seul la nuit dans une voiture de patrouille. Cette commission avait été mise sur pied à la suite du décès d'un policier tué par un fuyard au moment où il tentait de l'arrêter pour une infraction au code de la route. À la demande de l'Association des policiers, qui réclamait que ses membres soient accompagnés d'un collègue pour les horaires de nuit, j'avais témoigné devant la commission. Mon rôle consistait à prouver qu'un policier seul était très vulnérable, puisqu'il devait, lors d'une poursuite, conduire son auto à grande vitesse, se débrouiller pour lancer un appel à l'aide avec sa radio tout en dégainant son revolver s'il jugeait que la situation pouvait devenir dangereuse. Comme expert en conduite automobile, je n'avais eu aucune difficulté à défendre le point de vue de l'Association. J'avais évidemment accepté de témoigner bénévolement, ce qui me valut quelques semaines plus tard une lettre de remerciements qui me permit d'épargner beaucoup plus que tous les honoraires que j'aurais pu exiger comme témoin expert.

Le président de l'Association des policiers me remerciait de mon geste en des termes non équivoques et terminait sa missive par une phrase qui produisait un effet magique chaque fois que je tendais la lettre à un policier qui venait de m'interpeller pour excès de vitesse. En effet, le brave agent devenait assez tiraillé dans l'exercice de ses fonctions lorsqu'il lisait ce que le président de son association avait écrit : « Tout en vous remerciant à nouveau pour votre expertise qui permettra sans doute à nos policiers de bénéficier d'une sécurité accrue dans leur travail, c'est avec plaisir que je vous invite à communiquer avec nous si jamais le besoin s'en fait sentir. » Il suffisait de savoir lire entre les lignes pour se rendre compte que cette lettre me rendrait d'immenses services pendant plusieurs années. En fait, pendant près de dix ans, bon nombre de policiers en ont pris connaissance et ils ont tous su lire entre les lignes...

De nos jours, que vous vous appeliez Jacques Duval, Guy A. Lepage, Jacques Villeneuve ou Jean Charest, ce genre de passe-droit n'existe plus. Évidemment, je ne peux pas parler pour les autres, mais pour moi, rien ne va plus. J'écope de contraventions à une vitesse fulgurante, si vous me passez l'expression, et j'en ai même décroché deux en l'espace d'une heure sur la route de Québec. La première me fut remise par une policière qui n'entendait pas à rire dans le coin de Roxton Pond, dans les Cantons de l'Est. Au moment même de mon interpellation, j'étais en train de parler à un journaliste du *Journal de Montréal* qui préparait un papier sur la précarité de mon permis de conduire à cause d'une trop grande accumulation de points d'inaptitude. J'en ai profité pour demander au journaliste s'il voulait causer avec la policière pour mieux documenter son article mais celle-ci, qui semblait avoir passé son tour lors de la distribution du sens de l'humour, s'opposa catégoriquement à faire la jasette avec un membre de la presse.

C'est finalement mon ami et collègue, Mᵉ Jean-François Guay, qui m'a évité l'ignominie de perdre mon permis de conduire il y a deux ans et d'être par conséquent incapable de pratiquer mon métier d'essayeur.

Nul doute que la question que vous vous posez en ce moment concerne la vitesse la plus élevée pour laquelle je me suis fait coller une contravention. Vous serez déçus parce que la réponse, banale, se situe autour de 130 km/h. Ce qui revient à dire que je ne me suis jamais fait arrêter quand je roulais à des vitesses supersoniques sur la route. Accusez-moi de donner le mauvais exemple, d'être un danger pour la sécurité publique ou de me comporter comme un irresponsable crétin, mais je ne me suis jamais fait attraper quand j'ai roulé à 250 km/h dans une Ferrari GT et à plus de 270 km/h dans une Porsche 911 Turbo. Il y a eu de nombreux autres épisodes de ce genre, mais les deux précédents s'accompagnent d'une petite histoire…

La première fois, je me rendais à Chicoutimi et j'étais horriblement en retard pour l'inauguration officielle d'une station-service Sunoco. Il faut savoir que Sunoco était mon commanditaire en course au début des années 1970. J'avais fort heureusement une Ferrari 365 GT à l'essai et j'étais accompagné par mon bon ami et chef d'équipe Gérald Labelle. Je lui avais dit qu'il fallait rallier Chicoutimi, de Montréal, en un peu plus de trois heures et que son rôle consistait à détecter la présence de policiers dans nos parages. En effet, à la vitesse où j'envisageais de rouler, je désirais garder mon attention uniquement sur la route. Je filais donc entre 200 et 250 km/h et le seul temps où je ralentissais, c'était pour doubler d'autres voitures. Ma façon de voir les choses est la suivante : en roulant très vite, on double très rapidement les voitures respectueuses des limites de vitesse et si le conducteur ne jette un coup d'œil à son rétroviseur qu'une fois toutes les 15 secondes, il se peut très bien qu'il ne m'ait pas aperçu. Autrement dit, il pourrait déboîter au moment même où j'arriverais à sa hauteur à 250 km/h. Donc, dans mon code de la route, on ralentit pour doubler en sécurité. Sachez cependant que c'est un conseil que je ne vous invite pas à suivre... et que j'étais arrivé à temps à Chicoutimi.

La seconde infraction majeure que j'ai commise était au volant d'une Porsche 911 Turbo. J'avais fait l'essai de la voiture pendant toute la journée sur le circuit du Mont-Tremblant et le plaisir s'était poursuivi un peu trop longtemps pour me permettre d'arriver à l'heure à un rendez-vous pour souper dans un resto de Montréal. Ne voulant tout de même pas arriver à l'heure du dessert, j'avais décidé que la 911 Turbo pourrait peut-être me permettre de battre mon précédent record de vitesse entre le mont Tremblant et l'autoroute métropolitaine. Avantagé par une circulation légère, bien prêt à accepter toutes les conséquences de mon geste de délinquant et assis au volant d'une voiture capable de franchir facilement trois kilomètres à la minute, je mis le cap sur Montréal bourré d'adrénaline. Tout se passa comme si la route m'avait été réservée en exclusivité et que la 911 Turbo roulait en deçà de ses possibilités. Même lors de quelques pointes à 280-285 km/h, la voiture m'inspirait la plus grande confiance. À ma grande surprise, je posai les roues de la Porsche sur le bitume de l'autoroute métropolitaine 45 minutes plus tard. Compte tenu de la distance, on parle d'une moyenne d'environ 160 km/h. À ne pas répéter, bien naturellement. En arrivant au restaurant où m'attendaient mes amis, j'ai poussé un grand cri et je me suis affalé sur une chaise pour raconter ce que je venais de faire. J'avais l'impression d'avoir rajeuni de 20 ans. J'en avais pourtant 62.

Ce qui me ramène à nos ridicules limites de vitesse, qui ne sont rien de moins que des taxes déguisées. Du plus loin que je me souvienne, la vitesse limite sur les autoroutes du Québec a toujours été de 60 mph, avant de passer à 100 km/h à l'apparition du système métrique. Pourtant, pendant les dernières décennies, l'automobile a fait des progrès de géant, que ce soit sur le plan de la tenue de route, de la qualité des pneumatiques ou de l'efficacité des freins, sans oublier les dispositifs de sécurité passive comme les coussins gonflables ou les freins ABS. Or, la vitesse qui vous oblige à passer à la caisse est la même qu'autrefois.

À votre avis, pourquoi est-ce surtout sur les autoroutes que les policiers se cachent pour faire leur travail et vous piéger ? Parce qu'il y a plus de monde et que c'est plus payant, naturellement. Ce n'est absolument pas pour des raisons de sécurité, puisque les statistiques démontrent que, toutes proportions gardées, il y a moins d'accidents sur les autoroutes que sur les routes secondaires. Que des policiers surveillent les routes de campagne, particulièrement à la sortie des bars dans les petites localités, je n'ai rien contre ça, parce que c'est là que se situe le vrai danger. Souvenez-vous du comédien Jean Besré, qui a perdu la vie au volant de sa BMW quand un jeune conducteur a raté une courbe et est venu le happer de plein fouet. Il n'était pas sur l'autoroute, le pauvre, mais sur la petite route 104 entre Saint-Jean-sur-Richelieu et Cowansville.

Je veux bien croire que le gouvernement est dans la dèche, mais pourquoi les automobilistes sont-ils devenus la vache à lait de l'État ? Je ne parle même pas des vitesses pratiquées en Europe, mais seulement des limites imposées en Amérique dans certains endroits des États-Unis. Désormais, 70 milles à l'heure est la règle plutôt que l'exception, cc qui signifie que l'on peut rouler aux environs de 120 km/h sans avoir à promener son regard un peu partout pour s'assurer qu'un policier n'est pas caché quelque part. J'ai toujours affirmé que conduire vite aiguise les réflexes et permet de rester plus alerte au volant, surtout sur une autoroute rectiligne à l'effet de somnifère. J'espère voir le jour où l'on pourra profiter de la raison même de l'existence de nos autoroutes, soit de permettre aux voyageurs de parcourir plus rapidement la distance séparant deux endroits. À 120 ou même 130 km/h, nos autoroutes pourraient retrouver leur raison d'être, sans que la sécurité en soit compromise pour autant.

LES EXPOS, MES AMOURS

Dans ma tendre jeunesse, j'étais très entiché de sports et je faisais une collection de coupures de journaux traitant de mes athlètes favoris. J'avais un gros album dans lequel je collais les photos des grandes vedettes de hockey, de boxe et de baseball, les disciplines les plus en vogue ou du moins les plus présentes dans les quelques journaux qui arrivaient jusqu'à mon patelin de Lévis. J'admirais beaucoup les Joe Louis, Jackie Robinson et, bien sûr, le fameux trio des Canadiens, Punch Imlach, Toe Blake et Maurice Richard.

Plus tard, le seul sport pour lequel je conservai de l'intérêt fut le baseball. L'implantation à Montréal d'un club des ligues majeures raviva ma passion pour les balles rapides et les coups de circuit. Il s'en fallut d'ailleurs de peu pour que ma carrière bifurque vers la description des matchs de baseball à la radio quand les Expos s'établirent à Montréal à la fin des années 1960. Si j'ai bonne mémoire, c'est le poste CKLM qui, au début, se vit confier la diffusion des matchs des Expos. J'avais laissé entendre dans le milieu radiophonique que je ne détesterais pas seconder les Jean-Pierre Roy, Jean-Paul Sarault et compagnie et donner une nouvelle tangente à ma carrière. Avant de porter leur choix sur Jacques Doucet, les responsables du diffuseur m'avaient téléphoné pour me demander si le poste m'intéressait toujours. Après mûre réflexion et une longue discussion avec ma famille, je décidai que mon enthousiasme pour le sport avait sans doute dépassé ma pensée. Certes, j'aurais adoré ce rôle, qui m'aurait permis de côtoyer les joueurs et de voyager partout aux États-Unis. Fort heureusement, on m'avait aussi mis en garde, avec raison, contre la monotonie qui risquait de s'installer une fois le vernis de la nouveauté éraflé.

Cela n'allait toutefois pas m'empêcher de devenir un fervent admirateur des Expos, d'écouter religieusement la diffusion des matchs même tard le soir, quand le club jouait en Californie, d'acheter des billets « de saison » et de joindre le geste à la parole en copiant le logo du club pour créer l'emblème de mon équipe de course. Même ma Porsche 911 1969 arborait fièrement et gratuitement un autocollant des Expos de Montréal. De cette façon, quand je gagnais, les Expos gagnaient aussi un peu.

BIENVENUE À *MATCH SUR ROULETTES*

Tant que nous y sommes, restons dans les sports ! À la télévision, j'ai étrangement été utilisé à toutes les sauces, en animant non seulement des émissions sur le disque et l'automobile, mais également sur les voyages (*Aller-retour* à Radio-Canada) et le sport. Je ne parle pas ici uniquement de sport automobile, domaine dans lequel j'ai travaillé comme animateur ou analyste aussi bien à TVA qu'à la SRC. Cela pourrait d'ailleurs faire l'objet d'une bonne question dans un jeu-questionnaire, compte tenu que peu de gens se souviennent que j'ai dû supporter pendant toute une saison les espiègleries du réalisateur Louis Arpin (qui officiait aussi à *Prenez le volant*), dont j'étais la victime préférée à l'animation d'une émission appelée *Match sur roulettes*, dont Radio-Canada aimerait sans doute oublier l'existence. Probablement parce qu'aucun véritable animateur de sport n'avait accepté de s'associer à une telle ânerie, c'est moi qui fus désigné pour décrire et analyser ce sport de taverne qui m'était aussi familier que l'astrophysique. Ce « sport » fit une très brève apparition au Québec au milieu des années 1970 ; il était d'origine américaine et connaissait un certain succès aux États-Unis sous le nom de *roller derby*.

Il mettait en scène des équipes de femmes chaussées de patins à roulettes qui se bousculaient sans retenue pour s'éliminer mutuellement et accumuler le plus de points possible au cours d'un match de trois périodes. C'est un dénommé Norm Olson, surtout connu comme le publiciste de British Leyland (le constructeur automobile ayant enfanté un bon nombre de désastres sous les marques Austin, Morris, Rover, MG, etc.) qui détenait les droits de diffusion du *roller derby* et il avait réussi à convaincre Radio-Canada de mettre en ondes cette vulgaire exhibition sportive, le samedi en fin d'après-midi, à une heure de faible écoute. Heureusement pour moi, car ce cher Louis Arpin ne ménageait pas ses galéjades pour que l'émission soit aussi loufoque qu'insignifiante. Son truc le plus courant était de monter l'émission à l'envers, puisqu'il s'agissait d'un reportage de 30 minutes au cours duquel on devait présenter succinctement un match d'une durée normale d'une heure. Imaginez le malaise d'un animateur qui décrit un match dont le score est de 8 à 5 après la première période et dont la seconde débute avec un score de 4 à 2. Si vous êtes confus, imaginez comment je me sentais en tentant d'expliquer un pointage moins élevé en seconde période qu'en première. Et comme si cela n'était pas suffisant, le beau Arpin ne cessait de me crier dans mes écouteurs « l'action est dans le peloton » pour souligner les exploits d'une certaine Joan Wetson, une blonde monumentale et si costaude qu'elle aurait aussi pu faire carrière comme lutteuse.

PAS DE GÉRANT

Sans vouloir critiquer qui que ce soit, il n'y a rien qui m'énervait autant qu'un artiste qui, lorsque je lui demandais une entrevue, me répondait de m'adresser à son gérant. Je sais qu'avec des agendas chargés, des activités commerciales innombrables et un mauvais sens des affaires, plusieurs vedettes doivent absolument emprunter cette route très commode. Ce n'était toutefois pas mon cas ; même s'il m'arrivait souvent d'avoir suffisamment de travail pour me payer ce luxe, je n'ai jamais cédé à la tentation. Que ce soit pour la course automobile, mes émissions de télé ou mes activités promotionnelles, je n'ai jamais eu de gérant. J'ai sans doute eu tort, puisque ne sachant pas le prix des choses, je me suis fait avoir à maintes reprises.

Par exemple, combien doit-on demander à un promoteur qui lance un album à colorier intitulé *Jacques Duval en auto - at the wheel* dans lequel les jeunes peuvent apprendre la signification des panneaux de signalisation ? Est-ce une entreprise commerciale ou simplement un outil d'éducation ? Il aurait été plus simple de m'en remettre à un agent dans un cas semblable, mais j'ai plutôt décidé de ne rien demander en retour de l'utilisation de mon nom et d'un croquis à colorier de ma voiture de course. C'était, je pense, en 1969 et ma carrière était florissante. J'avais été choisi parmi les cinq meilleurs pilotes de course au Canada et on m'avait même demandé de participer au défilé de la Saint-Jean-Baptiste à bord d'un char allégorique transportant ma voiture de course parce que j'avais gagné le championnat du Québec l'année précédente.

CHAPITRE XIV

GLOBE-TROTTER

Ce livre n'est pas un récit de voyage. Aussi, j'éviterai de vous raconter dans leurs moindres détails la centaine de voyages que j'ai faits en Europe pendant ma carrière ou ma vingtaine de visites au Japon, ou bien encore mes incalculables allers-retours vers les destinations les plus exotiques du continent nord-américain. Les constructeurs automobiles dépensent des sommes astronomiques, organisent des voyages d'une extravagance sans limite afin d'impressionner les journalistes qu'ils invitent au dévoilement en avant-première de leurs nouvelles créations.

Dans la plupart des cas, de nos jours, leur sélection de scribes ne sert pas les meilleurs intérêts de la compagnie. Les responsables du service de relations publiques s'appuient sur une liste qui n'a souvent rien à voir avec la crédibilité, le lectorat ou la notoriété des personnes invitées. On a atteint un stade où certains journalistes consacrent une bonne partie de leur temps à cajoler ces gens-là, à vanter ou inventer leur importance afin de tomber dans leurs bonnes grâces au moment de l'envoi des invitations. Le fait d'être mis à l'index des beaux voyages, par les temps qui courent, équivaut à une sorte d'excommunication, à être porteur d'un grave virus hautement contagieux ou plus simplement d'avoir fait la manchette dans la colonne des avis de décès.

À mes débuts dans le journalisme automobile, d'abord au journal *Parlons Sport,* puis à *La Presse*, les membres de la profession se comptaient sur les doigts d'une seule main. D'ailleurs, les critères de sélection étaient à la fois plus simples et beaucoup plus logiques. Je me souviens par exemple de l'explication du directeur des relations publiques d'American Motors, John Milner, à qui j'avais justement demandé comment il déterminait ceux qui avaient le droit d'être invités à un voyage. « C'est très simple, m'avait-il raconté, je fais une estimation de ce que me coûte chaque journaliste invité et je me renseigne sur les tarifs publicitaires du journal ou des médias qu'il représente. Sachant qu'il consacrera au moins un tiers ou un quart de page à mon nouveau produit, je me livre à un calcul coût-bénéfice et je prends ma décision. Par exemple, si je peux acheter une publicité dans son journal pour 1 000 $ et qu'il m'en coûtera 5 000 $ en frais d'avion et d'hôtel pour qu'il soit présent à mon évènement, alors je ne l'invite pas. C'est aussi simple que cela. » Disons qu'avec une telle méthode de calcul, plusieurs grands voyageurs d'aujourd'hui auraient beaucoup moins de milles Aeroplan dans leur compte.

SUÈDE ET SÉCURITÉ

Même si mes activités dans le milieu de la course m'avaient déjà mené en Europe à quelques reprises à la fin des années 1960, l'un de mes premiers voyages outre-Atlantique lié à l'industrie automobile me fut offert par la compagnie Volvo en 1972 pour le lancement de la 142 E. À cette occasion, j'eus également droit à une visite des installations du constructeur suédois dans les environs de Göteborg. Avec l'équipe de *Prenez le volant* (caméraman, preneur de son et une assistante à la production), nous étions les seuls représentants du Canada à cet évènement qui réunissait bon nombre de journalistes européens.

On avait pris soin de nous prévenir avant le départ des us et coutumes de la Suède socialiste. Tolérance zéro par exemple pour l'alcool au volant, respect total de l'environnement – au point où le simple fait de jeter un mégot dans la rue vous valait la réprobation de tous les badauds (sinon l'obligation de le ramasser) – et, de manière générale, une haute considération du savoir-vivre. Je me souviens que pendant le tournage, je dus faire plusieurs allers-retours avec la Volvo afin de reprendre quelques scènes pour la caméra. Pour gagner du temps, j'eus le malheur, en faisant demi-tour, de poser la moitié d'une roue sur la pelouse d'un parc. Je reçus une volée d'insultes (si j'en juge au ton de mon interlocuteur suédois) d'un promeneur qui passait par là et qui était visiblement offusqué de mon geste. Une autre recommandation amusante fut celle d'acheter une bouteille de scotch à la boutique hors taxes et de l'offrir à nos hôtes, qui devaient payer une petite fortune pour l'alcool, fortement taxé par l'État. En cette fin des années 1960, ladite bouteille se vendait autour de 75 $ en Suède, l'équivalent d'au moins quelques centaines de dollars de nos jours.

L'anecdote la plus savoureuse que j'ai rapportée de ce voyage est survenue lors d'une excursion en bateau vers une forteresse des Vikings située sur une île au large de Göteborg. Il y avait là un groupe d'Islandais particulièrement imbus d'eux-mêmes, désagréables, arrogants et pour tout dire imbuvables. Il régnait une belle ambiance au sein du groupe, à l'exception de cette bande d'emmerdeurs qui avaient eu des remarques désobligeantes pendant un petit concours improvisé de chansons à boire. Comme mon équipe de tournage était sur place pour filmer la soirée, je décidai de prendre ma revanche sur les Islandais. Je pris soin d'avertir à peu près tout le monde que nous allions les interviewer sur leurs impressions de la soirée, sur le Canada, le Québec et la compagnie Volvo, sauf qu'il n'y aurait pas de film dans la caméra. Et chacun de ces charmants journalistes, ayant perdu toute forme d'hostilité, d'y aller de longs palabres sur les beautés du paysage, sur notre gentillesse de les laisser ainsi s'exprimer et patati et patata. Les autres invités avaient du mal à retenir leur sourire, sachant très bien que tout ce verbiage ne resterait que des paroles en l'air. Plus tard dans le voyage, ils redevinrent tout aussi insupportables qu'au début, à tel point que je soupçonne qu'ils avaient appris que nous nous étions payé leur tête d'Islandais.

À mon retour de Suède, nous avions consacré une émission entière de *Prenez le volant* à Volvo, qui, plus que tout autre constructeur, prônait la sécurité et qui fut d'ailleurs le pionnier de la ceinture de sécurité. Le reportage s'intitulait « Un pays comme le nôtre » pour faire allusion aux nombreuses similarités entre la Suède et le Canada sur le plan géographique. En effet, il ne faut surtout pas chercher le dépaysement dans ce coin de Scandinavie !

À propos de Volvo, la sécurité n'était pas le seul atout des voitures de la marque il y a une quarantaine d'années. Elles possédaient aussi des sièges incomparables, comme en avait témoigné une étude que j'avais menée en compagnie du réputé physiatre de Montréal Pierre Lacoste. Le fait que je souffrais (et souffre encore) de maux de dos fut sans doute à l'origine de ma démarche. Après avoir passé une partie de la nuit à faire l'essai des sièges de toutes les voitures rassemblées à la place Bonaventure pour le Salon de l'auto, mon spécialiste avait déterminé que les Volvo possédaient, d'un point de vue morphologique, les meilleurs sièges de l'industrie. Les sièges de Mercedes, suivis de ceux de Renault, avaient également retenu l'attention du postérieur de notre expert.

L'UNIVERS DE TOYOTA CITY

L'émission sur Volvo n'était pas passée inaperçue et plusieurs compagnies y avaient vu une excellente plate-forme publicitaire. Peu de temps après sa diffusion, je fus invité par plusieurs constructeurs à visiter leurs installations, mais comme je ne voulais pas porter atteinte à la crédibilité de *Prenez le volant*, plusieurs offres furent rejetées, sauf une. Toyota nous invitait au Japon pour y essayer ses voitures, rencontrer quelques-uns de ses dirigeants et surtout séjourner à Toyota City, ce vaste complexe de la région de Nagoya abritant non seulement des usines, mais aussi des immeubles d'habitation pour les employés de la compagnie, des installations récréatives, des parcs, des magasins, bref toutes les commodités ordinaires d'une petite ville.

En 1972, ce voyage tombait à pic, compte tenu que l'industrie automobile japonaise commençait à faire du bruit en Amérique et que le mode de vie japonais suscitait des tas de questions de ce côté-ci du Pacifique. La fidélité et le respect des travailleurs à l'égard de leur employeur étaient légendaires et surprenants à plus d'un point de vue. On racontait que les employés avaient une telle loyauté envers la firme qui leur donnait du travail qu'ils devenaient des employés à vie. On sourcillait aussi en apprenant que tous les matins, les travailleurs s'inclinaient devant la photo ou la statue du fondateur de leur compagnie en signe de respect. L'honnêteté, la propreté et la ponctualité faisaient également partie des principes de vie des Japonais. Je n'oublierai jamais le chauffeur de taxi venu nous accueillir : il portait des gants blancs et avait pris soin d'installer un morceau de dentelle à l'endroit où ses passagers s'appuyaient la tête. Bref, nous avions tellement de choses à raconter à notre retour qu'il fallut deux émissions pour faire le tour de la question japonaise.

Ce voyage ne nous avait pas été offert par Toyota, puisque le constructeur japonais n'avait pas encore pignon sur rue au Canada. Il fut plutôt organisé par mon ami Hector Dupuis, qui dirigeait alors une compagnie appelée Canadian Motors Industries (CMI) et assurant l'importation et la distribution au pays des voitures Toyota et Isuzu. Hector céda plus tard sa compagnie à Toyota, mais il y conserva un poste de haut rang jusqu'à son décès au début des années 2000. Pour ce voyage, mon seul accompagnateur était mon caméraman Ernst Michel, un grand bonhomme blond de plus de six pieds qui aurait pu servir de mannequin dans une campagne de publicité sur son pays natal, la Suisse, tellement il dégageait cette énergie propre aux gens exposés à l'air sain des montagnes. Est-il besoin de dire qu'il détonait dans une assemblée de Japonais, provoquant de petits sourires étouffés chez la gent féminine.

Nous avons voyagé ensemble pendant plusieurs années et j'en ai gardé un tas de souvenirs, dont plusieurs sont savoureux. Une fois, nous étions complètement perdus en Allemagne, au petit matin, et il s'était adressé à un ouvrier de chez Mercedes qui rentrait au travail. Suisse allemand, Ernst parlait très bien la langue du pays. Il interpella donc un badaud pour lui demander le chemin à suivre. Niet, l'interpellé ne comprenait pas. Mon camarade s'adressa à lui en anglais, puis en italien, puis en hollandais, mais toujours sans succès. Le bonhomme était roumain ! Malgré les talents de polyglotte de mon caméraman, qui parlait six langues, nous fûmes incapables d'en tirer la moindre information. Faut le faire.

Permettez-moi de revenir à notre voyage au Japon. Nous avions fait une longue escale à Hawaï avant d'entreprendre la traversée sur les ailes de Japan Air Lines. Vers le milieu de l'envolée, on nous remit un certificat attestant que nous avions franchi l'*International Date Line*, ce qui nous faisait basculer au lendemain avant de débarquer à Tokyo.

Sitôt arrivés, on nous expédia à l'hôtel New Otani pour une bonne nuit de repos, non sans nous avoir prévenus que nous devions prendre le *shinkansen*, ou *bullet train*, pour Nagoya le lendemain matin à 9 h 32 minutes pile et pas une seconde plus tard.

Il y a plus de 30 ans, le Japon n'était pas encore tout à fait ce qu'il est aujourd'hui, c'est-à-dire fin prêt à accueillir des visiteurs occidentaux avec leurs goûts et surtout leurs exigences alimentaires. L'hôtel où nous étions ne servait pas encore de pain, de pâtisseries, de sucre, de beurre, de lait ni certains autres aliments inconnus dans la culture gastronomique orientale. Entre nous, le bouillon de bœuf du matin passait un peu de travers.

Notre guide ou enfin celui qui devait jouer ce rôle se pointa le lendemain matin pour nous emmener chez Toyota par le train rapide qui quittait Tokyo selon l'horaire précité. L'industrie automobile nippone en était encore à ses premiers balbutiements, à un tel point que le département des relations publiques était inexistant. On nous avait donc assigné comme accompagnateur un jeune employé de bureau qui baragouinait quelques mots d'anglais mais qui n'avait absolument aucune notion des courbettes et salamalecs propres au métier des relations publiques.

Pendant les cinq jours qui suivirent, ce fut un véritable marathon de tournage, d'entrevues et d'essais, ponctués chaque après-midi à 16 heures par la cérémonie du thé. On pouvait être au beau milieu d'une entrevue, d'un tournage ou de je ne sais quoi, dès que 16 heures sonnaient, tout s'arrêtait lorsqu'un responsable de notre visite lançait : « Now we must stop for tea ceremony. » Nous n'avions pas d'autre choix que de laisser notre travail en plan pour nous plier à la coutume avec le petit groupe de Japonais qui nous entourait à ce moment-là.

ARRÊTÉ PAR LA POLICE JAPONAISE

Plus tard durant notre séjour, on nous prêta une Toyota Corona comme voiture d'essai. Pendant que le caméraman tournait un passage rapide de la voiture en bordure d'une route, la police s'amena sur les lieux avec gyrophares, sirène et réprobations d'usage. Au lieu de répondre aux imprécations du policier japonais, qui me tenait pratiquement responsable du bombardement d'Hiroshima, notre guide resta coi pendant le dialogue de sourds qui se déroulait devant lui. J'avais beau lui demander de calmer l'énergumène qui s'adressait à moi, il ne bougea pas. Jamais il ne lui serait venu à l'idée d'intercéder en notre faveur en expliquant que nous étions employés d'un poste de télévision canadien qui filmait divers aspects de la vie au Japon. Motus et bouche cousue.

Son silence nous valut une contravention aussi rude à avaler que le wasabi des sushis que nous avions dégustés la veille. Quand je vous disais que le jeune homme ne connaissait rien aux relations publiques, tout ceci en était la preuve flagrante.

Après quelques jours de tourisme, ce fut le retour à Montréal, avec une autre escale à Hawaï où nous attendait une grosse Toyota Crown pour un essai autour de l'île. Ainsi s'acheva mon premier d'une série de 12 à 15 voyages dans ce pays si loin du nôtre, tant en distance qu'en mentalité.

LE TRAITEMENT VIP

Bien sûr, certains de mes voyages ont été plus mémorables que d'autres. J'ai séjourné dans des palaces, mangé chez les plus grands chefs de la planète et vu beaucoup de sites auxquels même les touristes les plus dépensiers n'ont pas accès. En revanche, le traitement dont j'ai fait l'objet a souvent été plus modeste. Si certains de mes voyages peuvent être considérés comme mémorables, d'autres sont à ranger dans l'armoire des horreurs.

Parmi mes voyages inoubliables, il s'en trouve deux dont le souvenir ne s'effacera de ma mémoire que dans les jours sombres où je ne me souviendrai même plus de mon propre nom. Et ce n'est pas une coïncidence si ces deux évènements portaient la signature de Mercedes-Benz. Ces gens-là ne font pas que des voitures de haut standing; ils organisent aussi des présentations à la hauteur de leur produit.

À propos de standing, le directeur des relations publiques de Mercedes-Benz n'en manquait pas. Dans les années 1970, le poste était occupé par Léo Levine, un ancien journaliste et coureur automobile ayant vécu de longues années en Allemagne. Avec lui, rien n'était trop chic ou trop extravagant pour soigner l'image d'une compagnie qui, dans le temps, n'était associée qu'à des voitures relativement chères et luxueuses. Il semblait m'apprécier et m'avait même souvent demandé de dresser la liste des invités et de choisir le restaurant approprié à l'occasion de son dîner annuel à Montréal pendant le Salon de l'auto. La confrérie n'était pas très grande à l'époque, mais nous étions toujours une bonne dizaine à nous réunir au célèbre Café Martin sur la rue de la Montagne.

En une autre occasion, à Paris, Léo s'était trouvé souffrant. Comme j'étais le seul journaliste invité à parler français, il m'avait donné sa carte de crédit en me demandant de « sortir » les journalistes aux frais de Mercedes. Nous avions dîné au Georges V pour ensuite aller, à la supplique des Américains, nous faire exploiter dans l'une de ces affreuses boîtes de nuit parisiennes où la seule boisson servie, pendant un spectacle de plumes et de froufrous, est le champagne. Le lendemain, j'avais remis sa carte de crédit à Léo en le remerciant de m'avoir permis de découvrir que je n'avais absolument pas la vocation d'un relationniste.

C'est lors de ce même voyage, au cours duquel nous avions franchi la distance entre Stuttgart et Paris, en passant par la Champagne, au volant de nouvelles Mercedes familiales, que je fus intronisé membre du *Order of the bent connecting rod* (Ordre de la bielle pliée). C'était là une tradition chez Mercedes : tout journaliste ayant eu un incident mécanique avec une voiture de la compagnie devenait automatiquement membre de cette confrérie et se voyait remettre une plaque commémorative.

C'est grâce aussi au même constructeur allemand que j'ai appris à découvrir et à aimer les vins californiens. En 1977, on nous invita à dîner dans les caves de Robert Mondavi, probablement le viticulteur le plus célèbre en Amérique. C'était lors du lancement de la somptueuse limousine de Mercedes, la 6.9, dont l'arrivée sur le marché ne pouvait être plus inappropriée, puisque les États-Unis venaient de réduire la vitesse limite à 90 km/h afin de faire baisser la consommation d'essence. Or, cette 6.9 avalait ses 23 litres aux 100 kilomètres (soit 12 milles au gallon) avec son gigantesque V8 de 6,9 litres.

Il est probable que c'est justement cette conjoncture économique qui a tué aussi la Porsche 928 qui, avec son moteur avant, marquait un virage technique important pour la firme de Stuttgart.

Son dévoilement avait eu lieu à Saint-Paul-de-Vence, au Mas d'Artigny. Alors que je m'apprêtais à en faire l'essai en compagnie d'un collègue ontarien sur les routes en lacets de l'arrière-pays, la représentante des relations publiques de Volkswagen (les deux marques étaient jumelées à l'époque) avait insisté pour se joindre à nous malgré l'espace arrière très exigu. Après un sprint d'une quarantaine de virages négociés à bonne allure, je regardai mon collègue assis à ma droite pour tenter de savoir d'où provenait la désagréable odeur que je percevais. Offusqué que je l'accuse de sentir mauvais, il me pointa discrètement notre passagère qui, effectivement, était la source de ces effluves très éloignés des parfums exquis découverts lors de notre halte à Grasse quelques minutes plus tôt.

DEUX FOIS AU SOLEIL DE MINUIT

Parmi les milliers de souvenirs qui m'entourent et qui font de mon bureau une sorte de sanctuaire du bric-à-brac, il y a notamment un certificat encadré attestant que le 14 juin 1976, j'ai franchi le cercle arctique à la hauteur de Rovaniemi, en Laponie finlandaise. J'y avais été invité par la compagnie Saab qui, pour nous permettre de bien évaluer la robustesse de ses voitures, avait cru bon d'organiser une excursion au pays du soleil de minuit. Nous descendîmes de l'avion le soir à Rovaniemi, et les Saab nous attendaient en pleine clarté. En effet, de mai jusqu'à la fin juillet, cette partie de la Finlande ne dort jamais, nimbée d'un soleil resplendissant. Il y fait jour 24 heures sur 24, sensation plutôt étrange au début et qui rend le sommeil un peu plus difficile malgré une forte consommation de Lakka, la liqueur du pays faite d'une baie propre à cette région nordique.

Avant de prendre la route des rennes, le directeur de l'expédition, le jovial Erik Carlsson, nous avait remis un couteau de chasse. C'était, disait-il, un accessoire obligatoire pour les voyageurs; il devait potentiellement servir à achever un renne blessé que nous pourrions heurter au cours du voyage.

Quelques minutes plus tard, je me rendis compte que j'aurais plutôt eu besoin d'un répertoire d'expressions finlandaises… Je venais d'être arrêté par un officier de police finlandais, que la colère rendait vert comme son uniforme. S'il était ainsi d'humeur massacrante, c'est que je lui avais fait avaler un nuage de poussière en le doublant sur la petite route de terre que nous empruntions. J'avais vu une Saab à peu près identique à la nôtre devant moi et, pensant qu'il s'agissait d'un collègue, j'avais décidé de le perdre dans la brume (ou la poussière) pour m'amuser un peu. Bien sûr, ce policier ne parlait pas un traître mot de français ou d'anglais, mais je devinais, à son ton, qu'il ne me racontait pas une histoire d'amour. Mon compagnon de voyage Peter Chapman et moi fûmes sauvés par la cloche, comme on dit, c'est-à-dire par l'apparition d'un deuxième policier finlandais sorti de la voiture comme d'une boîte à surprise. Il parlait anglais et fut beaucoup plus réceptif à nos explications et à nos excuses que son camarade, qui nous prenait sans doute pour des déserteurs soviétiques. Nous apprîmes en effet le soir même à l'hôtel que nous n'étions qu'à quelques kilomètres de la frontière de l'URSS. Or, le rideau de fer n'était pas encore tombé.

Nous n'étions pas seuls sur cette route du pôle Nord. Beaucoup de voitures remplies de jeunes apparaissaient ici et là, portant l'inscription « *Cape North or bust* ». C'est un défi à relever, paraît-il, d'autant plus que même en juin, la température risque d'être maussade. Nous fûmes d'ailleurs victimes d'un épais rideau de brouillard en touchant notre destination finale, ce qui fait que nous n'avons jamais vu ce fameux cap Nord, ni la majesté de l'Arctique. Nous eûmes droit en échange à un «sompteux» repas de chili con carne préparé par un de nos collègues du Texas, un spécialiste de ce genre de ragoût à l'américaine. Nous rendîmes aussi visite au seul, unique et vrai père Noël en Laponie, mais ça, c'est une autre histoire.

Quelques années plus tard, en 1981 pour être plus précis, j'allais avoir le privilège d'épingler au mur de mes souvenirs un second certificat de franchissement du cercle arctique, celui-ci provenant de mon passage de cette ligne imaginaire en territoire canadien. Au lieu de Saab, c'était Ford cette année-là qui avait eu l'idée géniale de nous faire essayer ses camions dans un environnement rude propre à mettre en valeur leur robustesse et leur motricité sur des routes enneigées.

Cette expédition dans le Grand Nord canadien coïncidait avec l'ouverture du *Dempster Highway* reliant Dawson City, au Yukon, à la petite colonie inuite d'Inuvik dans les Territoires du Nord-Ouest. On avait mis 20 ans à construire cette route peu fréquentée, longue de 800 kilomètres, à un coût inestimable. Se déroulant à travers une succession de vallées et de montagnes, une de ses caractéristiques est qu'elle est recouverte de gravillons pointus qui ne se gênent pas pour vous percer un pneu ou un radiateur ou pour faire voler un pare-brise en éclats. Pour ajouter au défi, il y fait autour de moins 50 degrés Celsius en hiver et, lors de notre raid, on n'y trouvait qu'une seule station de ravitaillement en essence ou diesel, à mi-chemin. Pire encore, lors de mon vol avec Air Canada, mes bagages avaient été perdus quelque part et je débarquai à Whitehorse au Yukon dans une tenue vestimentaire assez peu appropriée à l'endroit. En bons samaritains, mes collègues me prêtèrent, l'un un épais chandail, l'autre un pantalon chaud, un troisième un anorak, etc.

J'endossais la garde-robe d'une association de joyeux chroniqueurs automobile canadiens. Et ce n'est pas la joie qui fit défaut, surtout avec notre guide Max, un personnage haut en couleur, borgne et barbu, qui en avait long à raconter. Le premier soir, lors de notre arrêt à Eagle Plains, j'étais sorti faire une marche après le souper, surtout pour m'imprégner de ces vastes espaces et du calme de la nuit. Je m'arrêtais de marcher de temps à autre pour faire taire le craquement de la neige sous mes bottes et j'écoutais le troublant silence de ce désert de neige. À mon retour, je fus sévèrement réprimandé par Max, qui me dit que je devais me compter chanceux de ne pas avoir été dévoré par les ours affamés hantant la région.

Le lendemain fut marqué par une course impromptue entre Len Coates et moi. Afin de tuer un peu la monotonie du voyage, nous nous étions détachés du groupe et sur presque la totalité des 150 derniers kilomètres avant Inuvik, nous nous étions bagarrés dans des séries de travers incroyables sur une route qui ressemblait à un vrai tunnel de neige. Cette escapade nous permit d'arriver à destination 45 minutes avant tout le monde, pour constater que tous les bars étaient fermés à l'heure du souper sur ordonnance de la ville afin d'obliger certains Inuits à rentrer chez eux pour le repas du soir en famille. Si vous avez compris que cette petite communauté reculée est aux prises avec un grave problème d'alcoolisme, vous avez bien deviné.

GUIDE VOYAGE À LA TÉLÉ DE RADIO-CANADA

Il n'y a pas que l'automobile qui m'a fait voyager. Certains se souviendront peut-être que bien avant la création du canal Évasion, j'ai animé en 1978 une émission consacrée exclusivement aux voyages, *Aller-retour*, à l'antenne de la télévision de Radio-Canada. J'avais hérité de ce poste par la bande, puisque l'émission avait d'abord été la responsabilité de Jacques Fauteux, qui en fut promptement écarté après avoir balancé en ondes des remarques désobligeantes sur l'Abitibi. L'opinion publique s'était élevée contre ses propos. Il avait dit en substance que la région était sans véritable intérêt touristique. C'est ainsi que du jour au lendemain, je me retrouvai au volant d'*Aller-retour*, réalisé en alternance par deux personnes aux idées et aux goûts diamétralement opposés. L'un, d'un certain âge (Henri Patenaude, je crois), était resté accroché aux croisières de l'âge d'or, aux excursions en autobus nolisé et aux voyages organisés vers des destinations traditionnelles et sans surprises. L'autre, jeune, innovateur et très *flyé*, voulait dépoussiérer le genre, ce qui donnait à l'émission une tonalité peu cohérente et pour le moins débridée. Par exemple, on pouvait présenter une semaine un reportage sur la basilique de Sainte-Anne-de-Beaupré, tandis que le vendredi suivant le téléspectateur se régalait du festival de Rio avec son lot de participantes et participants à demi nus et d'une exubérance éclatante.

Nous voyagions beaucoup, aux frais des contribuables bien entendu, mais sans faire d'excès. Je me souviens d'un voyage en Californie où il avait plu pendant sept jours consécutifs. Nous avions quand même trouvé le moyen de réaliser quelques reportages, dont l'un sur une découverte géologique plutôt obscure appelée la Brea Tar Pits, située au cœur de Los Angeles, qui serait le vestige d'une inondation mondiale survenue en 1769. Notre réalisateur le plus aventureux avait été envoûté par ce site touristique négligé des visiteurs et où l'on trouve notamment un petit gisement de pétrole jaillissant du sol tels des sables bitumineux. Entre vous et moi, j'admets à présent que c'était complètement dépourvu d'intérêt.

MA PUNITION

L'un des voyages les plus moches auxquels j'ai été invité n'entrait pas dans le cadre de mes fonctions de journaliste automobile. Un chroniqueur de *Touring*, la revue officielle du CAA, avait été invité par l'Office du tourisme français à une tournée d'une semaine en France afin de faire la promotion de la Bretagne comme destination de vacances. Comme il avait déjà un autre engagement pour les mêmes dates, il m'offrit de faire le voyage à sa place. Pour me convaincre, il me décrivit avec force détails une expérience similaire qu'il avait vécue quelques années auparavant : il avait alors exploré plusieurs établissements de la distinguée chaîne des Relais et Châteaux. J'en avais l'eau à la bouche, jusqu'à ce que je reçoive, quelques jours avant le départ, l'itinéraire du voyage indiquant que nous serions les hôtes des Logis de France, une chaîne pas mal moins prestigieuse que la première.

Renommée pour ses bas prix, cette enseigne ne tarda pas à me révéler que c'était là sa seule et unique qualité. Chambres miteuses, lilliputiennes, mal insonorisées, des lits brinquebalants, des meubles que les disciples d'Emmaüs auraient refusés et un pauvre petit évier rouillé qui tenait lieu de salle d'eau. C'était d'un inconfort inimaginable et d'une propreté douteuse. Après une première nuit cauchemardesque, je me dis que les choses ne pouvaient pas être pires et que nous étions tombés sur un mauvais exemple qui serait facilement éclipsé par un hôtel plus accueillant le deuxième soir. Erreur ! Ma deuxième chambre était identique à la première, sauf que le beau prélart recourbé n'était pas de la même couleur. Et ce n'est pas la qualité des repas qui nous fit oublier ces lamentables chambrettes.

Un soir, après un dîner de poissons et de fruits de mer (nous étions en Bretagne), nous nous étions retirés pour la nuit lorsque commença un concert de retentissants haut-le-cœur qui perçaient les murs l'un à la suite de l'autre. Un, puis deux, puis trois, quatre... J'attendais mon tour de courir aux toilettes, mais je me rappelai que je n'avais pratiquement rien avalé pendant le repas fatidique, tellement la nourriture était peu appétissante. Je fus épargné, mais les murs de ma chambre ne cessèrent de me transmettre pendant toute la suite le son guttural de mes collègues qui n'en finissaient plus de se vider les entrailles. Quel beau voyage ! À mon retour à Montréal, j'avisai la demoiselle de l'Office du tourisme qu'elle devait choisir l'une des deux options suivantes : ou je n'écrivais rien sur ce voyage infernal ou j'y consacrais un article qu'elle n'aimerait sûrement pas. Elle choisit sagement la première option.

CHAPITRE XV

MON DIVORCE

Comme je l'ai déjà souligné, Monique devait m'aimer énormément pour trouver la patience de m'attendre pendant huit ans. C'est en effet le temps que je mis pour finalement demander un divorce qui, à mon grand soulagement, se déroula dans une relative harmonie, sous les auspices de Mᵉ Micheline Corbeil. Mon épouse avait eu, elle aussi, beaucoup de temps pour se préparer à l'inévitable et elle finit par accepter, à contrecœur sans doute, le dénouement final. Elle avait même rencontré son futur conjoint lors d'une croisière que nous avions faite ensemble aux îles Saint-Pierre et Miquelon.

À propos des enfants, il fut convenu lors du divorce que mes fils Pierre et François habiteraient avec Monique et moi, alors que ma fille Brigitte prendrait le chemin de Ville Mont-Royal où elle irait habiter avec sa mère. Cependant, Brigitte avait eu l'occasion de faire la connaissance du nouveau conjoint de Berthe et je ne pense pas trahir sa pensée en écrivant qu'elle n'avait aucun atome crochu avec l'individu en question. En revanche, elle adorait la blonde de son père et elle était très attachée à ses amies de Saint-Bruno. Ma fille, qui avait alors 11 ans, me supplia donc de rester avec nous, une requête qui, avec le consentement de sa mère, fut acceptée de part et d'autre.

Monique n'avait jamais eu d'enfant et ses connaissances dans la tenue d'une maison étaient presque inexistantes. Elle dut affronter une tâche colossale qui devrait lui mériter une place dans l'histoire. Du jour au lendemain, elle se retrouva avec deux ados aux cheveux longs en pleine crise de jeunesse, une petite fille plus loquace qu'un moulin à paroles et un homme (moi) incapable de se faire cuire un œuf et dont les aptitudes pour les travaux domestiques étaient aussi poussées que sa maîtrise du chinois.

Pour ajouter au tourment, Monique se retrouvait dans une maison étrangère, dans une ville qu'elle ne connaissait pas, à la merci des chauffeurs de taxi puisqu'elle n'avait pas encore appris à conduire. De plus, elle s'installait dans un foyer rempli des souvenirs d'une vie antérieure avec une autre personne. N'importe quelle autre femme aurait pris ses jambes à son cou et se serait enfuie loin de ce nid de problèmes. Je m'aperçus qu'il était très cruel de l'obliger à vivre dans cette maison et nous décidâmes très tôt de faire construire une autre résidence, toujours à Saint-Bruno. Le printemps suivant, nous emménagions sous un nouveau toit rue du Domaine, où Monique pourrait créer son propre domaine et vivre des moments que le temps transformerait en bons souvenirs.

C'est pendant notre court séjour dans cette maison, en 1975, que François, mon fils le plus âgé, fit la connaissance de Marie Rhéaume, la voisine d'en face, qu'il épousa peu de temps après. Très bientôt, je me retrouvai grand-père pour la première fois ; je n'avais pas encore 50 ans. La première de mes quatre petites-filles fut nommée Véronique. Dès qu'elle fut en mesure de comprendre, je lui expliquai qu'il était hors de question qu'elle m'appelle « grand-papa ». Je serais son papi et rien d'autre.

Maintenant qu'elle a plus de 20 ans, je lui ai dit de prendre bien son temps avant de faire de moi un arrière-grand-père. Il y a tout de même des limites à être vieux.

PARMI LES DIX PLUS BEAUX HOMMES DU CANADA

Avec ma « face de lune » (surnom de mon enfance), un crâne peu fertile à la pousse des cheveux et des tics nerveux des pieds à la tête, jamais dans mes rêves les plus fantasmagoriques je n'aurais cru un jour me retrouver candidat au titre du plus bel homme du Canada. C'est pourtant ce qui arriva au cours de la période où Lise Payette était la grande prêtresse de notre télévision d'État.

Sans doute pour donner un peu de *glamour* à son émission *Appelez-moi Lise* (qu'elle animait en compagnie de Jacques Fauteux), mais surtout dans un geste proféministe, elle organisait chaque année, à l'occasion de la Saint-Valentin, ce fameux concours de beauté en guise de contrepartie à tous les défilés de Miss ceci et Miss cela. Mme Payette voulait que les femmes aient aussi l'occasion de se rincer l'œil, ce qui prouve que cette élection bien particulière n'était pas dépourvue d'un certain humour. Les téléspectateurs étaient appelés à voter pour l'artiste mâle qui, selon leurs canons de l'esthétique, correspondait le mieux au portrait d'un bel homme. Chaque semaine, un journal artistique suivait les progrès de la course et les *fan clubs* faisaient des heures supplémentaires pour remplir des bulletins de vote au nom de leur idole.

Il faut croire que ma chère maman avait un crayon bien taillé et qu'elle pouvait compter sur une colonie d'amies ou de partenaires de bridge aussi fières qu'elle de son unique fiston. Personnellement, je croyais fermement qu'il y avait erreur sur la personne et que je ne méritais pas du tout de me retrouver à ce palmarès en compagnie de Richard Garneau, Pierre Nadeau, Serge Arsenault, Léo Ilial et je ne sais plus quel autre Adonis du petit écran.

S'il y a une chose à laquelle je n'ai jamais cru, c'est que j'étais beau. Pour être tout à fait franc avec vous, j'ai toujours eu des complexes à propos de mon apparence physique. Depuis mon adolescence, je suis bourré de tics qui exigent de moi un effort constant pour ne pas grimacer ou bouger sans raison une partie quelconque de mon corps. J'en suis mal à l'aise et extrêmement gêné et ce n'est qu'au prix d'une implacable discipline que j'arrive à faire face à une caméra sans cligner des yeux plus que la normale ou esquisser quelques rictus. Il y a des périodes pires que d'autres et les moments de grand stress sont naturellement les plus propices à l'apparition de ces vilaines contractions du visage. Je me console en me disant que mon stress s'exprime plutôt que de rester contenu et que j'ai ainsi moins de chances de faire monter ma pression artérielle.

Quant à ma chevelure clairsemée, je m'en suis préoccupé énormément dans ma jeunesse, tombant dans le piège de tous les charlatans de la calvitie. En fin de compte, je ne me suis jamais cru physiquement très favorisé par la nature, d'où ma totale incompréhension de cette septième position à l'issue du concours des plus beaux hommes du Canada en 1971.

La soirée de gala eut lieu à ce qui s'appelait autrefois la Comédie canadienne (aujourd'hui le Théâtre du Nouveau Monde), devenue pour une journée le refuge du bellâtre, le temple d'Apollon. Nous défilions sur la scène en essayant gauchement d'afficher une aisance qu'aucun d'entre nous ne ressentait vraiment. Je dus échouer lamentablement lors de ce moment de gloire, car ma mémoire en a effacé toute trace. Ce que j'ai retenu, par contre, c'est que ce fut pour moi l'occasion de rencontrer un autre des candidats, dont je n'ai jamais su s'il s'était classé devant ou derrière moi, ce qui donna lieu plus tard à de délicieux échanges.

Il ne s'agissait pas d'un artiste, mais bien du gardien de but du Canadien, Rogatien Vachon. Nous avions entendu parler mutuellement l'un de l'autre grâce à nos blondes qui étaient de grandes amies, Nicole Vachon et Monique. Les deux écrivaient pour divers journaux artistiques et, en particulier, pour *Échos Vedettes*, en compagnie des fondateurs de cet hebdomadaire, André

Robert et Edward Rémy. Elles étaient vraiment très copines et partageaient aussi bien leur bonheur que les hauts et les bas de leur vie amoureuse. En peu de temps, Rogatien et moi sommes devenus très amis et je ne manquais pas beaucoup de parties du Canadien. C'est même Rogie, comme on l'appelait familièrement, qui m'a initié au tennis en m'offrant ma première raquette comme cadeau d'anniversaire. Je fis également plusieurs voyages chez lui en Californie lorsqu'il fut échangé aux Kings de Los Angeles. Nous jouions au *paddle tennis* au bord de la plage dans l'après-midi, j'allais assister à la partie des Kings le soir et nous nous faisions un bon gueuleton en fin de soirée, arrosé de plusieurs *dry martinis*.

Quand ils décidèrent de s'épouser, Nicole et Rogie nous firent l'honneur de nous demander de leur servir de témoins. La petite cérémonie fut si intime que nous étions seulement tous les quatre. Même si les deux étaient célibataires, ils avaient décidé de se marier civilement et de le faire aux États-Unis, plus précisément à Plattsburg, où je les avais conduits en voiture. D'une tristesse notoire, cette ville n'est pas l'endroit idéal pour célébrer, ne serait-ce que la naissance d'une nouvelle portée de chatons, et encore moins le mariage d'une célébrité du sport. Après une bouteille d'un mousseux bas de gamme destinée davantage à faire exploser son bouchon qu'à être vidée dans l'allégresse, nous décidâmes de rentrer à Montréal pour un repas plus festif et bien arrosé. Plus tard, à la naissance du premier fils des Vachon, Nicolas, c'est Monique qui fut désignée comme marraine. Malheureusement, l'éloignement et d'autres contraintes ne lui permirent pas d'endosser ce rôle comme elle l'aurait souhaité.

Cette belle amitié dura pendant plusieurs années et se termina de façon aussi brutale que douloureuse.

Toujours installée à Los Angeles, même après la fin de la carrière de son mari, Nicole Vachon faisait de fréquentes visites au Québec, où résidait l'une de ses filles adoptives, Jade, qui étu-diait au collège de Lennoxville. Chaque fois qu'elle arrivait à

Montréal (seule ou avec son mari), je m'efforçais de dénicher une voiture gratuite à utiliser pendant son séjour. Dans la mesure du possible, Monique accueillait aussi la fille des Vachon à la maison lorsque sa mère ne pouvait pas venir la visiter. Cela lui permettait de sortir de son environnement étudiant et de profiter un peu de sa vie d'adolescente.

Un jour, Nicole téléphona à Monique pour lui demander ce service et ma compagne accepta d'emblée. Dans les jours qui suivirent toutefois, Monique contracta une forte grippe et n'était vraiment pas en état de s'occuper de la fille de Nicole. Cette dernière crut que son amie lui faisait faux bond parce qu'elle avait autre chose de plus intéressant à faire et ce fut la dernière fois que ces deux amies de longue date s'adressèrent la parole.

Même la mort de Monique ne fut pas suffisante pour effacer un différend aussi anodin. Pas une carte, pas un mot, pas de coup de fil, le néant. C'est un manque de respect qui m'a beaucoup chagriné. Comme Monique m'en voudrait d'aller plus loin, je me contenterai d'exprimer mon incompréhension face à une telle attitude. Si la mort n'est pas plus forte qu'un simple manquement à une promesse (en admettant que ce soit le cas), il y a des gens qui n'attachent pas une grande importance à la vie.

Comme c'est trop souvent le cas lors de disputes semblables entre femmes, l'amitié qui existait préalablement entre leurs conjoints a foutu le camp. Je n'ai donc jamais revu Rogatien, bien qu'il ait participé par téléphone il y a quelques années à une émission de RDS où il était l'invité surprise qui devait évoquer quelques souvenirs de nos belles années, que ce soit sur un terrain de tennis, à la maison ou à l'un des nombreux restaurants que nous fréquentions à l'époque. En l'écoutant parler, je sentais que la sincérité n'y était pas et je n'ai jamais cru bon de le rappeler.

Notre entourage de ce temps-là comprenait aussi un certain Rudy Pachls, un immigré d'origine tchécoslovaque propriétaire d'une fabrique de chocolat à Saint-Hyacinthe, qu'il avait rachetée après la faillite de Cadbury. Il était très riche et passionné de tennis. Sa grande préoccupation toutefois était de voir sa blonde Francine devenir une grande vedette de la chanson. Celle-ci, avec beaucoup d'argent (fourni par Rudy) et un brin de talent, avait enregistré sur un 45 tours cette chanson tout à fait ridicule appelée « Le Bunny Hop ». Malgré les nombreuses invitations à dîner faites aux responsables des stations de radio afin de les inciter à faire tourner le disque de Francine plus souvent, les ventes furent un désastre complet. Comme les stocks invendus s'accumulaient, le promoteur improvisé eut la brillante idée de donner le disque de sa blonde comme cadeau de Pâques à tous ceux qui achèteraient un lapin en chocolat de son usine. Non seulement le « Bunny Hop » resta sur les tablettes, mais les lapins en chocolat également.

Lui aussi disparut de notre vie, sans doute en signe de solidarité avec les Vachon, et il ne donna pas non plus signe de vie lors du décès de Monique. On peut tenter d'acheter des représentants de postes de radio mais la classe, elle, ne s'achète pas. En revanche, le décès de Monique fut l'occasion d'un rapprochement avec Robert Ferland, le frère de Jean-Pierre, avec lequel j'avais entretenu une belle amitié pendant quelques années. Malgré le différend qui nous avait éloigné, il décida que le moment était venu de faire la paix autour d'un bon repas au restaurant Le Paris.

CHAPITRE XVI

MA COMPAGNE LA DOULEUR

La douleur est devenue ma compagne quasi quotidienne au mitan de ma vie, soit autour de 1975. J'avais en effet 36 ans quand elle est s'est installée chez moi à demeure, minant mon moral et broyant mon corps, insensible à toute forme de médication ou de traitement. De l'acupuncture à l'ostéopathie en passant par la chiropratique et la bonne dame aux dons surnaturels, j'ai tout essayé dans mon expérience de ce que l'on appelle « les montagnes russes de la douleur ».

J'y reviendrai, mais il m'apparaît important de raconter ici comment je suis devenu l'héritier de cette affliction maudite. Au moment même où j'écris ces lignes, une sciatique aiguë rend ma cuisse droite si douloureuse que j'ai l'impression d'être assis sur des charbons ardents. Seule ma détermination à écrire me permet de continuer ce récit.

D'entrée de jeu, on serait enclin à croire que c'est la course automobile qui m'a laissé ce trophée empoisonné. Il est en effet plausible qu'un accident survenu au début des années 1970 au volant de la fameuse Corvette BF Goodrich sur le circuit de Sainte-Croix près de Québec soit à l'origine de la kyrielle de problèmes de dos que j'éprouve depuis près de quatre décennies.

Cela a commencé par des douleurs matinales au dos, entre le haut et le bas de la ceinture. Pendant quelques années, de petits exercices d'échauffement réussirent à ramener les choses à la normale et à faire disparaître la souffrance, jusqu'au jour où la douleur se mit à me tenir compagnie pendant toute la journée.

Ce fut le début de la ronde des consultations. Comme je vais la plupart du temps droit au but, je consultai mon médecin qui, bien entendu, m'adressa à un spécialiste, en l'occurrence un neurologue de l'hôpital Maisonneuve dont je ne me souviens que du prénom, Normand.

Il était un peu « frette » mais il semblait d'une grande compétence malgré son peu d'égards pour la douleur des autres – comme j'allais cruellement m'en rendre compte plus tard. Ce bon docteur ne préconisait que la chirurgie, compte tenu que l'on m'avait diagnostiqué une hernie discale au niveau L5 S1 (L pour « lombo », S pour « sacrée »).

Ce verdict avait été obtenu grâce à ce test tant redouté (la myélographie) consistant à insérer dans la colonne vertébrale une longue aiguille contenant un mélange iodé afin de visualiser le problème. L'opération (courante à l'époque) devait me remettre sur pied après une semaine ou deux de convalescence.

Je me souviendrai toujours que pendant cette période de repos, j'avais un des premiers petits VUS de Suzuki à ma disposition pour un essai à long terme. Je partis donc au volant de cet engin pour vérifier son comportement, mais je fus totalement incapable de rentrer à la maison, non pas parce que le véhicule m'avait laissé en plan, mais plutôt parce que sa suspension et son faible empattement transformaient chaque petite bosse en une sorte de tremblement de terre. Les soubresauts constituaient une véritable torture pour mon dos encore fragile. Je fus dans l'obligation de téléphoner à la maison pour que l'on vienne me chercher dans quelque chose ressemblant davantage à une limousine qu'à un engin militaire.

Après deux ou trois semaines d'abstinence des 4 X 4, l'opération s'avéra un succès et je fus presque totalement soulagé de mes douleurs au dos.

Malheureusement, leur spectre n'allait pas tarder à réapparaître et c'est à partir de ce moment que ma vie devint un insupportable cauchemar que je ne souhaite à personne.

Environ deux ans après mon intervention, j'étais en vacances à Singer Island en Floride quand mon dos recommença à me faire souffrir. Pourtant, je m'adonnais régulièrement au tennis, mon sport préféré, et je m'étais astreint à un programme d'exercices destinés à renforcer mes abdominaux. Sachant ce que j'avais souffert avant l'opération, la perspective d'une récidive de mes maux de dos me jeta littéralement par terre.

C'est dans cette position, couché sur le plancher du salon de l'appartement, que je demandai Monique en mariage, un peu comme si, au milieu de mon désespoir, je cherchais une bouée de sauvetage. Nous habitions déjà ensemble depuis 1975, mais sans avoir pris la peine de concrétiser notre union devant notaire, puisque nous étions tous les deux divorcés. En réalité, Monique avait eu une annulation de mariage après une enquête de l'archevêché (à laquelle j'avais d'ailleurs pris part en allant affirmer qu'elle était effectivement encore vierge lorsque nous avions fait l'amour pour la première fois). Oui, messieurs dames, cela se passait comme ça en cette période où le joug de l'église était encore bien présent au Québec.

Cela me rappelle aussi une anecdote assez savoureuse du temps de nos fréquentations. Monique et moi étions en Italie pour visiter les catacombes en compagnie d'un guide qui était en réalité un vieux moine de je ne sais quelle congrégation. Pendant que nous descendions dans le noir un escalier en colimaçon, le sacripant fut sans doute victime d'un soudain excès de testostérone sous sa soutane et ne se gêna pas pour tripoter Monique, juste devant lui.

À l'issue de la visite, il nous demanda nos coordonnées en nous promettant de nous faire parvenir un certificat bénissant notre union signé par le pape lui-même. Compte tenu que nous n'étions pas mariés, nous trouvâmes le geste très digne et très drôle à la fois. Laissez-vous prendre les fesses par un vieux moine en rut et vous aurez la bénédiction de Sa Sainteté le pape. Quelques semaines plus tard, le certificat nous arriva bel et bien de Rome, avec le sceau du Vatican s'il vous plaît.

Pour revenir à ma demande en mariage, je l'avais faite pratiquement en pleurant tellement j'étais accablé par cette rechute de mon dos.

De retour à Montréal, ce fut de nouveau le début de ces fameuses «montagnes russes de la douleur». Elles sont toutefois beaucoup moins drôles que le manège dont elles empruntent le nom – à cause du nouvel espoir que suscite chaque nouvelle proposition de traitement.

Je vous brosse rapidement le scénario. Vous rencontrez un ami qui a un beau-frère dont la sœur a eu des résultats mirobolants en se faisant traiter pour le dos par acupuncture. Comme vous êtes souffrant et vulnérable, vous vous accrochez à cette lueur d'espoir et vous vous mettez à la recherche de cet artiste des petites aiguilles qui va faire disparaître votre douleur en vous transperçant la peau à des endroits où aucun tissu mou ne protège votre ossature. Après l'avoir déniché grâce à une autre connaissance qui se présente comme le marabout de l'acupuncture, vous vous confiez à ce praticien qui vous promet de notables progrès en quelques traitements. Votre espoir est à son point d'orgue, tout en haut des montagnes russes. Après six ou sept traitements, tout ce qui a changé est la colonne des débits dans votre compte en banque. La déprime commence à s'installer et vous voilà au creux de vos fameuses montagnes. Vous vivez tour à tour l'espoir et le désespoir, la recette parfaite pour une sérieuse dépression.

Au début, vous ignorez que vous vous accrochez ainsi à tout ce qu'on vous fait miroiter comme remède à votre douleur. Celle-ci est votre seule et unique préoccupation. Après les petites aiguilles, ce sera la physiothérapie, la chiropratique, l'ostéopathie, la réflexologie et j'en passe. Bien sûr, il y aura aussi le guérisseur miracle, la bonne femme qui possède des dons spéciaux, le « mon oncle » surdoué et pourquoi pas mère Marie de l'Incarnation. Tout dépend de la grandeur de votre cercle d'amis, de parents ou de connaissances et de la persistance de votre naïveté.

Il faut préciser toutefois que dans de telles circonstances, on devient prêt à tout pour palier une médecine qui vous laisse tomber comme un député élu. Mon fameux docteur Normand (Dieu ait son âme) m'avait opéré entre-temps une seconde fois pour une laminectomie afin de faire disparaître le tissu cicatriciel qui avait recréé mon problème initial. Je n'en retirai aucun résultat et ce très sympathique docteur me répondit tout simplement qu'il ne pouvait plus rien faire pour moi et que je n'avais qu'à apprendre à vivre avec la douleur. Sympathique, non ?

Après cette seconde opération et en désespoir de cause, je rencontrai un autre chirurgien (orthopédiste) beaucoup plus humain du nom de Carl Sutton, qui pratiquait à l'époque à l'hôpital St. Mary's. Il était le grand spécialiste d'une thérapie née au Canada et basée sur l'efficacité des enzymes de papaye pour soigner l'hernie discale. Le traitement (interdit aux États-Unis) consistait en une injection de ce produit dont l'efficacité n'était pas garantie dans les cas où le patient avait déjà été opéré, ce qui était mon cas. Je n'en retirai aucun bénéfice, mais je fus tout de même contraint de me soumettre à des restrictions assez pénibles, dont celle de m'asseoir le moins souvent possible. Je dus rester debout ou couché pendant un bon mois à la suite du traitement. Je me souviens que j'écrivais mes articles pour *La Presse* à la machine à écrire sur le comptoir de cuisine. Invité au lancement de la nouvelle Mercedes-Benz 190 à moteur Cosworth au circuit Nürburgring en Allemagne, j'avais obtenu la permission d'Air Canada de ne m'asseoir que quelques minutes pour le décollage. Je restai donc debout pendant la plus grande partie du vol Montréal-Francfort, ce qui n'avait rien de reposant. Le pire, c'est que tous ces efforts et ces sacrifices furent finalement inutiles dans ce carrousel de la douleur. Toutefois, malgré une souffrance qui s'apparentait quelquefois à de la torture, jamais je n'ai raté une seule journée de travail. J'étais là, à la radio ou à la télé, chaque fois que l'on avait besoin de moi. Et mon supplice était loin d'être terminé.

LE COUPERET POUR *PRENEZ LE VOLANT*

Une autre mauvaise nouvelle m'attendait au détour : *Prenez le volant* tirait à sa fin. Pour moi, les Jeux olympiques de 1976 ont débuté en 1975, je dirais même en 1974, puisque ce fut la raison invoquée par Radio-Canada pour mettre un terme à mon émission. On prétendait avoir besoin de tous les fonds nécessaires pour la grande aventure olympique et que, de toute façon, la nouvelle émission de Simon Durivage, *Consommateurs avertis*, allait consacrer un volet appréciable de son contenu à l'automobile.

J'eus beau leur expliquer que mon émission misait autant sur le divertissement que sur l'information, ce fut peine perdue. Après une carrière de huit ans, cette émission phare de toute une génération allait quitter l'antenne. Ce fut pour moi une forme de deuil, une fin abrupte à ce qui allait devenir, au même titre que le *Cimetière du disque*, un important jalon de ma vie journalistique. Quant à la véritable raison de sa disparition du petit écran, elle diffère passablement de celle énoncée plus haut. Radio-Canada avait sa « dame de fer », une femme austère répondant au prénom savoureux de Séquitelle et dont le rôle était de surveiller le contenu publicitaire des émissions de la société. Elle s'acquittait de sa tâche à la manière d'un *pitbull* qui n'a ni le sens du discernement, ni une grande capacité d'interprétation des règles établies.

Voici un exemple de son étroite vision des choses tellement ridicule que je me demande si cette vaillante défenderesse des droits de Radio-Canada n'est pas décédée d'une crise de *ridiculite* aiguë. Mme Séquitelle avait prié le réalisateur Louis Arpin de me dire de ne plus nommer en ondes le constructeur des voitures de course, sous prétexte que cela leur faisait de la publicité gratuite. Le nom du pilote suffisait, selon elle. C'est comme si l'on vous informait aujourd'hui que Felipe Massa vient de gagner le Grand Prix du Canada au volant de la voiture numéro 1 plutôt que dans une Ferrari. Même chose pour les produits que nous présentions à l'occasion comme des nouveautés ou comme des méthodes efficaces pour éliminer tel ou tel problème.

Est-il besoin d'ajouter que je me suis battu bec et ongles contre cette respectable bureaucrate, au point sans doute de m'en faire une ennemie qui s'était juré d'obtenir ma tête sur un plateau?

RETOUR À LA CASE DÉPART

En 1974, j'avais mis de l'ordre dans ma vie privée et quitté momentanément les ondes radio-canadiennes. Ma carrière redevint pour quelques années ce qu'elle avait été à la fin des années 1960 : elle se partagea entre l'automobile et l'animation radiophonique, après que Jacques-Charles Gilliot, avec qui j'avais travaillé à Télé-Métropole, m'eut demandé de le suivre dans sa nouvelle aventure de directeur des programmes de CJMS. Avec la fin de *Prenez le volant*, j'avais un peu plus de temps libre et j'acceptai sa proposition de prendre la barre du créneau de fin d'après-midi, soit l'émission du retour à la maison diffusée chaque jour entre 15 et 18 heures.

En ondes, je suivais immédiatement Huguette Proulx, qui avait pour mission d'écouter les récits d'alcôve d'auditeurs et d'auditrices et de leur prodiguer divers conseils pour raccommoder leur vie sexuelle. Ces échanges libertins se déroulaient dans le cadre d'une émission appelée *Radio Sexe* qui succédait à

Madame X, la confidente de CKVL quelques années auparavant. Comme quoi il n'y a rien de nouveau sous le soleil... Le ton changeait radicalement à mon entrée en ondes avec *Suivez le guide*, un titre tout simple qui faisait une lointaine allusion à mon rôle dans *Le Guide de l'auto*. À partir de 18 heures, le ton devenait hystérique avec l'arrivée en ondes de Paul Vincent, qui se présentait comme « Ti Paulo dans la radio ».

L'année précédant mon engagement à CJMS, Radio-Canada m'avait aussi confié l'animation d'une émission radio de fin d'après-midi baptisée *Jeu de patience* (à cause des embouteillages, sans doute) dont le réalisateur était Roger Brillant. J'y faisais des blagues, je donnais des conseils aux automobilistes et, surtout, je faisais tourner ce que je considérais comme les plus belles chansons françaises. La circulation, le sport et la météo ne faisaient pas partie des préoccupations de CBF à cette époque. Cette émission fut tellement éphémère que je n'en ai qu'un souvenir très vague. N'eût été d'une publicité retrouvée par hasard dans le magazine de Radio-Canada, *Jeu de patience* serait resté pour moi un moyen de passer le temps avec un jeu de cartes.

À CJMS, *Suivez le guide* était le ramassis usuel de tout ce que l'auditeur veut savoir à l'heure du retour à la maison et, dans mon cas, des chroniques de consommation au cours desquelles j'essayais de régler les problèmes de nos auditeurs avec divers commerçants un peu tricheurs. Mon réalisateur, Pierre Charrette, se chargeait de lire les lettres et d'appeler Pierre, Jean, Jacques pour essayer de trouver un terrain d'entente entre notre correspondant et le commerce dont il se disait la victime. Il suffisait souvent de leur promettre en échange une belle dose de publicité pour qu'ils acceptent de régler le litige en faveur du client. Nous agissions en quelque sorte comme une succursale indépendante de l'Office de protection du consommateur.

UN SCEPTIQUE CONFONDU

En 1977, au début de la carrière de Gilles Villeneuve en formule 1, CJMS avait signé un contrat d'exclusivité radio pour les Grands Prix de formule 1. J'étais l'homme tout désigné pour m'occuper de ce nouveau volet, mais je n'avais pas le temps pour faire le travail tout seul. Je proposai d'aller chercher Christian Tortora, l'auteur de chroniques sur la course automobile à CKAC, qui allait bientôt se retrouver sans travail à cause de l'acquisition des droits de diffusion par CJMS. Ce fut le début d'une complicité fort sympathique entre Tortora et moi. Je n'ai d'ailleurs jamais oublié notre premier voyage au Grand Prix de Long Beach.

Au cours du long voyage en avion, mon nouveau collègue me raconta un peu sa vie et suscita surtout mon intérêt en me révélant qu'il avait fait partie d'un groupe avec Eddie Mitchell, en plus de chanter et d'enregistrer quelques disques sous le nom d'emprunt de Mendocino. En l'entendant évoquer ainsi sa carrière, je croyais être en face d'un autre de ces Français qui se fabriquent un *curriculum vitæ* en sachant que personne ne peut en vérifier l'authenticité. Mon scepticisme fut toutefois rudement mis à l'épreuve le soir même, alors que nous étions dans un bar de Long Beach où se produisait un groupe au talent passable, sans plus.

J'allai voir le guitariste et lui demandai s'ils s'arrêtaient de temps à autre pour se reposer. Devant sa réponse affirmative, je lui racontai que j'étais assis avec un célèbre chanteur français et qu'il serait amusant de l'inviter à faire quelques chansons pendant leur pause. Il accepta sur-le-champ et dix minutes plus tard, Torto monta sur scène, tout décontracté. Il empoigna la guitare du musicien et se lança dans l'interprétation d'une chanson qui fut reçue par une telle salve d'applaudissements qu'il fut forcé de faire deux ou trois rappels. J'étais confondu; Tortora venait de me prouver qu'il avait dit la vérité et rien d'autre en racontant avoir frayé avec le showbiz français. Pire encore, à mon retour à Montréal, en fouillant dans mes vieilles piles de 45 tours, je retrouvai un disque de ce mystérieux Mendocino… et c'était bel et bien Christian Tortora qui chantait.

PICASSO, MONTAND, NEWMAN

Quelques mois plus tard, je fis un autre voyage mémorable en Europe, avec un premier arrêt au Grand Prix de Belgique, sur le circuit de Zolder où Gilles Villeneuve allait perdre la vie quelques années plus tard. De là, je partis avec Monique pour deux semaines de vacances en Bourgogne, avant d'aller retrouver Tortora pour la diffusion du Grand Prix de Monaco. Pendant la première journée des essais, le jeudi, nous étions allés nous entretenir avec Bernie Ecclestone, alors propriétaire de l'écurie Brabham Alfa Roméo. Plus affable et surtout plus approchable qu'aujourd'hui, celui qui allait devenir le grand affairiste de la F 1 nous avait accordé une longue entrevue et nous avait gracieusement offert une chemise souvenir de l'équipe. Nous la portâmes orgueilleusement en nous faisant passer pour des potes à Bernie.

Le lendemain, jour de relâche, nous déjeunâmes à la Colombe d'Or, le célèbre restaurant de Saint-Paul-de-Vence où l'écriteau sur la porte des toilettes a été dessiné par Picasso, l'un des habitués de l'endroit avant sa mort en 1973. Un autre habitué réputé, toujours vivant à l'époque, était nul autre qu'Yves Montand, qui habitait régulièrement une chambre située au-dessus du restaurant. Monique avait d'ailleurs failli avoir une crise d'apoplexie en l'apercevant qui descendait l'escalier en robe de chambre. Et pour remettre ça, distraite comme elle était, elle avait littéralement trébuché sur l'acteur Paul Newman le lendemain dans les stands du circuit de Monaco.

∽

Mon séjour à CJMS dura six ans, de 1974 à 1980, et me retrempa sensiblement dans la vie que je menais dans les années 1960, partagé entre l'animation radiophonique et l'écriture. Sans trop m'en rendre compte, j'étais revenu à mon point de départ, même si l'automobile occupait la majeure partie de mon temps. Par exemple, je faisais une chronique sur les voitures à l'occasion d'une émission du samedi matin animée par Roger Gosselin à Télé-Métropole, à laquelle participaient entre autres le capitaine Bonhomme (Michel Noël) ainsi que le Josée di Stasio de l'époque, Paul Martin.

∼

Sur le plan personnel, Monique vivait désormais avec moi et les trois enfants à Saint–Bruno. Si les garçons lui donnaient du fil à retordre à l'occasion, elle s'entendait à merveille avec Brigitte. Elle ne fut d'ailleurs pas étrangère à la future carrière de celle-ci dans le monde de la publicité. Monique avait notamment travaillé chez Ogilvy Mather avant de devenir la directrice du bureau québécois de l'agence Needham Harper & Steers, où elle avait comme employée une certaine Paulette Arsenault qui allait devenir la patronne de Publicité Palm. Quant à Brigitte, elle fit ses débuts chez Tam Tam avant d'être repêchée par la maison Cossette, où elle a été entre autres responsable des comptes de Saturn, Molson et du Bureau laitier du Canada. Son stage chez Saturn fut souvent tiraillant, car son père n'écrivait pas toujours des choses gentilles sur les voitures de la marque, ce que l'on ne manquait pas de lui faire remarquer avec un humour aux relents d'accusation.

AU VOLANT DES JEUX OLYMPIQUES DE 1976

Comme prix de consolation après la suppression des ondes de *Prenez le volant*, Radio-Canada m'offrit de travailler hors caméra pendant les Jeux olympiques à titre de conducteur d'un car de reportage qui serait utilisé pour la retransmission télé des épreuves de marche à pied, du marathon et de la course de vélo autour du Mont-Royal. Cette longue et amusante histoire commença pour nous par un voyage en Europe l'année précédant la tenue des Jeux à Montréal, soit en 1975.

J'étais secondé dans ma tâche par le regretté Ken Hill qui, pendant les huit années de *Prenez le volant*, fut le pilote des différents véhicules de tournage utilisés au circuit Mont-Tremblant pour filmer mes « shows de boucane » et autres pirouettes. Sans peur et sans reproche, Ken était ce genre d'individu qui a tout vu et tout fait. Il avait perpétré ses frasques en moto, en stock-car et avec à peu près tout ce qui comportait un moteur, y compris des avions. J'aurais pu lui demander de sauter en bas du pont Jacques-Cartier en auto qu'il l'aurait fait… pour le simple plaisir de se montrer invincible.

Lui et moi étions invités en Europe avec un réalisateur, une script, un preneur de son, un caméraman et quelques autres personnes pour vérifier les équipements de la télé belge lors d'épreuves cyclistes. Dans ce temps-là, rien n'était trop beau pour Radio-Canada : nous restâmes là-bas une semaine, à nous promener entre la Belgique et la France pour assister à quelques courses, voir du pays et nous amuser. Le réalisateur hésitait encore entre l'utilisation d'une moto (comme cela se faisait en Europe) ou d'une auto pour y implanter une caméra. La première solution offrait évidemment une plus grande maniabilité ainsi qu'une plus grande variété d'angles de prises de vue, mais elle exigeait en revanche un tandem de grande expérience, compte tenu de l'équilibre souvent précaire du caméraman. Avec une voiture, on gagnait en stabilité tout en bénéficiant d'une plus grande sécurité.

C'est cette dernière option qui fut retenue et l'ORTO (l'organisme de Radio-Canada chargé de la retransmission des images partout dans le monde) décida de construire un car de tournage sur la base d'une Volkswagen Beetle dépouillée de sa carrosserie et dont la plate-forme était chargée de tout l'équipement technique nécessaire. Le caméraman, quant à lui, était assis à l'arrière, juste en avant du moteur, et ses images s'envolaient vers un hélicoptère survolant l'un ou l'autre des deux cars de tournage pour être ensuite relayées vers les antennes de Radio-Canada.

Le véhicule avait des airs d'engin lunaire, et il n'était pas très facile à conduire : sa tenue de route était précaire à cause du surcroît de poids sur le train arrière. Ajoutez à cela l'absence de pare-brise, qui exposait le conducteur à toutes les intempéries, et vous avez une bonne idée de ce que fut le tournage de la course cycliste autour du Mont-Royal disputée sous la pluie. Dans les descentes très rapides, j'avais même énormément de difficulté à devancer les cyclistes du peloton de tête.

Je me souviens également que je m'étais engueulé avec le commissaire de l'épreuve, qui soutenait que le car de tournage favorisait les concurrents placés juste derrière nous en leur servant de pare-vent. D'un côté, le réalisateur me donnait l'ordre de rester près des coureurs et, de l'autre, les officiels voulaient m'en voir loin. Comme je travaillais pour la télévision et non pour l'organisation sportive, je décidai de suivre les ordres du réalisateur, ce qui eut l'effet d'une gifle pour le commissaire qui, dès le tour suivant, me fit signifier le drapeau noir pour me chasser de la piste.

Un autre incident cocasse se produisit pendant la marche de 20 kilomètres tenue dans les allées du Jardin botanique. Ma brave Beetle précédait le marcheur de tête et celui-ci ne cessait d'agiter ses mains comme s'il tentait de chasser des moustiques. En plus, j'entendais dans mes écouteurs mon collègue Richard Garneau faire allusion en ondes à la présence possible de bestioles pour expliquer les gestes du meneur de l'épreuve.

Tout d'un coup, ma Volkswagen commença à toussoter et je m'empressai d'avertir la régie technique de demander au second car de tournage, qui fermait la marche, de prendre le relais. Je stoppai le véhicule en bordure d'une plate-bande pour me rendre compte que le filage électrique dégageait une insupportable odeur de brûlé. Nous venions d'avoir la réponse aux gesticulations du meneur de la course : il ne chassait pas les moustiques, mais tentait plutôt de faire de l'air pour éloigner l'odeur qui l'agressait. Voilà maintenant que nous nuisions aux coureurs, alors que le dimanche précédent, nous aidions les cyclistes à lutter contre le vent !

Le moment le plus mémorable de ma participation à la retransmission des Jeux olympiques de 1976 fut incontestablement le marathon, plus particulièrement sa fin grandiose dans le Stade olympique. Tout le long du parcours, les gens applaudissaient à tout rompre, au point que j'avais quelquefois l'impression que ces marques d'appréciation nous étaient destinées. L'entrée dans le stade juste devant le marathonien qui s'acheminait prestement vers la victoire est un moment que je n'oublierai jamais.

DIRECTION FLORIDE

On ne peut pas travailler jour et nuit comme je l'ai toujours fait sans en retirer quelques bénéfices financiers. Contrairement à ce que croient certaines personnes de mon entourage, l'argent n'a jamais été pour moi le moteur de mes activités, ni même une grande préoccupation. Je n'ai jamais su exactement le montant de mes avoirs, parce que j'étais trop occupé à faire autre chose que des placements ou des investissements. Je déposais dans mon compte de banque les chèques que je recevais, point final. Et quand j'ai commencé à regarder l'état de mes finances et à succomber aux belles paroles d'un courtier en valeurs mobilières, les choses se sont mises à aller de mal en pis.

Par exemple, vers le milieu des années 1980, j'achetai des obligations de Lavalin en pensant que c'était solide comme le pont de Québec, pour découvrir quelques mois plus tard que la compagnie était aussi fragile que les viaducs de Laval. En peu de temps, 25 000 $ s'envolèrent en fumée ou en tableaux de peintres célèbres pour les bureaux de la société. Plus je changeais de courtier, plus les pertes s'accumulaient, jusqu'à ce que je décide récemment de sortir de ce cercle de conseillers financiers plus intéressés à leurs propres gains qu'à ceux de leurs clients. J'ai eu un peu plus de succès dans l'immobilier, entre autres en achetant un appartement en copropriété en Floride à la fin de 1975.

MON VOISIN JEAN COUTU

Contrairement au développement démentiel des dernières années, alors que le moindre petit refuge en bord de mer coûte au bas mot un million de dollars, les copropriétés, en Floride, se vendaient difficilement pendant les années 1970. Pour liquider les invendus, on proposait même une Cadillac gratuite aux acheteurs ou encore une hypothèque à 1,9 % d'intérêt pour cinq ans. Dans ce contexte, je pus m'offrir un toit floridien à un prix très abordable dans une petite communauté appelée Sugar Sands dans la région de West Palm Beach.

Pendant la visite des lieux, au moment précis où je me demandais si je faisais une bonne affaire, j'entendis parler français juste à côté. L'instant d'après, je faisais face à un solide gaillard répondant au nom de Jean Coutu ; c'était le vrai. Je lui demandai si l'appartement que je venais de voir pourrait s'avérer le bon remède à un surcroît de fatigue et il m'affirma que lui et son épouse étaient très heureux de leur récente acquisition – et que le prix était le meilleur en ville, aurait-il pu ajouter. C'est ainsi que je devins le voisin immédiat du célèbre Jean Coutu, dans un endroit qui allait devenir un véritable hameau de Québécois en quête de repos, de soleil, de golf et d'une vie facile pendant les longs mois d'hiver.

Mon enthousiasme pour cet îlot de rêve fit de moi une sorte de publiciste bénévole pour les promoteurs. Après m'avoir entendu vanter les mérites de l'endroit à une émission de télé, ma bonne amie Jacqueline Vézina communiqua avec moi pour en savoir davantage et dès le lendemain, elle s'envolait pour la Floride, où elle fit elle-même l'acquisition d'un appartement semblable au mien dans le même complexe. Puis ce furent Antonine Maillet et Jean-Guy Dubuc (ne pas le confondre avec Alain), lui aussi éditorialiste à *La Presse*, qui vinrent nous rejoindre,

sans compter tous ceux qui, grâce au bouche-à-oreille, s'ajou-
tèrent à la liste des résidants québécois. À un certain moment, le
pourcentage de propriétaires du Québec était si élevé que dans
mon immeuble, 5 des 12 appartements étaient occupés par des
concitoyens.

Malheureusement, ce havre de bonheur est devenu le témoin
du plus grand malheur de ma vie lorsque Monique y est décédée
en 1997. Pendant cinq ans, j'ai été incapable d'y remettre les
pieds. Je suis retourné en Floride, mais je tourne toujours la tête
quand je passe en face du lotissement domiciliaire d'où ma
compagne de vie est partie pour ne jamais revenir dans la nuit du
31 mars au 1er avril, il y a maintenant plus d'une décennie.

QUATRIÈME PARTIE

UN ADIEU TEMPORAIRE

Les années 1980

CHAPITRE XVII

HUIT JOURS DANS L'AUTRE MONDE

Au début des années 1980, je passais le plus clair de mon temps dans les valises et j'étais devenu un véritable globe-trotter : la Russie, le Japon (trois fois), la Tchécoslovaquie, l'Allemagne, la France, l'Italie, la Suède, les États-Unis ne sont que quelques-uns des pays dont le nom a été estampillé dans un de mes vieux passeports.

Les « huit jours dans l'autre monde » dont il est question en sous-titre font référence à mon voyage en Union soviétique en 1980, qui prit l'allure d'une véritable mission.

Le dépaysement commença à Montréal, à l'instant même où je mis les pieds dans l'avion d'Aeroflot à destination de Moscou, via une escale à Kiev en Ukraine. Je me permets de vous rappeler que le rideau de fer existait toujours à ce moment-là. Ce voyage en Russie devait être pour nous, journalistes, une occasion de parfaire nos connaissances de l'industrie automobile à la suite de l'arrivée sur le marché canadien des véhicules Lada. Face à ma surprise lorsque je constatai que la section avant de l'appareil était entièrement vide et interdite aux passagers, l'hôtesse (je devrais écrire la geôlière) me répondit sèchement d'aller prendre ma place à l'arrière sans poser de questions. Après le départ, on nous « garrocha » un semblant de repas que je ne pus avaler qu'en buvant le tiers de la bouteille de vodka achetée l'instant d'avant pour me servir de somnifère pendant ce voyage qui s'annonçait long et pénible. À Kiev, je débarquai pour me dégourdir les jambes ; l'aéroport était crasseux, nauséabond et bourré de soldats armés qui ne semblaient pas avoir le goût d'entendre la dernière « joke » de Ding et Dong.

Pendant notre séjour à Moscou et nos visites des installations de Lada, nous fûmes constamment accompagnés d'un présumé relationniste qui n'était rien d'autre qu'un représentant du KGB que nous avions rapidement démasqué. À Naberejnie Tchelny, la ville où l'on nous emmena visiter une usine de camions, il n'y avait pas d'hôtels pour la simple raison que l'endroit était interdit aux touristes. Nous logeâmes donc dans une maison de pension, aussi froide que l'accueil des officiels russes à notre égard. Et que dire des repas… Pendant huit jours, nous eûmes droit comme entrée à une salade de concombres à la crème, jamais autre chose. Chaque fois que devions rencontrer des représentants de Lada, ces derniers nous vantaient les mérites de l'Union soviétique et de son régime progressiste. Je fus complètement éberlué par ce fameux régime quand je vis une vieille dame d'au moins 80 ans balayer le tarmac de l'aéroport alors que le vent soufflait très fort. Elle balayait le vent, rien d'autre.

Mon voyage à Prague, où je fus invité par Saab en 1982, ne s'avéra pas beaucoup plus rigolo. La compagnie suédoise, avant d'être avalée par General Motors, se distinguait des autres en écartant les voyages tape-à-l'œil, éblouissants, aveuglants et conçus spécifiquement pour placer la voiture que l'on présente sous un éclairage favorable. Plutôt que de nous emmener dans ces palaces de la côte d'Azur avec leurs chambres à 1 000 $ la nuit ou dans le décor doucereux de la côte californienne, Saab tenait à ce que nous conduisions ses voitures dans un environnement souvent rebelle. Un bel exemple de cette politique fut la fameuse expédition au cap Nord au cœur de la Laponie.

Cette fois, Erik Carlsson, un ancien champion de rallyes préposé aux relations publiques de la firme suédoise, voulait nous démontrer que la nouvelle Saab 900 APC Turbo pouvait se contenter d'une essence de mauvaise qualité (un dispositif permettait de varier la pression du turbo en fonction de l'indice d'octane de l'essence) comme celle que l'on vendait dans les pays de l'Est, principalement en Tchécoslovaquie. D'où notre détour par Prague afin de prendre livraison de ces nouveaux modèles et de les conduire jusqu'à Paris.

Le voyage se déroula sans anicroche ou le moindre incident mécanique jusqu'aux contrôles de la douane pour traverser en Allemagne. Le décor était sinistre : des clôtures de barbelés, des militaires armés, des tours d'observation et un berger allemand qui semblait avoir été entraîné pour se ruer sur toute personne ne portant pas un uniforme. On nous laissa finalement passer et mon compagnon de voyage, Jacques Bienvenue, poussa un long soupir de soulagement. Or, le pire était à venir. Quelques mètres plus loin, une autre barrière stoppa notre course. Sans que nous ayons le temps de nous livrer aux courtoisies d'usage, cet autre douanier se mit à gueuler si fort qu'il ne nous demandait manifestement pas si nous avions eu un agréable séjour dans son pays. L'un de ses collègues s'était glissé sous l'auto alors que deux autres fouillaient un peu partout, dans le coffre et même sous le capot du moteur. Comme nous ne comprenions rien à la langue, nous nous demandions ce que nous avions pu faire pour mériter un accueil aussi chaleureux.

L'intrigue se dénoua à l'arrivée d'Erik Carlsson, qui nous expliqua la raison de tout ce remue-ménage. Jacques Bienvenue et moi nous étions arrêtés quelques kilomètres avant la frontière pour photographier des maisonnettes aux couleurs assez distrayantes.

Il se trouvait que nous étions dans un territoire contrôlé où il était strictement interdit de prendre des photos. Les gentils messieurs dans les tours d'observation nous avaient vu commettre ce crime ignoble, d'où l'attitude courroucée des douaniers.

M. Carlsson alla fouiller dans sa voiture et en revint avec toute une panoplie de babioles : casquettes, porte-clés, écussons, t-shirts, etc. Soudain, les douaniers affichèrent tous un grand sourire et nous leur fîmes un doigt d'honneur dont ils ignoraient complètement la signification. Sur le chemin du retour vers Paris, notre groupe fit une halte à Mulhouse pour y visiter le musée Bugatti. Notre visite étant attendue, il suffisait de donner nos noms à l'entrée. Comme j'étais en compagnie de Jacques Rainville et de Jacques Bienvenue, le préposé à la billetterie, en bon Français, s'exclama : « Ma parole, est-ce que tous les Canadiens s'appellent Jacques ? » Du tac au tac, Bienvenue lui répondit : « Oui monsieur, c'est pour ça que nous mettons un S à la fin. »

DES JAPONAIS ROUGES DE GÊNE

Ce fut moins drôle lors du premier de mes trois voyages au Japon à l'aube des années 1980. Ce fut même d'une platitude inouïe : nous fûmes soumis par nos hôtes de Mitsubishi à une véritable vie de soldat pendant toute une semaine. De Tokyo, on nous emmena par avion à Sapporo, dans le nord du Japon, sur l'île de Hokkaido, pour des activités aussi intéressantes que la rencontre avec le pro-maire de la ville ou la visite des bureaux du siège social de la compagnie, d'une fonderie (par 32 degrés Celsius), d'une usine de moteurs et, cerise sur le *sundae*, de l'imprimerie du Yomuri Journal, qui avait la particularité d'être à la fois le plus grand et le plus petit quotidien du monde : il était tiré à 10 millions d'exemplaires, mais son contenu se limitait à 24 pages.

Un incident cocasse survint pendant la période de questions suivant une conférence de presse de Mitsubishi. Selon la coutume japonaise, une bonne dizaine de responsables de la compagnie avaient pris place à l'avant et les échanges se déroulaient en anglais. Fidèles à leur tradition encore une fois, nos hôtes se consultaient en japonais chaque fois qu'une question le moindrement pointue leur était adressée. Cela dura jusqu'au moment où le journaliste américain Jim Hall se leva et posa une question en japonais. On eût dit qu'un Martien venait de faire irruption dans la salle. Les Japonais étaient sidérés et se demandaient sans doute si leurs échanges confidentiels n'avaient pas été entendus par cet Américain qui connaissait si bien la langue (il nous confia plus tard que son épouse était Japonaise). Pour nous, ce fut une belle revanche sur des gens qui nous avaient imposé un régime militaire pendant une trop longue semaine.

Un voyage chez Nissan en 1983 pour le lancement de la 300 ZX fut marqué d'un incident beaucoup moins drôle. Nous étions allés à Hakone, près du mont Fuji, uniquement pour nous reposer de la longue traversée du Pacifique avant d'entreprendre une semaine de travail. Conformément à la légende voulant que le mont Fuji est timide et se montre peu souvent, celui-ci resta caché dans un lourd brouillard pendant tout notre séjour. Incapable de jouer au tennis ou de faire de la natation, nous décidâmes, Jacques Bienvenue, Jacques Rainville et moi d'explorer la région en voiture. Je suggérai d'aller d'abord visiter un musée Porsche que j'avais vu annoncé dans une brochure touristique. Mes deux collègues crurent longtemps que c'était un coup monté. En effet, en entrant dans le musée, je me heurtai à une grande affiche proclamant ma victoire de 1971 aux 24 Heures de Daytona Beach, dans ma Porsche 914-6 GT. Bavard comme il était, Jacques Rainville réussit à baragouiner quelque chose à la préposée du musée pour lui apprendre que le héros de l'affiche, c'était moi. Et l'autographe fut de rigueur.

Lorsque nous repartîmes de Hakone pour nous rendre à Nikko, l'hélicoptère militaire Fairma qui nous emmenait dû atterrir d'urgence dans un champ près d'un petit village en raison d'un plafond si bas que la visibilité était pratiquement nulle. La scène était burlesque : Nissan venait de dépenser des milliers de dollars pour louer un hélicoptère afin de nous épargner un long voyage en auto dans la circulation lourde d'un dimanche après-midi et nous nous retrouvions au milieu d'un champ, nos bagages à la main, sans trop savoir où aller. Notre sauveur fut un chauffeur de taxi qui téléphona à quelques collègues ; dix minutes plus tard, une colonne de voitures se mettait en branle pour franchir les 80 kilomètres qui nous séparaient encore de Nikko.

Sur le chemin du retour vers Tokyo, deux jours plus tard, j'eus l'occasion de découvrir la vraie signification du mot « embouteillage ». Notre autobus mit cinq bonnes heures à franchir une distance normalement parcourue en une heure. Il paraît que les automobilistes japonais doivent endurer régulièrement de tels retards aux heures de pointe. C'est le prix à payer pour un petit pays étranglé par un trop grand nombre de voitures, de camionnettes, de motos et de triporteurs de tout acabit.

LE MUSÉE DE LA BOMBE ATOMIQUE

Dans un tout autre registre, je dois vous dire que la politesse, la dignité et la compassion étaient de mise lors de ma visite du Musée de la bombe atomique à Hiroshima (appelée aussi Cité de la Paix), là où se trouve le quartier général de Mazda. D'ailleurs, plusieurs amis ou parents des cadres de cette compagnie furent tués lors de l'explosion de la bombe qui fit plus de 200 000 morts le 6 août 1945. Ce jour-là, l'Enola Gay avait largué sur la ville l'équivalent de 30 000 tonnes de TNT, transformant la région en un véritable enfer de feu et de radiations. En visitant le musée, avec son dôme éventré, on a un serrement au cœur, surtout en franchissant la sortie, près de laquelle se trouve sur le sol un petit soulier d'enfant calciné.

UN BEATLE À LA PORTE

Au cours des années 1980 et 1990, mon expérience d'animateur, tant à la radio qu'à la télévision, cumulée à mes nombreuses années de course automobile, m'ouvrirent les portes du rôle d'analyste des Grands Prix de formule 1 et des épreuves Indy aussi bien à TVA qu'à la télé de Radio-Canada. J'en ai gardé plusieurs bons et moins bons souvenirs : notamment la victoire de Jacques Villeneuve aux 500 milles d'Indianapolis en 1995 et la mort de son père Gilles Villeneuve en 1982.

L'une des anecdotes les plus savoureuses de cet épisode de ma carrière de commentateur a été d'expulser *manu militari* George Harrison (eh! oui, le guitariste des Beatles) du petit studio de l'île Notre-Dame d'où nous décrivions, Jean Pagé et moi, le Grand Prix du Canada. À ma décharge, j'ignorais bêtement de qui il s'agissait, puisque l'ex-Beatle était placé derrière moi et qu'au moment de me ruer sur lui, je n'avais pas eu le temps de le reconnaître. Il était venu saluer son ami Jackie Stewart, qui faisait un peu le même travail que moi pour le réseau anglais de la CBC et dont la cabine de diffusion était située juste à côté de la nôtre. Avec mes écouteurs sur les oreilles, j'entendais d'une oreille notre réalisateur qui attirait notre attention sur ce qui se déroulait sur la piste et de l'autre les interrogations de Jean Pagé sur les performances de tel ou tel pilote. Il me fallait conséquemment une bonne dose de concentration pour ne pas perdre le fil des activités. Si l'on ajoute à cela le bruit strident des voitures et l'ambiance plutôt électrique qui règne dans de telles circonstances, toute autre source de dérangement devenait littéralement intolérable.

Or, M. Harrison, sans penser à mal sans doute, eut besoin d'élever la voix pour s'entretenir avec Stewart pendant une pause commerciale alors que le réseau français était toujours en ondes. Je m'étais sans doute levé du mauvais pied ce matin-là; son babillage eut l'heur de me mettre hors de moi et, profitant de notre pause commerciale, je bondis de ma chaise et l'expulsai rudement du studio tout en lui servant une bordée d'injures sur la nécessité de respecter la consigne du silence et d'afficher une certaine courtoisie à l'endroit des autres.

La minute d'après, Jean Pagé me demanda si je savais qui je venais ainsi de mettre à la porte et, devant ma réponse négative, m'informa de l'identité de mon opposant. Sur le coup, j'étais trop énervé pour me rendre compte de l'ampleur de mon irrespect pour la célébrité qu'était George Harrison. Je pense que j'avais simplement répondu : « Je me fous qu'il s'agisse de Harrison ou du pape, il n'a pas d'affaire à venir nous déranger. » Invité plus tard à l'émission *Les Détecteurs de mensonges* de Radio-Canada animée par Patrice L'Écuyer, au cours de laquelle les gens devaient reconnaître laquelle de vos trois affirmations était fausse, je m'étais bien débrouillé : personne n'avait cru que j'avais expulsé George Harrison d'un studio de télévision.

À une autre occasion, j'étais à Toronto en compagnie de Pierre Houde pour décrire une course Indy. La réalisatrice de l'émission semblait avoir une fixation sur un coureur de fond de grille qui n'était probablement connu que de sa famille immédiate et qui, bon dernier, multipliait les arrêts aux puits en cherchant sans doute une façon de faire parler de lui. D'ailleurs, la caméra de Radio-Canada semblait vouloir lui donner ses 15 secondes de gloire, puisqu'elle était toujours braquée sur ce pilote dont je n'avais jamais entendu parler. Plus amusé qu'intéressé au sort de ce pauvre traînard, Pierre Houde avait cru pouvoir meubler un peu la discussion en me demandant ce que faisait ce monsieur Guido Dacco dans la course. À court de réponse, je m'en étais sorti par une boutade en affirmant qu'il faisait « son possible ». Cette remarque anodine avait plongé Houde dans un tel fou rire qu'il s'était réfugié sous la table de travail. Lorsque la caméra revint sur nous, il ne restait plus que votre serviteur dans l'image et la réalisatrice se demandait où était passé son animateur.

Toujours à l'époque où j'étais analyste pour le compte de la SRC et de TVA, j'ai aussi eu le plaisir de découvrir des champions du monde qui ne se prenaient pas pour le fils de Dieu, dont Alain Prost et Ayrton Senna. À l'issue des qualifications lors d'un Grand Prix du Canada, j'avais notamment demandé à Alain Prost de m'accorder une entrevue pour la télévision de Radio-Canada. Il me dit qu'il devait d'abord parler quelques minutes avec les gens de McLaren et qu'il accéderait à ma demande tout de suite après. Après le « débriefing », il devait y avoir une quinzaine de journalistes qui s'étaient rassemblés et qui se bousculaient devant moi pour interroger Prost. Ce dernier les ignora complètement et se dirigea droit vers moi pour m'accorder l'entrevue promise. C'était là une belle preuve de professionnalisme.

Quant à Ayrton Senna, je l'avais abordé à sa première venue à Montréal pour lui demander la bonne façon de prononcer son prénom. Tout le monde l'appelait « Ertonne », mais j'étais persuadé que l'on faisait erreur. Senna confirma mes doutes en me disant qu'il ne fallait pas mettre l'accent tonique sur la seconde syllabe de son prénom. On devait donc dire « Haïr ton » et non pas « Ertonne ». Cette curiosité de ma part sembla faciliter les contacts avec lui par la suite. Il m'avoua aussi qu'il était au courant du commentaire que j'avais émis quand, à ses débuts, je l'avais vu courir sous la pluie contre d'anciens pilotes de F 1 et quelques-uns de ses contemporains sur le nouveau circuit du Nürburgring, au volant de Mercedes-Benz 190 E 2,3-16 complètement identiques. Après l'avoir vu battre tout le monde, j'avais confié à des journalistes américains qui étaient autour de moi que l'on venait de voir à l'œuvre le prochain champion du monde, ce que n'avait pas manqué de rapporter le réputé chroniqueur américain Chris Economaki aussi bien dans son journal qu'à la télé.

LA MORT DE GILLES VILLENEUVE

Autant mon rôle d'analyste donna lieu à des moments cocasses, autant il a été déchirant en ce jour du mois de mai 1982 où la Ferrari de Gilles Villeneuve a virevolté dans les airs, éjectant son pilote, avant de se fracasser sur le sol du circuit de Zolder en Belgique. En plus d'être affecté à la diffusion du Grand Prix du Canada à TVA en compagnie de Michel Champagne, je travaillais alors à la promotion de la course pour la brasserie Labatt. Pendant les semaines précédant la tenue de l'épreuve, je faisais la tournée des centres commerciaux pour familiariser les gens avec la formule 1.

Dès l'annonce de la mort de Gilles Villeneuve, je reçus un coup de fil de TVA, qui préparait une émission spéciale dont j'allais être le coanimateur en compagnie de Michel Champagne. Comme tout le Québec, j'avais été secoué par la tragédie dont les images passaient et repassaient sans cesse sur tous les réseaux de télévision de façon presque indécente. Au micro de TVA, j'avais la gorge serrée. Même si je ne faisais pas partie des proches de Gilles, je l'avais souvent rencontré à l'occasion de conférences de presse. Très sollicité, il m'avait promis un jour une entrevue exclusive après une apparition à l'hôtel Château Champlain. Pour ne pas mettre les autres journalistes en rogne, il m'avait demandé de le suivre pour faire l'entrevue alors qu'il filait à l'anglaise par les cuisines de l'hôtel.

Monique et moi devions nous marier le samedi suivant sa mort mais, d'un commun accord, nous décidâmes de reporter la cérémonie d'une semaine, sachant très bien que l'atmosphère ne serait pas à la joie quelques jours après les funérailles de Gilles Villeneuve.

TVA avait décidé de diffuser l'évènement en direct et, encore une fois, on me demanda de collaborer à l'émission. Toutes les figures connues de la politique, du cercle des affaires, du monde artistique et sportif étaient là, même si plusieurs de ces individus jouaient les m'as-tu-vu au lieu de rendre hommage à un champion dont ils n'avaient jamais suivi les triomphes. Heureusement, l'authenticité de l'admiration que suscitait ce grand champion me fut démontrée de manière beaucoup plus vibrante pendant que le cortège funèbre s'acheminait vers Montréal. Un jeune garçon d'une dizaine d'années s'était perché sur le garde-fou bordant l'autoroute et, tête baissée, casquette à la main, il avait respectueusement salué le passage de son héros. C'était une scène à garder en mémoire.

GILLES VILLENEUVE MÉRITAIT UN PLUS GRAND HOMMAGE

Gilles Villeneuve fut non seulement un pilote exceptionnel, véritable acrobate au volant d'une voiture de course, mais il joua également le rôle d'un grand ambassadeur pour le Canada et le Québec. Comme je voyageais beaucoup en Europe pendant les plus belles années de sa carrière, il m'arrivait souvent de me faire interpeller par des agents d'immigration, des douaniers, bref tous ceux et celles dont le travail les oblige à vérifier votre passeport. Ces gens-là, s'apercevant que j'étais canadien, avaient toujours un bon mot pour Villeneuve. Celui-ci était vraiment le citoyen le plus en vue du pays auprès des Européens et j'avoue que l'admiration qu'il suscitait était réconfortante.

C'est d'ailleurs pour cette raison que j'ai longtemps harcelé le gouvernement du Canada, celui du Québec et le ministère des Postes pour que l'on rende un hommage particulier à Gilles Villeneuve. J'écrivais des articles dans les journaux et les magazines pour sensibiliser le pouvoir politique à la nécessité de garder en mémoire pour les générations futures le nom de ce champion, le premier Québécois à s'illustrer dans la plus haute discipline de la course automobile. J'ai même fait signer des pétitions à des centaines et des centaines de personnes pour appuyer ma cause. Cependant, au-delà de la lettre polie d'accusé de réception, je n'ai jamais constaté le moindre effort des autorités gouvernementales pour immortaliser le nom de Gilles Villeneuve. J'avais proposé qu'on émette un timbre à son effigie, que l'on nomme une route ou un boulevard en son honneur, mais peine perdue.

On me répondait souvent que d'avoir changé le nom du circuit de l'île Notre-Dame en celui de circuit Gilles-Villeneuve était suffisant et qu'aucun autre projet ne serait mis de l'avant. Je me suis évertué à leur dire qu'il fallait entreprendre une action de plus grande envergure, puisque personne n'était en mesure de dire si le circuit Gilles-Villeneuve ne serait pas transformé un jour en une simple route publique longeant un développement immobilier. Encore là, je me suis heurté à un mur d'incompréhension. Pendant ce temps-là, dans un bourg italien du nom de Maranello, un buste de Gilles Villeneuve était placé juste à l'entrée de la Via Villeneuve. Serait-ce que ce sont les Italiens plutôt que les Québécois qui adhèrent à la devise « Je me souviens » ?

UN AUTRE DRAME

Quelques semaines plus tard, l'horreur refaisait surface au départ du Grand Prix du Canada à l'île Notre-Dame. Michel Champagne et moi nous apprêtions à décrire ce moment fébrile que constitue toujours le lancement d'une épreuve de formule 1. À l'extinction des feux verts, celui que plusieurs considèrent comme partiellement responsable de l'accident mortel de Gilles Villeneuve, Didier Pironi, alors en première ligne, cala son moteur et leva la main pour indiquer aux autres pilotes de le contourner. Tout le monde obtempéra dans un dangereux slalom, sauf le pauvre Ricardo Paletti, qui était parti en fond de grille et n'avait pas vu, à travers ses lunettes embuées, la Ferrari de Pironi. Il vint la harponner par l'arrière et sa voiture pleine de carburant explosa littéralement sous la force de l'impact. Sa Osella flambait comme une torche et même les pompiers avaient du mal à s'en approcher.

Au micro de TVA, je savais que nous faisions face au pire, mais l'éthique du métier nous interdit d'y aller de suppositions et nous ne pouvions qu'attendre le bulletin médical. Ce furent là les 45 minutes les plus difficiles de ma carrière d'analyste des Grands Prix. Michel Champagne tournait autour du pot et je lui répondais en laissant planer un optimisme que je ne ressentais pas vraiment. Ce fut le premier et le dernier départ en formule 1 de ce jeune pilote italien.

La course automobile de haut niveau était un sport cruel à cette époque. C'était la deuxième fois que j'assistais à la mort d'un pilote automobile brûlé vif au volant de sa voiture. J'avais vécu la même expérience comme spectateur aux 500 milles d'Indianapolis, lorsque Dave McDonald et Eddie Sachs avaient péri par les flammes au tout premier tour de la course en 1964. Je pense qu'il n'y a pas de scène plus atroce que de voir un être humain mourir brûlé devant vous.

UN MARIAGE TRÈS SPÉCIAL

Entre-temps, Monique et moi avions convolé en justes noces. Après 17 ans d'amour et 7 ans de vie commune, nous avions décidé de légaliser notre union. L'évènement eut lieu à notre maison de Saint-Mathieu-de-Belœil, deux semaines après le décès de Gilles Villeneuve. J'étais alors un très bon ami de Jean-Guy Dubuc, l'éditorialiste de *La Presse* qui était également prêtre et qui n'acceptait pas que l'Église catholique interdise la tenue d'une cérémonie religieuse en ses murs lors d'un mariage entre personnes divorcées. Comme il l'avait fait pour quelques amis, il nous proposa de passer outre à cette interdiction en célébrant une messe à l'endroit même de la réception. Juste devant la cheminée, j'avais aménagé un autel de fortune et c'est là que Jean-Guy, revêtu de l'aube, fut tout à fait à l'aise de discourir sur l'amour, la vie et sur l'importance du pacte que nous venions de signer à l'hôtel de ville de Saint-Hyacinthe. Bref, la cérémonie avait tout le charme et l'officialité d'un premier mariage.

Il faisait un temps magnifique, tout à fait propice à un après-midi au bord de la piscine, à siroter le champagne et à évoquer divers souvenirs en compagnie de nos invités, Caroline Desrosiers et son mari Bob Harding, Robert Ferland et sa blonde Danièle, Rogatien Vachon et Nicole, Gérald Labelle et Marie, Paul Colbert et Denyse Saint-Pierre et, bien entendu, les membres de la famille. Notre voyage de noces fut un voyage éclair, comme toutes mes activités du moment. J'avais réservé une suite à l'hôtel de la Montagne, où nous séjournâmes deux jours, avant de reprendre le boulot.

J'en profite ici pour remercier Jean-Guy Dubuc, non seulement de son geste de bienveillance, mais aussi pour sa marque de reconnaissance lorsqu'il écrivit dans l'un de ses éditoriaux que

« Jacques Duval, au même titre que René Lecavalier au hockey, a été celui qui a le plus contribué à la propagation d'un vocabulaire automobile français digne de ce nom au Québec. » Il me faudrait attendre plus de 20 ans pour qu'un tel hommage soit officialisé sous la forme d'un certificat de mérite de l'Office de la langue française pour avoir contribué à la propagation d'un français de qualité.

CHAPITRE XVIII

LE GRAND MENSONGE DE FORD

Le milieu des années 1980 marqua à la fois un tournant important dans ma vie et une pause dans mes activités de journaliste automobile. Ce fut ce que l'on appelle communément une réorientation de carrière, expression qui cache souvent des motifs inavoués ou, du moins, différents de ceux qui sont rendus publics. Par un pur hasard, j'avais écrit en 1983 et 1984 plusieurs articles laudateurs à l'endroit de Ford, qui semblait sortir de sa torpeur avec des modèles mieux peaufinés tout en se préparant à commercialiser, sous la marque Merkur, des voitures issues de sa filière européenne, initiative qui s'avéra plus tard un désastre gênant. Nonobstant cette erreur de parcours, le constructeur américain était sur la bonne voie, comme j'avais pu le constater en allant faire l'essai des dernières Lincoln Mark VII LSC et Ford Mustang SVO en Californie au début de l'été 1983. Ce voyage fut d'ailleurs le prélude à ce que me réservaient les années à venir.

Dans une présentation de facture européenne, on nous avait conviés au magnifique Somona Inn, un vieil hôtel de grand luxe situé dans la vallée vinicole de Sonoma. Tout avait été mis en œuvre pour que cette réception soit un évènement mémorable. Jackie Stewart, le nouveau porte-parole de Ford et triple champion du monde de formule 1, était sur place. Pendant que nous prenions le digestif au bord de la piscine en soirée, le dirigeable Goodyear allumait dans le ciel des messages de bienvenue aux invités.

Le lendemain, après quelques exercices sur la piste de course de Sears Point, on avait organisé un essai sur route afin de nous permettre d'évaluer les voitures dans un environnement plus naturel qu'un circuit. Comme il est convenu dans de telles circonstances, il doit y avoir deux personnes par voiture ; je fus invité à partager le volant avec nul autre que Jackie Stewart lui-même, un jumelage qui équivalait à placer un gardien de but amateur face aux tirs d'un Sydney Crosby. Et comme si cela n'était pas suffisant, mon copilote me dit qu'il n'avait pas le goût de conduire et que je serais son chauffeur pour le reste de la journée.

Ce serait un euphémisme de dire que j'étais à la fois intimidé et fébrile en constatant que je serais épié par le plus célèbre des pilotes de formule 1, qui évaluerait chacun de mes coups de volant et ausculterait la précision de mes freinages. Je fus d'ailleurs victime de cet inconfort, qui me mit stupidement dans l'embarras. On nous avait pourtant prévenus avant le départ contre les dangers du parcours qui, la veille, avait causé la démolition partielle d'une Mustang flambant neuve dans une série de virages en épingle dont l'un était particulièrement déroutant.

Je décidai par conséquent de prendre les choses calmement en bavardant avec mon célèbre passager, jusqu'à ce que celui-ci me demande pourquoi je conduisais aussi lentement une voiture aussi performante que la Mustang SVO. J'accélérai la cadence et tout se passa bien sur cette fameuse petite route en lacets que l'on disait vicieuse et parsemée de pièges. Soudain et au moment même où je me demandais quel genre de gaffe avait pu commettre l'un de mes confrères pour quitter la route, j'entendis Jackie Stewart me lancer un tonitruant « *watch out !* ». Je venais d'entrer trop vite dans le virage même où s'était déroulé l'accident le jour précédent. La voiture s'était mise à sous-virer et je me dirigeais tout droit vers le fossé. Fort heureusement, le cri d'alarme de Jackie m'avait incité à freiner immédiatement et la Mustang s'arrêta à quelques centimètres de l'irréparable. La voiture était intacte, mais en faisant marche arrière pour la remettre dans le droit chemin, je vous avoue que je me sentais tout petit dans mes souliers après avoir commis une telle bourde devant le maître. Stewart pourtant n'avait rien dit et l'incident l'avait surtout amusé : « Je me demande seulement ce que les journalistes auraient dit si Duval et Stewart s'étaient retrouvés dans le fossé », avait-il laissé tomber. Malgré tout, je n'étais pas très fier de moi ce jour-là à Sonoma. Je me repris fort heureusement le lendemain en gagnant le slalom organisé par Ford et, du même coup, une caisse de chardonnay offerte par Buena Vista, le plus ancien producteur de vin de la Californie.

J'étais toutefois loin de me douter à ce moment-là que je retrouverais Stewart l'année suivante, en endossant chez Ford le même rôle que lui, mais du côté francophone. La décision de laisser derrière une carrière qui ne pouvait supporter aucune forme de conflit d'intérêts ne fut pas facile. Je travaillais alors à *La Presse* et le *Guide de l'auto* se dirigeait vers sa vingtième année d'existence en voyant ses ventes progresser régulièrement.

N'eut été d'un état de santé qui me rendait la vie insupportable depuis déjà quelques années, avec des douleurs au dos assorties de sciatiques aiguës débilitantes, je n'aurais probablement jamais accepté d'abandonner un travail que j'adorais et qui me permettait de bien vivre. Cependant, ce travail devenait de plus en plus pénible et j'avais même de la peine à rester assis pour écrire un article ou conduire une automobile.

Je ne nierai pas que l'argent a joué un rôle dans ma décision d'accepter ce poste qui me fut offert vers la fin de 1984 par l'agence J. Walter Thompson, responsable de la publicité de Ford au Québec. J'avais d'abord reçu la représentante de l'agence avec un bon éclat de rire, signifiant qu'il était absolument hors de question que j'enregistre des commerciaux pour une compagnie d'automobiles alors que mon rôle, mon gagne-pain en somme, était d'émettre des commentaires objectifs sur les voitures, qu'importe leur marque. Elle enchaîna tout de suite en me disant qu'elle était parfaitement au courant de cette situation et que son offre visait un contrat à long terme dont les bénéfices financiers compenseraient largement les pertes encourues. Ses propos me laissèrent pantois, inquiet et curieux à la fois. Je n'avais jamais eu de gérant et même si j'avais fait un certain nombre de commerciaux pour des entreprises étrangères à la vente automobile (Bayer, le BAC, la STCUM, Sunoco, Labatt, etc.), je n'avais qu'une mince expérience du genre de contrat que j'aurais à négocier avec ce qui était à ce moment-là la deuxième plus grosse compagnie en Amérique du Nord.

CONCURRENT DE CÉLINE DION

C'est ma compagne (je trouve ce terme plus chaleureux qu'épouse) Monique qui, ayant fait une importante carrière dans les agences de publicité, vint à ma rescousse en contactant des amis ou connaissances du milieu afin de savoir au moins ce que gagnaient les porte-parole des autres constructeurs automobiles, Céline Dion et Gary Carter pour Chrysler et André-Philippe Gagnon pour General Motors. Compte tenu de leur notoriété, les honoraires de ces personnalités n'étaient pas particulièrement impressionnants. Dans le cas de Gary Carter, qui était alors le receveur étoile des Expos de Montréal, son salaire de porte-parole était de 50 000 $ et celui des autres étaient dans les mêmes eaux. Lors de ma deuxième conversation avec les gens de J. Walter Thompson, j'avançai un chiffre autour de 150 000 $ en étant sûr de subir un refus catégorique qui, dans un sens, m'aurait soulagé en reportant toute l'affaire aux calendes grecques. À ma grande surprise, ce montant leur semblait négociable.

Entre-temps, j'avais rencontré en Floride mes voisins Guy Desjardins et Claude Ducharme (dont j'ai appris tristement le décès il y a peu de temps), qui étaient à la tête d'un des plus importants cabinets d'avocats de la métropole. Ils me suggérèrent de consulter un de leurs associés, Gérard Coulombe, expert en droit international; il avait récemment négocié le contrat de Catherine Deneuve avec la firme Chanel. Je le rencontrai dès mon retour à Montréal et lui donnai carte blanche pour négocier avec Ford.

Je me souviendrai toujours de sa première conversation téléphonique avec les avocats de Ford. Il leur mentionna qu'il avait devant lui un client plutôt dépité à qui il venait d'apprendre qu'une fois l'impôt pris en compte, le salaire qu'il avait réclamé serait diminué de moitié. J'avais en effet oublié que le gouvernement n'accepterait jamais que l'argent soit versé à la compagnie J. D. incorporée (avec un meilleur taux d'imposition) compte tenu que Ford requérait les services de Jacques Duval à titre personnel et non à celui d'une entreprise arborant son nom. Il fallait donc doubler la mise, rien de moins. Je vous épargne toutes les autres clauses et menus détails que Me Coulombe eut à régler, mais c'est finalement pour un salaire annuel de 250 000 $ que l'entente d'une durée de cinq ans fut ratifiée. Le contrat stipulait aussi que Ford pouvait se prévaloir d'une option de renouvellement à 350 000 $ par année à la date d'expiration et qu'elle s'engageait à me fournir trois voitures Ford neuves renouvelables chaque trimestre pendant la durée de l'entente.

Je venais de tirer un trait sur toutes mes activités du moment pour devenir « conseiller spécial » de Ford Canada pour le Québec. Après avoir passé 15 ans à *La Presse*, je suggérai au journal d'avoir recours, pour me remplacer, aux services de Denis Duquet qui travaillait déjà avec moi au *Guide de l'auto*, et je lui confiai aussi le poste de rédacteur en chef du livre. Ces deux responsabilités lui permirent de gravir très vite les échelons de la notoriété dans le monde du journalisme automobile.

Si mon association avec Ford fut certes enrichissante sur le plan financier, elle fut aussi très frustrante du point de vue du travail. J'avais cru naïvement pouvoir participer à la mise au point des voitures et acquérir de l'expérience dans le processus de design, de fabrication et dans les diverses phases menant à la commercialisation d'un nouveau modèle. C'était là à mon sens le vrai rôle d'un « conseiller spécial » ; c'était en effet le titre que l'on m'avait attribué, mais il s'avéra un grand mensonge, puisque jamais je ne fus en mesure d'avoir une influence quelconque dans les opérations de la compagnie.

On m'avait dupé en me laissant croire que j'aurais véritablement un rôle différent de celui d'un simple porte-parole et que j'aurais le pouvoir de changer des choses au sein d'une entreprise où tout n'était pas que perfection. C'était faire abstraction de la hiérarchie difficile à escalader ou même à contourner et de l'éternelle barrière qui sépare le Québec de l'Ontario. Si cette frontière est totalement hermétique, imaginez jusqu'à quel point il peut être difficile d'arriver jusqu'à Detroit. De part et d'autre, le Québec est une goutte d'eau dans l'océan et n'a pas droit à une miette de considération aux yeux des grandes entreprises.

Cela ne faisait même pas deux mois que je travaillais chez Ford quand j'eus l'occasion de me rendre compte de l'indifférence de la haute direction à Oakville en Ontario. J'avais suggéré que l'on apporte quelques modifications au modèle Thunderbird, que j'avais louangé dans mon dernier livre, afin d'en extraire une « édition Jacques Duval », un peu comme Toyota l'avait fait avec l'édition Charles Dutoit de son modèle de luxe, la Cressida. Les pneus, les roues, les amortisseurs et quelques accessoires touchant à l'esthétique donnaient un caractère particulier à cette Thunderbird que je projetais de lancer au Salon de l'auto.

Ma proposition fut acceptée, puisque la réalisation de la première édition était une affaire d'environ 2 000 $. Par la suite, je fus obligé de me débrouiller tout seul pour mener le projet à bien, et cela, dans le désintéressement le plus total du bureau de Montréal et des concessionnaires qui seraient appelés à vendre cette nouvelle option pour le modèle Thunderbird. *Welcome to the Ford Motor Company!* En une autre occasion, on devait tourner un message publicitaire pour vanter la robustesse des camions de la marque. Vous connaissez le slogan américain : « Ford truck, built tough ». Fort d'une information privilégiée voulant que les seuls véhicules en service sur l'île d'Anticosti soient des camions Ford, je suggérai aux responsables de la publicité de réaliser le commercial dans ce paysage rugueux qui cadrait bien avec l'idée du message. Dans le style « si les camions Ford sont les seuls à survivre dans un tel environnement, c'est qu'ils sont capables d'en prendre ». En somme, un beau message à l'horizon avec des images à couper le souffle. En plus, le ministère du Tourisme du Québec était prêt à payer le traversier et à nous offrir le logement gratuit uniquement pour les retombées touristiques qu'ils pourraient en tirer. Le projet fut soumis à ce qu'il est convenu d'appeler un « focus group » où l'on invite une douzaine de personnes à donner leur opinion sur le message proposé. Dans ces groupes de sondage, il y a toujours un grand parleur qui éclipse tout le monde et qui arrive même avec sa grande gueule à influencer les plus timides ou les sans-opinion. Or, c'est ce qui est arrivé, car notre meneur de claque a prétendu que si l'île d'Anticosti n'abritait que des camions Ford, il devait y avoir anguille sous roche. Résultat : le projet fut annulé et Ford rata une belle occasion de produire une publicité percutante.

Heureusement, le directeur de la publicité à Oakville était un type charmant du nom de Richard Wilcox, d'origine québécoise et de langue française malgré son nom anglais. Il était toujours très réceptif à mes idées, mais cela n'allait jamais beaucoup plus loin.

Au bureau de Montréal, tout ne se déroulait pas non plus sur un lit de roses. Je devinais une sorte de ressentiment à mon égard, certes pas de la part du directeur Raymond Leduc, qui était lui aussi un être attachant, mais des employés au-dessous de lui. Quelques sourires tentaient sans succès de se superposer à la grogne, mais malgré cela, les communications étaient souvent à sens unique. Que je sois l'employé le mieux rémunéré pour seulement 60 jours de travail par année n'était pas facile à digérer pour deux ou trois des ronds-de-cuir avec lesquels je devais travailler le plus souvent.

Nonobstant ce malaise et le fait que le titre de « conseiller spécial » n'ait été qu'un écran de fumée, Ford a respecté ses engagements à la lettre et s'est même prévalue après cinq ans d'une clause de renouvellement pour trois années supplémentaires. Il n'en reste pas moins que j'ai été plutôt malheureux, comme « homme d'automobile », d'encaisser chaque trimestre des chèques aussi substantiels pour ne rien faire la plupart du temps. En effet, à part les commerciaux télévisés, les apparitions aux salons de l'auto de Montréal et de Québec et une participation à quelques réunions de concessionnaires, je me tournais les pouces sans même savoir ce qui se préparait au sein même de l'entreprise dont je devais être le porte-étendard. Très souvent, j'apprenais les nouvelles importantes par les magazines d'automobile ou en causant avec Richard Déziel, un technicien devenu chargé de marketing qui, lui, obtenait ses informations en lisant *Motor Trend*. En somme, les journalistes en savaient souvent plus que nous sur ce qui passait chez Ford. J'avais cru qu'il serait utile aux départements de marketing et d'ingénierie de leur rendre compte de mes conversations avec les propriétaires de nos véhicules que je rencontrais dans les salons de l'auto ou ailleurs. Je notais toutes les plaintes et les problèmes qui leur étaient reliés et je rédigeais un rapport spécial que j'expédiais à Oakville, le siège social de Ford Canada. On accusait réception, mais il n'y avait jamais de suite. Je me souviens par exemple d'une déficience assez grave des fourgonnettes Aerostar que plusieurs propriétaires m'avaient signalée. Rien ne fut fait, jusqu'à ce que la compagnie ait à effectuer un rappel qui aurait peut-être pu être évité si l'on s'était montré plus réceptif.

Je pouvais facilement juger du bien-fondé de certaines des plaintes formulées par les clients, puisque je conduisais des produits Ford et que je n'étais pas à l'abri des problèmes. Un jour, Monique tomba en panne sur le pont Champlain avec sa Ford Tempo et se retrouva passagère de la dépanneuse qui l'avait amenée au concessionnaire le plus près, à Verdun. Se sentant traitée comme une moins que rien, elle alla voir le chef d'atelier et lui apprit que le monsieur dont l'immense photo ornait la salle d'exposition n'était nul autre que son mari, ce qui, bien entendu, eut l'effet d'une véritable bombe. La cliente invisible était soudain devenue la « Madame Ford » et tout fut mis en œuvre pour que sa voiture soit réparée sans délai.

Un autre jour, alors que nous étions en Floride, Monique prit la Lincoln Continental pour aller faire des courses. Quelques minutes plus tard, elle me téléphona pour me dire qu'elle venait d'avoir la peur de sa vie à cause d'une panne du système de freinage. Elle avait réussi tant bien que mal à se ranger sur le bord de la route et, une fois de plus, ses courses se terminèrent à l'atelier du concessionnaire le plus près. Imaginez seulement ce qui serait arrivé si l'épouse du porte-parole de Ford avait été victime d'un grave accident causé par une panne de freins dans une Lincoln toute neuve.

Quant à la nouvelle marque Merkur, elle comprenait deux modèles, la XR4 et la Scorpio, provenant de la filiale allemande de Ford. La Scorpio devait rivaliser avec les BMW de série 5 tandis que la XR4 s'adressait à la même clientèle que la série 3 du constructeur bavarois. Leur échec fut attribuable, d'une part, à l'atrocité esthétique de la Scorpio — qui s'inscrit facilement sur la liste des dix voitures les plus laides jamais construites – et à leurs prix trop élevés pour des modèles quasiment inconnus à la

valeur de revente incertaine. Il était impensable que le propriétaire d'une Mercedes ou d'une BMW s'achète une Merkur dont
l'image de marque était parfaitement nulle.

Même si ce qui précède peut s'interpréter comme un manque
de reconnaissance à l'endroit de Ford, il serait erroné d'en
conclure que mes neuf années chez ce constructeur n'ont été
qu'un cauchemar. Certes, je n'en ai pas retiré le plaisir et les
connaissances que j'aurais espérés, mais si certains individus ont
été imbuvables, d'autres ont fait preuve de courtoisie et de compréhension. Gilles Contant, Robert Girard et quelques autres ont
été des gentlemen que je remercie pour leurs efforts visant à me
rendre la vie plus agréable. Par exemple, quand je leur ai appris
que je souffrais d'un cancer de la prostate en 1991, ils ont prolongé mon contrat d'un an en m'offrant de m'occuper principalement de la commandite que Ford avait consentie à l'organisation des fêtes du 350e anniversaire de Montréal.

Le principal évènement de cet appui financier était un rallye
automobile inspiré par l'histoire de la métropole, au cours duquel
les participants devaient répondre à des questions à l'aide d'indices
disséminés tout au long de l'itinéraire. Le rallye se terminait par
un grand festin sur l'île Notre-Dame, où se déroulaient les Fêtes
gourmandes de mon amie Jacqueline Vézina. Chaque concurrent
avait reçu sa part de monnaie gourmande – ces fameux coupons
qui permettaient de payer ses achats dans les nombreuses cantines
prêtes à vous faire goûter les saveurs du monde. Chez Ford, nous
avions acheté cette monnaie gourmande sur la base d'environ
150 inscriptions, alors que seulement une centaine de voitures se
présentèrent à l'arrivée. Nous avions donc, au soir de l'évènement, un surplus de coupons non remboursables et expirant à la
fermeture des Fêtes gourmandes en fin de soirée. Nous nous
étions retrouvés au kiosque où le restaurateur et grand connaisseur de vins Champlain Charest tenait boutique et proposait une
dégustation des meilleurs crus de sa collection. Après avoir
savouré des vins hors de prix comme un Château Yquem, un

Pétrus et un Romanée Conti, il nous restait encore tellement d'argent que je me promenais de gauche à droite en distribuant la monnaie gourmande aux premiers venus pour qu'ils puissent déguster des vins inoubliables aux frais de Ford. Ce fut là une très belle sortie à l'issue de mes neuf années de fainéantise chez un constructeur automobile.

MON MARIAGE EN JEU

Au début de mon séjour chez Ford, mon mariage fut soumis à rude épreuve. Même si mon nouveau travail m'avait débarrassé du stress inhérent à mes fonctions précédentes tout en m'assurant un bel avenir financier, mes douleurs au dos semblaient rebelles à toute forme de bonheur. J'avais le goût de mourir, mon humeur était massacrante et Monique ressentait certes les contre-coups de mes constantes souffrances. Avec beaucoup plus de temps libre, je décidai de me prendre en main sérieusement afin de trouver, sinon une guérison complète, du moins une solution qui me permettrait d'alléger mon fardeau quotidien. Je tombai tout de suite dans un piège épouvantable tendu par un de ces groupes préconisant le mieux-être que l'on distillait lors d'ateliers de relations humaines. Au cours de ces rencontres, les participants déballaient leurs problèmes dans l'espoir que ce partage leur ouvre la grande porte du bonheur. Un médecin m'avait dit que je pourrais sans doute tirer profit de ce genre de thérapie, à laquelle je m'accrochai comme à une nouvelle bouée de sauvetage.

Pendant trois jours, je me retrouvai dans un immeuble de la rue Sherbrooke à partager mes expériences avec une vingtaine d'inconnus. Se mettre à nu de cette façon en racontant ce qui nous a amenés à entreprendre une telle démarche était, selon les responsables de ces rencontres, la meilleure manière de se libérer de tous les problèmes refoulés qui finissent par saper notre énergie. L'envers de la médaille toutefois est que l'on devient extrêmement perméable à toutes les balivernes de ces psy ratés qui prêchent des méthodes pas toujours orthodoxes de prendre sa vie en main. Il fallait, selon eux, écouter ses sentiments et surtout ne pas hésiter à les exprimer aux personnes concernées.

Pour aller droit au but, disons que je m'étais amouraché d'une jeune femme dont le témoignage m'avait particulièrement impressionné. Je l'avais invitée à souper et je lui avais fait part de mon coup de foudre. J'étais, bien sûr, dans un état de grande fragilité après ces trois jours passés à me faire bourrer le crâne de théories douteuses.

Sans réfléchir plus loin que le bout de mon nez, j'annonçai à Monique en rentrant à la maison que j'étais tombé amoureux. Je la revois encore, assise dans le lit, l'air confuse et incrédule, incapable d'interpréter ce qu'elle venait d'entendre. Elle ne pleura pas, sans doute parce qu'elle s'imaginait que je traversais un moment d'égarement. Ce fut différent quand elle se rendit compte que je ne dérogeais pas à ce que je venais de lui dire. À la souffrance physique qui me tenaillait s'ajoutait soudainement un terrible coup au cœur pour Monique, un éloignement insupportable plutôt que le rapprochement dont j'aurais eu tellement besoin. Nous étions à quelques semaines de Noël et nous décidâmes de prendre la route du soleil, en allant passer deux semaines à notre appartement de la Floride. Mais la chaleur, la mer et le sable n'eurent que peu d'effet sur notre relation qui venait de subir un coup très dur.

Je voulais oublier ce triste événement, mais j'éprouvais le besoin de revoir la jeune femme en question pour mettre un point final à cette aventure. J'aurais pu lui écrire, lui téléphoner, mais quelque chose d'indéfinissable me disait qu'il fallait que je la voie une dernière fois. Je quittai la Floride et revint à Montréal, où elle m'attendait à l'aéroport. Nous passâmes la fin de semaine ensemble à parler et à parler sans même faire l'amour une seule fois. Curieusement, je n'avais pas d'attirance physique pour cette femme, dont j'appréciais surtout la douceur et les yeux pénétrants qui donnaient l'impression d'être le refuge de toutes les solutions aux problèmes de la vie. Le samedi, je lui achetai un petit souvenir à la bijouterie du Château Champlain et nous nous quittâmes le dimanche matin pour ne jamais plus nous revoir.

Cette fausse route de ma vie amoureuse est enfouie si loin dans ma mémoire affective que j'en ai même oublié le nom de cette femme au regard envoûtant. Est-ce que Monique a oublié autant que moi cette stupide amourette et m'a-t-elle seulement pardonné de lui avoir fait autant de mal ? Je n'en sais rien, parce que nous ne sommes jamais revenus sur cette affaire. Je la savais toutefois assez intelligente pour mettre ma conduite sur le dos de mon état d'esprit à ce moment-là et, sans aucun doute, sur les sornettes émanant de ces fameux ateliers de croissance personnelle.

LA CLINIQUE DE LA DOULEUR

Après trop d'années gâchées, je décidai en dernier recours de m'en remettre corps et âme à la Clinique de la douleur de l'hôpital Notre-Dame. Si je ne l'avais pas fait plus tôt, c'est que je n'avais pas une grande confiance dans cet endroit, dont l'approche m'apparaissait plus psychologique que physique. J'y suis allé après avoir parlé à une jeune femme qui travaillait au Centre d'essais de Blainville et qui avait vécu à peu près le même cauchemar que le mien. Pire encore, me disait-elle, puisqu'elle s'était retrouvée à demi paralysée pendant quelques semaines tellement sa douleur était insupportable. Après être passée par la Clinique de la douleur, elle avait vu sa vie changer de façon radicale. On lui avait implanté un TENS, ce petit appareil que j'avais brièvement expérimenté et qui se compose d'électrodes que l'on applique sur la région douloureuse et qui émet de petites impulsions électriques. Elle avait recommencé à faire du sport et pouvait accompagner son mari dans ses sorties en moto.

Bref, elle m'avait convaincu de tenter l'expérience tout en me prévenant que les listes d'attente pour avoir un rendez-vous étaient aussi longues que celles des acheteurs du dernier modèle Ferrari. Après avoir raconté mon histoire, je réussis à obtenir mon rendez-vous pour rencontrer les deux médecins qui étaient alors les responsables de cette remarquable institution, les docteurs Napoléon Martinez et Pedro Molina Negro. Le simple fait de savoir que ces deux sommités avaient compris que la douleur chronique était un mal aussi grave que bien des maladies pour lesquelles les gouvernements investissent des millions de dollars en recherche et en frais de tout acabit, les rendait d'entrée de jeu très sympathiques. On était loin de tous ces médecins qui m'avaient prescrit du Percodan, du Dilaudid et autres analgésiques aussi robustes en me disant qu'il fallait apprendre à vivre avec la douleur.

À la Clinique de la douleur, on tenait un peu le même langage, mais on y ajoutait des moyens de rendre la vie immensément plus tolérable. On m'avait dit par exemple que certes, le mal de dos sapait mon énergie et me rendait la vie misérable, mais on ajouta que, contrairement au cancer, personne n'en mourait. Déjà, je me sentis un peu mieux dans ma peau et c'était un premier point positif. On m'expliqua également que je venais de vivre « les montagnes russes de la douleur » et que cela m'avait mené au bord de la dépression. D'ailleurs, les antidépresseurs jouent un rôle considérable dans le soulagement de la douleur chronique ou dans son acceptation. On me remit une ordonnance à cet effet et, pendant quelques années, j'ai vécu au régime des Sinequan.

MON SAUVEUR, LE TENS

Finalement, le TENS (pour *Transcutaneous Electrical Nerve Stimulation* ou neurostimulateur électrique transcutané) devint mon compagnon de vie. On dit qu'il ne donne pas les mêmes résultats chez tout le monde mais, pour moi, ce petit appareil fut mon sauveur. Les électrodes appliquées sur la peau sont branchées dans une petite boîte que je porte à la ceinture et que les gens prennent souvent pour un téléphone cellulaire ou un télé-avertisseur. Dans mon cas, le TENS soulage ma douleur dès son installation.

Personne ne saurait dire encore comment l'appareil fonctionne précisément, même s'il est apparu sur le marché il y a plus de 30 ans. Les trois hypothèses mises de l'avant sont les suivantes : les chocs électriques empêcheraient le message de la douleur de se rendre jusqu'au cerveau, ils provoqueraient une anesthésie locale ou, finalement, ils entraîneraient l'organisme à produire une plus grande quantité d'adrénaline. De ces trois probabilités, j'aurais tendance à opter pour la dernière, puisque j'ai eu la preuve en de multiples occasions que l'endorphine bêta est sans l'ombre d'un doute le meilleur analgésique qui soit.

En effet, chaque fois que j'étais dans un état d'excitation, de stress ou d'euphorie, ma douleur disparaissait. Encore aujourd'hui, il me suffit de participer à une course au volant de ma Porsche 911 pour être débarrassé de tout inconfort physique. Quand je sors de l'auto, l'adrénaline est en ébullition, je suis sur un nuage et ce bien-être peut durer quelques heures. Le stress provoqué par exemple par la crainte de rater un avion crée un effet semblable, bien que moins prononcé. Finalement, j'en suis venu à acquérir une expérience de ma condition physique qui me permet de prévoir les épisodes plus débilitants.

La douleur ne m'a pas abandonné pour autant, mais j'ai désormais de bonnes munitions pour la combattre sans avoir recours à une armoire à pharmacie débordant de pilules aussi traîtres que pernicieuses. Au lieu de me crisper et de maudire ma condition (ce qui ne fait qu'accroître la douleur), je l'accepte et cela semble la résorber. Quand elle se montre plus tenace et carrément insupportable, je sors mon TENS et je lui règle son cas. Je n'en mourrai pas, c'est sûr, et cette assurance fait que je me trouve malgré tout chanceux d'être passé au travers de cette expérience. J'en remercie les responsables de la Clinique de la douleur.

Avant de tourner la page sur mes années Ford, permettez-moi d'ajouter que c'est sans doute ce contrat qui m'a permis de rajeunir de dix ans…

LE MASQUE DE LA VIEILLESSE

La grande déprime! Voilà comment j'aurais pu intituler ce fragment de ma vie vers la fin des années octante. C'est arrivé comme ça un beau matin sans crier gare. J'étais dans les anciens hangars de la compagnie Vickers dans l'est de Montréal, où nous passions la semaine pour tourner des commerciaux de télévision durant mon purgatoire de luxe chez Ford. Je regardais tout bonnement ce que l'on appelle les *rushes* de la veille, c'est-à-dire les bobines des films tournés pendant la journée précédente. Sous l'éclairage glauque et révélateur de ce studio d'acier, je ne me reconnaissais plus tellement j'avais l'air d'un pré-vieillard, avec des rides profondes qui ressemblaient à des balafres et une peau distendue pendouillant sous les yeux et le menton. « Un vrai monstre », me dis-je avec mon sens habituel de l'exagération.

Cette image de moi était tellement consternante qu'elle m'apparaissait comme le résultat d'un maquillage. Pire encore, il me semblait que cette transformation, ce sérieux coup de vieux était survenu subitement, d'un jour à l'autre. Je suis d'ailleurs convaincu que les ravages du temps nous frappent exactement de cette façon. On se couche un soir avec le visage que l'on a toujours vu dans la glace et on se réveille le lendemain avec un masque de vieillesse.

À l'aube de mon cinquantième anniversaire, je devais faire quelque chose et vite avant que l'on me relègue au rang des *has-been* mûrs pour un refuge de retraités. Je me mis donc à la chasse aux renseignements sur la chirurgie esthétique, interrogeant toutes mes amies d'un certain âge à propos des avantages, inconvénients ou autres aboutissants d'une telle solution. Même Dominique Michel, rencontrée dans un studio de télé, me fournit le nom d'un chirurgien de la rue Sherbrooke qui faisait des merveilles. En peu de temps, je me retrouvai avec une longue liste de spécialistes du « rajeunissement facial », un sujet tabou chez les hommes, semble-t-il, puisque aucun de mes amis ne fut en mesure de me fournir l'ombre d'un renseignement sur ce que je m'apprêtais à affronter.

Pour faciliter mon recours au bistouri réparateur, je me trouvai une raison presque « médicale » de le faire, en me convainquant que ma dégénérescence cutanée résultait de mon port du casque de sécurité aussi bien en course que lors de mes nombreuses séances d'essai à Mont-Tremblant ou ailleurs. Le casque, c'est l'évidence même, coince la peau, surtout au niveau des joues, causant une déformation et, plus tard, un ramollissement qui fait que tous les anciens pilotes de course accusent souvent plus que leur âge. Vrai ou faux, peu importe, ce serait mon excuse pour m'aider à mieux avaler ma pilule.

J'avais eu d'excellentes recommandations sur le docteur Alphonse Roy de Québec, dont la réputation reposait sur des interventions crédibles, en ce sens qu'il ne pratiquait pas de ces chirurgies trop radicales qui sont souvent facilement détectables. Il était plutôt en faveur d'un traitement plus doux visant à alléger le poids des ans.

Au fur et à mesure que la date fatidique approchait, je devenais de plus en plus angoissé. C'est le genre de chirurgie qui n'est pas absolument nécessaire ou vitale, alors on peut changer d'avis sans que cela ait de répercussions sur le moment où l'on passera l'arme à gauche.

Avec un pas en arrière et deux en avant, je me suis finalement rendu pour l'opération au bureau du docteur Roy. Pour me détendre un peu, on procéda d'abord à la prise de photos de façon à pouvoir regarder plus tard les résultats du lissage, dans le style « avant et après ». Ensuite, place aux choses sérieuses. Comme je réagis très mal à l'anesthésie classique, le médecin me convainquit de procéder à une anesthésie plus douce à base de tranquillisants. « Vous êtes sûr que je ne sentirai rien ? » m'empressai-je de demander, terrorisé à l'idée de me sentir coupé en morceaux sous l'effet de quelques simples Valium. Rassuré par mon bon docteur, j'acceptai, et c'est la dernière chose dont je me souviens.

LE LENDEMAIN DE LA VEILLE

Quand je repris conscience, la nuit était tombée et je me sentais aussi mal en point qu'un lendemain de veille. J'ai dû vomir à trois ou quatre reprises, assisté par une infirmière qui n'arrêtait pas de me dire que tout s'était bien passé. J'étais tellement malade que j'entendais à peine ses mots d'encouragement. C'est tout juste si je me rendais compte que j'avais la tête enrobée de bandages et que je devais ressembler à une momie égyptienne. Au petit matin, le docteur Roy est venu me rendre compte de l'opération et m'expliquer surtout pourquoi j'avais une telle gueule de bois. J'avais, paraît-il, été un patient turbulent et peu coopératif. Lors d'une anesthésie douce, le médecin parle au patient et lui demande de se tourner à droite, à gauche ou de rester immobile. Comme je n'étais pas très obéissant et ne répondais pas à ses requêtes, il a dû avoir recours à une anesthésie générale qui, chez moi, a toujours provoqué des vomissements et un inconfort total au moment du réveil.

Cela dit, tout s'était bien déroulé et je reçus mon congé de la clinique quelques heures plus tard, pour m'acheminer vers un centre privé où je pourrais séjourner encore 24 heures pour récupérer. Je me souviens très bien de la balade en limousine (dont les glaces n'étaient malheureusement pas opaques) d'un endroit à l'autre et du regard des automobilistes lorsque nous arrêtions à un feu rouge. Quel était ce personnage sorti des catacombes assis sur la banquette arrière ? On devait me prendre pour le Patient anglais.

La journée se déroula sans problème, mis à part que je me sentais comme si j'avais mangé deux ou trois claques sur la gueule de la main d'Éric Lucas. Monique resta à mes côtés et me fis la lecture pour passer le temps quand la télévision restait fidèle à son lot de platitudes diurnes.

Le lendemain, toujours un peu *groggy*, je rentrai à la maison dans notre gigantesque appartement de Brossard surplombant la voie maritime du Saint-Laurent, ce qui semble plutôt plaisant jusqu'à ce que l'on sache que ce même complexe longe aussi la route 132, d'où provient jour et nuit un ramdam automobile qui donne l'impression d'essayer de dormir à côté du circuit pendant le déroulement des 24 Heures du Mans. Au cours des jours qui suivirent, je m'adonnai à de longues marches dans des coins peu achalandés, de peur d'être aperçu avec ma tête enrubannée digne des meilleurs films d'horreur. Vint ensuite le retour à Québec pour le grand dévoilement de mon nouveau visage. J'étais évidemment encore un peu tuméfié et les cicatrices étaient toujours visibles, mais la photo « après » destinée à montrer les progrès accomplis fut quand même assez éloquente. Il suffirait d'un brin de maquillage pour que je puisse me montrer en public sans que l'on me demande si j'avais été victime d'un accident d'automobile. De toute manière, j'avais décidé que ma convalescence se passerait en Floride, loin des regards inquisiteurs.

Je dois faire l'aveu toutefois que peu de temps après ma chirurgie esthétique, j'ai commencé à ressentir un début de dépression. Il m'a toujours semblé que le résultat n'était pas à la hauteur de mes attentes. En somme, je croyais me voir rajeuni de vingt ans alors que mon chirurgien n'avait effacé pour ainsi dire qu'une dizaine d'années à mon faciès. Le docteur Roy m'avait pourtant bien prévenu que les peaux trop tendues n'étaient pas sa spécialité et qu'il préférait rajeunir ses patients de manière presque imperceptible. Après être passé sous son bistouri, les femmes n'ont pas ce visage cireux qui donne l'impression que la peau risque de se fendre chaque fois qu'elles esquissent un sourire. Chez moi, il avait bel et bien été fidèle à son mandat, puisque je ne me souviens pas d'avoir entendu quelqu'un s'extasier devant mon rajeunissement. En revanche, personne aujourd'hui ne me donne l'âge que j'ai, soit 73 ans.

N'empêche que mon déridage m'a laissé dans un état d'ambivalence constant pendant de longs mois : j'étais abattu, souvent triste et dans un état proche de la dépression, une situation sans doute imputable en partie à l'anesthésie. À cause de l'angoisse qui l'accompagne, du stress, de l'indécision, de l'inconfort, de la période de récupération, je ne suis pas sûr que je consentirais à revivre ce genre d'opération. Je suis conscient toutefois que chaque personne réagit différemment au choc post-opératoire et je connais même des femmes qui, tant sur le plan physique que moral, sont ressorties enchantées d'une expérience semblable.

L'anecdote que je conserve de cette période de ma vie est que les animateurs de radio ou de télévision sont toujours très surpris de constater que je suis prêt à en parler ouvertement, surtout que les hommes qui sont passés par là sont beaucoup plus rares que les femmes. Personnellement, il ne me faisait ni chaud ni froid de décrire publiquement pourquoi j'avais subi l'opération et comment elle s'était déroulée. Cela m'amusait même beaucoup d'avouer que, compte tenu de l'étirement de la peau, j'avais désormais de la barbe derrière les oreilles, un inconvénient somme toute mineur.

Quelques mois plus tard, j'ai même voulu en rajouter en confiant ma tête de semi-chauve à un institut quelconque dont Guy Lafleur faisait la publicité. Je me suis retrouvé avec une tignasse de cheveux rattachée à ma très mince chevelure naturelle, une solution qui vous obligeait à retourner tous les mois chez le spécialiste pour vous faire ajuster le toupet. Après avoir entendu le rire de Monique après que je fus tombé à l'eau avec ces cheveux rapportés, j'ai décidé que ma tête resterait comme elle était : dégarnie.

Depuis que j'ai atteint l'âge respectable de 70 printemps, il arrive fréquemment que l'on me donne dix ans de moins. Même si je mène une vie basée sur la modération ou le juste milieu susceptible de ralentir les effets de l'âge, je n'en suis pas moins convaincu que mon passage sous le bistouri a contribué à ralentir chez moi les effets du vieillissement. Et ce serait sans doute beaucoup mieux encore si je n'avais pas été un accro du soleil pendant la majeure partie de ma vie.

MON *KILOMÈTRE HEURE*

Au moment même où je me demandais ce que l'avenir me réservait après ce hiatus chez Ford, je reçus un coup de fil de la directrice de la production de la maison Pixart, qui travaillait sur une série d'émissions pour le nouveau Canal D. Je venais d'arriver à mon hôtel à Carmel en Californie et la préposée à la réception m'avait remis un message urgent me demandant de rappeler tel numéro à Montréal, sans aucun autre détail. C'étaient les gens de Pixart, qui me proposaient l'animation de la série *Kilomètre heure* (bien avant la *sitcom* de mon ami Michel Barrette), sur l'histoire des transports au fil des âges. En plus des voitures, on y montrait tout aussi bien des avions que des locomotives ou des bateaux. J'aurais à présenter l'émission et le sujet de la semaine à la caméra, et le reste de mon travail consisterait principalement en celui de narrateur.

Cette offre tombait du ciel et ne pouvait mieux me convenir à cette période incertaine de ma carrière. Le boniment d'ouverture de *Kilomètre heure* se faisait généralement à Montréal ou dans la région, mais en une occasion je réussis à organiser un tournage en Italie, où j'avais été invité pour assister au départ de la course historique des *Mille Miglia* (mille milles) à Brescia, qui faisait l'objet d'un de nos reportages. Tant qu'à être sur place, aussi bien en profiter pour faire l'intro dans le feu de l'action à quelques mètres de la ligne de départ !

Mon caméraman choisit un endroit particulièrement approprié, près d'une ancienne Mercedes Benz 300 SL, avec un majestueux clocher en toile de fond. Au moment du « silence on tourne », il nota qu'un individu était dans l'image et que cela risquait de poser problème. J'allai voir la personne en question et lui demandai poliment de s'écarter un peu pour ne pas être dans le champ de vision du caméraman. Plus j'avançais dans mon laïus, plus mon auditoire grossissait. Je voyais toutes ces belles et jeunes Italiennes qui trépignaient d'impatience et je me demandais si par hasard notre émission n'avait pas été rachetée par la télévision italienne, faisant de moi une obscure vedette locale. La réalité était tout autre : sitôt mon boniment terminé, les demoiselles se ruèrent sur le beau monsieur à qui j'avais demandé de se tasser un peu pour nous permettre de faire notre petit cinéma. Informations prises, l'individu en question était un acteur italien très connu jouissant d'une immense popularité et il était devenu la vedette du moment à la suite de son dernier film. C'était un peu comme si quelqu'un avait demandé à Céline Dion d'aller prendre l'air pendant que l'on s'apprêtait à filmer un reportage sur un sujet tout à fait banal.

CHAPITRE XIX

UN RETOUR À LA RÉALITÉ

En 1993, je fis mon retour au *Guide de l'auto*, malgré les objections et les critiques de beaucoup de gens qui m'associaient toujours à la compagnie Ford, stigmate qui me colla à la peau pendant de nombreuses années. Lorsque j'avais abandonné mon livre en 1984, les ventes atteignaient les 50 000 exemplaires, mais elles avaient chuté à moins de 30 000 quand il fut temps pour moi d'en reprendre le volant. Il était pressant de stopper l'hémorragie afin de remonter la pente.

Entre 1984 (l'année de mon départ) et 1993 (celle de mon retour), *Le Guide de l'auto* avait changé d'éditeur à la suite du rachat des Éditions La Presse par les Éditions de l'Homme en 1990. Le guide revenait ainsi à son point de départ, étant donné que depuis sa création, en 1967, jusqu'en 1971, il avait été publié par les Éditions de l'Homme avant que je l'emmène avec moi à *La Presse* après mon engagement par le journal et surtout l'arrivée de mon fidèle ami Alain Stanké à la tête de la nouvelle maison d'édition du grand quotidien montréalais. Ce rachat ne fut pas sans donner quelques maux de tête au patron des Éditions de l'Homme, Pierre Lespérance, qui avait fait cette acquisition dans le but premier de s'approprier les deux best-sellers qu'étaient *Le Guide du vin* et *Le Guide de l'auto*. En apprenant la nouvelle, je m'empressai d'appeler M. Lespérance pour lui signifier que le guide était ma propriété et non celle de *La Presse*, ce qui sembla le secouer assez rudement.

Comme il était en vacances aux Bahamas, il voulut me rencontrer de toute urgence et revint à Montréal pour discuter de ce problème qui risquait de diminuer considérablement la valeur de son achat. Personnellement, j'étais libre de publier le livre où bon me semblait, mais j'étais aussi conscient qu'il me fallait faire preuve de loyauté envers l'entreprise qui m'avait permis de publier mon premier ouvrage à mes débuts en 1967. La loyauté n'est pas une pratique courante dans le monde des affaires – j'allais m'en rendre compte plus tard –, mais j'ai toujours eu pour principe de ne jamais oublier ce que les autres ont fait pour moi. C'est probablement aussi pour cela que j'accepte mal ceux qui ont des pratiques contraires à la mienne dans ce domaine. Cela dit, j'en vins à une entente avec M. Lespérance et les Éditions de l'Homme.

LES STIGMATES DE FORD

Si mes années Ford m'ont éloigné de l'automobile, elles m'ont permis en revanche de renouer avec la radio. Je fus en effet béni des dieux lorsque le directeur des programmes de CKAC, Luc Harvey, me téléphona pour m'offrir la case horaire de fin d'après-midi pendant la saison estivale en remplacement d'abord de Jacques Proulx et ensuite de Louis-Paul Allard, qui officiaient à cette tribune en temps normal. C'était à la fois flatteur et providentiel que l'on ait pensé à moi pour ce travail, puisque je m'ennuyais autant que le réparateur Maytag tellement je n'avais rien à faire chez Ford. Avec un contrat qui prévoit 60 jours de travail par année, on a beaucoup de temps libre pour penser à ses vieux péchés... Je connaissais bien l'animation d'une émission de retour à la maison, puisque dans les années 1970, j'avais passé quelques années à CJMS à animer la case horaire de 15 à 18 heures. Appelée *Suivez le guide*, l'émission se voulait au service des consommateurs et des automobilistes. J'avais notamment mis en ondes le petit service qui, sous le nom d'Opération radar, dévoilait à ceux et celles qui nous écoutaient dans leur auto l'emplacement des voitures de police qui vérifiaient les excès de vitesse à l'aide du fameux radar. Cela se fait encore aujourd'hui, mais à mots couverts, comme s'il était sacrilège de dire que quelqu'un est caché quelque part pour vous piéger. J'ai toujours soutenu qu'il n'y a que deux types d'individus qui se cachent : les voleurs et les policiers lors d'opérations radar.

Pendant mon séjour à CKAC, j'eus à donner la réplique à deux personnages d'envergure dans les tribunes d'affaires publiques, dont l'un a toujours été particulièrement controversé. Je veux parler d'André Arthur qui, malgré la réputation qui lui colle à la peau, m'apparut comme un type charmant et cultivé… et n'ayant pas la langue dans sa poche. J'ai d'ailleurs bien connu son père, René Arthur, du temps où je travaillais à CKCV Québec. Mon stage à CKAC me permit aussi de faire la connaissance de Guy Saint-Pierre, le maire de Lachine, qui fut pendant longtemps un analyste politique apprécié à cette antenne.

LA LIBERTÉ DE PRESSE BAFOUÉE

Il me fut plus difficile de réintégrer le journalisme automobile après mon séjour chez Ford. Après neuf ans, plusieurs nouveaux venus avaient fait leur apparition dans le milieu et avaient malheureusement fait baisser les enchères parce qu'ils étaient souvent prêts à travailler pour des salaires de famine. Finalement, je rencontrai mon ex-patron à *La Presse*, Jean Sisto, qui était devenu l'éditeur des Journaux JTC, triumvirat qui réunissait *Le Nouvelliste* de Trois-Rivières, *La Tribune* de Sherbrooke et *La Voix de l'Est* de Granby. Jean m'offrit la chronique automobile du lundi pour chacun de ces trois quotidiens, un boulot que j'acceptai avec plaisir. Si cela me permettait de reprendre le collier dans un travail qui me tenait à cœur, cet engagement fut, par ses résultats, aussi surprenant que décevant.

Rien n'est plus frustrant pour un critique que l'indifférence; or, en plus de six ans d'écriture dans les journaux précités, jamais je n'ai reçu le moindre commentaire, négatif ou positif. À telle enseigne que je me suis souvent demandé si *Le Nouvelliste, La Voix de l'Est* ou *La Tribune* n'étaient pas des publications fantômes sans un seul lecteur. Alors que partout ailleurs, et particulière-ment à *La Presse*, j'étais submergé de critiques, de questions ou de simples commentaires, j'avais l'impression cette fois d'écrire dans l'indifférence la plus totale. Avec des tirages combinés d'environ 100 000 exemplaires, sinon plus, je n'ai toujours pas compris cette anomalie.

La seule fois où l'un de mes articles provoqua une réaction quelconque, celle-ci me fut rapportée par le directeur de l'infor-mation de *La Tribune* qui m'avoua que le concessionnaire GM de Sherbrooke n'avait pas digéré un texte dans lequel j'avais écrit que la Cadillac Catera n'était qu'un rafistolage plus ou moins habile d'un modèle Opel fabriqué par la filiale allemande de General Motors. Le même monsieur, qui possédait aussi plusieurs autres franchises automobiles, avait donc menacé de retirer sa publicité du journal si Duval continuait à y publier ses chroniques. C'était la première fois de ma vie que j'étais congédié pour avoir émis une opinion défavorable sur une voiture. *La Presse* m'avait publié pendant 15 ans sans la moindre intervention dans mon travail et j'avais toujours eu le loisir de faire mes évaluations de nouveaux modèles sans être remis en question, que cela plaise ou non aux marchands d'automobiles. Quand on a une plume un peu trop acérée, c'est un sort auquel il faut s'attendre dans le journalisme automobile qui, semble-t-il, n'est pas soumis à la même liberté de presse que les autres sphères de l'actualité dans certains quotidiens de moindre envergure.

DE MARIE MICHÈLE DESROSIERS À CHARLES DUTOIT

Comme tous les autres sports, la course automobile, vue de l'intérieur, n'a absolument rien à voir avec ce que l'on s'imagine. La télévision a beau rapprocher les gens du sport, jamais, même en haute définition, elle ne sera capable de reproduire la force d'une mise en échec au hockey, la rapidité de la balle au baseball ou au tennis, l'intensité du football ou encore les incroyables performances d'une voiture de course poussée à son maximum en circuit fermé.

Tous ceux et toutes celles qui sont déjà montés avec moi pour un tour de piste peuvent en témoigner. Ils n'ont pas oublié leur expérience et m'en parlent encore très souvent, de nombreuses années plus tard. Que ce soit Michel Barrette, Marie Michèle Desrosiers, Jean-Pierre Coallier ou ces dizaines de personnes qui m'ont demandé de leur faire vivre la course en direct, ils ont tous eu la trouille de leur vie. Pourquoi ? Parce qu'il est difficile pour le néophyte de connaître les limites d'une voiture de course. Ainsi, la majeure partie des gens s'imaginent que si l'on négocie un virage trop vite, la voiture va capoter ou faire un tonneau. Pourtant, la réalité est tout autre : une auto qui part en dérapage ne se renversera que si elle heurte un obstacle, que ce soit une chaîne de trottoir, un petit fossé ou un obstacle quelconque. Idem pour le freinage, que l'on n'imagine pas aussi puissant et rapide qu'il peut l'être, si nécessaire. Bref, on fait face à de nombreuses inconnues lorsque l'on accepte de monter dans un bolide de course et on en sera quitte pour une bonne peur. Certains sont capables de passer au travers, d'autres pas.

Par exemple, mon amie Marie Michèle Desrosiers, la sœur de ma meilleure amie Caroline, voulait offrir un cadeau particulier à son conjoint de l'époque. Comme celui-ci avait une grande passion pour l'automobile et la course, elle me demanda si je pouvais faire une surprise à son copain en lui offrant un tour de piste dans une Ferrari. Elle l'amènerait au circuit de Saint-Eustache sous un prétexte quelconque et je serais là pour l'attendre au volant de la Ferrari. Louer le circuit fut relativement facile, mais l'obtention d'une Ferrari le fut un peu moins. En dernier recours, mon ami Richard Petit accepta de me prêter la sienne, une 355, avec la promesse de ne pas trop en abuser. « Promis, juré, craché, Richard ! »

Quelques jours plus tard, j'étais au rendez-vous et Marie Michèle s'amena avec son amoureux qui allait recevoir son cadeau de fête. Les présentations faites, je fis asseoir le passager invité dans la Ferrari en lui expliquant que nous allions faire un tour de reconnaissance pour lui montrer les particularités du circuit et lui expliquer en même temps les caractéristiques de la Ferrari 355. Je démarrai au petit trot et le premier tour se déroula relativement bien, même si je sentais que le monsieur paraissait inquiet chaque fois que l'on négociait un virage moyennement vite.

Il fut toutefois incapable de garder son calme au-delà d'un tour et dès que j'ouvris les gaz pour aborder la deuxième boucle, mon passager se liquéfia. Il se mit à crier et me poussa sur l'épaule droite en me suppliant de m'arrêter. Il était aussi blanc que la Ferrari était rouge. J'eus beau lui dire qu'il ne courait aucun danger et que la 355 n'en était même pas à la moitié de ses capacités, rien n'y fit : le bonhomme voulait célébrer son anniversaire les deux pieds sur terre, en pantoufles sans doute dans la chaleur de son foyer.

Imaginez la déception de Marie Michèle quand je rentrai au puits en rigolant pour lui faire part de la situation. Elle venait de dépenser facilement 500 $ pour faire plaisir à son chum et celui-ci n'avait pas le courage d'accepter son cadeau. Marie Michèle, bonne joueuse, choisit d'en rire dans un geste de courtoisie pour son ami, mais je suis certain qu'au fond d'elle-même, elle était profondément déçue de la tournure des évènements. Faisant contre mauvaise fortune bon cœur, elle décida en dernier recours de profiter de la séance et je lui fis faire plusieurs tours de piste puisque, finalement, c'est elle qui les avait payés. Vous êtes sans doute curieux de savoir la fin de l'histoire… Sachez que le fiancé peureux n'est plus dans le décor.

Un autre tour de piste mémorable fut celui que j'offris à Louis Robitaille, le danseur étoile des Grands Ballets Canadiens au début des années 1990. Celui-ci allait se marier avec sa partenaire Anik Bissonnette et ses copains avaient décidé de lui offrir un enterrement de vie de garçon inusité, dépourvu des vulgarités habituelles. Sachant qu'il avait un fort penchant pour les voitures de sport, ils me téléphonèrent pour me demander s'il serait possible de réserver le circuit Mont-Tremblant et d'y faire quelques tours de piste avec Louis afin de lui flanquer une bonne frousse. Sa voiture de prédilection, m'avait-on informé, était la Mustang GT et je réussis à en dénicher un exemplaire pour cette occasion très spéciale.

Les amis du célèbre danseur avaient trouvé un prétexte pour l'amener à la piste de Mont-Tremblant. À leur arrivée, j'étais déjà là pour les recevoir à côté de la voiture qui allait servir à initier Louis Robitaille à la course en circuit fermé. Ce dernier était estomaqué du coup que venaient de lui faire ses copains. Pour ajouter encore à cette expérience inusitée, il tombait un léger crachin, ce jour-là, ce qui signifiait que j'irais moins vite, mais qu'en revanche les conditions se prêteraient davantage à de spectaculaires glissades dans les virages. Malgré ses craintes très légitimes, Louis accepta de bon gré de monter à mes côtés, casqué et bien sanglé dans le siège du passager.

Après un tour consacré à étudier le coefficient d'adhérence du circuit, j'entrepris le deuxième tour à plus haute vitesse et je sentis mon compagnon se raidir dans le rapide virage numéro 1 qui, même sur une chaussée sèche, constitue une expérience susceptible de donner la frousse au plus stoïque des cascadeurs. Du coin de l'œil, j'épiais Louis Robitaille, qui fit de son mieux pour dissimuler son inquiétude quand la voiture se mit en travers à 140 km/h dans la descente précédant les S du circuit. J'essayais de le rassurer en lui décrivant le comportement de la Mustang et ses réactions sur une piste rendue glissante par la pluie. Il commença à relaxer sur la ligne droite alors que les essuie-glaces tentaient de repousser les giclées d'eau qui aspergeaient le pare-brise. Je fis un ou deux autres tours et il se rendit compte que je n'en étais pas à ma première expérience du genre et que la voiture, malgré ses survirages intempestifs, n'allait pas le précipiter dans le décor. À la fin, il descendit de voiture avec un sourire fendu jusqu'aux oreilles qui incita ses amis à me demander de leur faire vivre à eux aussi quelques tours de piste. Je pense que ce fut une journée mémorable pour lui et que son estime pour la Ford Mustang GT avait encore monté d'un cran. Comme enterrement de vie de garçon, en tout cas, ce fut très certainement une première.

CHARLES DUTOIT AU VOLANT

Dans ma propre voiture, M. Charles Dutoit eut droit à un peu plus de réserve. Le mandat que l'on m'avait confié n'était pas de lui donner la trouille, mais plutôt de lui offrir un cadeau à l'occasion de son demi-siècle d'existence, soit une balade en Porsche, sa voiture préférée. En effet, en 1996, pour les 50 ans du directeur de l'Orchestre symphonique de Montréal, une équipe de télévision avait eu la joyeuse idée de lui faire vivre quelques expériences inédites et, principalement, de lui donner du plaisir pendant toute la journée de son anniversaire.

Sachant que j'étais propriétaire d'une Porsche 911 Targa, le réalisateur me proposa de participer à l'émission. Mon rôle serait de m'amener subrepticement au volant de la voiture à l'endroit où l'on serait en train de tourner une autre séquence de l'émission anniversaire. Je présenterais alors la voiture à Charles Dutoit et l'inviterais à faire une balade dans la montagne, d'abord comme passager et ensuite comme conducteur. On n'imaginait évidemment pas qu'un homme de musique de sa trempe puisse être intéressé à l'automobile. Or, il me confia avoir découvert la Porsche pendant son enfance en Suisse et avoir été fasciné par cette voiture dont il avait possédé un exemplaire il y avait de nombreuses années. Nous bavardâmes pendant une bonne demi-heure et il me fit l'impression d'un homme moins sévère que l'image que l'on se fait d'un grand chef d'orchestre classique. Ce fut là mon humble cadeau à Charles Dutoit.

MON CORRESPONDANT DORIS LUSSIER

Je me considère chanceux et privilégié d'avoir été parmi ceux et celles qui ont eu le rare bonheur de faire partie des correspondants du regretté Doris Lussier et de se régaler de sa prose alerte, enjouée, suave et résolument engagée. Jusqu'à son dernier souffle en 1993, le Père Gédéon a cru à un Québec libre et distinct. Il me l'exprima à plusieurs reprises dans ses lettres-fleuves empreintes de la poésie et de la philosophie d'un être sage et particulièrement doué. Je trouve d'ailleurs dommage que Doris n'ait jamais reçu la reconnaissance qu'il méritait. À cheval entre son talent de tribun, sa culture universitaire et son rôle égrillard du bon vieux Père Gédéon, je pense qu'on a négligé de reconnaître le grand homme qu'il était. À l'occasion de la mort de son grand ami René Lévesque, il me fit parvenir le texte qu'il avait lu aux funérailles et dont voici un court extrait : « Que dirais-je de plus, de plus vrai, de plus beau, que le peuple lui-même qui spontanément chanta une chanson d'amour sur un cercueil qui passait ? Toutes ces gorges serrées, ces sanglots refoulés ou ces larmes qui coulaient de bon cœur témoignent que cet homme était plus qu'un homme : il était un peuple. » Et Doris terminait en m'offrant ses vœux pour la nouvelle année avec la formule suivante : « Je te souhaite toute l'année 1988 ! »

UN PRÉSIDENT DE PACOTILLE

À la fin des années 1980, Normand Legault, le promoteur du Grand Prix du Canada, cherchait un moyen de s'assurer une meilleure emprise sur l'organisation de la course sur le plan sportif. Cette tâche était assumée jusque-là par un club automobile reconnu de la région de Montréal, sous la supervision de la Fédération québécoise de l'automobile (la FAQ) dont le président était Benoît Mailloux, homme d'affaires de la région de Trois-Rivières. Normand travaillait alors étroitement avec Mario Vallée, qui avait été mon copilote dans quelques courses d'endurance alors que nous conduisions une Renault 17 Gordini. Mario avait aussi la responsabilité de piloter la voiture officielle qui transportait le réputé docteur Sydney Watkins et qui fermait la marche derrière les formules 1 pendant le premier tour de chaque Grand Prix, garantissant ainsi une assistance médicale immédiate si jamais un accident grave se produisait durant le chassé-croisé suivant le départ de la course.

Pour aider leur cause auprès des autorités internationales (la FIA), Normand et Mario décidèrent de mettre sur pied une structure ressemblant à celle du Grand Prix de Monaco. À l'instar de la principauté, pour avoir le droit de reprendre le contrôle de l'épreuve, il fallait fonder un club en bonne et due forme reconnu par la FIA. C'est ainsi que fut créé l'Automobile Club de l'île Notre-Dame, un calque de l'Automobile Club de Monaco. Pour donner une certaine crédibilité à cette organisation, on me demanda d'en être le président. MM. Legault et Vallée débarquèrent en Floride où je séjournais quelques semaines pour me proposer officiellement le poste, ce qui impliquait la signature d'une tonne de paperasse visant à légaliser le club en question. J'étais flatté de l'offre, mais je voulais d'abord faire bouger les choses et surtout que cet Automobile Club ait des responsabilités autres que la seule organisation d'une course par année – même d'envergure internationale.

Je pensais que le prestige d'une telle association pouvait notamment servir à promouvoir la relève et à permettre à de jeunes pilotes sans argent de faire parler leur talent plutôt que leurs comptes en banque. D'un commun accord avec Normand, il fut décidé de créer un fonds spécial dont l'argent serait perçu en prélevant un léger pourcentage (10 pour cent) du montant de chacune des commandites. Bref, 5 millions provenant des commanditaires apporteraient 500 000 $ dans la cagnotte. Mon plan était d'amener un pilote prometteur de la formule Ford à la formule Atlantique et finalement au Cart ou à la formule 1 si jamais le candidat s'avérait à la hauteur de nos attentes.

Malheureusement, ce rêve demeura un rêve et je soupçonne que sa concrétisation n'avait pas reçu l'aval du grand argentier de la formule 1, Bernie Ecclestone. Ce ne fut d'ailleurs pas sa seule intervention dans les décisions d'un club automobile où, selon moi, il n'avait pas d'affaire. Nous avions par exemple des réunions pratiquement tous les mois dans le trimestre précédant la date de la course. Nous discutions pendant une heure avant d'en arriver à un consensus pour nous faire dire le lendemain que notre décision avait été renversée. Par qui? Dieu seul le sait, mais je serais prêt à parier gros que le Tonton Bernie était le seul à tirer les ficelles. Une fois, ce fut pour nous empêcher de nommer le préposé aux drapeaux à la ligne de départ et d'arrivée, une autre pour retirer les frites que l'on offrait aux travailleurs bénévoles avec le lunch du midi. J'ose espérer que ce n'était pas pour économiser 25 cents, mais plutôt pour préserver la bonne santé de nos membres... Victime d'une *écœurantite* aiguë, je décidai de remettre ma démission, au grand bonheur de Mario Vallée, qui n'attendait que cette occasion pour s'emparer du commandement de la course. Il a depuis été évincé de son poste pour des raisons que je m'abstiendrai de mentionner ici. Outre la mise sur pied de deux clubs automobiles (CASM et ACAM) et ma tentative de doter Montréal d'un Grand Prix en 1963, ce fut ma seule expérience comme administrateur d'un organisme de sport automobile.

LE GITAN

Même si ce chapitre de ma vie a été marqué en bonne partie par la sédentarité de mes liens avec Ford, sachez que je suis de nature plutôt nomade. Tel un romanichel, j'ai toujours eu une irrépressible envie de déménager, le goût de bouger, de changer de décor, au point où j'ai fait mes boîtes pas moins de 12 fois jusqu'ici dans ma vie : 5 fois pendant les 18 ans de mon premier mariage et 7 fois pendant mes 23 années de vie commune avec Monique.

Mon premier pied-à-terre en 1956 fut un logement de la rue Church à Verdun, situé juste au-dessus de la Caisse populaire, où je ne fis pas long feu. Dès l'année suivante, je pris la direction de Lasalle, après y avoir fait l'achat d'une maison unifamiliale du secteur Riverside Park. L'architecture du temps venait de découvrir le *split level,* ces maisons à paliers multiples qui permettaient d'entasser plus de monde dans un espace restreint. De là, nous mîmes le cap sur Saint-Bruno où, en attendant que la nouvelle maison soit prête, nous dûmes déménager à deux reprises dans des baraques qui n'étaient pas loin de ressembler à de véritables taudis. Notre maison de la rue Bellevue fut un îlot de stabilité, puisque nous y restâmes pendant un peu plus de 18 ans. C'est là que François, Pierre et Brigitte, mes enfants, ont été élevés et qu'ils ont vécu leur adolescence. Je la vendis plus tard au docteur Denis Lazure, qui désirait habiter le comté où il se présenterait par la suite comme candidat du Parti québécois. J'ignore s'il avait été citadin toute sa vie, mais sa vision de la vie de banlieue était passablement dépassée : il me demanda si le boulanger passait tous les matins avec du bon pain de ménage frais et odoriférant… « Pourquoi pas avec une charrette et un cheval, tant qu'à y être », avais-je eu envie de lui répondre. Dans son esprit, Saint-Bruno était probablement la campagne profonde, d'où sa question plutôt décalée et, somme toute, un peu simplette.

Je vendis cette maison, remplie des souvenirs de mon premier mariage, pour entreprendre une nouvelle vie avec Monique, à qui je voulais offrir un environnement tout neuf. Après avoir fait l'achat d'un immense terrain sur la rue du Domaine, nous y fîmes ériger un cottage adapté à nos besoins. Cela ne fut pas suffisant pour m'empêcher de retomber dans les boîtes à peine deux ans plus tard, pour aller habiter pas très loin, sur la rue Lacorne, où j'avais acheté un magnifique cottage de style Cape Cod appartenant au directeur régional de la compagnie Sunoco, dont j'étais alors le porte-parole et qui commanditait ma voiture de course. Malgré tous ses bons côtés, je ne pouvais y supporter le chauffage à l'huile très bruyant et les planchers qui craquaient comme si nous avions été dans une demeure centenaire.

Toutefois, la revente de cette maison que je n'avais gardée qu'un an et demi fut une erreur. C'était une demeure ravissante, avec un immense terrain arrière et une piscine que j'y avais fait construire. D'ailleurs, les plans de ma résidence suivante furent plus ou moins inspirés par l'aménagement de la maison de la rue Lacorne. Le seul bon côté de cette revente fut qu'elle me permit de faire la connaissance de Charlotte et André Bilodeau. Ce dernier était alors représentant pour une compagnie de ski et allait devenir un homme d'affaires très doué. L'une de ses bonnes affaires, d'ailleurs, fut de pouvoir revendre 15 ans plus tard mon ancienne maison pour un prix 3 fois supérieur à celui qu'il avait payé.

Le cottage de la rue Lacorne fut ma dernière résidence à Saint-Bruno, bien que j'y sois revenu aujourd'hui comme propriétaire d'un appartement en copropriété. Nous prîmes ensuite la direction de Saint-Mathieu-de-Belœil, à faible distance de Saint-Bruno. J'y avais fait construire une immense maison dans une nouvelle rue appelée Champ Doré; cette maison fut l'épicentre de ma vie avec Monique, puisque nous habitâmes à la même adresse pendant les huit années suivantes, un record.

Succombant par la suite à la vogue des *condos* et nous croyant prêts à entreprendre un nouveau mode de vie, nous décidâmes d'aller vivre à Outremont, au sanctuaire du Mont-Royal, où plusieurs de nos amis habitaient déjà. L'appartement n'ayant pas comblé mes attentes, je décidai de le revendre avant même de l'avoir habité pour prendre la direction de Brossard, où nous avions été attirés par les Terrasses du Lac, un complexe immobilier avec tennis, marina et tout ce qui animait notre vie de l'époque. Toutefois, plus de la moitié des prétentions du dépliant publicitaire s'avérèrent fausses. J'avais acheté un vaste appartement tout en haut de l'édifice et longtemps après que je l'ai eu vendu, il n'y avait toujours pas l'ombre d'une chaloupe flottant dans une marina ou le mirage d'un terrain de tennis. De plus, cet appartement possédait une terrasse de plus de 1 000 pieds carrés tellement exposée au vent qu'il aurait fallu attacher chaises et table avec des chaînes pour les empêcher de perturber le trafic aérien.

Mon goût de la bougeotte atteignit son point culminant en 1996. Bien nichés dans un coquet petit appartement au bord de la rivière à Saint-Jean-sur-Richelieu, Monique et moi avions envie d'un peu plus d'espace pour ne pas nous marcher sur les pieds. Il faut dire que nous étions passés d'un vaste appartement de 3 000 pieds carrés à un logement faisant la moitié de cette surface pour donner libre cours à ma nouvelle passion des bateaux. J'aurais sans doute vécu dans une cabane d'oiseau tellement mon dada m'attirait vers une piaule au bord de l'eau.

J'avais abordé le nautisme avec une certaine désinvolture sans savoir que ce sport exige une bonne connaissance des règles de la navigation et du pilotage d'une embarcation à moteur. Dans mon esprit, si l'on savait conduire une auto, guider un bateau était un jeu d'enfant. J'avais aussi cette stupide vision des choses qui me faisait croire que pourvu qu'il y a de l'eau sous le bateau, tout va bien. Ce qui m'amena à briser un bon nombre d'hélices, à me donner quelques bonnes frousses et à me couvrir de ridicule au moment d'accoster mon bateau avec un fort courant et des vents contraires. Comme tous les amateurs de nautisme, j'avais attrapé ce virus qui incite à toujours vouloir un bateau plus long et plus spacieux.

Après de modestes débuts avec un Sea Ray de 20 pieds, je voulais imiter mon ami Claude Carrière, avec qui nous faisions de fréquentes excursions sur le lac Champlain, et qui était proprié-taire d'un Doral de 25 pieds. Je fis donc l'acquisition d'un autre Sea Ray, un 25 pieds avec cabine, dînette, chambrette et toilette pour faire la rime. Après un an, je me croyais prêt à entrer dans les ligues majeures et je devins propriétaire d'un superbe Tiara de 31 pieds acheté en Floride.

C'était le grand confort, mais les coûts d'utilisation étaient devenus exorbitants et je n'étais jamais très à l'aise sur l'eau, intimidé par toutes les règles de navigation et le pilotage d'un bateau. La course automobile ne m'a jamais vraiment fait peur parce que je m'y sentais dans mon élément, alors que je n'étais jamais très détendu aux commandes de mon Tiara. De plus en plus, il me faisait penser à la phrase d'un conférencier qui disait : « *Boating is the most expensive way to travel third class* » (faire du bateau est la façon la plus chère de voyager en troisième classe). Cela suffit à me convaincre que le plaisir que nous en retirions ne justifiait plus les factures élevées que je devais acquitter pour pratiquer le nautisme. Je vendis mon « paquebot » pour me contenter d'une petite embarcation plus légère et plus maniable.

Du même coup, Monique et moi décidâmes d'abandonner la « condomanie » et de retourner vivre dans une maison. Pendant plusieurs mois, nous avons dû visiter pas moins de 50 maisons, dont aucune ne correspondait à nos goûts. C'est à se demander pourquoi il se vend tant de magazines sur la décoration au Québec, alors que la grande majorité des intérieurs ressemblent à des concentrés de ce que le style kitch a de plus hideux à nous faire voir. Finalement, ce fut le coup de foudre pour cette maison sur les berges du lac Brome à Knowlton, que j'habite encore et dans laquelle Monique n'a vécu que du 7 février au 16 mars 1997. Nous partîmes ensuite pour la Floride, d'où elle ne devait jamais revenir. Personnellement, j'y ai finalement trouvé une tranquillité d'esprit qui m'a enfin fait perdre cette irrépressible envie de déménager.

CINQUIÈME PARTIE

NOIRE DÉCENNIE

Les années 1990

CHAPITRE XX

LE CANCER M'ASSOMME

On a souvent l'impression que les malheurs arrivent toujours les uns après les autres, qu'ils se succèdent comme s'ils étaient programmés pour nous causer le plus de douleur possible et tester notre résistance à l'adversité. C'est du moins ce que j'ai vécu entre 1990 et l'an 2000; ce fut la période sombre d'une vie qui, jusque-là, m'avait épargné le pire.

Cette triste décennie commença à étaler sa suite d'infortunes et de deuils avec la découverte de mon cancer de la prostate en 1990, auquel s'ajouta le décès de ma mère en 1992 à l'âge de 86 ans. Trois ans plus tard, la maman de Monique, Gaby, nous quitta elle aussi, emportée par l'Alzheimer, maladie que j'ai connue sous ses aspects les plus odieux. Ce fut ensuite au tour de Monique, en 1997, de me quitter, perturbant ma vie au point de m'enlever toute envie de la continuer.

J'avais 56 ans quand le mot cancer vint mettre un gros point d'interrogation sur le reste de ma vie. C'est un souper à la maison avec un couple d'amis qui fut le prélude à cet événement terrifiant qui devait bouleverser mon existence pendant de longs mois. Je m'apprêtais à entrer dans le livre des statistiques des victimes du cancer. À 56 ans, après avoir joué avec le danger pendant plus de 20 ans, j'allais peut-être bêtement perdre la course par la faute d'un cancer de la prostate. Par bonheur, j'avais toutefois tiré le bon numéro, puisque le taux de survie des patients atteints de ce genre de tumeur maligne est parmi les plus élevés, si elle est, bien entendu, détectée assez tôt. Ce fut mon cas.

N'empêche… Quand le verdict tomba, j'en eus les deux jambes coupées. Le seul mot de « cancer » crée, tant chez la victime que chez ses proches, une peur démoralisante. Même mes employeurs ne donnaient pas cher de ma peau ; Radio-Canada, où j'officiais comme analyste lors de la retransmission des Grands Prix de formule 1 en compagnie de Jean Pagé, songeait d'ailleurs à me trouver un remplaçant. On me voyait déjà dans mon cercueil, chapelet et crucifix inclus. Ce sont des détails qui furent de nature ni à m'aider, ni à m'inspirer une grande admiration pour mes employeurs. Seul Ford Canada, où je terminais un contrat de huit ans, m'offrit de rester en poste une autre année pour m'occuper de sa commandite des fêtes du 350e anniversaire de Montréal. Mais je saute les étapes…

Toujours est-il qu'au cours de ce mémorable souper à la maison, au moment où nous parlions de nos petits problèmes de santé, un ami me demanda si je prenais soin de subir au moins une fois l'an un test visant à détecter un possible cancer de la prostate. Mon médecin personnel, le docteur Serge Savard, était sinon un ami, du moins une très bonne connaissance et je pense qu'il était un peu mal à l'aise à l'idée de me faire subir le fameux toucher rectal. Pas plus tard que le lendemain, je dénichai un autre médecin qui, lui, accepta de faire ce délicat travail. Il détecta effectivement un petit nodule qui l'incita à pousser plus loin l'investigation en m'adressant à une clinique spécialisée pour des tests plus fiables. Malheureusement, les doutes du médecin furent confirmés par une biopsie et une prise de sang visant à mesurer le niveau de mon PSA (*prostatic specific antigen* – antigène prostatique spécifique).

J'avais d'ailleurs deviné le diagnostic uniquement à son ton de voix sur le message qu'il avait laissé sur notre répondeur téléphonique, alors que nous séjournions à notre appartement en Floride, où je venais de faire l'acquisition d'un nouveau bateau. Quand un médecin n'appelle pas à la suite de divers examens, c'est ordinairement parce que tout va bien, mais quand il tient à vous parler, c'est qu'il y a quelque chose qui ne tourne pas rond. Étant du genre à deviner les cadeaux de Noël les plus inattendus avant même de les déballer, j'avais tout de suite conclu que le médecin s'apprêtait à m'apprendre qu'il ne me restait que six mois à vivre, tant il est vrai que je suis un hypocondriaque notoire.

LES DOUTES CONFIRMÉS

J'appris plus tard que mon PSA était à un niveau légèrement au-dessus de la moyenne et qu'il fallait envisager un traitement quelconque dans les meilleurs délais. De retour à Montréal, je rencontrai un autre médecin, qui me brossa un bref tableau de la situation en m'offrant toutes les solutions possibles. J'avais le choix entre des traitements de radiation, une prostatectomie radicale (résection de la prostate), une intervention au cours de laquelle on insère de petites billes radioactives (curiethérapie) dans la prostate ou encore de m'en remettre à l'option du «watchful-waiting». Cette dernière solution est souvent retenue dans le cas d'hommes plutôt âgés, parce que le cancer de la prostate évolue si lentement que vous avez alors de bonnes chances de mourir de quelque chose d'autre avant que le «tueur» ait le temps de faire son œuvre. Mais au début de la cinquantaine, il me semblait que le traitement le plus logique était aussi le plus radical, soit la chirurgie visant à me débarrasser de cette foutue prostate. Je précise qu'à part deux ou trois visites à la toilette chaque nuit pour uriner, signe d'une simple augmentation bénigne du volume de la prostate, je n'avais aucun symptôme de la maladie.

Allez, aux poubelles la prostate, au plus sacrant et qu'on n'en parle plus ! On m'avisa des conséquences fréquentes de ce genre d'opération, soit l'incontinence et l'impuissance accompagnée d'une libido en chute libre. Mais on ajouta que chez un homme de 56 ans, les risques étaient évidemment moins élevés. Au pire, c'est la couche et une moins grande envie de coucher avec la voisine tandis qu'au mieux, seul le fou rire vous fera pisser dans vos culottes et la voisine ne voudra pas coucher avec vous.

Après discussion avec ma compagne de vie, il fut décidé que je passerais le reste de ma vie avec une autre pièce en moins, la prostate s'ajoutant aux amygdales, à l'appendice et à quelques autres accessoires superflus reconnus pour causer de terribles maux de dos, une calamité qui me hanta pendant pratiquement la moitié de ma vie. Vivre avec la douleur, ça me connaît. Mais revenons à cette autre « saloperie » qu'est le cancer. L'intervention chirurgicale devait avoir lieu un mardi matin à l'hôpital Charles-Lemoyne de Brossard.

MON SAUVEUR

Dans la semaine précédant l'opération, mon travail de porte-parole chez Ford m'obligeait à être présent au Salon de l'auto de Québec pour y faire la présentation des nouveaux modèles. Ce serait difficile de faire face au public et de garder le sourire, mais je travaillais si peu chez Ford que je ne pouvais pas me permettre de leur faire faux bond.

Le jeudi soir, alors que j'attendais de monter sur scène, je reçus la visite de mon ami le regretté Jacques Rainville. Comme moi, il était chroniqueur automobile et il avait plus ou moins marché dans mon sillage en animant des émissions de radio et en publiant un bouquin annuel connu sous le nom de *L'Almanach de l'auto*. Nous avions beaucoup voyagé ensemble et je m'amusais souvent à ses dépens sur les petits travers de la vie à Québec (ce qui était sans malice, puisque j'étais moi-même originaire de Lévis, juste en face). Je confiai à Jacques ce qui m'arrivait. Il connaissait à peu près tout le monde à Québec et me fit part sur-le-champ de ses contacts avec le docteur Fernand Labrie qui avait mis sur pied une Clinique de la prostate au CHUL, où l'on pratiquait un traitement révolutionnaire pour les malades dans mon genre.

Dévoué au point où il aurait mis en danger sa propre santé pour aider un copain, Jacques Rainville m'avait promis de faire les démarches pour accélérer les choses. « Je vais les appeler à la première heure demain matin pour leur parler de ton cas et ne te gêne pas pour téléphoner au docteur Labrie en fin d'avant-midi afin d'entendre ce qu'il aura à dire. »

J'y croyais plus ou moins mais, comme toujours, j'étais prêt à faire confiance à ceux qui avaient l'amabilité de vouloir m'aider. Quand on connaît la lenteur proverbiale de notre système de santé, je dois dire que je fus littéralement stupéfait le lendemain midi lorsque je téléphonai au docteur Labrie. Il répondit lui-même au téléphone et me demanda où je me trouvais à l'instant même. Après lui avoir expliqué que j'étais pratiquement de l'autre côté de la rue, il m'invita à traverser pour le rencontrer. Quinze minutes plus tard, j'étais dans son bureau, face à un homme d'âge moyen à la chevelure hirsute, à la voix claire et plein d'une énergie débordante. Il donnait aussi l'impression de connaître le cancer de la prostate comme s'il l'avait « inventé » et possédait *de facto* une inébranlable confiance dans le traitement anti-hormonal qu'il avait mis au point. Comme il menait une étude randomisée sur les effets de son traitement dans la réduction du taux de mortalité des hommes souffrant du cancer de la prostate, il m'invita à en faire partie en me soumettant à la thérapie qu'il préconisait.

En vulgarisant un peu, précisons que sa théorie, somme toute simple, consistait à injecter au patient un médicament destiné à faire baisser les hormones mâles qui alimentent la prostate. Ce faisant, cette dernière a tendance à rapetisser et à devenir plus facile à extraire en donnant au chirurgien une plus grande marge de manœuvre autour de la prostate. Il devient ainsi moins dangereux d'attaquer les nerfs minuscules qui permettent de contrôler les érections et il est aussi plus facile d'enlever cet organe sans que la tumeur cancéreuse vienne en contact avec des organismes avoisinants susceptibles de développer des métastases. Le docteur Labrie dégageait une telle conviction et un tel enthousiasme qu'il ne mit pas de temps à me convaincre d'adhérer à sa méthode. Il allait se charger d'annuler mon opération du mardi suivant et assurer le suivi de mon traitement au cours des trois mois que durerait le traitement anti-hormonal précédant la prostatectomie radicale.

Commença alors une période extrêmement difficile à vivre, un trimestre rempli d'inquiétude, de questionnements et de cette peur inhérente à la vie quotidienne avec le cancer. N'aurais-je pas mieux fait de m'en débarrasser tout de suite plutôt que de laisser cet insupportable intrus ravager mon intérieur ? Voilà la question que je me posais constamment.

À un certain moment, n'en pouvant plus de vivre dans l'incertitude, j'allai voir un urologue de Saint-Jérôme que j'avais brièvement rencontré à la Clinique de la prostate de Québec. L'individu m'avait semblé franc et surtout très volubile et il m'intéressait de connaître son point de vue sur ce que je vivais. Ce fut une bien mauvaise décision car, à l'entendre, je pourrais très bien être mort dans un an et il ne fallait pas s'attendre à des miracles. Bref, il me jeta par terre et je rentrai à la maison dans un état d'intense déprime. Le lendemain, je m'empressai de téléphoner aux quelques amis que je m'étais faits au CHUL afin de leur faire part de mes nouvelles craintes. À la mention du nom du médecin en question, l'affaire devint quasiment une farce tellement le bonhomme était pris avec un grain de sel dans le milieu.

L'attente s'avéra donc pénible et je voyais venir l'intervention en comptant les jours. Le stress causé par la situation fut d'ailleurs à l'origine d'une mésaventure lors d'un dîner au restaurant Continental à Québec. Je ne me sentais pas très bien, ce jour-là, et je n'avais pas tellement envie de boire ou de manger, mais je ne voulais pas priver Monique d'une sortie au restaurant, car elle vivait elle aussi des moments assez difficiles. À la fin du repas, et même si j'avais cessé de fumer depuis quelques années, j'avais demandé à Monique (qui fumait beaucoup trop) de me donner une cigarette, pensant y trouver un peu de relaxation. Je n'avais pas aspiré la deuxième « touche » que je commençai à ressentir des étourdissements. J'avisai Monique de régler l'addition pendant que j'allais prendre l'air à l'extérieur. Je me levai pour sortir et c'est la dernière chose dont je me souviens. Je me réveillai couché par terre dans l'entrée du restaurant, entouré d'un peu tout le monde qui était venu à mon secours. En moins d'une minute, Urgence Santé arrivait sur les lieux et je fus transporté à l'urgence de l'Hôtel-Dieu de Québec. J'avais, me dit-on, été victime d'une réaction vagale due à une chute soudaine de la pression artérielle. On me garda une heure ou deux sous observation et nous retournâmes au château Frontenac, où j'étais descendu avec ma compagne.

Vivement la maudite opération ! Elle devait se dérouler au début du mois de juin 1992 à l'Hôtel-Dieu de Québec, sous le bistouri du docteur Yves Fradet, un urologue qui travaillait en étroite collaboration avec le docteur Labrie. Je l'avais rencontré au préalable et il m'avait inspiré une grande confiance, en raison du très grand nombre d'opérations qu'il pratiquait sur une base hebdomadaire. Il n'était pas rare qu'il procède à deux ou trois opérations dans une même journée, ce qui lui donnait une grande expertise, qualité cruciale pour pratiquer une intervention aussi délicate.

Monique et moi étions arrivés à Québec le samedi et nous avions profité de la journée pour nous divertir un peu en allant voir notamment l'excellent film « A Room with a View ». Nous avions aussi déniché un hôtel où elle habiterait pendant mon séjour d'une semaine à l'hôpital. J'avais même pris soin de repérer un restaurant, « Les Frères de la côte », afin que Monique puisse aller me chercher de petits plats plus appétissants que les repas fades de nos hôpitaux.

L'intervention étant prévue pour le lundi matin, je me présentai à l'Hôtel-Dieu le dimanche après-midi pour les divers préparatifs. On me fit entre autres ingurgiter au moins un litre d'un liquide sucré et plutôt désagréable au goût qui eut très vite l'effet désiré. Cette purgation en règle eut comme résultat de me faire passer l'après-midi à voyager entre mon lit et la toilette.

L'opération, dont je ne me souviens absolument pas, eut lieu tel que prévu le lendemain matin. Au réveil, Monique, qui était à mon chevet, me jura que tout s'était bien passé et que je n'avais plus rien à craindre. Toutefois, de nature sceptique, j'avais très hâte de parler au médecin afin de savoir si l'examen des ganglions prélevés lors de l'opération allait confirmer que le cancer ne s'était pas disséminé ailleurs dans l'organisme. On m'informa que les résultats du test ne seraient pas connus avant un jour ou deux. Ce n'est donc que le surlendemain que je reçus la visite du docteur Fradet, qui m'annonça que l'examen s'était avéré négatif et que je pouvais dormir sur mes deux oreilles. Étant hypocondriaque au dernier degré, je refusai de le croire en rétorquant qu'il me disait cela pour m'encourager afin de me remonter le moral. Devant mon incrédulité, il se mit à rire et me montra une pile de papiers jaunes qui confirmaient, selon lui, que le cancer n'avait pas proliféré. Je dus me rendre à l'évidence, non sans une certaine réticence.

J'obtins mon congé de l'Hôtel-Dieu de Québec et c'est presque à regret que je quittai cet hôpital où les infirmières et tout le personnel étaient d'une grande gentillesse. Selon moi, cette institution reflète bien la nature chaleureuse des gens de Québec et, sans vouloir offenser le personnel des hôpitaux de Montréal, on a moins l'impression d'être traité comme un simple numéro dans les centres de santé de la vieille capitale. On m'apportait mon journal le matin et j'avais de longues conversations avec les préposés quand je m'arrêtais au poste des infirmières en faisant une marche avec mon poteau de soluté. Je mangeais aussi comme un roi grâce aux petits repas que Monique allait chercher au restaurant et je faisais presque la vie d'hôtel.

De retour à la maison, je n'étais pas dans une grande forme mais, dans les circonstances, je me sentais assez bien et surtout encouragé d'entreprendre ma récupération. M'étant inscrit à l'étude randomisée du docteur Labrie, je devais me présenter une fois tous les trois mois au CHUL de Québec pour un contrôle de mon PSA et un examen de santé. Je vivais dans l'inquiétude au cours de la semaine précédant ma visite à Québec. J'avais peur que l'on m'annonce que mon PSA était à la hausse ou une autre horreur du genre. Chaque fois, mes craintes s'avéraient non fondées et mon PSA restait indétectable, ce qui signifie ni plus ni moins qu'il n'y a plus aucune trace de cancer.

Entre-temps, j'avais fait la connaissance de plusieurs personnes travaillant au CHUL, dont le docteur André Dupont, un colosse toujours prévenant, et une infirmière du nom de Suzanne Croft, qui vous donnait toujours l'impression d'être son unique patient. Un an ou deux plus tard, j'appelai Hélène, la secrétaire, pour prendre mon rendez-vous trimestriel et je demandai à parler à Suzanne. Quelle ne fut pas ma surprise, et ma consternation, d'apprendre qu'elle était décédée seule chez elle, victime d'un anévrisme. Après quelques minutes de conversation avec Hélène, je demandai des nouvelles du docteur Dupont pour apprendre que lui aussi avait perdu la vie, apparemment des suites d'une crise cardiaque alors qu'il faisait de la plongée sous-marine. Ces deux terribles nouvelles eurent pour effet de me faire comprendre combien la vie est précieuse tout en me faisant prendre conscience que les gens qui nous soignent peuvent eux aussi être victimes du mauvais sort. En les rencontrant, on a tendance à les envier d'être forts, en forme et en santé alors que

la maladie nous accable. Et soudain, ce sont eux qui nous précè-
dent dans l'autre monde. J'ai tiré une grande leçon de ces tristes
événements.

Après trois ans de visites trimestrielles au CHUL, le temps
était venu d'espacer mes examens de contrôle pour ne m'y
présenter dorénavant que deux fois par année. Après dix ans, je fus
déclaré « guéri » et il ne me fut plus nécessaire de faire mes périples
à Québec. Cependant, j'aime tellement le personnel que j'y
retourne une fois l'an même si ce n'est plus nécessaire. J'en profite
pour remercier le docteur Leonello Cusan ainsi que le docteur
Jose Luis Gomez pour leur compétence et cette façon rassurante,
personnelle et humaine qu'ils ont de traiter leurs patients.

Qu'en est-il maintenant des fameuses conséquences possibles
de l'ablation de la prostate, soit l'incontinence et l'impuissance ?
Je dirai tout de suite que j'ai été chanceux, même si je n'ai pas
échappé entièrement aux séquelles de l'opération. L'impuissance
et l'incontinence sont évidemment deux monstres tellement
honteux qu'il est difficile de dire lequel des deux est le moins
humiliant à affronter. Mais ne paniquez pas si vite, messieurs,
puisqu'il existe une manière de repousser l'échéance : c'est le
choix du bon chirurgien. Plus ce dernier est expérimenté, plus
les risques s'amenuisent. Le médecin qui n'opère qu'un ou deux
patients par mois n'aura peut-être pas le niveau de compétence
de celui qui fait plusieurs interventions par semaine, sinon par
jour. La marge de manœuvre est infime et un chirurgien moins
entraîné peut facilement toucher des nerfs vitaux en faisant les
incisions nécessaires à l'ablation de la prostate. D'où la valeur
du traitement anti-hormonal du docteur Labrie.

Personnellement, je n'ai pas souffert d'une grande diminution de mes capacités sur le plan sexuel, mais il est évident que
cet aspect de la vie doit donner lieu à une sérieuse explication
avec la conjointe. Il est plus difficile par exemple de conserver une
érection pendant plusieurs minutes et on devra quelquefois avoir
recours aux médicaments les plus connus dans le domaine pour

bénéficier pleinement d'une relation intime. La partenaire doit savoir que l'homme aura souvent besoin d'une plus grande stimulation pour faciliter l'érection. En revanche, j'ai toujours trouvé que la jouissance devenait ainsi plus intense et plus longue, mais il s'agit là sans doute d'une question personnelle. Chose certaine, la majeure partie des femmes apprécieront l'absence de sperme et la « propreté » de ces échanges sexuels.

En ce qui a trait à l'incontinence, c'est, à bien y penser, ce que craignent davantage les patients ayant subi une prostatectomie radicale. Faire pipi dans son pantalon est en effet un handicap plutôt gênant, que le fait de devoir porter une couche rend sans aucun doute encore plus avilissant. Encore là, je n'ai pas eu à souffrir de cette séquelle ennuyeuse – sauf, avais-je raconté à mon médecin, lorsque j'apercevais une jolie fille. Devant la beauté du spectacle, il se produisait chez moi une sorte de désir qui me frappait directement là où vous pensez, ce qui se traduisait par un relâchement momentané de ma vigilance urinaire. Mais il ne s'agissait que d'une goutte ou deux tout au plus qui passaient le plus souvent inaperçues. Avec l'âge, divers exercices permettent d'éviter ce genre de situation et il se pratique même de nos jours une intervention destinée à éliminer le problème.

Au début, après mon opération, j'ai beaucoup milité en faveur des groupes de soutien pour les hommes victimes du cancer de la prostate. Cela m'a amené notamment à approfondir mes connaissances de la maladie. J'ai même participé à un congrès de médecins spécialistes de la prostate, au cours duquel je fus invité à relater mon expérience avec la maladie.

Je me souviendrai toujours également de ce médecin qui me téléphona en Floride en 1996 pour me demander de parler à un de ses patients qui avait appris quelques jours avant Noël qu'il souffrait d'un cancer de la prostate. En entendant le nom de la personne en question, je fus littéralement sidéré. Je n'en croyais pas mes oreilles : il s'agissait de Jean Pagé, qui était à ce moment-là mon camarade de travail lors de la présentation des Grands Prix de formule 1 à Radio-Canada. De huit ans mon cadet, Jean était pourtant l'image parfaite d'un homme resplendissant de santé, ce qui démontre clairement que le cancer de la prostate n'est pas strictement une maladie de petit vieux comme on l'a cru pendant longtemps.

D'ailleurs, si vous êtes un homme de plus de 55 ans, il est fort possible que vous soyez atteint d'un cancer de la prostate ou, à tout le moins, que la maldie en soit à son tout premier stade. Bien que ce soit un cancer dit guérissable, s'il est diagnostiqué et traité tôt, on ne saurait trop mettre l'accent sur le besoin d'une détection précoce. Or notre système de santé est en mode d'économie et n'est pas prêt à investir les fonds requis pour inciter les hommes à subir des examens qui permettraient de détecter le cancer de la prostate au moment où les chances de survie du malade sont excellentes, comme j'en suis moi-même la preuve. Ainsi, la Clinique de la Prostate du CHUL de Québec a de la difficulté à obtenir les subventions nécessaires pour freiner les décès causés par le cancer de la prostate. Cela est d'autant plus incompréhensible que cette clinique est reconnue mondialement pour avoir permis à des centaines de victimes de ce cancer de survivre à la maladie. Je sais de quoi je parle, j'en suis une.

Tout comme moi, Jean s'est fort bien tiré de l'opération et milite maintenant au sein de divers mouvements d'entraide pour les victimes du cancer de la prostate. J'espère simplement que mon récit réconfortera ceux qui, en ce moment, vivent une expérience identique, tout en encourageant les autres qui se croient à l'abri à se soumettre aux examens nécessaires susceptibles de mener à la détection précoce de ce mal d'homme.

CHAPITRE XXI

LA MORT FRAPPE TROIS FOIS

Perpétuellement inquiète à propos de tout et de rien, nerveuse et, on l'aura deviné, de nature pessimiste, ma mère n'avait pas été alarmée outre mesure en apprenant que je souffrais d'un cancer de la prostate. Pour moi, cette réaction était rassurante et renforçait cette conviction de tous les spécialistes : si l'on doit se taper un cancer, aussi bien que ce soit celui-là. Il faut dire qu'elle était alors très préoccupée par son propre état de santé, qui avait empiré depuis qu'elle s'était brisé une hanche quelques années plus tôt.

Plus que jamais, maman était prête à mourir, comme elle me le disait chaque fois que j'allais la visiter dans sa maison pour retraités à Lauzon, près du collège. Devenue octogénaire, elle en avait marre de souffrir de tous ces petits bobos qui viennent avec la vieillesse et de ne pas pouvoir jouir de la vie. « Je suis prête à crever », me répétait-elle souvent, ce qui avait le don de me démoraliser complètement face à une attitude que je considérais comme défaitiste.

J'ai appris avec l'âge que la vie est ainsi faite que l'on commence à accepter le grand départ avec un peu plus de sérénité une fois que l'on est entré dans l'automne de sa vie. Il y a bien sûr des exceptions, mais de façon générale, les vieillards développent une philosophie qui leur fait dire qu'ils ont bien vécu, qu'ils ont fait à peu près tout ce qu'ils voulaient accomplir en ce bas monde et qu'il est temps de tirer leur révérence. D'un certain point de vue, la vie est bien faite et se charge de nous préparer à l'inévitable.

Ma mère est décédée à l'hôpital de Lévis en mars 1992, après avoir résisté à la mort pendant 24 heures afin d'avoir le bonheur de voir son fils une dernière fois. C'est du moins ce que me raconta ma cousine Denise Baribeau qui prit soin d'elle vers la fin de sa vie.

J'étais en Floride quand on me téléphona pour me dire qu'elle n'en avait plus pour longtemps. J'attrapai le premier avion et je me précipitai à l'hôpital tôt le matin. Bien que très faible, fortement médicamentée et un peu confuse, elle me reconnut et m'appela par mon nom. Elle était visiblement heureuse de m'apercevoir avant de s'engager dans ce fameux corridor dans lequel elle allait bientôt s'engouffrer pour l'éternité. Je restai avec elle pendant une bonne heure, au cours de laquelle elle voulait toujours se rassurer sur ma présence auprès d'elle. C'était comme si elle disait : « Je t'ai attendu et tu es bien là, mon fils unique. » Je lui promis en partant de revenir la voir le lendemain et je revins, mais elle était partie en douceur durant la nuit, au bout de ses forces. Elle avait arrêté de combattre et s'était laissée glisser dans le néant, satisfaite de m'avoir vu à ses côtés dans ses derniers moments.

Fidèle jusqu'à son dernier souffle à sa réputation de grippe-sou, ma mère avait écrit son testament à la main sans le faire enregistrer par un notaire. Comme j'étais son seul héritier, je fus en mesure de faire authentifier le document sans trop de tracas. Une fois ce problème réglé, je passai quelques jours à Lévis pour m'occuper de fermer ses comptes de banque, vérifier l'état de ses placements et vider son coffret de sûreté, dans lequel elle avait enfoui 5 billets de 1 000 $, sans doute pour sécuriser ses vieux jours. Je retrouvai aussi dans son appartement une grande boîte dans laquelle elle gardait d'innombrables paperasses, y compris les critiques de mes émissions de télé, les articles dans lesquels il était question de son fils, la plupart des lettres que je lui avais envoyées au cours des 40 dernières années et, à ma grande stupéfaction, le cahier de mes travaux de rédaction alors que je fréquentais l'école des frères maristes à Lévis. Dernier de classe en géométrie et en algèbre, j'étais reconnu surtout pour mes excellentes notes en rédaction française, comme j'ai pu me le remémorer en feuilletant cet intrigant cahier. L'un de mes textes traitait de la nécessité de lire pour s'instruire et m'avait valu une note de 95 sur 100 avec la mention « excellent ».

Quant aux lettres, certaines m'ont rappelé des prises de bec que j'avais eues en quelques occasions avec elle, notamment concernant ma petite amie du temps, Murielle. Je l'accusais de s'être liguée avec cette dernière pour me rendre la vie misérable et me faire sentir coupable de l'avoir quittée. En revanche, je lui avais fait parvenir plusieurs lettres dans lesquelles je lui manifestais ma reconnaissance pour tout ce qu'elle m'avait donné. Toutefois, je me dois d'ajouter que la pingrerie de ma mère a donné lieu à des échanges verbaux amers. Il suffisait que j'achète un nouveau costume, une automobile, une caméra ou je ne sais trop quoi pour qu'elle me traite de « gaspilleux » et d'insouciant. Finalement, que ce soit Berthe ou Monique, mes compagnes étaient jugées en fonction de leur manière de gérer un budget et de leur propension à l'économie. Il leur suffisait de ne pas être dépensières pour être dans les bonnes grâces de ma mère.

Dans cette fameuse boîte à surprises, j'ai aussi découvert que ma mère tenait, épisodiquement, son journal. Il y était beaucoup question de sa santé chancelante, de ses malaises, de chacune de mes visites ou coups de téléphone et de sa solitude. Après la mort de mon père et même si elle n'avait que 47 ans à ce moment-là, elle avait effectivement choisi de vivre seule. Ce choix était manifestement très lourd à porter, comme le montrent trop bien ces deux seuls mots infiniment tristes inscrits à la date du 25 décembre 1988 : « C'est Noël. » Rien d'autre, juste un autre jour qui s'abat sur une vieille personne délaissée se souvenant avec nostalgie du sens profond de cette fête. Je ne sais pas pourquoi précisément, mais j'ai versé une larme en lisant ces mots laconiques.

LE MONSTRUEUX VISAGE DE L'ALZHEIMER

La lente agonie de la mère de Monique fut toutefois moins attendrissante et je ne nierais pas qu'elle a joué un rôle dans la crise cardiaque foudroyante qui allait plus tard me priver de la compagne avec laquelle j'avais passé 31 ans de ma vie.

Au début, tout le monde s'amusa des absences de mémoire de Gaby quand elle nous demandait, par exemple, quand nous allions dîner alors que nous venions justement de finir le repas, ou qu'elle cherchait son sac à main alors qu'elle le tenait sous son bras. Pourtant, c'était là le début sournois de la maladie qui allait plus tard l'amener lentement mais sûrement vers un foyer d'accueil pour personnes en perte d'autonomie. Avant cela, il y avait eu l'époque de la persécution, où elle croyait que tout le monde se liguait contre elle ou que des voisins allaient lui piquer son filet mignon dans le frigo.

La maladie avait atteint un tel stade au moment de son déménagement de l'appartement qu'elle habitait depuis trois ans jusqu'au centre d'accueil, qu'elle ne se rendit même pas compte du changement. Nous allâmes dîner dans un restaurant pour ensuite l'amener dans ses nouveaux quartiers sans qu'elle s'aperçoive que le décor était différent. Nous avions tout de même pris soin d'y transporter quelques objets (photos, lampes et bibelots) qui l'avaient accompagnée jusque-là, mais rien de plus. Par la suite, la pente fut abrupte et son état donna lieu à des scènes que je ne n'ose même pas décrire ici. Monique allait

souvent passer des journées avec elle pour en revenir complètement dévastée. Gaby mourut des complications de l'Alzheimer
quelques mois plus tard et, deux ans après l'avoir enterrée au
cimetière Mon Repos sur la rue Sherbrooke Est, j'y retournais
pour y déposer les cendres de sa fille.

1ᵉʳ AVRIL 1997, LE DRAME DE MA VIE

« Quand votre épouse nous a été confiée, elle n'avait plus de pouls
et ne respirait pas. » C'est la préposée à l'urgence de l'hôpital
St. Mary's de Palm Beach Gardens en Floride qui m'assomma
avec cette phrase laconique quelques minutes après que Monique
eut été transportée par ambulance à l'institution de santé la plus
rapprochée de l'appartement, où elle avait eu un malaise moins
d'une demi-heure plus tôt. J'étais effondré et je n'arrivais pas à
croire ce que l'on venait de m'annoncer.

En quittant l'appartement sur une civière, Monique avait
souri à tout le monde comme si elle voulait s'excuser de mettre
un terme à la fête. C'était bien elle, la femme de ma vie qui, à
l'instar de ses chats bien-aimés, préférait se réfugier dans son
coin chaque fois qu'elle était malade. Monique était de celles qui
ne voulaient pas déranger. Quand elle avait quitté la table vers la
fin du souper pour aller prendre l'air sur le balcon, j'étais allé la
rejoindre. Elle était en sueur et elle avait des nausées, ce qui m'avait
tout de suite fait croire à une indigestion. Elle avait vomi son
repas et je l'avais ensuite aidée à s'étendre un peu pendant qu'une
invitée, ex-agent de bord entraînée à ce genre de situation, prenait les choses en main. Nous avions ensuite appelé le 911 en
soupçonnant que le malaise pouvait être le symptôme d'un problème cardiaque.

Dès leur arrivée, les *paramedics* l'interrogèrent brièvement
sur la nature de ses douleurs à la poitrine. Sur une échelle de 1
à 10, Monique avoua que la douleur se ressentait comme un 9.
On lui donna de la nitroglycérine et elle se sentit tout de suite
mieux. Par précaution et sans doute parce qu'ils avaient deviné

l'urgence de la situation, les infirmiers décidèrent de l'emmener à l'hôpital. Je devais les suivre en voiture, mais ils prirent un temps fou à se mettre en route une fois la porte de l'ambulance refermée. Au moment où je descendis pour aller m'enquérir de ce qui se passait, ils démarrèrent en trombe : Monique venait de faire une crise cardiaque aiguë et ils avaient été incapables de la ranimer, parce que le tube qu'ils tentaient de lui insérer dans la gorge ne passait pas à cause d'une malformation congénitale. Avant même que le verdict de l'infirmière ne tombe, j'avais le pressentiment que les choses avaient mal tourné, car les ambulanciers ne m'avaient pas regardé lorsque je tentais de croiser leur regard au moment où ils s'apprêtaient à partir.

Malgré tout, j'étais plongé dans une profonde incrédulité. Monique, qui n'avait que 58 ans, ne pouvait pas être décédée, elle qui à ma connaissance n'avait jamais eu le moindre symptôme de malaise cardiaque. Il m'était impossible d'assimiler et de comprendre l'extrême gravité des propos de la préposée à l'urgence. Ça ne se pouvait pas, puisque Monique avait dîné avec moi dans un restaurant japonais, qu'elle avait fait un peu de magasinage pour ensuite emballer les menus objets que nous voulions rapporter à Montréal après la vente de notre appartement de Singer Island. Pire encore, jusque-là je n'avais jamais vraiment cru à ce qu'il est convenu d'appeler la mort subite : on ne peut pas être vivant une minute et mort la minute d'après. Pas à 58 ans.

Je dis à cette menteuse d'infirmière pourtant très compatissante qu'il fallait tout mettre en œuvre pour que Monique continue à vivre. Elle me proposa alors d'appeler un cardiologue pour pratiquer une angioplastie. J'ai accepté avec l'assurance que l'on débloquerait les putains d'artères de la femme que j'aimais et que j'irais l'embrasser dans quelques heures. Je me souviens aujourd'hui que je n'ai jamais demandé à la voir, par peur sans doute de me heurter à l'affreuse vérité.

Denise Saint-Pierre, une amie, m'avait accompagné à l'hôpital et cette ancienne comédienne jouait bien son rôle pour minimiser la gravité de la situation et me faire garder le moral. Quelqu'un m'a donné une Ativan pour m'aider à me détendre, mais la petite pilule eut sur moi autant d'effet qu'une gorgée d'eau. J'allais et je venais sans me rendre compte de ce qui se passait autour de moi. Ayant entendu tant d'histoires d'horreur sur les hôpitaux américains, je me disais que l'état de santé de Monique ne pouvait pas être bien grave, puisque personne ne m'avait demandé ni papiers, ni preuve de solvabilité et encore moins si j'avais de l'argent pour payer les exorbitants tarifs de ces gourmandes institutions.

J'avais néanmoins téléphoné à ma fille Brigitte pour lui faire part de ce qui était arrivé et elle m'offrit immédiatement de venir me prêter main-forte. Elle trouva le moyen de dénicher une gardienne pour sa fille Alyssia, d'avertir ses patrons qu'elle s'absenterait de son travail pour les prochains jours et de réserver le premier vol du matin au départ de Montréal.

Vers les trois heures du matin, j'acceptai de retourner à l'appartement après que l'infirmière m'eut promis de m'appeler si jamais il y avait le moindre changement dans l'état de santé de Monique. J'avalai deux somnifères afin de trouver le sommeil, mais mon évasion fut de courte durée. Il devait être sept heures quand je me suis mis à revivre les déchirants évènements de la veille. Je n'arrivais pas à croire que la femme qui avait dormi à mes côtés la nuit précédente était maintenant aux soins intensifs de l'hôpital St. Mary's, le cœur en miettes comme moi, mais au sens littéral dans son cas. Je m'accrochais cependant à l'idée du miracle qui me permettrait de retrouver « ma » Monique et de pouvoir lui dire tout ce que l'on regrette de ne pas avoir dit quand c'était encore le temps.

À ce sujet, j'ignore si c'était prémonitoire mais dans les mois précédents, j'avais enlacé Monique pour lui chuchoter à l'oreille qu'elle était ce qui m'était arrivé de mieux dans la vie, mon plus beau cadeau du ciel. Elle m'avait regardé en laissant tomber avec le plus beau des sourires : « Ah, t'es fin. » J'entendais encore sa voix, son exclamation et son appui sur les deux derniers mots.

Cette voix, je risquais de ne plus jamais l'entendre. Cela me faisait d'autant plus mal que nous avions eu une petite altercation deux jours auparavant à propos des choses de l'appartement qu'elle voulait donner et que je voulais garder. Un différend banal en soi, mais qui prenait à ce moment-là des proportions douloureuses.

En fin d'avant-midi, j'allai chercher Brigitte à l'aéroport en compagnie du frère de Monique, Serge Ruhlmann, qui séjournait dans la région en compagnie de son épouse, Julie, et que j'avais appelé aux premières heures du drame. Nous nous sommes rendus directement à l'hôpital St. Mary's. L'état de Monique était stable, nous apprit-on, et nous fûmes autorisés à lui rendre visite dans la salle des soins intensifs où elle était branchée de partout, sous constante surveillance. Un respirateur lui prêtait vie temporairement et, à un certain moment, elle ouvrit même les yeux, affichant un regard dans lequel on pouvait lire une crainte horrible. Dans le monde artificiel où elle se trouvait, sans doute se demandait-elle pourquoi Brigitte était à son chevet, mais c'est là une supposition purement subjective qui entrouvre la porte à l'espoir quand on a de la difficulté à faire face à la réalité.

Serge fit preuve d'un calme admirable et, voyant l'état de détresse dans lequel je me trouvais, il décida de prendre les choses en main. Après avoir passé la fin de la journée dans le couloir de l'hôpital à attendre un miracle, je retournai à notre appartement, non sans avoir demandé à l'infirmière de me téléphoner dans la nuit pour me faire un compte rendu de la situation. Effectivement, vers les deux heures du matin, elle m'appela pour me dire que Monique avait été prise d'une fièvre importante et qu'on l'avait enveloppée dans de la glace pour faire baisser sa température corporelle à un niveau moins critique. Elle ajouta que de tels excès de fièvre sont souvent à l'origine d'une détérioration des diverses fonctions du cerveau, ce qui n'avait rien de rassurant.

Le lendemain matin, on décida justement de faire passer un *scan* à Monique afin de savoir si l'arrêt cardiaque dont elle avait été victime, exacerbé par la poussée de fièvre, n'avait pas causé d'irréparables dommages. Les résultats révélèrent qu'elle n'avait plus aucune activité cérébrale et que nous devions, Serge et moi, prendre l'atroce décision de mettre un terme à l'existence d'une femme qui avait célébré ses 58 ans tout juste deux semaines plus tôt et dont le dynamisme, la joie de vivre et la générosité étaient les traits dominants d'une vie consacrée à faire plaisir aux autres. D'accord, Monique était tout pour moi : une épouse, une amie, une maîtresse, une complice, une confidente, une collaboratrice, mais ce n'est pas tant l'amour que j'avais pour elle qui me pousse à faire son éloge qu'une infinie reconnaissance envers un être remarquable, une personne dont l'humanisme était touchant. Comme me l'avait dit un ami de l'époque, elle personnifiait la chaleur humaine et elle avait cette faculté de mettre les gens à l'aise. Elle avait autant de facilité à se faire des amis que j'en avais à me faire des ennemis. Sans elle, je ne suis pas sûr que j'aurais eu autant de succès dans ma carrière.

À mes débuts en course automobile, c'est Monique qui fut en quelque sorte mon agente de relations publiques. Quand elle jugeait qu'un journaliste peu objectif ne rapportait pas les faits tels qu'ils s'étaient déroulés, elle ne se gênait pas pour le semoncer et faire valoir mes droits. Ce fut le cas avec un certain Michel Milleret, qui était affecté à la course automobile au journal *Montréal Matin*. On avait affaire au pique-assiette typique, plus attiré par les cocktails, les réceptions et les gens riches que par l'aspect sportif de la course automobile. Un jour, il écrivit un article sur la magnifique deuxième place d'un coureur ami sans même mentionner celui qui avait gagné la course, en l'occurrence votre serviteur. Toujours est-il qu'il eut droit à la médecine de Monique et qu'il décida de faire amende honorable plutôt que de se trouver sur le chemin de cette petite bonne femme que l'injustice mettait en furie.

Il fallait maintenant décider du sort de cet être merveilleux à l'unité de soins intensifs où sa vie ne tenait plus qu'à un fil. Sachant très bien qu'un restant de vie dans un état végétatif aurait été un châtiment insupportable pour Monique, son frère Serge, Brigitte et moi décidâmes, après une brève consultation, d'autoriser qu'elle soit débranchée de cet appareillage qui la maintenait artificiellement dans le monde des vivants.

Cinq minutes plus tard, l'infirmière, qui semblait aussi triste que nous, vint alléger un peu le verdict en nous disant que Monique avait rendu l'âme juste avant que l'on débranche le respirateur artificiel. À 13 h 03, ce vendredi 4 avril 1997, mon état civil endossa sa plus triste appellation : je devins « veuf ». Ce n'est vraiment qu'avec le soutien de Brigitte, le réconfort de Serge et l'amitié de Mario et Richard Petit, qui étaient venus de Montréal en apprenant la nouvelle, que j'ai trouvé l'énergie et le courage de résister à tous ces scénarios d'horreur qui me trottaient dans la tête.

Richard Petit (et cela est également valable pour son frère Mario) est un type immensément généreux, sincère et d'une grande compassion. Nous sommes devenus amis grâce à des goûts communs pour la musique et l'automobile. Un jour, je m'étais rendu à son magasin Kébec Son pour acheter une chaîne audio Nakamichi dont j'avais apprécié la belle sonorité dans une Lexus. J'en étais ressorti avec la conviction qu'il me fallait à tout prix un équipement de cinéma maison qui coûtait au bas mot dix fois plus cher que ce que j'avais d'abord l'intention d'acheter. En réalité, notre conversation avait surtout porté sur l'automobile, dont nous étions tous les deux amoureux fous. Je lui promis de revenir le lendemain avec mon épouse Monique, qui avait une oreille beaucoup plus fine que la mienne pour juger de la qualité de la télé, des amplis, des haut-parleurs et de toute la panoplie d'accessoires que Richard m'avait proposés.

À notre arrivée chez Kébec Son, Richard installa Monique dans sa grande salle de projection, mit un DVD d'un spectacle de Barbara Streisand dans le lecteur, ferma la porte et se retira. Quant il ouvrit la porte cinq minutes plus tard pour demander à Monique ce qu'elle en pensait, il constata qu'elle était émue aux larmes de ce qu'elle voyait et entendait. Richard avait même appelé quelques-uns de ses vendeurs, avait entrouvert la porte de nouveau et leur avait dit : « Vous voyez, ce ne sont pas des appareils sophistiqués que nous vendons, mais de l'émotion. »

Nous sommes donc repartis pour notre appartement de Saint-Jean-sur-Richelieu après avoir trouvé non seulement un excellent conseiller du son et de l'image, mais un ami comme il ne s'en fait plus. Qu'il soit venu me rejoindre en Floride pour m'aider à traverser des heures aussi sombres en est une preuve irréfutable. Quant à Mario, il s'est offert généreusement à ramener notre voiture à Montréal.

UN VOYAGE INOUBLIABLE

Un évènement qui me réconforte est que nous ayons eu le temps, Monique et moi, de faire au moins l'un des deux longs voyages que nous avions planifiés pendant de nombreuses années : un séjour prolongé en Provence et une traversée des États-Unis d'ouest en est. Le premier demeurera un rêve, mais le second se réalisa à l'automne 1993 et fait partie des bons moments que nous avons partagés. D'ailleurs, la voiture avec laquelle nous fîmes ce voyage est la seule que je ne vendrai jamais, même si je n'ai pas l'âme d'un collectionneur d'autos. Il s'agit d'une Mercedes-Benz E320 cabriolet 94 que j'avais achetée à l'automne de 1993 après avoir eu un coup de cœur pour ce modèle en regardant le film *La Firme* avec Tom Cruise. Mon enthousiasme avait d'abord été brutalement refroidi lorsque je rendis visite au concessionnaire le lendemain pour me faire dire que ce modèle coûtait aussi cher qu'un loft dans le Vieux-Montréal. Je demeurais convaincu toutefois qu'il s'agissait de la voiture idéale pour un tel périple… et au diable la dépense. Il fut convenu que le concessionnaire (Mercedes Rive Sud) expédierait la voiture par train jusqu'à Vancouver et que nous la récupérerions à notre arrivée par le vol d'Air Transat (après un tel achat, il fallait voyager de façon économique).

Mon choix eut ses bons et ses mauvais côtés. Les bons lorsque la température nous permettait de rouler à ciel ouvert et les mauvais parce que les États-Unis connaissaient alors une vague d'attentats dans les haltes routières et qu'une Mercedes (décapotable de surcroît) constituait une cible idéale.

Après deux jours à jouer les touristes à Vancouver, nous entreprîmes cette longue traversée des États-Unis qui nous mènerait jusqu'à notre appartement de Singer Island en Floride. Après une dizaine d'heures de route, notre première halte eut lieu dans l'état de Washington, plus précisément à Olympia. Ensuite, ce fut l'Oregon, la Californie du Nord et la magistrale côte du Pacifique suivie de l'Arizona, du Nouveau-Mexique et de la fascinante ville de Santa Fe. De là, nous mîmes le cap sur la Lousiane, pour faire un arrêt de trois jours à la Nouvelle-Orléans et aller écouter du jazz au Preservation Hall. Il y eut ensuite la longue traversée du Texas et l'arrivée en Floride avec Pensacola comme porte d'entrée. Sans horaire particulier, dès qu'un endroit nous plaisait, nous y séjournions deux ou trois jours. Près de trois semaines après notre départ, nous arrivâmes à notre destination finale.

Quelques mois après notre retour à Montréal, poussé par une autre de mes occasionnelles crises de rationalisme, je décidai de me débarrasser de la Mercedes. J'étais loin de me douter qu'un événement tragique – la mort de Monique – m'inciterait à racheter quelques années plus tard une autre E320 cabriolet bleu nuit. Pour Monique et moi, en effet, cette voiture fut celle de notre dernier long voyage en auto tous les deux. Elle nous permit d'accumuler d'heureux souvenirs, que je conserve encore précieusement, maintenant que ma compagne de 30 ans de vie m'a quitté pour un voyage encore plus long. Je tenais donc absolument à retrouver ma Mercedes comme une sorte de mémento de l'un de nos derniers périples.

Au printemps de 1998, je contactai mon ami Richard Léger, que je décrirais comme une sorte de détective automobile. Son travail consiste à agir comme courtier ou intermédiaire entre l'acheteur et le vendeur d'une voiture d'occasion. Il suffit de lui décrire la voiture convoitée (marque, couleur, année, prix) et Richard se charge de la trouver moyennant une petite commission. La requête que j'allais lui faire toutefois n'était ni courante, ni facile à exécuter. Je lui demandai d'essayer de me trouver une Mercedes-Benz 1995 bleu nuit, avec une capote de la même couleur et un intérieur beige. Croyez-le ou non, à ma grande stupéfaction, il me rappela le lendemain pour me dire qu'il avait trouvé l'auto désirée, et cela, en dépit du fait que ce modèle était d'une telle rareté qu'il n'y en avait pas plus de trois ou quatre dans la région de Montréal. Je l'ai rachetée sur-le-champ et dix ans plus tard, elle continue à embellir mes étés et à me rappeler cette traversée des États-Unis avec Monique à mes côtés. Je l'ai baptisée « Mélancolie » !

DES FRAIS MÉDICAUX ASTRONOMIQUES

On me permettra ici d'ouvrir une parenthèse pour vous entretenir des frais médicaux exorbitants pratiqués aux États-Unis. Croyez-moi, ce n'est pas une légende urbaine. Je n'ai strictement rien à redire aux soins prodigués à Monique ni à la manière dont s'est déroulée son admission à l'hôpital. On a fait preuve d'empathie et de courtoisie, sans jamais me harceler avec les formalités. À ce point de vue, j'avais même l'impression de me retrouver dans une institution québécoise. Ce n'est que deux mois plus tard environ que les factures se sont mises à pleuvoir. Celles-ci, je n'exagère rien, avaient au bas mot trois mètres de longueur. Chaque aspirine, chaque coton-tige (*Q-tip*), chaque soin, aussi insignifiant soit-il, avait été facturé : aspirine : 2 $, coton-tige : 1,50 $, pansement : 25 $, et ça n'en finissait plus. Total, tenez-vous bien : 43 500 $. Monique fut hospitalisée en tout et pour tout deux jours et demi, aux soins intensifs, je l'admets. En dollars canadiens (nous étions en 1997, avec un dollar à 70 cents environ), j'avais calculé que l'hospitalisation avait coûté approximativement 1 000 $ l'heure. Que faire devant de tels abus ? Payer ou parlementer ?

Je décidai d'abord de me renseigner pour apprendre que ma banque, la Banque Nationale, par l'intermédiaire de sa compagnie de fiducie, entretenait d'étroites relations avec la Croix Bleue. Pour un certain tarif, on offrait de revoir la facture et d'en éliminer aussi bien les erreurs que les exagérations. Avec son vaste pouvoir de négociation et son habitude de traiter de tels dossiers, cette compagnie d'assurances vous promettait de ramener la facture à des proportions, disons, plus humaines. Ce fut une excellente décision qui me valut d'épargner facilement 10 000 $ sur le montant de la facture originale. Autre avantage, je n'avais plus à m'occuper de rien : c'était la Croix Bleue qui assurait le suivi des négociations. Dans des moments comme ceux-là, c'est un énorme soulagement. Une autre facture devait m'arriver plusieurs mois plus tard du médecin qui avait pratiqué une angioplastie sur Monique. Je pense que celle-ci se chiffrait à environ 8 000 $. Je me renseignai de nouveau et on m'avisa de lui répondre que le dossier était clos et que, malheureusement, il aurait dû se manifester plus tôt s'il voulait « faire partie du tirage ». Il tenta à quelques reprises de se faire payer pour finalement capituler devant mon silence.

Dans la normalité des choses, j'aurais dû contracter une assurance-voyage pour ne pas avoir à subir ces coûts aberrants des soins médicaux aux États-Unis, dont j'étais parfaitement au courant après tant d'années à voyager en Floride. Comble de malheur, l'Union des artistes m'avait fait parvenir un avis quelques jours avant notre départ pour dire qu'un plan médical s'appliquant à la conjointe de l'adhérent était sur le point d'entrer en vigueur. À la date du décès de Monique, rien n'avait toutefois été finalisé. De plus, le gouvernement du Québec avait décidé quasiment en catimini de réduire à l00 $ par jour les frais d'hospitalisation à l'étranger remboursables, qui étaient jusque-là plus substantiels.

UNE MAISON VIDE

Ce fut ensuite le long et pénible processus des arrangements funéraires, d'autant plus compliqués que nous étions en pays étranger. Je vous fais grâce de tous les détails qui, de toute façon, sont assez flous dans ma mémoire tellement j'étais dans un autre monde, le monde de ceux qui restent et qui n'en finissent plus de revivre les derniers jours, les dernières heures : la dernière sortie, le dernier repas, le dernier lever, le dernier « bonne nuit ». La mort subite laisse derrière elle des mots non dits, des gestes non accomplis et surtout l'intolérable assurance que la vie a encore beaucoup de temps à nous offrir. C'est quand elle s'arrête sans prévenir avec la brutalité d'une panne d'électricité que l'on s'aperçoit qu'il ne faut présumer de rien.

Quelques jours plus tard, Brigitte et moi fermions pour une dernière fois la porte de l'appartement de Floride que j'avais partagé avec Monique pendant plus de 20 ans. Je l'avais vendu parce que nous voulions vivre autre chose que trois mois d'oisiveté chaque année dans le Sud.

Ce qu'il y a de plus cruel dans ce départ inattendu, c'est que j'avais proposé le voyage en Floride à Monique pour lui permettre de se reposer après des mois de stress et de grande fatigue à préparer et décorer la maison que nous venions d'acheter à Knowlton dans les Cantons de l'Est. C'est elle qui avait déniché cette superbe propriété au bord du lac Brome alors que nous étions depuis plus d'un an à la recherche d'un nouvel habitat où je comptais bien prendre une semi-retraite tandis que Monique pourrait s'adonner à son passe-temps favori, la lecture. Nous avions décidé de partager une des pièces en la transformant en bureau-bibliothèque. Elle était au septième ciel de déménager dans sa maison de rêve et ne cessait de se réjouir du fait qu'elle comportait toutes les pièces qu'elle avait toujours désiré avoir dans une demeure.

À prime abord, nous étions en quête d'une propriété beaucoup plus modeste et moins chère, mais en vendant notre appartement de Saint-Jean-sur-Richelieu ainsi que celui de Floride, nous avons estimé que nous arriverions peut-être à nous l'offrir. J'avais fait une première offre ridicule au proprié-taire, Pierre Beaudoin, qui la refusa, avant d'en accepter une seconde légèrement bonifiée quelques mois plus tard.

Monique partait de Saint-Jean chaque matin dans sa Volkswagen Cabriolet et se rendait à Knowlton pour surveiller les travaux de rénovation et s'occuper de la décoration. Elle qui n'avait habituellement pas d'ordre compilait minutieusement tous les frais d'amélioration de la propriété et se donnait un mal fou pour embellir son futur domaine. Quelle triste ironie qu'elle n'ait jamais pu voir la fin de son travail... La veille même de notre dernier départ pour la Floride, nous avions commandé une armoire de rangement à un ébéniste de la région en plus de faire l'achat d'une petite table de chevet pour la chambre à coucher.

Une fois rentré de Floride avec Brigitte, il ne me fut pas facile de réintégrer cette maison vide avec le souvenir de Monique qui me hantait constamment. Même si elle n'avait eu le temps de terminer que la décoration de la chambre des invités, sa touche était présente partout. Je ne savais vraiment pas comment j'allais faire pour habiter un endroit aussi intimement lié à la femme de ma vie. C'est alors que Brigitte m'offrit de venir habiter avec moi quelques mois avec sa fille Alyssia. Jamais je n'oublierai ce geste de compassion et les nombreux sacrifices qu'elle dut s'im-poser pour alléger le fardeau de son paternel. Elle demanda un congé sans solde à son employeur, Publicité Cossette, qui le lui accorda. Comme elle vivait seule à l'époque, elle vint s'installer dans la maison d'invité qui jouxte la propriété du lac Brome. Chaque matin, elle devait aller conduire sa fille à son école de Saint-Bruno, puis elle l'attendait dans l'appartement qu'elle avait conservé avant de rentrer au lac Brome en fin d'après-midi, un trajet de 200 kilomètres en tout.

On dira que je suis naïf et superstitieux, mais il se produisit un évènement bizarre peu de temps après notre retour. La décoratrice engagée par Monique devait terminer certains des travaux déjà entrepris, dont l'un avait trait à un mur de la salle à dîner. Pour amplifier la largeur de la pièce, les précédents propriétaires avaient installé un immense miroir qui couvrait un mur entier. Monique m'avait toujours dit qu'elle trouvait que ledit miroir n'avait pas sa place à cet endroit alors que je le trouvais très acceptable. Un certain samedi, nous étions attablés dans la salle à manger, la décoratrice, Brigitte et moi afin de décider de la décoration finale de la pièce. Brigitte et la décoratrice étaient contre le miroir alors que je ne voyais pas la nécessité de l'enlever. Au moment précis où la discussion s'était arrêtée à ce détail, nous eûmes tous les trois la surprise de constater que le miroir venait de se briser en une longue fente se prolongeant jusqu'au milieu du mur. De là-haut, Monique venait de se prononcer à sa manière et je me rangeai finalement du côté de l'opposition.

Quelques jours après être rentrés de la Floride, Brigitte et moi décidâmes d'organiser les funérailles de Monique au centre communautaire Saint-Eugène de Saint-Jean-sur-Richelieu. Une fois de plus, c'est ma fille qui s'est montrée la plus forte ou, du moins, qui faisait mine de l'être. Je rencontrai le curé de la paroisse, qui me fut d'un précieux secours dans mes moments les plus sombres. J'avais l'impression que jamais plus je n'apprécierais les petites gâteries de la vie, car tout ce que je voyais, tout ce que je lisais, tout ce qui m'entourait me ramenait irrémédiablement à Monique. À tout moment, je me mettais à pleurer, ce qui ne devait pas être facile pour ma fille.

Moi qui n'ai jamais cru à tous ces bouquins du genre « remonte-moi le moral », je me plongeai dans la lecture du livre *Aimer, perdre et grandir* de Jean Monbourquette, qui devait m'aider à apprivoiser le deuil. J'avoue que j'y ai trouvé un modeste réconfort, mais jamais je n'ai été capable de prendre une certaine distance vis-à-vis la mort de Monique. J'ai haï le ciel et tout ce qu'il est censé abriter de m'avoir enlevé une femme qui méritait si peu de mourir. La seule petite consolation que j'ai pu éprouver m'est venue de Brigitte, qui m'a souvent rappelé que Monique ne voulait pas vieillir et qu'elle avait une sainte horreur de voir les années s'accumuler sur un corps qui ne lui plaisait plus.

Quand on m'a dit poliment qu'elle n'avait jamais cherché à se tenir en bonne santé, force me fut d'admettre qu'il y avait là une part de vérité justement attribuable à son désir de ne pas traîner trop longtemps sur cette terre. Je savais que Monique ne voyait pas souvent le médecin, mais j'ignorais qu'elle partait le matin pour un rendez-vous et qu'elle ne s'y présentait pas. Elle n'avait jamais non plus arrêté de fumer, malgré mes supplications et mes incitatifs monétaires. À une époque où le paquet de cigarettes ne coûtait pas plus de deux ou trois dollars, je lui avais en effet offert dix dollars par jour d'abstinence. En vain.

Je me suis culpabilisé aussi de n'avoir pas su lire certains symptômes qui, après coup, ont pris toute leur signification. Plusieurs mois avant sa mort, Monique se plaignait de maux d'estomac qu'elle attribuait à un surplus d'acidité et elle me quémandait constamment de ces Rolaids que je gardais à portée de main étant donné mon fréquent besoin de croquer l'une de ces pastilles après un copieux repas. Il est clair que ce que l'on prenait pour des brûlures d'estomac étaient en réalité de petites crises d'angine. J'appris également après sa mort que Monique était allée à l'hôpital de Saint-Jean-sur-Richelieu en pleine nuit pendant l'un de mes nombreux voyages à l'étranger. À l'institution en question, invoquant le secret médical, on n'a jamais voulu me dire la raison de cette consultation.

Pour les funérailles, Brigitte invita parents et amis, sans oublier mes amis de la Bottine Souriante ; ils offrirent d'ailleurs à Monique un dernier hommage en s'amenant à l'église avec leurs instruments. Monique et moi étions des admirateurs incorruptibles de ce groupe traditionnel que nous avions découvert ensemble plusieurs années auparavant, lors de l'une de leurs prestations au Festival de Jazz de Montréal en compagnie d'un groupe de musique juive.

Ils étaient venus à la maison avant un spectacle de la Saint-Jean dans la région et Monique devenait une véritable dynamo chaque fois qu'elle les entendait. Il faut dire qu'à l'adolescence, elle avait fait une très brève carrière de chanteuse, une avenue que sa mère réprouvait en prêtant foi à la rumeur populaire du temps qui voulait que tous les artistes étaient des suppôts de Satan hantés par le sexe. Qu'elle ait plus tard fait sa vie avec un animateur de télé est d'ailleurs assez cocasse.

La présence des musiciens de la Bottine Souriante aux funérailles de Monique donna un ton très particulier à la cérémonie. Yves Lambert, Michel Bordeleau, Régent Archambault, Bob Ellis, Jean Fréchette, Jocelyn Lapointe, André Verrault et Denis Fréchette avaient pris soin de choisir quelques-unes des pièces les plus touchantes de leur répertoire et Yves profita même de l'occasion pour réciter un poème de Gaston Miron. J'entendais cette musique que je n'écouterais plus jamais aux côtés de Monique et je regardais sa photo sur le lutrin près de l'autel en faisant tous les efforts du monde pour ne pas éclater en sanglots. J'en profite pour remercier mes amis de la Bottine Souriante pour ce geste chaleureux, tout en regrettant l'effritement de ce groupe après le départ d'Yves Lambert et de Michel Bordeleau. Chose certaine, ces gens-là furent très présents dans ma vie, puisqu'ils furent appelés plus tard à donner leur spectacle lors du mariage de Brigitte à notre résidence sur les berges du lac Brome.

Quelques jours après les funérailles, j'étais allé casser la croûte au Café Inn de Lac Brome lorsqu'une femme vint me présenter ses condoléances. J'étais encore dans un tel état de retranchement que ne l'avais pas du tout reconnue; c'est quelqu'un du restaurant qui, après son départ, m'avait informé qu'il s'agissait de Renée Martel. C'est au même endroit que je croisai aussi l'importateur de vins Philippe Dandurand, un résident de Lac Brome qui, lui, venait de vivre un divorce pénible. Il m'invita à manger chez lui à quelques reprises et il avait cette délicatesse de toujours contourner le sujet quand je me laissais aller à parler de la mort. Après un décès, la vie continue, si l'on se fie à ce que tout le monde dit. C'est plus difficile à vivre qu'à dire, croyez-moi. Je ne cacherai pas d'ailleurs que j'ai souvent eu le goût d'aller rejoindre Monique dans les mois et même les premières années suivant sa mort. J'allais récupérer son manteau, encore imprégné de son odeur, je me couchais et j'avais une forte envie d'ingurgiter tous les somnifères qui se trouvaient dans ma trousse de médicaments. Je m'imaginais partir lentement, allégé de l'immense peine que je transportais depuis son décès et m'éveillant dans un monde dont l'existence était fort improbable. C'est l'écriture qui, dans une certaine mesure, m'a sauvé du pire. Je croyais nécessaire de rédiger une lettre pour expliquer mon geste à mes enfants, mais jamais je n'arrivais à décrire clairement le fond de ma pensée et à terminer cette ultime missive. Cela me permettait néanmoins de remettre mon geste en question et de prendre conscience qu'il me restait tout de même quelqu'un à qui m'accrocher pour aller de l'avant.

Détail prémonitoire… Quelques jours après l'achat de la maison, Monique m'avait dit qu'elle ne quitterait plus jamais cet endroit. Pour reprendre ses propres paroles : « Quand je serai morte, je continuerai à regarder mon lac. » C'est pour respecter son désir que pendant les semaines suivant son décès, j'ai orienté une grande photo d'elle vers le lac pour qu'elle puisse l'admirer comme elle le voulait. C'était, bien sûr, un geste purement symbolique.

Après avoir broyé du noir pendant des semaines lors de longues marches autour de Knowlton, j'en vins à la conclusion que la seule façon pour moi de « continuer » serait de me plonger dans le travail. C'est précisément ce que je fis. J'acceptai tous les voyages que l'on me proposait à l'occasion du lancement de nouvelles voitures et je me mis à écrire plus que jamais. Bientôt, on m'offrit une chronique quotidienne à la radio (*Info Duval* sur Info 690) ainsi que la production et l'animation d'une émission automobile d'une heure au Canal Vox. J'écrivais occasionnellement pour *La Presse* et mon travail le plus accaparant était évidemment la publication annuelle du *Guide de l'auto*.

REFAIRE SA VIE

Alors âgé de 62 ans, incapable de supporter la solitude et d'une consternante gaucherie dans une cuisine, je sentais un pressant besoin de refaire ma vie. Ce fut une très mauvaise décision, qui me causa plus de peine et de soucis que si j'étais resté seul à broyer du noir.

Je me souvins d'abord que Monique avait beaucoup d'admiration pour une fleuriste de Saint-Jean, une fort jolie femme qui, inexplicablement, vivait seule. Comme il fallait aussi s'occuper des jardinières de la maison de campagne, je crus que ce serait une excellente entrée en matière afin de nouer connaissance avec la demoiselle en question. Elle se déplaça pour estimer le travail à faire et j'en profitai pour l'inviter à dîner au Néroli, un excellent petit restaurant de Knowlton dont j'étais devenu un assidu. Après une soirée somme toute assez agréable, il fut convenu que nous nous reverrions. Et c'est ainsi que pour une partie de l'été et le début de l'automne, Hélène m'accompagna dans mon malheur en se disant honorée de m'aider à assumer le décès de Monique dont elle évoquait souvent le souvenir.

Je me rendis compte toutefois que cette relation n'irait pas très loin. Cette femme était d'abord très attachée à son métier et n'avait pas du tout l'intention de changer sa vie. Cela me donna quand même un coup, mais je soupçonne que je souffrais davantage d'une dépendance affective que d'une peine d'amour.

QUATRE ANNÉES GASPILLÉES

Vint ensuite une connaissance de mon bon copain Richard Petit, de qui on m'avait dit qu'elle faisait admirablement bien la cuisine, qu'elle était divorcée et qu'elle cherchait un amoureux. À deux minutes de faire mon entrée chez Holt Renfrew, où je devais me présenter dans la section des cosmétiques et demander à voir

Johanne, Richard m'appela *in extremis* pour me dire qu'elle s'appelait plutôt Francine.

Au premier coup d'œil, je n'avais pas été très impressionné par cette vendeuse en blouse blanche et au teint diaphane. Elle me paraissait fade et inintéressante, mais après un souper en tête à tête, je décidai qu'il valait peut-être le coup de faire plus ample connaissance, même si elle était de 15 ans ma cadette. Je me disais que, de toute façon, on peut chercher très longtemps le grand amour et risquer de ne jamais le rencontrer. Comme plusieurs de mes amies me le répétait : après Monique, la barre était très haute. J'aurais dû me fier à ma première intuition, puisque cette femme se révéla pleine de contradictions et incapable d'exprimer quelque émotion que ce soit. Elle était aussi entièrement dépourvue du moindre sens de l'humour, une carence énorme dans mon manuel personnel des qualités féminines.

Après plusieurs mois de fréquentations, elle accepta d'abandonner son appartement de Montréal et son travail pour venir vivre à mes côtés à la campagne. Un jour, pensant lui faire plaisir, je partis en vélo dans un petit sentier boisé et je cueillis quelques branches et des fleurs pour en faire un bouquet tout à fait artisanal que je déposai bien en vue dans la cuisine avec une note à son intention. Elle ne s'en rendit même pas compte et quand j'attirai son attention sur ma modeste offrande, elle lui jeta un regard désintéressé sans prononcer un mot face à ce je croyais être une délicate marque d'attention. Je dois dire qu'elle était peu portée sur le dialogue, ce qui me donnait souvent l'impression de parler à un mur.

Après moins d'un an de cohabitation, elle était d'une infinie tristesse et j'avais horreur d'avoir toujours devant moi son visage patibulaire d'enfant martyre. Quand je lui ai demandé ce qui n'allait pas, elle m'a répondu qu'elle avait besoin d'une plus grande sécurité pour se sentir bien dans sa peau. Traduction : elle voulait que je l'épouse. Nous sommes partis pour un voyage d'un mois en Provence et dans une tristounette pizzeria de

Miramas, je l'ai demandée en mariage. La cérémonie eut lieu à notre maison de campagne en compagnie d'une cinquantaine de personnes, parents et amis.

J'allais regretter amèrement de m'être laissé attendrir et de ne pas avoir utilisé mes dons de clairvoyant pour deviner l'avenir qui m'attendait. Deux ans après ce jour fatidique, le blues d'automne gagna une fois de plus madame Francine. Elle avait laissé son mari quelques jours avant Noël et voilà qu'elle me réservait le même sort en me lançant en anglais : « *Whether you like it or not, I'm out of here* » (que ça te plaise ou non, je décampe). En somme, la vie avec moi lui était insupportable et elle décida d'aller habiter à l'appartement de l'île des Sœurs que j'avais acheté quelques mois après notre mariage.

Entre-temps, j'avais tenté de lui rendre la vie la plus agréable possible en l'emmenant avec moi dans plusieurs voyages en Europe et aux États-Unis, en achetant un piano pour lui permettre de se remémorer les cours qu'elle avait suivis dans sa jeunesse et en étant attentif à ses moindres désirs. Je lui avais même remplacé sa bague de mariage qu'elle avait, disait-elle, perdue à son travail. Après lui avoir demandé de reconsidérer sa décision, elle accepta de reprendre la vie commune et, après une autre année, jour pour jour, alors que nous revenions d'un séjour à Barcelone et que nous nous apprêtions à aller passer quelques mois en Floride, ce fut de nouveau la fuite. Je devinais qu'elle avait été irritée que je ne parle pas d'elle lors d'entrevues sur ma vie aux émissions de Pierre Marcotte et de Danielle Ouimet, ce qu'elle finit par admettre de toute façon. Mais comment aurais-je pu raconter que j'avais finalement retrouvé le grand amour avec elle alors que nos relations étaient plutôt platoniques ? Je n'ai pas eu à me servir de mon talent de devin, cette fois, pour comprendre de quoi il retournait : en ayant ajouté une autre année à son mariage, la « récolte » risquait d'être meilleure.

Un beau matin, un huissier cognait à ma porte pour me remettre sa demande officielle de divorce, incluant le gros lot auquel elle croyait avoir droit pour moins de quatre ans de vie commune dans des conditions souvent navrantes. En attendant l'audition de la requête préliminaire, dame Francine réclamait une Audi pour ses déplacements, l'usage exclusif de l'appartement de l'île des Sœurs et l'argent nécessaire pour acquitter ses frais d'avocat. Au palais de justice de Cowansville, le juge ne dissimula même pas que les ambitions de la requérante étaient démesurées. Il lui refusa la voiture et les frais d'avocat, tout en lui permettant d'occuper l'appartement pour autant qu'elle compense le propriétaire en lui versant un loyer mensuel. La rage pouvait se lire sur son visage à des kilomètres à la ronde. Comme je traversais à l'époque une profonde dépression et que je venais de subir une déchirure du ménisque au genou droit, je n'avais pas le moral pour affronter un procès, en dépit de cette victoire éclatante en première ronde. J'avisai mon avocate, Me Louise Laflamme, de négocier un règlement « à l'amiable ». En échange d'une somme très supérieure à l'agrément que m'avait procuré ce mariage, mon ex-épouse disparut de ma vie à tout jamais en quête d'une autre proie. Elle avait pris soin entre-temps de venir chercher ses affaires personnelles à la maison de Knowlton pendant mon absence, y compris le piano et plusieurs autres objets de valeur qui n'étaient pas nécessairement sa propriété. Quatre années de ma vie venaient d'être jetées dans le caniveau.

Je n'avais donc pas l'intention de perdre une minute de plus. Je fréquentais alors la maison d'édition Sogides, qui publiait *Le Guide de l'auto,* et j'avais été frappé par la grande beauté et le sourire radieux de l'assistante du président, Pierre Lespérance. Elle s'appelait Suzanne Charest, elle était divorcée et venait justement de rompre avec son dernier ami de cœur, selon ce que j'avais appris d'une autre employée de la maison à qui j'avais demandé de jouer les Sherlock Holmes pour moi.

Je n'avais besoin que d'un tel feu vert pour solliciter une rencontre avec cette jolie blonde aux yeux bleus. Je savais qu'elle était beaucoup plus jeune que moi, mais je verrais bien comment elle réagirait face à notre différence d'âge. Elle accepta de venir dîner avec moi et comme je cherchais un endroit discret, j'optai pour l'anonymat d'un restaurant d'hôtel, l'Intercontinental. Malgré un repas somme toute décevant, la soirée se déroula fort agréablement et me permit d'apprendre que Suzanne était la mère de deux enfants, Clara et Alexis, auxquels elle était très attachée et qui étaient aux premières loges de sa vie.

La glace étant rompue, les rencontres se succédèrent et, comme Noël approchait, je lui proposai de le fêter à ma façon en tête à tête autour d'un repas d'exception à la maison. Suzanne accepta ma proposition et devint en quelque sorte l'un de mes plus beaux cadeaux de Noël. J'appris qu'elle n'avait que 51 ans alors que j'allais fêter mon 67e anniversaire de naissance, et cette différence était accentuée par le fait qu'elle paraissait au moins dix ans plus jeune que son âge. Ce n'était pas un obstacle pour elle et elle accepta de vivre à mes côtés même si je traversais une très mauvaise période, marquée par la dépression et divers problèmes de santé. Au bout d'une dizaine de mois, je me suis dit que si elle pouvait m'accepter dans de telles conditions, nous n'aurions aucun problème à être heureux ensemble plus tard, puisque je finirais bien par retrouver ma vitesse de croisière. Suzanne quitta son poste chez Sogides et vint vivre à la maison tout en continuant à s'occuper de ses enfants.

LE SECRET DES MCLAREN

Ayant opté pour le travail afin de faire diversion au chagrin qui ne cessait de m'habiter depuis le décès de Monique, je fus servi à souhait par plusieurs offres, dont une fut totalement inattendue.

En 1998, les McLaren de formule 1 de Mika Hakkinen et David Coulthard étaient pratiquement invincibles et tous les experts du milieu se perdaient en conjectures pour tenter d'expliquer leur insolente domination. Parmi toutes les rumeurs qui circulaient pour expliquer leur vélocité, il y en avait une qui concernait la suspension des monoplaces britanniques. Un ancien pilote de course nommé Mauro Bianchi, Italien d'origine mais naturalisé Français, affirmait avoir montré les plans d'une suspension révolutionnaire à l'ingénieur technique de McLaren, Gordon Murray. Celui-ci se serait dit très intéressé à l'utiliser et l'avait même installée, à des fins expérimentales, sur la McLaren GTR de Nelson Piquet dans les courses d'endurance. Devant la nette amélioration des performances qui en découla, il avait entrepris de sérieuses démarches avec la compagnie de Mauro Bianchi dans le but de s'assurer l'exclusivité de cette suspension dite « contractive », dont la principale caractéristique était de posséder un ressort dont la raideur était sensiblement plus importante en extension qu'en compression. Même si les négociations n'avaient pas encore abouti, M. Bianchi nota peu après que les McLaren de F 1 étaient devenues soudainement plus compétitives. De là à en conclure que la fameuse suspension contractive avait été installée sur les monoplaces de la compagnie, il n'y avait qu'un pas que Mauro Bianchi fut le premier à franchir avec l'appui du réputé journaliste automobile, Paul Frère. J'avais d'ailleurs publié un article à ce sujet à la une de *La Presse* à la veille du Grand Prix du Canada. Lors d'une conférence de presse éclair, Ron Dennis, le grand patron de McLaren, nia évidemment la présence de quoi que ce soit d'illégal sur ses voitures.

Au même moment, un groupe d'hommes d'affaires québécois avait été sollicité pour investir dans une nouvelle compagnie dont le produit était justement cette suspension qui avait, disait-on, toutes les qualités pour être adoptée par l'industrie automobile et rendre ses actionnaires très riches. C'est, en résumé, ce que m'avait raconté mon remplaçant à la présidence de l'Automobile Club de l'île Notre-Dame, Mario Vallée, qui avait un rôle quelconque dans cette compagnie. Mario tenait à ce que j'aille en France pour rencontrer Mauro Bianchi et faire l'essai de la fameuse suspension. Mon verdict serait semblait-il, un élément clé pour convaincre les quelques investisseurs encore un peu réticents à plonger dans cette affaire.

Il me mit en contact avec le cabinet d'avocat de Me Robert Legault, qui en était au stade du « Due Diligence » (vérifications préalables) en plus d'être l'intermédiaire entre Bianchi et les investisseurs. C'est ainsi que je me retrouvai à Nice, où je fus accueilli par mon ami Paul Frère qui, en tant qu'ingénieur et journaliste, avait écrit un papier assez favorable sur la suspension de Mauro Bianchi. Étant un ami de ce dernier, je pense qu'il avait davantage voulu lui faire plaisir qu'éveiller l'attention des milieux techniques sur une grande découverte. C'est du moins la conclusion que j'en tirai après avoir moi-même expérimenté la suspension contractive.

D'abord, l'affaire semblait tenir sur des bases assez bancales, si j'en juge par le genre de mise en scène dont je fus témoin en arrivant aux ateliers de M. Bianchi, dans le petit village de Cogolin en Provence. Les installations étaient plutôt primaires et rien ne me laissait entrevoir que l'on pouvait y mettre au point des technologies de pointe. À la rigueur, j'aurais accepté de ne pas y attacher d'importance, mais le reste de mes essais ne fut malheureusement pas très convaincant. Je croyais me retrouver sur un circuit en présence de deux voitures identiques, l'une avec sa suspension d'origine et l'autre avec la suspension modifiée par l'équipe Bianchi. Or, ce ne fut pas le cas.

Mauro, un type au demeurant fort sympathique, me fit monter dans son Alfa Roméo et m'emmena sur une petite route de l'arrière-pays où il tenta, en roulant à fond, de me convaincre des qualités routières améliorées de la voiture grâce à la suspension contractive. Il m'invita par la suite à prendre le volant, mais sans aucun moyen de procéder à une comparaison valable, je fus totalement incapable d'en venir à une conclusion quelconque. Oui, la voiture était stable, sans roulis et facile à conduire, mais c'étaient peut-être là des caractéristiques propres à toute Alfa Roméo. De plus, comme cette marque n'était pas commercialisée au Canada, je n'avais jamais conduit le modèle en question. Pour séduire des investisseurs à la hauteur de plusieurs centaines de milliers de dollars, je trouvais que toute l'affaire manquait de sérieux et c'est ce que j'écrivis dans mon rapport au bureau d'avocats.

J'appris par la suite que, à cause de moi, le projet avait été abandonné et que Mauro Bianchi avait mis en doute ma compétence. J'aurais bien aimé lui donner un coup de pouce, mais cela aurait été contraire à mes convictions. Si la vérité l'a offensé, tant pis. Je demeure certain que j'ai empêché plusieurs Québécois de perdre beaucoup d'argent dans cette affaire et c'est pour cela qu'on m'avait engagé. Par ailleurs, on ne sut jamais si l'écurie McLaren utilisait la suspension contractive ou un dérivé de cette suspension sur ses monoplaces de formule 1.

CHAPITRE XXII

LE « TERRORISTE » RÉCIDIVE

Chaque année, après avoir terminé la laborieuse tâche menant à la sortie du *Guide de l'auto*, je m'accordais de longues vacances pour récupérer des affres d'un travail exténuant : rédaction des articles de dernière minute, relecture des textes, correction des épreuves, recherche des photos manquantes, préparation de la liste des prix, etc. Ce marathon durait un bon mois au cours duquel les journées de travail de 14 à 15 heures étaient monnaie courante, 7 jours sur 7. À partir du milieu des années 1990, cela était devenu si exigeant qu'après la dernière visite à l'imprimerie, je me faisais chaque fois la promesse que ce guide serait mon dernier.

À l'automne de 1998, je me trouvais en Provence où, fort de la recommandation de mon ami Rodrigue Plante, j'avais loué un coquet appartement sur les hauteurs de Sainte-Maxime dans la baie de Saint-Tropez, à cinq minutes de la plage de la Nartelle. C'est là que je reçus un appel de René Gilbert, que j'avais bien connu à l'époque où il était réalisateur à TVA. Il était maintenant directeur des programmes de la chaîne communautaire de Vidéotron, qui allait devenir quelques années plus tard le Canal Vox. M. Gilbert voulait sortir cette chaîne communautaire de sa vocation plutôt terne de diffuseur d'émissions vouées aux conseils sur le tricot de pantoufles en phentex ou aux discussions palpitantes des membres du conseil municipal de Saint-Glinglin. Il me fit part de son désir de mettre en ondes une émission consacrée à l'automobile; son projet me parut toutefois on ne peut plus modeste, peu créatif et voué à un succès très mitigé. Il se résumait à peu de choses, soit à une tribune téléphonique permettant aux téléspectateurs de me poser des questions ayant rapport à l'automobile.

Pour avoir déjà participé à des tribunes libres du même genre, je savais que personne ne serait intéressé à entendre M. Tartempion me demander pourquoi sa Plymouth émettait des onomatopées bizarres au moment du démarrage ou Mme Chose qui voulait savoir ce que je pensais d'une Toyota Tercel 1992 conduite seulement les fins de semaine par une jeune secrétaire très propre de sa personne. Je ne dis rien de tout ça à mon interlocuteur, par crainte de l'insulter d'avoir eu une idée aussi moche. J'attrapai toutefois la balle au vol pour lui dire que l'on pourrait assaisonner cette sauce aigre-douce en l'accompagnant de reportages et d'essais routiers dont la réalisation serait assurée par les membres de mon équipe de rédaction du *Guide*. Bref, ce serait une sorte de *Guide de l'auto* télévisé. Malgré les cachets modestes qu'il pouvait nous offrir, nous serions compensés par les retombées publicitaires pour le livre et je serais en mesure de lui livrer une émission d'une heure peu coûteuse. À ma grande satisfaction, il accepta cette ébauche et nous prîmes rendez-vous pour finaliser les détails lors de mon retour à Montréal.

Nous étions fin octobre et en mettant les bouchées doubles, nous pourrions être à l'antenne au retour des fêtes du Nouvel An. C'est ce qui fut convenu lors de notre rencontre et *Le Guide de*

l'auto télé devint réalité à la mi-janvier 1999. C'était un pari audacieux, compte tenu que mes collègues journalistes n'avaient encore
jamais fait face à une caméra de télévision. De conseiller automobile, je me transformai en spécialiste de la télé, prodiguant le
fruit de mon expérience et divers petits tuyaux à mes collaborateurs. C'étaient au début Denis Duquet, Alain Raymond et ce
monsieur à la mémoire déclinante, Philippe Lagüe, dont les
vitupérations contre ma personne à « Tout le monde en parle »
sont désormais du domaine public.

Avec des sujets disparates et inhabituels, teintés d'un humour
quelquefois décapant, chacun fit sa niche dans cette émission
bon enfant qui ne tarda pas à se gagner un public fidèle. Le
bouche-à-oreille fut notre seul outil de promotion, puisque
aucun média ne nous accorda la moindre importance. En fait,
nous n'existions pas à l'extérieur des studios de VOX. C'est sans
doute ce qui nous permit d'être audacieux comme aucune autre
émission de télé n'avait osé l'être jusque-là. C'était un peu comme
une télévision *underground* qui ralliait un auditoire de plus en
plus important, si j'en juge par les cotes d'écoute que la direction
nous montrait chaque saison.

La recette était pourtant simple : elle consistait essentiellement à dire les choses telles qu'elles étaient sans les habiller de
fioritures pour dorer la pilule. Une voiture était rarement acceptable ou passable : elle était à proscrire et même à enfouir dans
notre cimetière de l'auto. En effet, j'avais repris ma méchante
chronique du temps de *33 tours* à Télé-Métropole, sauf que les
atrocités du monde du disque avaient été remplacées par des
automobiles d'un intérêt douteux. Nous étions allés jusqu'à creuser une immense fosse à Sainte-Julie, dans laquelle nous avions
plongé une vieille Subaru prête pour la ferraille et recouverte
d'une bâche pour que l'on ne puisse pas la reconnaître. Chaque
semaine, cette séquence filmée nous servait d'indicatif pour cette
chronique peu appréciée des constructeurs et des concessionnaires

des modèles ainsi couverts de honte. Le « terroriste des ondes » était de nouveau à l'œuvre.

Pendant l'émission, il régnait toujours autour de la table une ambiance détendue et plusieurs téléspectateurs appréciaient cette atmosphère qui donnait l'impression d'avoir affaire à « quatre gars parlant de chars dans un sous-sol ». Nous allions peut-être un peu trop loin à l'occasion, comme cette fois, juste avant la période des fêtes, où nous avions décidé de jouer le rôle de joyeux fêtards en consommant de plus en plus de vin ou de bière au fur et à mesure que l'émission se déroulait. Notre but était de montrer qu'il ne fallait pas boire d'alcool en très grande quantité pour atteindre la limite de .08. Pour rendre cette beuverie encore plus instructive, nous avions demandé à un agent de la Sûreté du Québec de venir en studio avec un alcootest afin de vérifier notre niveau d'intoxication toutes les 20 minutes. Cela donna lieu, bien sûr, à des moments d'hilarité que plusieurs téléspectateurs apprécièrent moins que d'autres. Je dois dire que, personnellement, j'étais rond comme une bille à la fin de l'émission et totalement égaré dans mon rôle d'animateur. Nous avions heureusement pris soin de faire intervenir les gens de l'opération Nez Rouge pour ramener à la maison ceux qui avaient dépassé les limites.

Un de nos meilleurs coups nous tomba littéralement du ciel. Au début de la série, au moment où nous nous apprêtions à aller tourner des images au Salon de l'auto de Montréal, le toit du Stade olympique s'effondra partiellement juste au-dessus du stand de Subaru dans les journées précédant l'évènement. Le Salon ayant été annulé, il nous vint l'idée de le récupérer et de faire venir en studio les représentants des relations publiques de chacun des exposants. Nous avions consacré deux heures à cette édition spéciale du *Guide de l'auto télé*, au cours desquelles chaque invité nous fit découvrir les véhicules qui auraient normalement dû être dévoilés au Salon de l'auto. Finalement, pour faire plaisir à M. Gilbert, nous consacrions 5 ou 10 minutes de l'émission aux questions des téléspectateurs, télévision communautaire oblige… J'avais repoussé ce segment d'un ennui mortel à la toute fin de notre heure d'antenne pour que les gens puissent changer de canal sans avoir manqué le principal. Malin comme tout, il m'arrivait souvent aussi de manquer de temps pour cette rubrique somnifère.…

Les relations entre M. Gilbert et moi furent toujours nébuleuses, tendues et, conséquemment, pénibles. Je n'arrivais jamais à savoir s'il était content de notre travail et ses réponses étaient toujours très vagues lorsque je lui demandais ce qu'il avait pensé de tel ou tel reportage. J'ai toujours eu l'impression qu'il croyait que son concept de tribune téléphonique était supérieur au type d'émission que j'avais mis sur pied et qu'il digérait mal notre succès. Une année, il décida même de mettre fin à l'émission prématurément et sans raison apparente. J'en touchai un mot au patron de Vidéotron, Robert Despatie, que je connaissais bien. Celui-ci se montra désemparé et choqué en constatant qu'on allait lui retirer l'émission qui lui permettait de vendre plus facilement ses abonnements au câble. Son intervention sauva l'émission mais me fit un ennemi juré de saint René.

Contre son gré, nous restâmes en ondes deux ou trois autres saisons supplémentaires et il n'attendait qu'une occasion pour me virer. Celle-ci lui fut fournie lors de mes démêlés avec les acheteurs du *Guide de l'auto*, qui avaient confié l'impression et l'édition du livre à Québecor. La convergence – qui n'est après tout qu'une forme de népotisme – fit son œuvre et je fus sarcastiquement mis à la porte de l'émission que j'avais moi-même façonnée par un M. Gilbert bavant de bonheur. Il y a deux ans à peine, le nouveau patron, M. Paquet, sans trop savoir ce qui se passait autour de lui, me téléphona pour me proposer de revenir à l'émission de télé. Ce à quoi je lui répondis que si j'acceptais sa proposition, il devait accepter en retour que je sois accompagné de mon équipe, car il n'était pas question que je m'assoie à la même table que des individus à qui je n'adressais plus la parole. Comme la jeunesse a souvent le dessus sur l'expérience à la télévision québécoise, on a donc opté pour un animateur dans la vingtaine, ce qui me vaut de me faire souvent interpeller par des gens qui disent s'ennuyer de ce qu'était cette émission à ses débuts.

J'ajouterai en terminant que le succès du *Guide de l'auto télé*, qui dura de 1999 à 2004, ne tenait en rien au budget qui m'était alloué pour la produire. Si l'on devait un jour mesurer le rapport coût/auditoire de cette heure de télévision hebdomadaire, je suis certain que l'on serait étonné des performances obtenues par rapport au budget de misère dont nous disposions. D'ailleurs, Reynald Brière, qui fut président de TVA pendant quelques années, me confia un jour qu'à chaque réunion du conseil, les membres du comité de direction se demandaient comment ce fameux *Guide de l'auto télé* arrivait à obtenir de telles cotes d'écoute avec une enveloppe de 1 750 $ par semaine. À cela je répondrai qu'il suffit d'un peu de talent et de beaucoup de passion pour arriver à de tels résultats. Malgré mes déboires de la fin, j'ai tout de même vécu des moments intenses au cours des nombreuses années du *Guide de l'auto télé*.

UN HOMONYME À L'AGONIE

Sans vouloir dupliquer la publicité télévisée sur la prolifération des Jean Coutu, je dois admettre que le nom de Jacques Duval n'est pas non plus exclusif à ma personne. Au début de ma carrière dans les années 1950 et 1960, j'avais voulu me distinguer des autres en écrivant mon prénom en trois lettres seulement : Jac. J'ai signé ainsi plusieurs articles dans divers journaux et magazines, du temps où j'étais l'émule de mon ami Alain Stanké. Je trouvais que cette façon d'écrire mon nom avait un cachet spécial, un ton artistique. Cette marotte du nom de plume était loin d'être nouvelle, puisque déjà à l'école, je signais mes travaux de rédaction en trois temps : Jacques Du Val. Heureusement, j'eus vite fait de me rendre compte que cette vanité était d'un ridicule consommé et je redevins Jacques Duval, tout simplement. Incidemment, j'ai aussi écrit sous divers noms d'emprunt, dont François Blanchette, qui était l'amalgame du prénom de mon premier fils et du nom de famille de ma première épouse, Berthe. Un autre nom fictif qui me revient est celui de Jacques Day, qui ne donnait pas lui non plus dans la subtilité.

Tout cela pour vous dire que je ne suis pas l'unique détenteur du patronyme Jacques Duval. Il existe par exemple à Québec un studio de danse Jacques Duval, alors qu'il n'y a pas plus nul que moi sur ces beaux parquets vernis où s'exécutent les disciples de Fred Astaire ou de John Travolta.

Mon collègue Lionel Duval a aussi eu l'idée saugrenue de nommer l'un de ses fils Jacques, en croyant sans doute que je disparaîtrais dans l'ombre des coulisses aussi rapidement que j'étais apparu sur la scène du monde artistique. Cela donna lieu plus tard à des quiproquos amusants. Un jour, j'avais laissé un message à Pierre-Karl Péladeau dans le but de lui proposer l'impression du *Guide de l'auto*. Il m'avait téléphoné en m'appelant Jacques gros comme le bras alors que je le connaissais à peine. Il m'avait tout simplement confondu avec l'autre Jacques Duval, qui travaillait dans la publicité à la tête de l'agence réputée Marketel. Après que je lui ai précisé que j'étais l'autre Jacques Duval, M. Péladeau déclina mon offre. Pourtant, il accepta deux ans plus tard de payer une somme importante aux acheteurs du *Guide de l'auto* pour les mêmes privilèges.

Une autre fois, je m'étais présenté au comptoir du garage Silver Star sur la Rive-Sud pour récupérer ma vieille Mercedes-Benz E 320. Après avoir décliné mon nom au préposé, celui-ci pouffa de rire en ajoutant que le client qui était devant moi s'appelait aussi Jacques Duval.

Mais, encore une fois, je m'égare. Ce dont je voulais vous entretenir, c'est qu'un jour de décembre 1999, à l'époque où j'animais *Le Guide de l'auto* au Canal Vox, je reçus une lettre d'une travailleuse sociale de l'hôpital Saint-Luc, Johanne Gendron, ainsi rédigée : « Je me permets en ce temps de Noël de vous adresser une demande un peu inusitée. Hospitalisé au CHUM campus Saint-Luc depuis plusieurs semaines, Jacques Duval, votre homologue [sic], souffre d'une grave infection hépatique après avoir subi deux transplantations du foie. Il est âgé de 38 ans, célibataire et a peu de contact avec sa famille. Depuis son plus jeune âge, il vous porte en haute estime et aurait voulu faire de la course automobile. Il a une passion pour les autos et achète bien sûr tous vos livres. Vous rencontrer a toujours été l'un de ses rêves ». Au téléphone, Mme Gendron m'avait laissé entendre que son patient n'en avait plus pour très longtemps. Je ne pouvais évidemment pas dire non à une telle requête, même si la démarche pouvait s'avérer difficile sur le plan émotif. Ce jeune homme, avais-je appris, attendait la mort seul dans sa chambre avec pour unique distraction la visite occasionnelle de cette travailleuse sociale pleine de compassion qui l'avait pris sous son aile. Elle m'informa que le Jacques Duval en question avait de bons et de moins bons jours. Il fut entendu que je l'appellerais avant ma visite afin de m'assurer que le moment était bien choisi.

Lorsque j'arrivai dans la chambre, je fus d'abord renversé par la couleur jaunâtre du patient. Il ressemblait à quelqu'un dont le visage avait été trempé dans l'iode ou qui avait séjourné trop longtemps dans une mauvaise machine à bronzer. N'ayant jamais connu personne atteint de ce type de maladie, je ne savais pas à quoi m'attendre, d'où mon étonnement.

Bien que sous l'effet de fortes drogues, Jacques s'exprimait clairement tout en s'imaginant que sa maladie était sous contrôle et qu'il pourrait bientôt quitter l'hôpital. Pour avoir été moi-même soumis à des injections de morphine après une intervention chirurgicale, je sais qu'une telle drogue plonge le patient dans une invincibilité totale et le persuade que le bien-être qu'il ressent est un signe de guérison.

J'avais apporté avec moi un exemplaire de la dernière édition de mon *Guide de l'auto* que je lui avais dédicacé avec une formule laissant croire que le véritable auteur de l'ouvrage, c'était lui. Il esquissa un léger sourire à la mesure de ses forces. Nous bavardâmes ensuite pendant un bon quart d'heure et il me demanda ce que je pensais de la Mazda MPV, le véhicule qu'il voulait se procurer à sa sortie de l'hôpital. Je lui promis de l'aider à avoir un bon prix et d'aller magasiner avec lui. Je vous avoue que j'avais une boule dans la gorge et que je ne savais plus très bien comment mettre un terme à notre rencontre. J'aurais tellement voulu faire quelque chose d'autre pour l'aider à mieux vivre ses derniers jours.

Je quittai l'hôpital tristement en sachant que je ne reverrais plus jamais cet homme avec lequel j'avais partagé quelques moments, mais qui partageait quand même mon identité. Une dizaine de jours plus tard, je reçus un coup de fil de Mme Gendron, qui m'annonça que « notre ami » avait pris la route du non-retour. Elle précisa qu'il chérissait le volume que je lui avais offert et qu'il avait rendu son dernier soupir en tenant son cadeau sur sa poitrine. Je sais que cela fait terriblement mélo, mais comment pourrais-je raconter autrement un tel évènement ? Bien sûr, ce n'est qu'un fait divers, mais ce sont ces petits riens qui sont la véritable essence d'une vie.

Je suis d'autant plus heureux d'avoir pu apporter un peu de bonheur à ce jeune homme qu'il m'est arrivé en d'autres circonstances d'arriver trop tard pour offrir un plaisir similaire à un jeune admirateur qui souffrait de leucémie. Dans ce cas-ci, il s'agissait d'un adolescent dont s'occupait le sympathique comédien Jean-Marie Lapointe et qui avait fait l'objet d'une chronique de Pierre Foglia dans *La Presse*. Jean-Marie, qui consacrait beaucoup de temps et d'énergie à Timothée-Gabriel Simard-Bolté, m'avait téléphoné pour me dire que son grand rêve était de faire un tour de Ferrari en ma compagnie. Comme il était très malade et très faible, il fallait organiser la rencontre un jour où la maladie le rendait un peu moins misérable tout en trouvant une Ferrari au moment opportun. La première fois que j'eus l'occasion de parler à Timothée-Gabriel, il était en bonne forme et attendait sa journée Ferrari avec beaucoup d'impatience. Je m'affairai à réserver la voiture auprès de mon copain Richard Petit, qui avait accepté de me prêter sa F355 pour quelques heures.

Hélas, lors de mon second appel, mon passager ne se sentait pas très bien, selon sa maman, et nous décidâmes de remettre la balade à plus tard. Malheureusement, la leucémie eut finalement le dernier mot, emportant Timothée-Gabriel à peine quelques jours avant notre rencontre. J'ose croire que dans son paradis personnel, Enzo Ferrari lui a construit un bolide invincible qu'aucune maladie n'est capable de stopper.

PRENEZ LE VOLANT 2 AVEC MICHEL BARRETTE

Si l'année 2000 n'a pas été porteuse des évènements bouleversants que l'on nous avait promis ou fait craindre, elle fut pour moi une année faste. En effet, en plus du *Guide de l'auto télé* qui suivait son cours, la suite très attendue de *Prenez le volant* se réalisa enfin. C'était le rêve que Michel Barrette et moi caressions depuis quelques années. Dans un tel contexte, est-il nécessaire de préciser que la passion et l'humour étaient au rendez-vous quand TVA commença à diffuser ladite émission pendant l'été de l'an 2000. Sans que je sois devenu un ami intime du célèbre comédien et humoriste, je peux dire que l'automobile a tout de même tissé des liens solides entre nous. J'admire son remarquable talent de conteur, son authentique passion pour les voitures et tout le bric-à-brac de son adolescence échevelée.

Je vous épargne tout ce qui a déjà été dit et écrit sur son amour pour les objets ayant fait partie de son enfance. Je connais certains artistes qui jouent la carte de la passion automobile pour en retirer une attention médiatique susceptible d'enjoliver une carrière un peu terne. Michel n'est pas de ceux-là. C'est un vrai, un authentique.

Le projet ébauché par Stéphane Raymond et déposé à TVA par la Société Nouvelle de Production de Jean-Marc Beaudoin prévoyait réunir la passion d'un Michel Barrette et l'expertise d'un Jacques Duval. Autant pour moi que pour Michel, ce concept était emballant, d'autant plus que nous en avions souvent discuté ensemble dans les années précédentes, en particulier lors d'une entrevue avec Christiane Charette, qui s'était demandée ce qu'attendait Radio-Canada pour réunir Duval et Barrette dans une suite de *Prenez le volant*. En somme, tous les éléments étaient réunis pour créer une émission à la fois divertissante et informative. De plus, Michel m'avait souvent raconté que c'est en lisant *Le Guide de l'auto* et en écoutant *Prenez le volant* qu'il avait attrapé le virus de l'automobile. J'avais été abasourdi de l'entendre citer des extraits complets d'articles que j'avais écrits dans le livre.

« Je me souviens, m'avait-il dit, que tu avais écrit après avoir testé la BMW 2002 en 1971 que son seul défaut était de ne pas avoir de petit crochet à l'arrière pour y suspendre un veston, alors que plusieurs années plus tard, tu avais dit que la seule qualité de la nouvelle Lada était justement d'avoir son petit crochet à vêtements. » C'était bel et bien vrai et cela constituait la preuve indubitable de son assiduité à mon travail. Que cet admirateur de jeunesse devienne coanimateur avec moi d'une émission sur l'automobile était vraiment un cadeau tombé du ciel, tant pour lui que pour moi. D'ailleurs, Michel se fit un point d'honneur de raconter dès la première émission que jamais dans ses rêves les plus fous il n'aurait imaginé se retrouver un jour aux côtés de son idole des années 1970 à coanimer *Prenez le volant 2*.

Le seul hic était que le financement de cette demi-heure estivale provenait en majeure partie de l'Association des concessionnaires automobile de Montréal et que ces gens ne verraient pas d'un très bon œil les commentaires peu flatteurs sur leurs voitures. Comment contourner ce problème sans tomber dans la flagornerie ou la malhonnêteté ? Je trouvai la solution en feuilletant mon *Guide de l'auto 1999*. Je dressai une liste de 26 voitures (deux par émission pour 13 semaines) pour lesquelles j'avais eu des commentaires généralement favorables. De cette façon, je n'aurais pas à m'abstenir de formuler des critiques sévères sur certains modèles. Bref, nous n'allions essayer que des véhicules méritant plus de compliments que de reproches. La table était mise pour une émission pas comme les autres.

En débarquant sur le Trioval de Sanair pour un premier tournage, je fus estomaqué de voir l'équipement, l'outillage et tout le personnel que la production avait rassemblés pour obtenir les meilleures images possibles de nos essais sur piste. Pas moins de quatre caméras allaient tourner simultanément et entièrement chacun de nos gestes… et faux pas. Dans l'auto elle-même, une caméra montée sur le tableau de bord était braquée sur Michel et moi telle une arme dangereuse, alors qu'une autre épiait tous nos mouvements à partir du compartiment arrière. Il y en avait une autre attachée à l'aile droite de la voiture, tandis que la dernière se trouvait en permanence au sommet de la tour avec une vue sur l'ensemble du circuit. À cela, il faut ajouter la présence de deux caméramans placés dans les virages les plus pertinents.

Le seul élément manquant dans toute cette préparation était la sécurité et je m'en étais bien rendu compte en voyant cette caméra devant nous qui ne demandait qu'à nous défigurer en cas d'accident, propulsée par le coussin gonflable situé juste derrière elle. Les pauvres caméramans étaient aussi bien vulnérables sur le bord de la piste, sauf que de dire à un de ces trompe-la-mort de se déplacer pour favoriser leur sécurité au détriment d'une image spectaculaire équivaut à dire à un Hells Angel d'abandonner sa Harley Davidson pour chevaucher un scooter.

J'ouvre d'ailleurs ici une parenthèse pour rendre hommage à tous ces artisans de la caméra avec qui j'ai travaillé toute ma vie et qui ont volontairement pris des risques inouïs pour obtenir de meilleures images. Filmer une voiture en action n'est pas aussi facile qu'on pourrait le croire, car l'impression de vitesse est fortement influencée par l'angle de la caméra, sa position et nombre d'autres détails. J'ai souvent demandé à mes caméramans de se rapprocher le plus possible de l'auto pour certaines prises et pas un seul n'a refusé de le faire, même si cela impliquait de poser l'œil dans le viseur en étant agenouillé au bord de la piste et de sentir le déplacement d'air causé par le passage de l'auto à quelques centimètres. Bravo et merci à tous les Ernst de ce monde, Ernst Michel étant le caméraman avec qui j'ai travaillé le plus longtemps dans le cadre de la première série de *Prenez le volant*. Cela dit, je n'ai jamais craint pour ma sécurité non plus; pour moi, c'était « *The show must go on* » quels que soient les dangers.

Avec Michel, nous avons d'ailleurs frôlé la catastrophe à au moins deux reprises au vu et au su de tous les téléspectateurs qui ont regardé cette série. Il y eut d'abord l'incident de la Porsche Boxster, avec laquelle mon copilote essayeur s'offrit un dangereux dérapage qui se termina à faible distance d'un ponceau en béton et d'un ruisseau peu rassurant. Les rires fusèrent de toute part et nous étions plus inquiets de savoir si la prise était bonne que de réfléchir au danger auquel nous venions d'échapper.

À une autre émission, c'est au volant d'une Jaguar que Michel donna une grosse frayeur à toute l'équipe. De par sa nature, il adore faire du spectacle et il faisait exprès pour brusquer les voitures lors de nos tournages. Il donnait de violents coups de volant pour faire déraper l'arrière, ce qui s'avérait tout de même impossible en raison de la présence de l'antipatinage qui prévient ce genre de situation. Conséquemment, il me demandait souvent de débrancher ce dispositif pour faire déraper plus facilement l'arrière de la voiture. Chaque fois cependant, il en perdait le contrôle dans le virage suivant. Dans le cas de la Jaguar, la situation fut un peu plus dramatique : plutôt que de faire un tête-à-queue, l'auto se dirigea tout droit, en plein sous-virage, vers le preneur de son et le caméraman. Comme passager, je vis nos deux amis se mettre à courir dans la direction opposée pendant que la caméra volait dans les airs. La voiture s'immobilisa à moins d'un mètre d'une clôture et, encore une fois, la première inquiétude de Michel fut de savoir si la « shot » était bonne. Disons qu'elle l'était jusqu'à un certain point, c'est-à-dire jusqu'à ce que le caméraman commence à penser qu'il était plus sage de quitter les lieux précipitamment.

Ces incidents tendent à faire passer Michel Barrette pour un piètre conducteur alors qu'il se débrouille fort bien sur une piste de course. C'est seulement qu'il lui arrive de vouloir en donner plus que le client en demande, comme tout bon *showman*.

Une autre des caractéristiques propres à Michel, l'humoriste, c'est qu'il est aussi drôle dans la vie que sur la scène, peut-être même plus à l'occasion parce qu'il n'est pas soumis à la même censure. Nous avons souvent eu l'occasion de nous en rendre compte en l'écoutant nous relater des anecdotes succulentes. Il avait le don de faire enrager le producteur en se mettant à raconter un souvenir quelconque juste au moment où la caméra s'apprêtait à tourner. Après un fait cocasse, il y en avait un autre, puis un autre, de sorte que l'on pouvait passer dix minutes à l'écouter et à rigoler pendant que le réalisateur se morfondait. Et moi j'étais payé pour «assister» à un spectacle privé de Michel Barrette et conduire des voitures de rêve! Comme l'humour fait partie intégrante de ma vie et que je le pratique aussi sur une haute échelle, nous nous amusions comme des fous et je pense que cela se voyait à l'écran.

Deux des séquences les plus mémorables de cette série furent celle du Hummer juché sur un monticule, les quatre roues ne touchant plus au sol et son conducteur (Michel) complètement dépité, et celle de la limousine Lincoln que nous avions osé conduire sur la piste sous le regard courroucé de son propriétaire qui ne nous avait pas trouvés drôles.

Finalement, c'est aussi pendant ce *Prenez le volant 2* que j'ai eu l'occasion de conduire une monoplace de formule 1. On en avait fait tout un plat, bien que l'expérience ne fut pas aussi enivrante que je l'aurais cru. C'est justement la fameuse limousine mentionnée ci-dessus qui nous avait emmenés jusqu'à Shannonville, près de Belleville en Ontario, site d'un petit circuit routier où l'on peut faire l'essai d'une formule 1 vieille de quatre ou cinq ans. La firme Raceinc International offre en effet aux riches de ce monde le privilège de piloter une formule 1 moyennant la rondelette somme de 12 000 $. Si j'avais eu à m'acquitter moi-même d'un tel montant, j'aurais été déçu de mon investissement puisque, tout compte fait, le participant ne passe qu'une vingtaine de minutes au volant de la voiture ; le reste de la journée est consacré à un long apprentissage du circuit au volant de voitures moins performantes en préparation à l'expérience ultime. Et quand vient le moment de jouer les Schumacher, on vous enjoint de conduire en pépère afin de ne pas abîmer le précieux bolide. Il reste qu'en fin de journée, vous pouvez porter en toute légitimité le t-shirt qui dit « *I drove a formula One* » (j'ai conduit une formule 1).

Normalement, ce *Prenez le volant 2* aurait dû être reporté à l'horaire la saison suivante, mais nous fûmes victimes d'un retard d'approbation de commandite de la part de l'Association des concessionnaires et, surtout, de la politicaillerie qui régnait dans ce groupe pendant que Roxanne Longpré en assumait la direction. Celle-ci n'avait pas accepté que le gérant de Michel, Stéphane Ferland, exige des honoraires pour que son protégé soit le porte-parole du Salon de l'auto organisé par la même association. Elle s'imaginait avoir droit à ses services gratuitement parce qu'il coanimait l'émission de télévision dont l'Association était commanditaire. Incapable de trouver une autre source de financement pour une émission qui coûtait environ 350 000 $ par saison, *Prenez le volant 2* s'éteignit après seulement 13 émissions, alors que la série originale à Radio-Canada avait survécu pendant 8 ans et près de 200 émissions.

LA SURDITÉ DE TÉLÉ-QUÉBEC

Après avoir été chassé du Canal Vox, j'avais encore envie de faire de la télé. Toutefois, pour des raisons *a priori* obscures, mais finalement faciles à deviner, toutes les portes me semblaient fermées. La publicité automobile étant la principale source de revenus des chaînes de télévision privées, toute émission susceptible de jeter le moindre discrédit sur les produits des constructeurs est pour ainsi dire bannie des ondes ou programmée à une heure de faible écoute la fin de semaine. Il ne reste donc plus que les stations subventionnées moins sensibles aux récriminations des annonceurs qui peuvent se permettre de donner l'heure juste aux consommateurs.

Ainsi, j'ai toujours cru qu'une émission du même type que *Le Guide de l'auto* se prêterait à merveille au mandat de Télé-Québec. On y présente avec succès depuis plusieurs années une émission qui s'applique à vulgariser la cuisine et la gastronomie; je pense que l'automobile, avec ses soucis quotidiens, est un autre de ces sujets pour lesquels les Québécois réclament de l'information. D'ailleurs, si *Prenez le volant* a fait les beaux jours de Radio-Canada pendant 8 ans, je vois mal pourquoi Télé-Québec lèverait le nez sur ce genre d'émission.

À deux reprises, j'ai donc frappé à la porte de cette vénérable institution pour soumettre un projet de magazine automobile qui serait composé d'essais comparatifs, de reportages sur des sujets d'actualité comme les voitures hybrides, les véhicules utilitaires sport (VUS) ou les plus récentes technologies et de conseils sur l'entretien ou la conduite d'une voiture. On m'accueillait chaque fois avec courtoisie en me promettant d'étudier attentivement le dossier en vue de la prochaine saison. Convaincu des chances de succès d'une telle émission, j'avais même offert à Télé-Québec d'assumer moi-même les coûts de production si jamais nous ne nous classions pas parmi les cinq émissions ayant la meilleure cote d'écoute du réseau après 13 semaines.

Malgré cela, mes deux tentatives échouèrent sur le bureau du directeur des programmes, un individu du nom de Victor Harrouch, qui ne me connaissait pas plus que je ne le connaissais moi-même et qui m'informait que ce type d'émission ne cadrait pas dans les projets de la chaîne. Pour montrer à quel point je suis tenace quand je crois avoir une bonne idée, je poussai même l'audace jusqu'à faire parvenir le dossier au premier ministre du Québec, Jean Charest, en lui demandant de jeter un coup d'œil sur la façon dont Télé-Québec administrait les fonds publics. Ma missive resta lettre morte; je ne reçus même pas d'accusé de réception. Pourtant, j'ai toujours cru qu'une des règles du savoir-vivre était de répondre à un correspondant.

BIENVENUE À ÉVASION

Heureusement, la direction du Canal Évasion, par l'entremise de Sébastien Arsenault, le fils de Serge, se montra beaucoup plus réceptive. Je leur avais fait remarquer que le tout premier moyen de déplacement pour les voyages était l'automobile et qu'il m'apparaissait pour le moins illogique qu'une chaîne consacrée au tourisme n'ait même pas une émission à ce sujet. On accepta mon idée quasiment sur-le-champ et la première saison de *Prenez le volant* à Évasion fut mise en ondes en 2004 pour une durée de 13 semaines. L'aimable propriétaire d'Auto Lux, Dino Saroli, accepta de nous ouvrir les portes de son superbe atelier de carrosserie qui nous servit de studio d'enregistrement. Pour respecter la vocation de la station, nous présentions des essais de nouveaux modèles réalisés à l'étranger en nous efforçant de consacrer autant de temps à l'essai routier qu'à la région dans laquelle il avait été filmé.

Je pense que la recette était bonne et les cotes d'écoute furent assez encourageantes pour que l'on nous donne le mandat de réaliser une deuxième série de 13 émissions l'année suivante. À cause de son budget limité, l'émission souffrait de certaines carences techniques, mais il fallait faire avec les moyens du bord. Le problème majeur, à mon avis, n'était pas tellement une affaire de budget et résidait principalement dans la personnalité des deux producteurs. En effet, le premier était un peu trop brouillon pour un tel travail, ce qui avait résulté notamment en un problème de son qui gâcha les cinq premières émissions que nous avions enregistrées au cours d'une même fin de semaine. C'était d'autant plus dommage que nous voulions faire bonne impression dès le départ et que le contenu méritait un meilleur traitement. Nous avions notamment tourné l'essai d'une Mercedes CLS dans la banlieue de Rome ; or, la familiale de l'équipe technique nous était rentrée dedans après un arrêt soudain pour éviter un piéton. Quarante minutes plus tard, après que nous eûmes fait part de notre mésaventure au quartier général de Mercedes, deux voitures de remplacement de la même couleur nous avaient été livrées afin que nous puissions poursuivre le tournage.

Lors de la seconde série de ce *Prenez le volant* à Évasion, le nouveau producteur était particulièrement doué pour les conflits de personnalité et il trouva moyen de se disputer avec tous les membres de l'équipe, qu'ils soient devant ou derrière la caméra. En ce qui me concerne, son attitude m'a beaucoup surpris puisque si je devais n'avoir qu'une qualité, ce serait sans doute celle de toujours fournir un travail impeccable, à la mesure de mes connaissances, et d'essayer de créer une ambiance sympathique au sein des équipes technique et de production. J'ai la passion du travail bien fait et ce qui m'importe avant tout dans l'animation d'une émission automobile, ce n'est pas de faire des sous, mais de m'amuser. Ce ne fut malheureusement pas le cas lors de la seconde saison à Évasion.

Malgré la pertinence de l'émission, le Canal Évasion préféra tourner la page en affirmant que la nécessité de rediffuser chaque série à deux ou trois reprises quelques années plus tard les rendait caduques en raison du vieillissement de ce qui était, au moment du tournage, de nouveaux modèles.

Depuis, mes apparitions à la télévision se limitent à participer aux vigoureux débats de *110 %* à TQS orchestrés par Jean Pagé et son réalisateur Éric Lavallée et à des entrevues sur différentes chaînes pour commenter l'actualité automobile. Dans des médias plus obscurs, je rédige une chronique mensuelle sur les VUS dans le magazine *Infrastructures* et j'ai été le chroniqueur automobile de la bande 172 de la radio satellite XM jusqu'à sa fermeture en avril 2007. Chapeau quand même à Michel Tremblay et à son équipe, qui ont travaillé d'arrache-pied pour faire lever ce projet même s'il n'est pas facile de se motiver à diffuser de l'information en sachant qu'elle tombe presque dans le vide à cause du petit nombre d'abonnés à la radio satellite. Personnellement, je suis de ceux qui croient que la réussite d'une telle aventure au Canada est loin d'être assurée, compte tenu que les gens ne sont pas prêts à payer pour un service qui leur est offert gratuitement par la radio conventionnelle. Finalement, je réalise des essais routiers et je blogue régulièrement sur le site *guideauto.com* (rien à voir avec *Le Guide de l'auto*) de Sylvie Rainville (la fille de Jacques) tout en attendant mon retour en librairie avec un ouvrage annuel sur l'automobile destiné à assurer la continuité des 39 ouvrages que j'ai signés dans le passé.

SIXIÈME PARTIE

LES MAUX DE LA FIN

De 2000 à aujourd'hui

CHAPITRE XXIII

A-T-ON DÉJÀ VOULU ME FAIRE UN MAUVAIS PARTI?

« N'avez-vous jamais été victime de représailles de la part des constructeurs automobiles ou des concessionnaires après avoir critiqué sévèrement l'un de leurs modèles? » Voilà une question que l'on m'a souvent posée tout au long de ma seconde carrière. J'y répondrai par un *non* plus ou moins catégorique, puisque je sais que, sans le dire, beaucoup de gens auraient bien voulu me casser la margoulette ou plus carrément m'infliger une bonne raclée. Mais ces individus avaient tout de même un minimum d'intelligence et leur façon de se venger était de faire semblant qu'ils n'avaient rien vu ou entendu. Je suis quand même au courant que bien des ventes de voitures ont été annulées au dernier moment parce que l'acheteur venait de prendre connaissance de mes commentaires défavorables sur le modèle qu'il avait choisi.

C'est tellement vrai que j'ai moi-même été victime de ma propre crédibilité il y a quelques années à peine. J'avais mis en vente au garage de mon ami Yves Leroux mon Audi A4 Avant

2003 et après au moins trois mois d'insuccès, un client s'était finalement pointé pour en faire l'acquisition. Le contrat avait été signé et ce monsieur avait promis de venir chercher la voiture un ou deux jours plus tard. Or, entre-temps, mon *Guide de l'auto 2004* sortit en librairie; j'y avais traité de quelques désagréments que la voiture m'avait causés. L'acheteur, qui ne savait pas que j'étais le propriétaire de l'Audi qu'il était en train d'acheter, téléphona au garage pour annuler la transaction en citant comme raison mon évaluation de la voiture dans le *Guide de l'auto*. Voilà ce qui s'appelle se tirer dans le pied.

Jamais personne de chez Audi n'osa me parler directement de cet article, mais des concessionnaires m'ont quand même avoué que les ventes avaient pris une sérieuse dégringolade après la parution du livre, ce qui semble confirmer la boutade de Marie-France Bazzo voulant que j'aie terrorisé aussi bien les compagnies de disques que les constructeurs automobiles. Ils se sont donc vengés autrement en m'inscrivant sur leur liste noire comme *persona non grata*, une situation qui dure toujours. Et comme Audi et Volkswagen couchent dans le même lit, j'eus droit à la même médecine de leur part pour avoir brandi le drapeau rouge signalant la fiabilité incertaine de leurs véhicules. Cela ne m'empêchera pas de dire et d'écrire tout le bien et le mal que je pense de leurs produits. En me rendant l'obtention de leurs véhicules pour les essais plus difficile et surtout beaucoup plus tardive, on me complique la vie tout en démontrant une attitude absurde. Car, et cela est prouvé, autant les mauvaises critiques font mal, autant les bonnes sont efficaces. Ce fut d'ailleurs la façon de voir de beaucoup de compagnies, qui encaissaient les coups durs en sachant que les plus doux seraient d'une efficacité redoutable compte tenu de leur crédibilité. On se défoulait à l'occasion chez les concessionnaires en épinglant ma photo sur un jeu de fléchettes, mais la malice s'arrêtait là.

La loi du silence imposée par Audi, Volkswagen, BMW et quelques autres est d'autant plus répréhensible qu'elle n'est jamais admise et qu'elle constitue un signe flagrant d'une peur que l'on tente de dissimuler par des mesures de répression. Quand on veut cacher des choses à des gens qui ont l'œil trop clair, c'est qu'il y a vraiment des choses à camoufler.

Quels sont les autres constructeurs qui me font la moue? Je pense que ce serait plus simple et plus court si je répondais à cette question en nommant ceux qui m'ouvrent encore toutes grandes leurs portes. Ils sont fort peu nombreux, croyez-moi! Même Porsche, pour qui j'ai gagné des championnats et des courses importantes (à mes frais) et que j'ai souvent porté aux nues dans mes articles, me fait à présent la sourde oreille. À cause d'une rumeur mensongère, plusieurs constructeurs s'imaginent que j'ai pris ma retraite alors que j'écris un blogue presque quotidien sur *guideauto.com*, que je fais partie du jury du *North American Car of the Year* et que j'animais jusqu'à tout récemment l'émission *Prenez le volant* à l'antenne du Canal Évasion.

Chez les constructeurs automobiles, il y en a un dont les pratiques sont particulièrement contestables. Il s'agit de Land Rover, la marque britannique d'utilitaires sport dont l'emblème (en juillet 2007) fait partie du portfolio «Premier Automotive Group» de la compagnie Ford. Pendant plusieurs années, cette compagnie eut l'habitude perverse de littéralement corrompre la confrérie des journalistes automobiles en les invitant à des voyages princiers allant du safari en Afrique aux expéditions idylliques au bout du monde. Au moment même où Land Rover fabriquait les véhicules ayant la plus mauvaise note en matière de qualité ou de fiabilité, elle manipulait, par ses cadeaux de luxe et ses voyages de rêve, l'opinion des journalistes. Il en résultait des reportages dithyrambiques vantant les prouesses des Land Rover, ce qui s'avérait un outil publicitaire dont l'impact énorme était destiné à contrer les résultats de sondages très défavorables aux produits de ce constructeur.

Bien qu'il s'agisse d'un manufacturier de pneumatiques, on peut inclure dans la même catégorie la compagnie Pirelli, qui organise elle aussi des voyages de rêve dans les contrées les plus lointaines sous l'insidieux prétexte de faire essayer ses nouveaux produits à la presse automobile. Comme les journalistes n'ont aucun moyen de comparer le nouveau pneu Pirelli à ses concurrents et de l'évaluer objectivement, le luxe des installations a tôt fait de les aveugler et de leur faire rédiger des articles très flatteurs.

LA SUSCEPTIBILITÉ DE CHRYSLER

Parmi les cachottiers de l'industrie, il y aussi Chrysler qui, à une époque, préservait avec un soin jaloux le dévoilement de ses chefs-d'œuvre, comme ce monument d'idiotie qui s'appelait la Cordoba et dont j'avais eu le malheur, par erreur en plus, d'enfreindre l'embargo. Qu'importe que ce fût un modèle insignifiant, j'avais commis un crime de lèse-majesté que l'on me fit payer en plaçant mon nom sur la liste noire de manière à me priver de toute information relative aux nouveaux produits Chrysler. Cela dura de 1975 (année de l'infraction) à 1978 lorsque le nouveau directeur des relations publiques décida d'enterrer la hache de guerre.

Ce ne fut là que le prélude à une autre répudiation, qui survint il y a peu de temps lorsque je relevai les injures faites à la langue française dans la traduction des informations de l'ordinateur de bord de la plus récente Chrysler 300. Et ce n'étaient pas de minces injures, croyez-moi, comme le prouve cette indication : « bas fluider de rondelle » au lieu de « bas niveau de lave-glace » en guise de traduction pour « *low washer fluid* » ; ou encore, « tronc ouvert » à la place de « coffre ouvert » en guise de traduction pour « *trunk open* ». On se demande comment la sottise peut atteindre une telle profondeur chez un constructeur automobile qui vend des milliers de voitures sur les marchés francophones et qui n'a pas la délicatesse de faire corriger de telles âneries avant de les insérer dans un programme informatique. On m'a remercié poliment d'avoir relevé ces erreurs et nombre d'autres, mais on ne m'a plus jamais adressé la parole. J'ai encore une fois été cloué au pilori et cette sanction, aux dernières nouvelles, n'avait toujours pas été levée.

L'AFFAIRE VIPER

Ce n'est encore rien comparativement au déplacement d'air que suscita l'emprunt d'une Dodge Viper en 1998 pour le record de vitesse que nous avions réalisé à la piste de Blainville, soit la vitesse de 299,8 km/h qui fut largement publicisée tant dans le *Guide de l'auto* que dans le journal *La Presse*. J'avais alors demandé à une certaine Jody Ness, du service des relations publiques de la compagnie à Windsor, de nous prêter une Viper pour cet essai bien particulier. Je m'étais fait répondre sèchement que la voiture n'était pas disponible et qu'il serait impossible d'accéder à ma demande. J'eus beau faire une seconde tentative, rien n'y fit… jusqu'à ce que je téléphone à mon ami Larry Boulet, qui était alors président du Club Viper de Montréal et qui m'offrit de me donner un coup de main pour obtenir une voiture. Larry connaissait assez bien Bob Lutz à l'époque où celui-ci faisait partie des hautes instances de la compagnie Chrysler. Il n'avait pas raccroché depuis deux minutes que je recevais un coup de fil du directeur des relations publiques à Detroit me demandant de but en blanc quelle couleur de voiture je désirais, à quel endroit il devait la faire livrer et à quelle date. Une demi-heure plus tard, Mme Ness, désireuse de s'accorder tout le crédit, téléphona à son tour pour m'annoncer qu'elle avait finalement réussi à mettre la main sur une Viper. Ce n'était pourtant pas le résultat de ses efforts, mais bien la même voiture que je venais d'obtenir directement de Detroit, ce que je ne manquai pas de lui faire remarquer. Elle fit mine de ne pas m'entendre et, en se gonflant d'importance, elle m'annonça qu'elle allait venir elle-même avec l'auto à la date convenue.

Laissez-moi vous dire que ce ne fut pas une partie de plaisir que de la voir se pointer à Blainville en chouchoutant la voiture comme s'il s'agissait d'une œuvre d'art irremplaçable. À un certain moment, je demandai à mon ami Claude Carrière, qui était venu me donner un coup de main, de faire le test de freinage pour sauver un peu de temps. Claude s'exécuta sans savoir que la Viper n'avait pas de freins ABS; en appliquant les freins à fond, il eut la surprise de voir les roues se bloquer, causant un méplat sur les pneus.

La petite dame piqua une sainte colère de voir son précieux engin ainsi malmené. Elle ordonna à ses sbires de s'emparer de la voiture et de la charger dans la remorque, même si nous n'avions pas tout à fait complété nos essais. Il ne manquait que trois insignifiants dixièmes pour atteindre la marque magique de 300 km/h et même si la Viper épousait parfaitement son nom en serpentant un peu dans les lignes droites au-dessus de 290 km/h, exigeant de petites corrections du volant, je sentais que nous touchions au but. J'espérais, en effet, pouvoir effectuer un autre tour de piste en ayant pris soin d'appliquer un peu de ruban gommé ici et là et de rabattre les rétroviseurs afin d'améliorer légèrement l'aérodynamisme. Peine perdue! Le directeur des relations publiques de Montréal, Jules Lacasse, eut beau intervenir et supplier Mme Ness d'oublier l'incident, rien ne put calmer son hystérie. Son attitude était d'autant plus ridicule que les gens de Michelin, qui étaient venus superviser le test, s'étaient offerts à monter sur la Viper, tout à fait gratuitement, un autre jeu de pneus Pilot flambant neufs. C'était sans compter l'intransigeance de Mme Ness, qui ne voulait rien entendre et qui, au fond, désirait simplement exercer sa petite vengeance parce que j'avais outre-passé son autorité en ayant recours à la haute direction de Chrysler US pour obtenir une Viper. Heureusement, son comportement de diva lui fut fatal. Comme par hasard, elle fut mutée quelques semaines plus tard à un autre département de la compagnie, hors d'état de nuire.

Finalement, cet incident ridicule eut un dénouement humanitaire grâce à mon ami Richard Petit. Ce dernier, jamais à court d'imagination, eut la magnifique idée de récupérer les pneus abîmés et de les transformer en tables à café que nous pourrions vendre à l'encan au profit de l'hôpital Sacré-Cœur lors du lancement du *Guide de l'auto 1998* quelques semaines plus tard. Richard, avec l'esprit créatif qu'on lui connaît, s'occupa de transformer les gros Michelin Pilot en d'originales tables basses décorées d'une petite plaque soulignant que les pneus provenaient de la Viper GTS avec laquelle j'avais roulé à 299,7 km/h le 14 août 1997 sur l'anneau de vitesse de Blainville. Bien sûr, Richard fut le premier à faire monter les enchères afin de se procurer l'une des tables, j'achetai la deuxième tandis que la troisième se retrouva dans la collection de bric-à-brac automobile du comédien Michel Barrette. Quant à la quatrième table, j'ai la nette conviction qu'il faudrait l'inscrire dans la colonne des objets perdus puisque je n'ai aucune idée où elle a abouti. Ce fut là notre façon de faire un pied de nez à cette précieuse Mme Ness. Après des incidents comme ceux que je viens de relater, on comprend beaucoup mieux que Chrysler soit dans la dèche plus souvent qu'à son tour.

Avant de clore ce dossier, je m'en voudrais de ne pas mentionner la relation étroite et fort sympathique que j'ai eu le privilège d'avoir avec Yves Landry, le seul Québécois à être parvenu à la présidence d'une compagnie automobile. Il était incontestablement le Lee Iacocca canadien, tant par sa gentillesse que par sa compétence et son ardeur au travail. C'est, de toute évidence, cette dernière facette de sa personnalité qui fut à l'origine de son décès prématuré en 1998. Contrairement à ses subalternes de l'époque et à leurs remplaçants d'aujourd'hui, Yves savait comment préserver l'image de sa compagnie. Plusieurs années après la quasi-faillite de Chrysler, il se rappelait que je l'avais souvent invité à mon émission de CJMS pour lui permettre de faire le point sur les efforts de la compagnie pour sortir du marasme dans lequel elle était plongée. Yves Landry ne ratait jamais une occasion de me prouver sa reconnaissance de l'avoir aidé pendant les mauvais jours.

LA MÈCHE COURTE DE HONDA

J'ai aussi eu maille à partir avec la compagnie Honda, qui a toujours fait preuve d'une discrétion aussi rigoureuse qu'excessive pour empêcher que ses nouveaux modèles soient montrés avant la date prévue. À ce sujet, le constructeur japonais avait trouvé un allié de taille en la personne du dénommé Ralph Luciw qui, en 1982, était affecté au département des relations publiques de la compagnie à Toronto. Il était à la fois intransigeant et sans discernement, deux défauts qu'il étala au grand jour à l'occasion du lancement de la nouvelle Honda Prélude. Celle-ci devait être dévoilée en grande primeur au Salon de l'auto de Montréal en janvier 1983, mais on m'avait tout de même permis de la conduire et de la photographier au mois d'août précédent, sous la promesse formelle que les photos ne seraient pas publiées dans *Le Guide de l'auto* dont la sortie avait lieu à la fin de novembre 1982. Cela me posait un gros problème puisque d'une part, j'avais fait la promesse de respecter l'embargo et de l'autre, je brûlais du désir d'inclure dans mon livre les plus récentes nouveautés, compte tenu qu'il s'agit d'une publication annuelle. Avec l'accord du directeur des Éditions La Presse, nous décidâmes de contourner le problème en faisant imprimer deux éditions du *Guide de l'auto 1983*, l'une avec un simple dessin de la Prélude et l'autre qui sortirait après le Salon avec les photos de cette nouvelle Honda.

L'encre n'était pas encore sèche dans la première édition que M. Luciw, visiblement en proie à une violente crise de rage, me téléphonait pour m'accuser de tous les maux de la terre. J'eus beau lui expliquer que la solution consistant à publier un dessin était couramment utilisée dans les magazines américains et que, de surcroît, ce geste de courtoisie nous avait coûté énormément d'argent, rien n'y fit. Tous les commentaires favorables que j'avais émis dans le passé à l'endroit des produits Honda venaient de s'effacer de sa mémoire et il fit planer la menace d'une injonction afin de retirer le livre du marché. C'est finalement mon ami de longue date, Kuno Wittmer, l'important concessionnaire Honda de Sigi, qui se chargea d'apaiser la tempête. J'eus même l'honneur de recevoir une lettre du président de Honda qui, sans donner raison à une partie ou l'autre, me faisait part de son désir de continuer à entretenir de bonnes relations avec l'auteur de ces lignes. Dès l'année suivante, je fus effectivement invité à faire l'essai des nouveaux modèles Honda et l'affaire tomba dans l'oubli.

POURSUITE ET CENSURE

Si je remonte encore plus loin dans le temps, je peux vous dire que j'ai été poursuivi au début des années 1970 par un concession-naire Datsun (aujourd'hui Nissan), non pas parce que j'avais tenu des propos malveillants sur son modèle 510, mais plutôt parce que je l'avais abîmé en faisant un tonneau pendant mes essais à Mont-Tremblant. L'affaire traîna longtemps avant d'être finalement entendue par un juge, qui décréta que la poursuite était sans fon-dement puisque le concessionnaire savait pertinemment le risque qu'il courait en prêtant une voiture pour des essais sur une piste de course. D'ailleurs, j'avais connu une mésaventure semblable avec une petite Fiat 850 coupé un an auparavant et l'incident était resté sans autre suite que l'étonnement de mon équipe technique en me voyant m'extirper de la voiture en rigolant.

Il faut savoir qu'à cette époque, les constructeurs automobiles n'avaient pas de bureau de relations publiques au Québec. Je devais donc emprunter les voitures des concessionnaires en leur promettant d'inscrire leur nom dans la colonne des remercie-ments du générique de l'émission. De nos jours, les vendeurs n'ont plus rien à voir avec les relations publiques, bien qu'ils pos-sèdent encore une forte influence auprès des médias grâce à leurs budgets publicitaires. C'est d'ailleurs l'un d'eux qui, en 1999, menaça de ne plus acheter de publicité dans *La Tribune* de Sher-brooke si Duval continuait à y publier une chronique. Le même genre de censure intervint quelques années plus tard alors que j'écrivais la chronique automobile du journal *Métro* des publications Transcontinental. Le directeur de l'information me confirma que mon renvoi était attribuable à la réticence des concessionnaires qui hésitaient à acheter des pages d'annonce dans le journal à cause de la présence de mes chroniques d'essais.

À propos de publicité, j'ai été la cible de plusieurs critiques pour avoir endossé le rôle de porte-parole d'un important vendeur de voitures d'occasion, H. Grégoire pour ne pas le nommer. D'abord, je ne suis plus le porte-parole de cet établissement depuis le printemps 2007 et si j'ai abandonné ce travail, c'est tout simplement que, contrairement à ce que j'avais cru initialement, les gens ne semblaient pas comprendre que je ne faisais pas la promotion d'une marque de voiture au détriment d'une autre. Je secondais Michèle Therrien en donnant mon opinion sur toutes les voitures sur le marché, ce qui ne causait de préjudice à aucun constructeur en particulier. En acceptant ce rôle, j'avais pensé, à tort, que cela ne pouvait en aucun cas nuire à ma crédibilité, puisque personne ne bénéficiait d'un traitement de faveur. Le public se chargea de me prouver le contraire et, pour éviter la controverse, j'ai décidé de remettre ma démission. Quant à ce que je pense de H. Grégoire, je vous avoue que je n'ai jamais rien noté d'anormal pendant les mois où j'y ai travaillé. La seule chose que je peux dire, c'est que l'endroit est mal perçu, particulièrement dans les médias, ce qui finit par se refléter dans la population. C'est d'ailleurs Bernard Derome, un soir où je participais au *Point*, qui m'a fait prendre conscience pour de bon le discrédit que cette association portait à ma réputation. Voilà pourquoi j'ai cru nécessaire de me dissocier de ce commerce.

LES AUTOGRAPHES : HONNEUR OU HUMILIATION ?

Si les relations entre les constructeurs automobiles et moi ont toujours été, par la force des choses, un brin tendues, j'ai toujours fait preuve d'une grande politesse à l'égard du public, parce que j'ai la ferme conviction que, dans le métier que je pratique, c'est lui qui en fin de compte est mon premier juge. J'ai toujours été affable et disponible, même si, à l'occasion, cela m'a joué des tours. Si vous êtes un artiste ou une personnalité quelconque, prenez garde aux autographes. Autant il peut être flatteur de se faire demander sa griffe, autant ce peut être humiliant.

Un jour des années 2000, j'étais dans le paddock du Grand Prix du Canada à épier la bande à Bernie lorsqu'un jeune m'ayant reconnu me quémanda un autographe. Comme je trouve que c'est là une marque de respect de la part d'un admirateur, je me prête toujours à l'exercice avec gentillesse. Cette fois-là, j'attrapai le carnet du jeune homme et je commençai à y inscrire mon nom. Je n'en avais pas tracé la moitié que l'individu m'arracha brutalement le carnet et prit ses jambes à son cou comme s'il venait de s'apercevoir que le diable était à ses trousses. Or, ce n'était pas cela du tout : il venait de voir passer Sylvester Stallone (Rambo) et son autographe à lui était infiniment plus important que le mien. Je me vois encore, le crayon en l'air, le regard surpris et une teinte d'humiliation sur mon visage. Bref, le fait que l'on vous demande un autographe ne signifie pas que vous êtes nécessairement la personne la plus importante aux yeux du collectionneur. C'est juste que, faute de pain, l'admirateur est prêt à manger de la galette à la place (vieille maxime de ma mère).

LE TRAITEMENT VIP

Pour un journaliste qui est dans les bonnes grâces d'un constructeur automobile, il n'y a rien de trop beau. N'empêche que certaines compagnies ont plus d'argent ou d'imagination que d'autres quand vient le moment d'organiser un voyage séducteur. Cela me permit de vivre de très belles expériences, dont le lancement de la Maybach, cette somptueuse limousine avec laquelle la firme allemande Mercedez Benz comptait bien se creuser un nid dans le créneau ultra sélect des voitures destinées aux riches et célèbres de ce monde. Dès le départ, tout le monde (ou à peu près) trouvait que ce modèle n'avait aucune autre distinction que de coûter un demi-million de dollars et qu'il aurait du mal à sourire à une clientèle déjà comblée par une Classe S vendue le tiers du prix. Le pronostic s'avéra et c'est probablement en raison de cet orgueil très germanique que la Maybach fait encore, malgré tout, partie du catalogue de Mercedes Benz.

Quoi qu'il en soit, le lancement en Allemagne fut, pour sa part, une totale réussite, une sorte de « périple sur terre, sur mer et dans les airs » pour reprendre un des titres de la pochette de presse remise aux heureux mortels comme moi qui allaient, pendant quatre jours, connaître la vie de château et bénéficier du traitement royal qui fait habituellement partie du quotidien des propriétaires de Maybach.

Au départ, à Hambourg, j'eus d'ailleurs une petite frousse lorsque j'appris que nous allions vivre notre première journée « sur terre » comme les passagers chouchoutés de notre limousine à siroter le champagne servie par Zabina, une hôtesse à la fois élégante et de très grande classe. Ma déception de ne pas conduire la voiture fut rapidement mise au rancart par l'annonce que, plus tard durant le voyage, nous aurions une journée entière pour faire office de chauffeurs sans livrée. Une fois sur l'*Autobahn*, le chauffeur nous demanda si nous avions objection à ce qu'il aille un peu plus vite. Je braquai tout de suite les yeux sur le deuxième compteur de vitesse logé au-dessus du compartiment arrière. J'entendis le moteur fouetter ses 500 chevaux et en moins de deux, nous roulions à 250 km/h. L'hôtesse esquissa un sourire et fit sauter le bouchon de la bouteille de Veuve Clicquot qui refroidissait dans la console centrale arrière de notre jet privé sur roues. Le lendemain, l'Elbe nous attendait dans la région de Lübeck, où nous avions passé la nuit en rêvant d'une armée de serviteurs qui allaient au-devant de nos moindres désirs.

Pour la partie « mer » de notre voyage princier, Mercedes avait affrété un luxueux yacht devant nous emmener vers le jet privé de la firme qui attendait au garde-à-vous, pour un saut de puce, vers le quartier général de la marque à Sindelfingen, pour un déjeuner avec celui qui dirigeait alors la destinée de la compagnie, le professeur Jürgen Hubbert.

L'AFRIQUE DU SUD EN SLR

De toutes les destinations exotiques qu'il m'a été donné de découvrir, celle que je n'oublierai probablement jamais est indéniablement l'Afrique du Sud, dont j'ai d'abord fait la connaissance à mon arrivée au Cap. Ma chambre d'hôtel baignait pratiquement dans la mer ; de ma fenêtre, j'admirai cette curieuse montagne dominant la ville. À cause de sa forme plate, on l'appelle « *Table Mountain* ». Avant mon arrivée, j'avais essuyé un périple en deux étapes, Montréal-Londres et Londres-Le Cap, et je dois dire que ma crainte de me présenter en Afrique dans un état d'épuisement total était injustifiée. Pour la seconde partie du vol, d'une durée de 11 heures, j'avais pris soin d'avaler un cachet pour dormir, et la position couchée était rendue facile par les sièges de la classe affaires de British Airways, dont le dossier s'abaisse complètement à l'horizontale. En plus, l'intimité est assurée par une espèce de volet en éventail qu'il suffit de déployer pour ne pas avoir l'impression de dormir avec un inconnu.

Après sept heures de sommeil, j'étais frais et dispos et quand la jeune femme venue me cueillir à l'aéroport me demanda si je voulais aller me reposer, je lui répondis que j'étais dans une forme splendide et prêt à entreprendre une visite éclair de la ville. Ce que je fis.

Pour des raisons difficiles à exprimer, ce pays m'a subjugué et je n'y ai jamais vu ce que je craignais, soit cette animosité latente entre Blancs et Noirs. Pourtant, nous étions très ostentatoires dans ces fastueuses Mercedes Benz SLR de 500 000 $, mais au lieu de manifester du ressentiment, les résidants des villages applaudissaient et lançaient des cris de joie sur notre passage.

Nous nous arrêtâmes en premier lieu au légendaire cap de Bonne Espérance, témoin de la rencontre tumultueuse des océans Atlantique et Indien et site de nombreux naufrages. Plus tard dans la journée, j'eus le plaisir de m'entretenir en français avec la propriétaire d'une magnifique auberge de la chaîne des Relais et Châteaux, le Quartier Français, située dans la région vinicole de Franschhoek où divers noms (la Haute Cabrière, la Petite Ferme, Montmartre, la Dauphine) se chargent de nous rappeler que les Français sont passés ici avant nous.

Le voyage officiel terminé, je me dis que je ne pouvais pas être venu d'aussi loin seulement pour conduire une nouvelle voiture, aussi excitante fût-elle. J'engageai un guide qui, pour un prix très raisonnable, m'emmena passer une journée dans la réserve de Mabula, à environ deux heures au nord de Johannesburg. Le lendemain, je participai à un safari-photo pendant lequel je croisai plein de girafes, de lions, de rhinocéros, d'impalas, de buffles, mais malheureusement ni éléphants ni léopards. Il faut en garder pour la prochaine fois, après tout.

Volkswagen peut aussi, à l'occasion, organiser des voyages sortant de l'ordinaire. Ce fut le cas lors du lancement de la version cabriolet de la New Beetle. L'évènement eut lieu à South Beach, la ville *in* par excellence au sud de Miami. Le point culminant eut lieu le lendemain de notre arrivée. Après l'essai sur route, on nous demanda de participer à une sorte de défilé de Beetle multicolores dans les rues de la ville, avec la collaboration des policiers qui bloquaient les rues adjacentes. Au bout de dix minutes, Louis Butcher et moi avions atteint notre destination, soit un cinéma en plein air que Volkswagen avait construit uniquement pour l'occasion. Des hôtesses en patins à roulettes venaient chercher nos commandes à l'auto pendant que, sur l'écran, se déroulait un film relatant l'histoire de la Beetle, farcie bien entendue d'une foule d'images d'archives montrant des scènes de la vie américaine dans les *fifties* et *sixties*.

L'ÉNIGMATIQUE MONSIEUR PIËCH

Ayant participé à de nombreux lancements de nouveaux modèles Volkswagen, j'ai eu le privilège de rencontrer celui qui contrôle

les destinées de cet empire automobile, Ferdinand Piëch. Énig-
matique, intimidant, arrogant ou tranchant ne sont que quelques-
unes des épithètes souvent utilisées par la presse spécialisée pour
décrire ce grand personnage de l'industrie automobile mondiale.
Maintenant âgé de 70 ans, cet homme est associé à de nombreux
faits marquants du monde motorisé. À certains égards, sa personnalité n'est pas sans rappeler celle d'Enzo Ferrari, même si les
deux sont de nationalités au caractère souvent diamétralement
opposé. Enzo était Italien tandis que Ferdinand Piëch a vu le jour
dans une Autriche très germanisée. Ingénieur de métier, il connaît
l'automobile mieux que l'ensemble de ses confrères, qui sont
principalement des administrateurs. Il a notamment été responsable du concept de la Porsche 917 de course et de la traction
intégrale Quattro des Audi.

C'est d'ailleurs lors du lancement du premier modèle de cette
série à Death Valley en Californie que M. Piëch fut en quelque
sorte l'arroseur arrosé. Lors de l'escalade de Mammoth Mountain qui faisait partie de notre itinéraire, il nous avait fermement
mis en garde contre les dangers d'une certaine portion de route
glacée. Pourtant, qui se retrouva dans le fossé à cet endroit quelques heures plus tard, à votre avis ? M. Piëch lui-même, avec son
orgueil en berne.

Ce petit-fils de Ferdinand Porsche, créateur de la marque
éponyme et concepteur, à la demande de Hitler, de la VW Beetle
originale, a fait une partie de ses études en Suisse, où il a appris
le français. C'est sa connaissance de notre langue qui m'a permis
d'avoir des rapports très cordiaux avec lui alors que les journalistes anglophones étaient terrorisés à l'idée de lui poser des questions. Car il a cette façon de faire de très longues pauses avant de
répondre, comme s'il n'avait pas compris ce que son interlocuteur voulait dire. Il semble que le fait de parler français le mettait
à l'aise, ce qui le rendait plus volubile. Avec moi, il s'est toujours
montré affable, répondant du tac au tac à mes questions tout en
causant de choses et d'autres. Par exemple, juste avant que j'aille

au Salon de Paris, il m'avait recommandé son restaurant préféré, Le Than, rue de Verneuil, renommé pour ses spécialités vietnamiennes. J'y étais donc allé quelques jours plus tard avec mon ami Richard Petit et, surprise, M. Piëch était assis à nos côtés avec son épouse, prouvant ainsi la véracité de sa recommandation.

UN JET PRIVÉ DANS LA TOURMENTE

Avec une moyenne d'une vingtaine de voyages par année, on ne peut pas passer autant d'heures entre ciel et terre sans avoir de petites chaleurs à l'occasion. Quand on a connu tous les désagréments qui font désormais partie de l'aviation commerciale, la possibilité de voyager en jet privé est un baume sur les plaies des vols retardés, des fouilles aux contrôles de sécurité et des repas à peine meilleurs que les détestables plateaux de fadeur de nos hôpitaux.

Hélas, un avion est toujours à la merci des éléments, quelle que soit l'inscription qui figure sur ses flancs. General Motors, à l'occasion du lancement de la Cadillac CTS quelque part en Virginie-Occidentale, avait nolisé son jet privé pour y transporter un petit groupe de journalistes canadiens à partir de Toronto. Le plan de vol prévoyait une escale à Buffalo, dans l'État de New York, pour les formalités de la douane américaine. Pendant la descente, je notai que nous traversions un orage assez violent; plus nous perdions de l'altitude, plus l'avion était durement secoué. Nous devions être à une centaine de mètres du sol lorsque notre Gulfstream V se mit à virevolter, soumis à cette bourrasque de vent qui est le cauchemar des pilotes d'avion et qui s'appelle un cisaillement de vent (*wind shear*). Quelques avions commerciaux y ont laissé leur carcasse et je pensais bien que le nôtre s'y ajouterait quand l'aile gauche devint perpendiculaire au sol. Un peu plus et l'avion faisait un tonneau. Heureusement, le pilote décida de mettre les gaz et de remonter au plus coupant pour se tirer de ce mauvais courant d'air.

La seconde tentative d'atterrissage fut moins alarmante, quoique passablement brutale elle aussi : l'avion sur le point d'atterrir s'élevait soudain de plusieurs mètres, comme propulsé par une catapulte géante. J'aurais voulu flanquer mon poing sur la gueule du douanier américain quand il est monté à bord pour vérifier nos passeports sans même faire la moindre allusion au mauvais temps et à la frousse que nous venions de connaître. Pour lui, avec sa face à claques et son air supérieur, c'était *business as usual*. Pourtant, j'étais allé voir le pilote avant l'arrivée du douanier ; il était livide et j'aurais pu essorer sa chemise tellement elle était trempée. Il avait près de 60 ans et jamais encore il n'avait vécu des moments aussi éprouvants. Seuls quelques journalistes, toujours au-dessus de leurs affaires et d'une innocente intrépidité, n'avaient pas conscience qu'ils l'avaient échappé belle et qu'ils devaient leur survie à un pilote compétent ainsi qu'à une bonne dose de chance.

Bien que ce fut là l'une de mes plus mauvaises expériences entre ciel et terre, j'ai connu d'autres vols assez préoccupants, entre autres entre Los Angeles et Palm Springs en Californie. Comme il s'agit d'une liaison courte, on utilise la plupart du temps de petits avions de la taille d'un Dash 8, évidemment beaucoup plus sensibles aux perturbations atmosphériques qui sont fréquentes dans cette région à cause de la chaleur du désert et de la température froide qui règne en altitude. J'avais vécu énormément de vols turbulents, mais celui-ci fut rendu encore plus traumatisant par la présence d'une jeune hôtesse qui, au lieu de garder son calme pour rassurer les passagers, s'était assise sur son strapontin à l'arrière de l'appareil en vociférant contre la température et les avions tout en hurlant qu'elle abandonnait la carrière sur-le-champ. Je l'écoutais pendant que les bagages se promenaient bruyamment de droite à gauche dans la soute et j'arrivai à surmonter ma propre peur tellement son discours était drôle.

Heureusement que mes déplacements en avion sont généralement plus calmes que ces deux-là, sinon j'aurais attrapé la pho-
bie des voyages. Au début, dans les années 1960, j'avoue que je
n'étais pas toujours brave en montant dans les Super Constella-
tion ou les DC 3 du temps, même si ces appareils ont toujours eu
une réputation de solidité très enviable. Aujourd'hui, après des
milliers d'heures de vol, je suis plus fataliste et l'avion est même
devenu pour moi une sorte de cocon dans lequel j'aime me
détendre en sachant que rien ou presque ne peut m'atteindre.

CHAPITRE XXIV

LE GUIDE DE L'AUTO : L'ŒUVRE DE MA VIE

Contrairement à ce qui se passe très souvent au cinéma, cette histoire commence bien et finit très mal. Comme elle relate l'œuvre de ma vie, je me dois de vous en faire part avec ses hauts et ses bas, ses réussites et ses déceptions. Voyons d'abord le bon côté des choses. Si l'on devait faire le tour du Québec et inventorier les livres que l'on retrouve le plus souvent dans les chaumières de la belle province, je suis prêt à parier ma plus belle chemise que *Le Guide de l'auto* gagnerait haut la main ce concours de popularité. Évidemment, je ne suis pas peu fier d'avoir créé ce qui est désormais devenu chez nous une véritable institution, au même titre que l'était le célèbre *Almanach du peuple* en son temps. Les chiffres parlent d'eux-mêmes : le *Guide*, que j'ai lancé en 1967, a été vendu en 40 ans à environ 1,5 million d'exemplaires. Uniquement lors de ma dernière année comme auteur et rédacteur en chef, il s'en est écoulé environ 108 000 exemplaires, record qui ne sera probablement jamais répété, puisque les ventes ne cessent de pericliter sous la nouvelle administration selon les ragots du mileu.

C'est aussi un livre que l'on ne jette pas aisément. Il suffit de voir les prix offerts pour certaines éditions rares sur eBay pour constater que *Le Guide de l'auto* est devenu un objet de collection. Pourtant, à mon grand désarroi, aucune institution, organisation ou publication ne s'est arrêtée à ce qui mérite d'être considéré, à mon humble opinion, comme un évènement majeur dans le monde de l'édition au Québec. Comme le disait si bien Pierre Bourdon des Éditions de l'Homme, si l'on excepte le dictionnaire Larousse et la Bible, aucun autre livre n'a connu un succès aussi soutenu et dominé les palmarès de ventes autant que cet ouvrage populaire consacré à l'automobile. Au-delà des chiffres, de la popularité et du rayonnement du *Guide de l'auto*, ma plus belle récompense m'est venue de centaines de lecteurs qui, quand on leur demanda depuis combien de temps ils lisaient *Le Guide de l'auto*, répondirent : « Depuis que je sais lire. » C'était à l'occasion d'un sondage qui m'avait aussi valu des réponses comme : « J'ai appris à lire grâce au *Guide de l'auto*. » Voilà qui fait davantage chaud au cœur que n'importe quel honneur.

Hélas, ma réussite a suscité beaucoup de jalousie, d'envie et d'inimitié chez mes collègues, qui ne se sont jamais arrêtés à penser que, sans le succès du *Guide de l'auto,* la popularité de l'automobile ne serait pas ce qu'elle est au Québec. Quand on pense que les constructeurs automobiles n'avaient pas de chargés de presse ni de voitures à la disposition de la confrérie journa-listique en 1966, on a une vague idée du chemin parcouru depuis. Avec le livre et l'émission de télé *Prenez le volant*, je pense avoir créé un métier qui n'existait pas à mes débuts et ouvert la voie aux générations futures. Remarquez que si je n'avais pas été là, un autre l'aurait fait, mais il se trouve que j'ai été celui qui, le premier, a éveillé l'attention des consommateurs sur la nécessité d'être bien renseigné avant de faire l'achat d'une auto. Malgré cela, on a tout fait pour me donner un croc-en-jambe pendant que l'on marchait sur mes traces. En dépit des calomnies, d'une concurrence parfois méchante et de quelques autres coups en bas de la ceinture, le *Guide* a conservé, sous ma direction, ses principaux atouts, c'est-à-dire sa crédibilité, sa qualité et l'estime du public.

LE COUP D'ENVOI

Après la première édition de 1967, qui comptait 158 pages et dont il s'était vendu 10 000 exemplaires, on passa en 1968 à 260 pages et 30 essais au lieu de 16, alors que le prix n'augmentait que de un dollar (il se vendait alors 3 $, pour vous donner la nostalgie de cette époque pré-inflationniste).

Succinctement, on y trouvait entre autres le compte rendu d'une entrevue exclusive que j'avais réalisée avec le grand apôtre de la sécurité automobile, Me Ralph Nader, qui fut récemment candidat aux présidentielles américaines. Cet avocat avait fait beaucoup de bruit avec un livre intitulé *Unsafe at any Speed*, dans lequel il traitait des lacunes des voitures américaines en matière de sécurité et principalement de la Corvair dont la suspension arrière, selon lui, était à l'origine de nombreux accidents. Le deuxième *Guide de l'auto* rapportait aussi certaines statistiques, dont l'une, amusante, révélait que les pneus à flanc blanc étaient l'une des options les plus en demande sur les voitures neuves. Une autre montrait que le coupé deux portes sans montant central était la carrosserie la plus prisée chez les acheteurs d'automobiles. Les voitures populaires de l'époque et essayées dans le *Guide* de 1968 s'appelaient Acadian Beaumont, Dodge Dart, Mercury Cougar ou Datsun (Nissan). J'avais aussi fait l'essai d'une Porsche 911 qui, pouvait-on lire, était celle du chansonnier Claude Gauthier. Je m'étais indigné de son prix élevé, soit 8 000 $, ce qui, il y a 40 ans, était tout de même un prix quatre fois supérieur à ce que coûtait une voiture ordinaire de grande série. Ce prix, incidemment, n'apparaissait pas dans la fiche technique de la Porsche, puisque ce n'est qu'à compter de 1969 que *Le Guide de l'auto* publia le coût des voitures mises à l'essai. En réalité, l'automobile était offerte à des tarifs si bas en ces temps glorieux que les considérations monétaires faisaient rarement partie des critères d'achat.

UNE MASERATI TOMBÉE DU CIEL

L'année 1969 fut une année faste pour le *Guide*, qui adopta une teinte internationale avec l'essai d'une sublime Maserati Ghibli sur la Riviera et une comparaison entre une Chevrolet Corvette et une Iso Grifo italienne sur le circuit Mont-Tremblant où était venu me rejoindre le pilote français de formule 1 Jean-Pierre Beltoise. Ce dernier avait participé la veille au Grand Prix du Canada et avait consenti à participer à ce match comparatif en échange d'un petit service. Il avait acheté à son épouse un superbe manteau de fourrure de mon ami George Nicholas et il m'avait demandé de lui en faire la livraison lors d'un voyage en France que je devais faire quelques semaines plus tard. Avait-il entendu parler de mes prouesses du passé lors des contrôles douaniers ? J'avais omis de le lui demander.

Quant à la Maserati, je n'en étais pas revenu de la facilité avec laquelle cette voiture (qui figurait en couverture du livre) m'avait été prêtée par l'usine italienne. J'avais été invité en Italie par Alitalia, qui commanditait alors le championnat automobile du Québec. Avant le départ, j'avais demandé à la relationniste de la compagnie s'il ne serait pas possible de faire l'essai de la Ghibli lors de notre passage à Modène, pas très loin de Maranello, le fief de Ferrari. On m'avait répondu que cela ne posait pas de problème, mais j'étais loin de m'attendre à ce que l'on me demande, à mon arrivée à l'usine : « Quelle couleur préféreriez-vous ? » Face à mon hésitation, on m'avisa que l'on était à mettre la dernière main à une voiture toute neuve, encore sur la chaîne de montage, et qu'elle serait à nous dans quelques minutes. Je retenais mon souffle de peur de me réveiller en pleine rêverie. C'est donc au volant de cette voiture exotique que mon collègue Rod Campbell et moi prîmes la route pour la Riviera italienne. Le soir même, nous dînions sur la Promenade des Anglais à Nice, comme de vrais *play-boys*. Le lendemain, nous prîmes le chemin des écoliers et, après le petit déjeuner à Menton, nous empruntâmes le col de Tende et ses dix mille virages en épingle jusqu'à Cuneo, puis Turin. Plus tard, la Maserati Ghibli fut incapable d'échapper à son caractère typiquement italien. Un matin, à Monza, elle refusa de démarrer. L'usine vint la récupérer et je dus bien attendre 40 ans avant de revoir ce modèle en vrai dans un rassemblement de voitures de collection. Comment ne pas considérer cet essai comme l'un des plus mémorables de ma carrière?

Pendant ce temps, au Québec, on roulait en Météor Rideau 500, en Pontiac Laurentienne, en Renault 16 et en Camaro Z-28. Finalement, un dictionnaire mondial de l'auto publié dans le *Guide* nous apprenait l'existence de plus de 150 marques pratiquement inconnues ici comme les Daf hollandaises, Glas allemandes (Goggomobile) ou les Sabra israéliennes.

Les 15 000 exemplaires vendus du *Guide 1969* représentaient une hausse des ventes de 50 pour cent par rapport à la première année, ce qui revenait à dire que le livre avait pris son envol et qu'il était déjà devenu une institution dans les foyers québécois. Chaque année, j'allais redoubler d'effort pour justifier la confiance que l'on venait de m'accorder.

L'ÉNIGMATIQUE MONSIEUR FERRARI

J'étais retourné en Italie pour des vacances à l'automne de 1968 et je m'y retrouvai une fois de plus au printemps de 1969 comme gagnant du championnat du Québec de course automobile. Comme une visite de l'usine Ferrari était au programme, j'étais accompagné du photographe René Delbuguet, aussi propriétaire de l'excellent restaurant montréalais *Chez la mère Michel* et à qui le magazine *Perspectives* avait commandé un reportage dont je devais écrire le texte. J'en profitai pour lui demander de me faire une photo spéciale d'une Ferrari en pleine action sur une route du mont Simone dans la région de Maranello près de Modène.

Nous eûmes droit aussi à une audience du *commendatore* Enzo Ferrari, qui nous dédicaça son livre *Mes joies terribles*. Le grand seigneur des lieux était un homme solitaire, imposant et peu loquace qui n'avait que faire des poignées de main et des conversations anodines. Le décor était, lui aussi, glacial. Au moment d'écrire mon reportage sur M. Ferrari, je dus fouiller dans ses mémoires pour y trouver une ou deux déclarations un tantinet intéressantes. Ainsi, il divisait sa clientèle en trois groupes : le sportif, l'exhibitionniste et le quinquagénaire, tout en admettant que dans la vie de tous les jours, il conduisait… une Mini Cooper.

Notre monsieur Ferrari à nous s'appelait Jacques About et, en 1970, il rêvait d'une sportive québécoise nommée la Manic. J'avais consacré un article à ce coupé sport et à son créateur, mais l'aventure fut de courte durée à cause du retrait de la compagnie Renault qui fournissait les principaux éléments mécaniques de la voiture *made in* Québec.

UNE ÉDITION RARE

En raison sans doute de sa très belle couverture réunissant cinq voitures sportives sur la ligne de départ du circuit Mont-Tremblant, de son nombre grandissant de photos et d'une facture générale plus soignée, *Le Guide de l'auto 1971* connut beaucoup de succès, avec des ventes de l'ordre de 20 000 exemplaires. Ce succès se répercute d'ailleurs dans le fait que cette édition est devenue l'une des plus rares à dénicher dans les marchés aux puces ou dans les divers points de vente sur Internet. Pourtant, certaines des voitures testées dans le volume ne valaient pas cher, comme la Pinto de Ford, la Vega de GM et la Gremlin d'American Motors. Heureusement, il y avait pour compenser la Plymouth Duster 340 et une certaine Datsun 240Z qui, après une longue disparition, est revenue il y a quelques années, rebaptisée Nissan 350Z.

En 1972, j'ai quitté les Éditions de l'Homme pour suivre mon copain Alain Stanké aux Éditions La Presse; je faisais d'ailleurs déjà partie des chroniqueurs du quotidien éponyme. Cette année-là, c'est la couverture qui était atroce, tandis que le contenu soulignait l'entrée en vigueur de nouvelles normes gouvernementales sur la pollution et la sécurité. À ce propos, j'avais reproduit une lettre du sous-ministre des Transports qui se disait heureux de l'importance que je consacrais à ce sujet dans mes articles. De plus, il était question des coussins d'air qui allaient devenir obligatoires à compter de 1976.

Sur route et sur piste, j'avais fait l'essai de la Lamborghini Miura, que j'avais poussée à près de 280 km/h (172 mph) sous les yeux consentants des policiers de la Sûreté du Québec, qui avaient accepté de fermer l'autoroute 30 pour me permettre de réaliser ce test. (Voir Annexe 2, « Mes voitures et celles des autres ».) Si les Lamborghini n'étaient pas des parangons de fiabilité à leurs débuts, que dire de l'étonnante Citroën SM construite en collaboration avec mes amis de chez Maserati. Cette belle GT devint toutefois le cauchemar de ses propriétaires, puisqu'elle avait la vilaine habitude de tomber en morceaux dans les mois suivant sa mise en service. Elle était cependant parvenue intacte à la fin de mon essai.

DES PITRERIES INIMAGINABLES

Bien que ce délicieux phénomène soit à peu près disparu, il y avait toujours, à une certaine époque, au moins un membre de la confrérie des journalistes automobiles complètement déphasé qui, souvent poussé par un abus de spiritueux, se livrait à des pitreries inimaginables. Un jour, alors que nous faisions l'essai d'une Ford Cortina en plein centre de Londres, l'un de ces spécimens aperçut un camion qui venait de décharger sa cargaison de voitures neuves et dont les passerelles étaient toujours en place. Notre ami n'allait pas passer à côté d'une si belle occasion de faire la conversation aux passagers d'un autobus à deux étages arrêté juste à côté à un feu rouge : il escalada la passerelle pour se retrouver sur la partie supérieure du camion, d'où il commença à s'entretenir avec les gens se trouvant à sa hauteur. Une autre fois, le même bonhomme – que j'aurais bien envie de nommer – décida de précipiter une Renault 17 en bas d'une falaise juste pour voir le résultat. Quand je lui demandai comment il expliquerait l'accident, il avait déjà trouvé la solution.

« Je m'arrête pour faire pipi en oubliant de serrer le frein à main et je vois la voiture se diriger vers le ravin, sans pouvoir la rattraper à temps. » Bob (c'était son prénom) avait vraiment une imagination très fertile. Heureusement, les gens de Renault qui fermaient la marche du convoi d'essayeurs arrivèrent sur les lieux au même moment et mon copilote d'un jour n'eut pas le temps de se livrer à son petit stratagème. Autre indice pour le reconnaître : il travaillait à la CBC, la radio anglaise de Radio-Canada.

Puisque j'y suis, aussi bien vous raconter qu'un autre journaliste aussi saugrenu s'était retrouvé tout nu dans le couloir d'un hôtel de Marseille quand, au milieu de la nuit, il avait confondu la porte des toilettes avec celle de sa chambre en voulant aller au petit coin. Les deux mains là où vous savez, il était descendu à la réception pour se heurter à un groupe d'agentes de bord d'Air France qui arrivait à l'hôtel. Si cela peut sans doute arriver à n'importe qui, je dois tout de même souligner que la victime de ce fourvoiement avait longuement traîné au bar avant d'aller se coucher…

L'INOUBLIABLE FERRARI DAYTONA

L'année 1973 marqua l'arrivée sur le marché canadien de la marque Audi. Nous étions au seuil d'une ère anti-automobile qui allait connaître son apogée quelques années plus tard avec la crise de l'énergie. C'était aussi le début d'une guerre à finir entre une industrie automobile émergente, celle du Japon, et celle des États-Unis, représentée alors par les trois grands qu'étaient GM, Ford et Chrysler.

Pour faire suite à la Lamborghini Miura de l'année précédente, j'avais déniché une envoûtante Ferrari Daytona dont l'essai filmé pour *Prenez le volant* est, selon moi (et je suis loin d'être impartial) l'un des plus beaux documents audiovisuels du genre. Je l'ai d'ailleurs inséré dans un DVD que j'ai réalisé en 2005 et, bien que tourné il y a plus de 30 ans, ce bout de film, aux yeux de plusieurs, est plus excitant à regarder que de nombreuses réalisations plus récentes. Le son du moteur V12 se répercutant comme un écho dans les hauteurs du Mont-Tremblant est un pur délice.

J'avais énormément voyagé en 1972, de sorte que le livre de 1973 ressemblait à un véritable carnet de voyages. On y retrouvait plusieurs essais réalisés en terre étrangère, depuis la Chevrolet Vega, que j'avais fait transporter aux îles Saint-Pierre et Miquelon, jusqu'à la BMW 3.0 CS mise à rude épreuve sur le circuit de Zolder en Belgique. La Vega s'était presque effacée dans l'épais brouillard qui enveloppe en quasi permanence l'île française au large de la Nouvelle-Écosse. L'exercice fut d'autant plus futile que le réseau routier de Saint-Pierre ne dépasse pas une trentaine de kilomètres avant de plonger dans les eaux glacées de l'Atlantique. Hawaï s'avéra un cadre beaucoup plus ensoleillé pour tourner l'essai de la Toyota Crown, qui ressemblait plus à un cétacé qu'à une automobile. Après cette escale, je me rendis au Japon pour visiter les installations de Toyota et j'avais fait la même chose quelques mois plus tôt chez Volvo en Suède.

EN PANNE SÈCHE

Le *Guide* de 1974 saluait l'arrivée de Honda sur le marché canadien avec une voiture taillée sur mesure pour la crise de l'énergie qui s'abattait avec inclémence sur l'industrie automobile depuis déjà quelques mois. Tout ce que Detroit avait trouvé pour y faire face était une Mustang atrocement raccourcie qu'on avait autant de plaisir à conduire qu'à regarder l'herbe pousser dans le pré du voisin. Si cette voiture était triste à verser des larmes, le lecteur du

Guide pouvait se payer ma tête en lisant l'essai du Jeep Cherokee avec lequel je m'étais enlisé jusqu'aux essieux dans un boisé en bordure de l'autoroute 20. S'il n'y a rien de très anormal à tout cela, l'histoire se corsa quand, après avoir marché dans la boue en complet-cravate et chaussures de cuir, j'appris du garagiste que l'endroit où je m'étais aventuré était un repaire de truands célèbre pour ses règlements de compte.

Incidemment, on me répétait souvent que *Le Guide de l'auto* aurait sa place dans le marché anglophone et l'édition 1974 donna lieu à une première version en langue anglaise. L'éditeur américain avait une telle confiance en ce projet qu'il m'envoya à Hollywood pour une tournée de promotion. Au début, on m'avait laissé miroiter la possibilité de passer au *Tonight Show* avec Johnny Carson, mais mon périple se solda par quelques entrevues radiophoniques et trois ou quatre rencontres avec des journalistes de Los Angeles. Cela n'empêcha pas cet *Auto Guide 74* d'être un bide monumental, facile à expliquer selon moi. En effet, il existe en anglais plusieurs publications bon marché qui remplissent le rôle joué au Québec par *Le Guide de l'auto*, et ce, à bien meilleur prix. De plus et en toute modestie, je n'ai jamais été très connu hors des frontières du Québec. Deux autres versions anglaises furent publiées en 1995 et 1996 sous le titre *The new car Report*. Elles furent reçues avec plus ou moins la même indifférence de la part du marché anglophone.

Quand j'ai jeté un coup d'œil sur le *Guide* de 1975 pour m'aider à écrire cette histoire, je me suis rendu compte que ce fut probablement l'édition la plus plate que j'aie produite.

Comment décrire autrement des essais comme ceux du convertisseur catalytique (le dispositif antipollution rendu obligatoire par le gouvernement américain) et des Mercury Comet, Volkswagen Dasher, Pinto Squire, Gremlin X, Ford Granada Ghia, Chevrolet Monza, Chrysler Cordoba et autres nullités du genre qui empruntèrent à la vitesse grand V le chemin des cimetières d'auto. Quelle année lamentable !

UN DIXIÈME ANNIVERSAIRE SOUS SILENCE

Bizarrement, le 10ᵉ anniversaire du *Guide de l'auto* en 1976 ne fut souligné d'aucune façon particulière. J'avais accumulé plus de 400 essais depuis la première publication et parcouru à peu près 800 000 km partout autour du globe pour obtenir une information idoine. René Homier-Roy me fit la faveur d'écrire la préface de l'édition de 1976, dans laquelle il racontait avec humour avoir fait de très mauvais achats d'automobiles en se laissant guider par de belles courbes ou une odeur de cuir plutôt que par les conseils judicieux que je lui donnais en ma qualité de bon voisin. Il avouait avoir finalement compris le message et sa chance d'avoir sous la main son propre conseiller automobile. Cela diffère de mon fils François qui, passant outre à mes objurgations, a fait l'achat d'une MGB. Comme je le lui avais dit, la voiture était constamment en panne et c'est papa qui a dû appeler le concessionnaire pour qu'il reprenne son « paquet de troubles. »

Sans être un grand cru, le livre recelait sa part d'anecdotes, comme la fois où j'avais semé une voiture de police banalisée au volant d'une Alfa Roméo Alfetta en pensant avoir affaire à un énergumène. M'étant arrêté un peu plus loin pour faire une course, j'avais eu la mauvaise surprise de découvrir, à la porte du magasin, un fort contingent de policiers, dont l'un était de fort mauvaise humeur parce qu'il s'était fait peur en lançant sa Chevrolet à ma poursuite sur une route sinueuse.

J'avais aussi consacré un bon espace, sinon un requiem, à une voiture canadienne mort-née, la Bricklin, construite dans une usine de Saint-Jean au Nouveau-Brunswick et financée par les deniers publics. J'avais relevé plusieurs lacunes en faisant l'essai de ce modèle en 1975. Et je n'étais pas le seul, semble-t-il, puisque la commercialisation de ce coupé avec portes en ailes de mouette fut un retentissant échec. Le millionnaire américain à l'origine du projet, Malcom Bricklin, partit sous d'autres cieux pendant que le gouvernement du Nouveau-Brunswick encaissait une très lourde perte qui fit scandale à l'époque. Je fus même appelé à témoigner par téléphone à l'enquête qui suivit pour répéter les commentaires peu flatteurs que j'avais émis sur la voiture lors de mon essai.

MESQUINERIE ET TRAHISON

C'est par ma faute, ma très grande faute que le métier de journaliste automobile s'est considérablement enlaidi en 1977. En quête d'un collaborateur pour alléger un peu la tâche que j'assumais seul depuis dix ans, j'avais rencontré un dénommé Daniel Héraud, un immigrant français qui se disait ingénieur et spécialiste de l'automobile. J'ignorais alors que j'avais affaire à une sorte de crâneur institutionnel, prétentieux, papelard et prêt aux pires bassesses pour atteindre son but. Malheureusement, j'ai été celui qui lui a ouvert toute grande la porte du milieu automobile en retenant ses services pour me donner un coup de main à la rédaction du *Guide de l'auto* de 1977. Il avait sollicité un rendez-vous avec moi pour étaler ses grandes connaissances de l'industrie et ses idées brillantes qui pourraient contribuer à une augmentation des ventes du livre. J'étais innocemment tombé dans le panneau en acceptant sa candidature. Je m'empressai de lui obtenir des voitures d'essai en le présentant aux responsables des relations publiques des constructeurs automobiles.

Après qu'il m'eut remis des textes et des photos d'une qualité très discutable, j'en étais aux derniers préparatifs du *Guide* lorsque je reçus un appel d'Alain Stanké qui venait de fonder sa propre maison d'édition. Il me confia avoir reçu la visite du M. Héraud en question, qui lui avait offert de publier un livre sur l'automobile en se disant capable de lui fournir rapidement toute l'information nécessaire afin de *scooper* mon propre livre. En un mot, il voulait utiliser tout le travail qu'il avait fait pour mon compte et pour lequel il avait été payé afin de sortir un livre concurrent au *Guide de l'auto* sous son propre nom ! Comme entorse à l'éthique professionnelle, on pouvait difficilement faire pire, surtout de la part de quelqu'un à qui j'avais offert sa première chance. N'eut été de mon amitié avec Alain Stanké, ce triste individu m'aurait littéralement coupé l'herbe sous le pied.

Je contactai tout de suite Me Micheline Parizeau Popovicci, à qui je donnai le mandat d'expédier un chèque de 1 000 $ à M. Héraud et de lui signifier qu'il s'agissait d'un paiement final pour son travail et de la terminaison immédiate de son contrat. Il tenta tant bien que mal de protester, mais il se rendit à l'évidence que ses arguments étaient bien faibles et qu'il n'avait aucun autre recours que de tenter, l'année suivante, de publier son propre livre. Jamais je ne lui adressai la parole, ni à lui, ni à ses collaborateurs, au cours de toutes les années où il a sévi dans le journalisme automobile avant de plier bagage, non sans avoir tenté par les moyens les plus méprisants de dénigrer mon travail pour promouvoir son ouvrage dont le tirage ne dépassa jamais le faible niveau de respectabilité que je lui portais. Avant aujourd'hui, cette histoire n'avait jamais été rendue publique.

Quant à lui, *Le Guide de l'auto 1977* avait passablement changé de physionomie par rapport à la première édition. Le nombre de pages avait triplé tandis que l'on y retrouvait plus de 400 photos en lieu et place des 16 illustrations minables de la publication initiale. La crise de l'énergie continuait d'affoler les automobilistes et, pour calmer le jeu, j'avais réalisé un essai d'un océan à l'autre d'une petite Mazda Mizer afin de démontrer que la voiture restait tout de même le moyen de transport le plus économique. Entre Halifax et Vancouver, la Mazda s'était montrée d'une frugalité telle que nous avions bouclé les 3 849 milles (environ 6 300 kilomètres) avec une facture d'essence de moins de 99,23 $. C'était inférieur au coût de l'avion, du train et même aux 102 $ que coûtait un billet d'autobus.

En 1978, Ford venait de célébrer ses 75 ans et la marque japonaise Subaru débarquait au Canada. GM avait rapetissé ses voitures pour répondre un peu tard à la crise de l'énergie tandis que l'on notait une prolifération du moteur diesel (plus économique que son équivalent à essence) et du turbocompresseur destiné à restituer un peu de puissance aux moteurs de faible cylindrée de plus en plus en vogue. Petit à petit, Detroit se tournait aussi vers la traction avant qui, jusque-là, était principalement l'apanage des petites voitures européennes.

Après la saloperie de M. Zéro, j'eus la chance de trouver un collaborateur exceptionnel dont le talent allait d'ailleurs lui permettre de se tailler une place de choix dans le monde des affaires. Jean-Pascal Lyon m'assista pendant quelques années avant de partir sous d'autres cieux plus rémunérateurs. C'est pendant ces années qu'il me présenta un jeune garçon en culottes courtes qui voulait devenir chroniqueur automobile et qui connaissait par cœur l'histoire de l'automobile. Il s'appelait Éric Lefrançois ; il est aujourd'hui chroniqueur à *La Presse*. Je l'avais embauché au *Guide de l'auto* à ses débuts dans le métier et je suis plutôt fier que ce soit lui qui ait poliment marché sur mes traces. Nous allons d'ailleurs retravailler ensemble dans une nouvelle aventure dont on entendra parler en temps et lieu.

D'UNE SALOPERIE À L'AUTRE

Le remplaçant de Jean-Pascal fut Denis Duquet, qui resta en poste de 1980 à 2004, avant de se voir confier par les acheteurs du *Guide de l'auto* le rôle qui aurait normalement dû être le mien, celui de rédacteur en chef. Si M. Duquet avait eu un seul brin de reconnaissance, j'estime qu'il aurait décliné cette offre en signe de solidarité. C'est un geste que je juge inacceptable, irrespectueux et déloyal de la part de quelqu'un à qui j'avais donné un emploi permanent et bien rémunéré pendant 24 ans, à qui j'avais ouvert les portes de *La Presse*, que j'avais initié à la télévision, que j'avais recommandé comme rédacteur en chef d'un magazine automobile et à qui j'avais offert un cadeau de 10 000 $ par amitié lors de la vente du *Guide de l'auto*.

Ai-je besoin de vous faire un dessin de la personnalité de cet individu qui, par surcroît, m'obligeait souvent à réécrire ses textes par trop brouillons farcis d'erreurs et qui a d'ailleurs été congédié par *La Presse* pour son manque de rigueur. Si, à l'époque, je l'ai gardé à mon service malgré tout, c'est par pure gentillesse et quelquefois par compassion, parce que j'éprouve de la difficulté à rabrouer les gens, quitte à en payer le prix. Comme il a cheminé de longues années à mes côtés, il eût été normal de le retrouver çà et là dans ces mémoires, mais j'ai préféré m'abstenir de citer son nom plus que nécessaire en espérant me libérer l'esprit de sa présence. On dira sans doute que ce qui précède flaire le règlement de compte et, pour tout vous dire, c'en est un, aussi brutal soit-il. Où ailleurs que dans une autobiographie peut-on se défendre de fautes que l'on n'a pas commises et jeter un éclairage plus net sur des situations demeurées jusque-là ambiguës ?

UN ÉCHEC MONUMENTAL

Ce ne fut pas ma seule erreur. Je me souviens de ce qui fut probablement le plus gros échec de ma carrière journalistique, *Le Guide de la femme au volant*. C'est ma bonne copine Jacqueline Vézina qui en avait eu l'idée, ce qui me blanchit un peu de cette petite infamie. Elle s'apprêtait à tenir son célèbre Salon de la femme à l'aréna Maurice-Richard et m'avait offert un stand gratuit à la condition que j'écrive un guide de l'auto destiné aux femmes. En deux semaines, j'avais donc concocté un minibouquin regroupant les voitures que j'estimais les plus appropriées pour la gent féminine et dans lequel j'avais inclus divers conseils pour la femme au volant ainsi qu'un lexique automobile. Jacqueline était d'avis que cette brochure se vendrait comme de la crème glacée un jour de canicule. Non seulement s'était-elle trompée à ce sujet mais, pour une fois, elle avait mal *lu* son public. Les femmes étaient carrément insultées qu'un homme comme moi s'imagine qu'elles ne pouvaient pas consulter le vrai *Guide de l'auto* comme tout le monde. Elles trouvaient le geste condescendant et s'estimaient aussi futées que les hommes en matière d'automobiles. Résultat : en quatre jours, nous avions vendu trois, oui vous avez bien lu, trois exemplaires de ce merveilleux guide. Nous en avions donc 9 997 en inventaire, ce qui doit représenter un record de déconfiture à inscrire au livre des records Guiness.

VERS LA MONDIALISATION

En 1979, on annonça les fiançailles du plus petit des constructeurs américains, AMC, qui épouserait Renault, le puissant constructeur français. C'était l'un des premiers pas vers la mondialisation de l'industrie automobile et les années suivantes furent témoins d'une multitude d'autres alliances aussi imprévues qu'impensables.

Les années 1980 et 1981 furent elles aussi imprégnées de la sagesse qui découlait de la morosité des marchés : il suffisait d'ailleurs de jeter un coup d'œil à la photo où je fais une tête d'enterrement sur la place Rouge en face du Kremlin pour se rendre compte que ce n'était pas la joie, ni à Moscou ni à Detroit. Incidemment, ce voyage tout en gris en Union soviétique avait été organisé par la compagnie Lada qui tentait de refiler aux consommateurs canadiens des voitures atrocement démodées, véritables synonymes de camelote.

Au bord de la faillite et rescapée par le gouvernement américain, Chrysler annonçait son plan de relance pour 1981 avec ses voitures de la dernière chance. Il s'agissait des horribles K cars qui, malgré leur modicité, atteignirent leur but, beaucoup plus à cause du bagout du président de la compagnie, le flamboyant Lee Iacocca, qu'à cause de leurs qualités intrinsèques.

C'est sans doute pour faire oublier toute cette morosité que j'avais organisé cette année-là le Festival Porsche au centre d'essais de Blainville. L'idée était de comparer chacun des trois modèles Porsche alors en production et, disons-le, de me payer du bon temps à pousser à la limite mes voitures préférées. J'avais demandé à Robert Lebeau, gérant des ventes d'un concessionnaire Porsche de nous fournir une 911, une 928 et la toute nouvelle 930 Turbo.

Cette dernière étant très rare, il avait dû faire appel à un de ses clients qui avait accepté de nous fournir la voiture à la condition d'être présent pour la journée d'essais. Il se trouve que ce généreux prêteur n'était nul autre que Lawrence Stroll, un jeune fanatique de voitures qui allait devenir un des hommes d'affaires les plus riches du Canada en lançant une griffe de vêtements très populaire partout dans le monde, Tommy Hilfiger. Toujours amoureux de l'automobile, M. Stroll possède aujourd'hui l'une des plus impressionnantes collections de Ferrari qu'il m'ait été donné d'admirer dans son musée personnel de Mont-Tremblant.

L'une des plus belles couvertures du guide fut celle de 1982 : elle montrait la toute nouvelle Camaro sur un promontoire dominant un lac en pleine montagne. Je souligne ce détail pour raconter comment j'avais piqué cette photo dans un bureau de chez GM à Detroit pendant que le relationniste qui m'accueillait s'était absenté brièvement. J'avais subtilisé quelques diapos dans un classeur à anneaux et les avais cachées dans mes souliers. Cela m'avait permis d'obtenir les photos plusieurs semaines avant leur distribution officielle aux médias.

Ce fut une autre année de petite misère pour l'industrie et elle marqua notamment le début de la fin pour cette fameuse voiture de sport à portes en élytre, la DeLorean. L'histoire n'était pas sans rappeler celle de la Bricklin, sauf que cette fois, c'est le gouvernement d'Irlande du Nord qui s'était fait prendre par les belles paroles de John Z. DeLorean, un ancien cadre de chez GM qui voulait flatter son *ego* en construisant sa propre auto. On fit beaucoup de bruit autour de cette voiture dont la carrière fut très éphémère.

UN *SCOOP* D'ENVERGURE

L'année 1983 fut celle du plus grand *scoop* du *Guide de l'auto,* un *scoop* qui me permit de publier en page couverture une photo exclusive de la Corvette… 1984. À l'automne de 1982, j'étais allé à Detroit pour conduire ce qui devait être la Corvette 1983. On m'avait ouvert toutes grandes les portes du centre d'essais de Milford et je pus tout à loisir essayer la voiture et en prendre des tas de photos pour le *Guide* dont la sortie était prévue pour la fin octobre. Quelques jours plus tard, alors que je me trouvais au Japon comme invité de Mazda, j'avais reçu un coup de fil de la relationniste de GM, Paulette Charbonneau, m'avisant que la sortie de la Corvette avait été repoussée à 1984 et qu'il fallait tout mettre en œuvre pour retirer l'essai ainsi que les photos du *Guide 1983*. GM était même prêt à payer les frais encourus pour une telle démarche. Or, le livre était déjà à l'impression et le changement demandé devenait extrêmement coûteux, voire impossible. C'est ainsi que *Le Guide de l'auto* fut en mesure de présenter en grande primeur l'essai et les photos de la Corvette 84 plusieurs mois avant tout le monde, y compris les magazines spécialisés.

En 1984, les sportives étaient à l'honneur – ou peut-être devrais-je dire au déshonneur, puisque General Motors lança en grande pompe sa ridicule Pontiac Fiero. Elle avait beaucoup d'allure, mais elle était aussi le plus bel exemple de ce que les *bean counters* (expression ridiculisant les responsables des finances) peuvent faire pour décourager les ingénieurs et tuer dans l'œuf un projet prometteur. Esthétiquement très réussie, la Fiero aurait pu faire une belle carrière si seulement on ne l'avait pas affublée d'éléments mécaniques bon marché qui traînaient sur les tablettes. Pour enrayer les coûts de production, la finance a ruiné un joli concept. Le grand malheur est que cette pratique existe encore de nos jours, ce qui explique en partie les déboires d'une industrie automobile qui ne semble jamais tirer profit de ses mauvaises expériences.

Heureusement, la première Mustang SVO et une nouvelle Nissan 300 ZX essayée au Japon redonnaient un peu de crédibilité à la voiture à vocation sportive.

En 1985, l'orage était finalement passé et l'automobile, à la faveur de la reprise économique, semblait promise à des cieux plus cléments. Lors du voyage consacré au lancement de la nou-velle Mercedes Benz 190E 2,3-16 (à moteur Cosworth 16 soupapes), on avait organisé une course réunissant une brochette d'anciens et de nouveaux pilotes de formule 1 au volant de ces berlines sport. C'est là, sur le circuit du Nürburgring et sous la pluie, que je découvris un débutant qui allait devenir champion du monde avant d'entrer dans la légende. Il s'appelait Ayrton Senna.

AU REVOIR ET REBONJOUR

Entre 1986 et 1993, je dus m'absenter de mon *Guide de l'auto* pour éviter tout conflit d'intérêts, puisque j'étais devenu le porte-parole de la compagnie Ford (voir chapitre « Le grand mensonge de Ford »). Il eut été tout à fait inacceptable que les choses se déroulent autrement. Le choix de mes remplaçants ne fut pas très difficile : j'avais déjà sous la main deux collaborateurs qui me donnaient un coup de main à la rédaction du livre. Denis Duquet et Marc Lachapelle prirent donc la relève jusqu'à mon retour en 1993.

Bien qu'ayant été libéré par Ford en 1993, ce n'est qu'en 1994 que je fis mon retour à la barre du *Guide de l'auto,* en vue de l'édition 1995. En 1994, j'avais déjà convaincu la haute direction des Éditions de l'Homme d'utiliser une couverture rigide, beau-coup plus convenable au livre-cadeau qu'était devenu notre ouvrage annuel. En 1995, la couverture était spectaculaire avec ses deux McLaren, l'une représentant la nouvelle voiture de route que la firme britannique venait de lancer et l'autre le prototype du coupé Grand Tourisme que le fondateur de la marque, Bruce McLaren, voulait mettre en marché au tout début des années 1970, quelques mois avant sa mort en piste. Cette voiture de col-lection appartenait au docteur Gilles Saint-Pierre de Rimouski, qui l'avait rachetée d'un ancien concessionnaire GM de Waterloo du nom d'André Fournier. Ayant eu l'occasion d'essayer cette voiture en 1973 pour *Prenez le volant*, je retrouvai le film de l'émission pour me rafraîchir la mémoire et je fus en mesure de réunir quelques impressions de conduite de ce mégabolide. Avec, en parallèle, l'essai de route de la McLaren F 1 que mon collègue Paul Frère avait accepté de faire pour moi en Europe, nous eûmes un document unique.

Pour la première fois aussi en 1995, chacun des auteurs devait signer son texte. J'avais cru, avec raison, que cela inciterait tout le monde à apporter un plus grand soin à son écriture, sachant que les articles n'étaient plus publiés sous le couvert de l'anonymat.

L'année 1996 marqua le trentenaire du *Guide de l'auto* et cette fois, je voulus souligner l'anniversaire dignement en réunissant, pour un essai spécial, la palette de modèles de la marque considérée par tous les connaisseurs comme le summum de l'automobile, c'est-à-dire Ferrari. Je tenais aussi à ce que cet essai se déroule sur le circuit privé de la Scuderia, celui de Fiorano situé à deux pas de l'usine, tout au bout de la via Gilles-Villeneuve. L'appétit aidant, je voulais également consacrer un reportage à une visite de l'usine où naissaient à l'époque les voitures que j'allais essayer, la 355, la 456 et la 512 Testa Rossa. C'était un défi de taille puisque, malgré le succès et les retombées du *Guide de l'auto*, l'usine Ferrari m'avait toujours ignoré. Ce n'est qu'avec la collaboration de Luigi della Grotta, le concessionnaire de la marque à Montréal, que je pouvais essayer brièvement les récentes créations de Maranello. Même s'il ne vendait qu'une poignée de Ferrari chaque année, Luigi était sans l'ombre d'un doute le plus ardent partisan de la firme italienne.

Pour être sûr d'être entendu, je m'adressai à lui, mais aussi à mon ami Paul Frère (le journaliste automobile et ancien pilote Ferrari) qui avait ses entrées à l'usine. La réponse de Ferrari fut pour moi un vrai cadeau d'anniversaire : on me conviait au siège social de la marque le vendredi 19 mai 1995 à 10 heures pour un *briefing* technique suivi d'une séance d'essais des modèles précités et d'un lunch au restaurant Cavallino en compagnie d'Amadeo Felisa, le responsable des voitures de route. À la date convenue, je quittai Milan au petit matin pour me rendre à Maranello, où j'avais pris soin d'engager un photographe (un habitué de l'endroit) du nom d'Evio Deganello afin de fixer pour la postérité les images de cette journée mémorable.

Je fus accueilli par Giovanni Perfetti de *L'Ufficio Stampa* avec une mauvaise nouvelle qui, de prime abord, me fit tomber les bras. La Ferrari 512 avait été accidentée par un journaliste et ne serait pas disponible. Avant même que j'aie eu le temps d'afficher ma déception, M. Perfetti me proposa d'essayer à la place une 512 avec conduite à droite. Tout en poussant un grand soupir de soulagement, je lui répondis que cela ne faisait aucune différence pour moi et que nous pouvions suivre le programme original.

Mon photographe s'était amené à Fiorano avec son échelle afin de faire des photos en plongée pour la page couverture du *Guide de l'auto 1996*. Cela a dû nous prendre près d'une heure pour réaliser cette satanée photo de manière à ce qu'aucune des voitures ne fasse de l'ombre à une autre. Le temps nous était d'autant plus compté que nous devions partager la piste avec l'équipe Minardi de formule 1. Dès que leur bolide se taisait, je prenais la piste, tantôt avec la 355 ou la 456 et tantôt avec la 512. Je mentirais en me vantant d'avoir fait des essais complets des modèles en question; tout au plus étaient-ce des impressions de conduite. Mes huit ou neuf premiers tours furent consacrés davantage à apprendre le circuit, ce qui demande une telle concentration que l'on en vient à oublier de mémoriser le comportement de la voiture. Toutefois, j'avais atteint mon but, qui était de transporter le lecteur dans le cénacle de Ferrari et de lui faire vivre une pleine journée de plaisir automobile.

Quand vint l'heure du dîner, M. Felisa m'avisa que le resto en face de l'usine, le célèbre Cavallino, était devenu un repaire de touristes où l'on servait une cuisine plutôt ordinaire. Il avait donc réservé au restaurant Montana, là où les murs étaient tapissés de photos et d'affiches des plus célèbres pilotes Ferrari de tous les temps. Dans le petit salon privé où je me trouvais avec les gens de chez Ferrari, il y avait même trois photos des plus beaux moments de la carrière de Gilles Villeneuve.

Nous avions fait le court bout de chemin séparant l'usine du restaurant dans la Ford Probe que l'on m'avait prêtée à l'issue d'une séance d'essais que j'avais faite quelques jours avant mon rendez-vous chez Ferrari. M. Felisa était assis à l'avant tandis que MM. Perfetti (un relationniste) et Ghini (le directeur des relations publiques) étaient coincés à l'arrière, la tête dans le plafond et les genoux contre les dossiers des sièges avant. Une photo de cette scène montrant trois membres de la haute direction de Ferrari entassés comme des sardines dans une vulgaire Ford aurait certainement eu une très grande valeur pour un magazine humoristique.

Après le repas, je levai mon verre de Lambrusco, le vin local pétillant comme un Seven Up, pour remercier nos hôtes de m'avoir donné la chance de faire du 30e anniversaire du *Guide de l'auto* un évènement spécial.

L'année suivante, en 1997, le *Guide* faisait peau neuve en changeant de format. En gagnant environ cinq centimètres en hauteur, il devenait rectangulaire et d'une dimension permettant de mieux mettre en valeur les photos.

En 1998, c'est l'arrivée de la New Beetle qui accapara toute l'attention d'une édition dédiée à la mémoire de Monique Ruhlmann, mon épouse avec laquelle j'avais roulé ma bosse pendant 32 ans et qui était l'instigatrice du *Guide de l'auto*. La photo d'elle que j'avais choisie pour souligner ce triste évènement avait été prise quelques mois avant sa mort à côté de la BMW Z3 de Richard Petit.

Je ne crois pas opportun de revenir sur les éditions subséquentes tant il est vrai que le passé lointain est toujours plus intéressant que le récent. Ce qui est digne de mention cependant, c'est la fabuleuse progression qu'a connue *Le Guide de l'auto* pendant la décennie 1994-2004. L'édition 2000, qui consacrait un volet important au dernier siècle automobile, donna le coup d'envoi à une montée des ventes assez remarquable. Mon palmarès des voitures les plus marquantes du siècle comprenait la Ford Model T, la Volkswagen Beetle, la Cadillac Fleetwood V16, la Ferrari Daytona, la Porsche 911 et la NSU RO 80.

Les ventes progressant au rythme de 10 000 exemplaires de plus à chacune des années suivantes, l'édition 2004 enregistra un total de 108 000 exemplaires écoulés.

Je ne voudrais surtout pas passer sous silence les fiers coups de main de mon ami Richard Petit lors du lancement des éditions 1996 (la 30e), 1998 et 2000. Chaque fois, les portes de KébecSon nous étaient grandes ouvertes et il eut été difficile de trouver un endroit plus approprié pour un tel événement. Richard s'organisait toujours pour avoir une belle brochette de voitures exotiques dans sa cour arrière et il prenait surtout la peine de déposer à l'entrée un livre d'or que les gens présents pouvaient signer. J'y retrouve aujourd'hui les noms des amis et des fidèles adeptes du *Guide de l'auto*. Je ne savais pas toutefois que Lynda Lemay faisait partie de ce groupe, à moins qu'il s'agisse d'une imposture, ce qui semble le cas quand on prend connaissance de la petite note qui accompagne la signature : « Je prends mon crayon qui me permettra ron ron d'écrire une chanson quand j'irai à votre émission. » Mon petit doigt me dit qu'il pourrait s'agir d'une certaine Marie qui, lors de mon dernier mariage, en avait fait rire plusieurs en reprenant à sa façon la chanson de Lynda Lemay sur son père.

Au hasard, je relève aussi, parmi les « vraies » présences à ces lancements, Pierre Marchand, Paul Deutschman, Didier Schraenen, Yves Leroux, Jean Pagé, Serge Paré, Marie Chartier, Yves Lambert, Françoise Boudrias, Denis Bellemare, André et Charlotte Bilodeau et des centaines d'autres signatures que je suis tout à fait incapable de déchiffrer. Il n'y a donc pas que les médecins dont les griffes sont illisibles. D'autres noms font partie de mon entourage immédiat comme celui de ma fidèle amie Caroline Desrosiers, de ma filleule Annie Ruhlmann qui est presque mon ange gardien et, bien sûr, de Richard Petit qui, à l'occasion de la sortie du *Guide de l'auto 2000*, avait écrit dans cet album souvenir : « Par amitié et par passion, j'espère vous supporter [sic] encore au moins jusqu'à l'an 3000. »

Je m'en voudrais de ne pas souligner aussi le travail de plusieurs collaborateurs sans qui *Le Guide de l'auto* n'aurait jamais atteint la qualité et la notoriété qu'il a connues pendant toutes ces années où il fut sous ma responsabilité. Sans ordre particulier, je pense à Jean-François Guay, Alain Raymond, Éric Lefrançois, Marc Lachapelle, Louis Butcher, Alain Morin, Jean-Georges Laliberté, Alain McKenna, Philippe Laguë, mon fils François, Mathieu Bouthillette et ma fille Brigitte.

LE DÉBUT DE LA FIN

Au début des années 2000, la période qui suivait la parution du *Guide de l'auto* s'avérait de plus en plus accablante. Dès le livre terminé, j'étais en proie à une profonde fatigue tellement je m'étais donné du mal à fignoler les derniers détails, à trouver la meilleure photo ou à repousser la date de tombée pour inclure un modèle supplémentaire. Je me disais chaque année que jamais plus je ne me livrerais à un tel marathon et qu'il serait peut-être préférable de vendre les droits du *Guide* afin d'alléger ma tâche et me permettre de profiter de tous ces étés qui me passaient sous le nez depuis plus de 30 ans alors que je m'enfermais dans mon bureau pour écrire et encore écrire.

Je commençai à faire circuler la nouvelle que *Le Guide de l'auto* était peut-être à vendre. Je reçus quelques offres que le sceau de la confidentialité m'interdit de dévoiler, mais en général, les investisseurs étaient réticents à envisager un *Guide* sans Jacques Duval. Selon eux, un *Guide* sans Duval, ça ne valait rien. Je m'empressai de les rassurer en leur disant que j'avais l'intention de continuer à assurer la bonne marche du livre sans, par ailleurs, avoir la responsabilité des détails techniques, souvent trop accaparants. En 2002, je fus sur le point d'accepter une offre d'achat, mais je me ravisai au dernier moment après en avoir longuement discuté avec ma fille, qui travaillait avec moi depuis deux ans. J'aurais sans doute pu continuer encore quelques années, mais le début de l'année 2003 se chargea de tout remettre en question. Éprouvé par un divorce imprévu, accablé par une douloureuse blessure à un genou et diminué par une dépression tenace, je voulais désormais boucler une transaction afin de pouvoir réorganiser ma vie et prendre soin de ma santé. Je contactai les acheteurs de l'année précédente et une entente fut signée en juillet 2003. Une clause importante du contrat m'assurait de conserver le poste de rédacteur en chef et se formulait comme suit : «La présente annexe décrit les rôles et responsabilités de monsieur Jacques Duval à titre de rédacteur en chef du *Guide de l'auto 2004* et des années subséquentes, et cela, tant et aussi longtemps qu'il le désirera.» Clair, net, précis, avais-je cru – mais à tort! De plus, il avait été convenu que ma fille Brigitte assurerait en quelque sorte la pérennité du livre en assumant le rôle de directrice de la production.

Or, je découvris assez vite la vraie nature des acheteurs du *Guide de l'auto*, qui n'hésitèrent pas à balayer du revers de la main ce que je considérais comme une assurance absolue. De par mon rôle, je devais être responsable du contenu du livre, ce qui incluait le choix des auteurs et la distribution des textes à écrire. Les acheteurs ne semblaient pas de cet avis et en très peu de temps, ils prirent des décisions qui empiétaient largement sur des tâches qui étaient de mon ressort. De chicanes en disputes, l'affaire dégénéra pendant que Brigitte, qui avait conservé son travail de coordonnatrice, se retrouvait coincée entre son père et ses employeurs. Elle n'eut d'autre choix que de démissionner. C'est elle qui a le plus souffert dans cette histoire, perdant son emploi et son avenir. C'est d'ailleurs ce qui m'attriste encore le plus aujourd'hui.

Finalement, plutôt que de travailler à la préparation du *Guide de l'auto 2005*, je me retrouvai démis de mes fonctions, passant le plus clair de mon temps dans des bureaux d'avocats. Je ne pouvais pas accepter d'être écarté aussi cavalièrement d'un ouvrage que j'avais amoureusement peaufiné pendant près de 40 ans. Jamais je ne l'aurais vendu si j'avais su que je n'y aurais plus aucune responsabilité.

Quand l'œuvre de votre vie (si minime soit-elle) se désagrège, vous échappe à cause de la méchanceté d'entrepreneurs qui m'apparaissaient plus avides d'argent que d'un minimum de respect envers autrui, c'est évidemment un drame. Surtout, lorsque vous vous rendez compte que ces mêmes individus n'avaient d'autre attente que de s'enrichir le plus vite possible en oblitérant tous les principes de bienséance. Qu'ils aient en plus l'audace de traîner dans leur sillage morbide ceux qui hier encore bénéficiaient de votre confiance me semble d'une indécence condamnable.

Après avoir tout tenté pour régler le conflit, y compris une séance de médiation devant un juge très compréhensif, il fut décidé que mon nom n'apparaîtrait nulle part dans le *Guide 2005*, ce qui signifiait que je n'endossais aucune des opinions qui y seraient émises. Il y eut l'année suivante une tentative de réconciliation qui m'amena à collaborer à la 40ᵉ édition du *Guide*, mais, très vite, il m'apparut évident que ma présence gênait certaines personnes. On poussa l'injure jusqu'à célébrer ce 40ᵉ *Guide de l'auto* sans même m'inviter à la fête. Pour moi, ce fut la triste fin de ce que je considère et considérerai toujours comme l'œuvre de ma vie.

Mais comme je n'accepte pas d'avoir vu ma vie professionnelle, ma raison de vivre assassinée de cette façon, il y aura une suite. Selon moi, un livre de ce genre doit pouvoir miser sur deux qualités primordiales : une intégrité irréprochable et une écriture aussi passionnée que passionnante, comme ce fut le cas dans les 38 éditions du *Guide de l'auto* dont j'ai assumé la direction. C'est cette impartialité et ce plaisir de lecture qui m'ont permis de m'assurer la fidélité d'autant d'acheteurs désireux d'obtenir une information juste et dépourvue de toute orientation commerciale comme c'est malheureusement trop souvent le cas aujourd'hui. Je crois fermement que l'expérience mérite d'être tentée une seconde fois. À bientôt.

LE JOURNALISME AUTOMOBILE : UN MÉTIER OU UNE OPPORTUNITÉ?

Ce qui m'amène à vous parler de journalisme automobile. Ce métier fascine beaucoup de jeunes. En effet, aussi bien par courrier que par courriel, je reçois régulièrement des dizaines de demandes de renseignements de jeunes ou de parents dont les enfants sont passionnés de voitures et qui souhaiteraient exercer le même métier que Jacques Duval. Je serais mal venu de les laisser tomber et de ne pas les éclairer sur les beaux et les moins beaux côtés de ce travail.

J'ai eu la chance d'arriver dans le métier à un moment où presque personne ne le pratiquait. Ai-je été le pionnier, l'inventeur, le défricheur? Peu importe. Chose certaine, j'en connais un bout à ce propos, puisque j'essaie des automobiles depuis près de 50 ans! Pour un adolescent qui adore les voitures, je comprends très bien que ce genre de travail puisse faire rêver. Voyager partout dans le monde tout en ayant la chance de conduire les plus beaux spécimens de l'industrie automobile semble un privilège plutôt qu'un labeur. Vu de l'extérieur, il ne semble pas y avoir de plus beau moyen de gagner sa vie. Justement… Rares sont ceux qui réussissent à vivre de ce métier. Au Québec, je pense qu'on peut compter sur les doigts d'une seule main ceux ou celles qui arrivent à répondre aux besoins d'une famille en s'adonnant au métier de journaliste automobile. À moins, bien sûr, de se contenter d'une maigre pitance et de tabler sur les constructeurs automobiles pour vous prêter chaque semaine la voiture qui assurera vos déplacements personnels et pour réduire vos frais d'épicerie en vous invitant cinq ou six jours par mois à des présentations de nouveaux modèles où tout, même les frais d'interurbain, seront assumés par votre hôte. Il existe actuellement plusieurs jeunes et moins jeunes qui vivent de cette façon, à la petite semaine.

Il est d'autant plus difficile de gagner convenablement sa vie dans ce milieu que, pour satisfaire leur passion pour l'automobile – ou par orgueil –, beaucoup de chroniqueurs acceptent d'écrire à des tarifs dérisoires. À Montréal comme à Toronto, je connais des machines à pondre des textes qui, pour une vingtaine de dollars ou même moins, vous fourniront un article de 500 mots tricoté en quelques minutes. Les journaux et les magazines exploitent ce genre d'individus, parce qu'ils ont toujours considéré les articles sur l'automobile comme une sorte de mal nécessaire. Les constructeurs étant de loin leurs plus gros annonceurs (je dirais même leur instrument de survie), certains journaux et postes de télévision doivent, en échange, leur consacrer un peu d'espace éditorial. À mon avis, c'est très mal servir le public que de laisser le premier venu s'improviser « spécialiste automobile ». Achèteriez-vous une voiture sur la foi d'un texte de Basilic Latendresse ou de Hermine Fauchon simplement parce que c'est écrit dans le journal ? Non, sans doute, et vous auriez entièrement raison.

Dans un tel contexte, le journalisme automobile n'est certes pas ce que j'appelle un métier d'avenir. Bien sûr, il y a des exceptions et j'en fais partie. Mais il faut savoir que j'ai longuement gagné ma vie et ma réputation à faire autre chose, comme en fait foi cette autobiographie. En raison de la compétition sauvage qui existe présentement dans le milieu, le climat y est devenu particulièrement malsain et l'atmosphère, carrément irrespirable.

« LES CHIENS NE SAVENT QUE JAPPER »

Écrite il y a déjà près de 35 ans, cette dédicace que m'avait faite Pierre Luc lors du lancement de son livre *RPM*, un superbe ouvrage de référence sur les premières années de la course automobile en terre québécoise, est encore aussi appropriée aujourd'hui qu'elle l'était en 1973. Le succès agace et dérange les petites gens qui chercheront toujours une façon d'en diminuer la portée. Je me suis toujours souvenu de ce que m'avait dit Jean-Pierre Ferland il y a de nombreuses années : « Tant que j'écrivais des chansons qui ne marchaient pas, on me disait que j'avais un talent fou et que j'étais un incompris ; dès que j'ai fait une chanson à succès, on m'a dit que j'étais quétaine et que j'écrivais des choses faciles pour faire du fric. » J'ai retrouvé la même contradiction, tant comme coureur automobile que comme journaliste. Ainsi, quand je faisais de la course, je ne gagnais pas parce que je me débrouillais assez bien derrière un volant, mais parce que j'avais la meilleure voiture, parce que je n'avais pas de compétition, parce que j'avais de l'argent pour acheter les meilleurs pneus, la meilleure voiture et *tutti quanti*. Il reste que les résultats sont là et qu'ils peuvent difficilement être effacés.

Hélas, il n'y a pas que ce journaliste qui a utilisé la tribune de *Tout le monde en parle* pour me crier sa haine ou cet autre énergumène bouffi de rancœur qui en a fait autant ailleurs en laissant planer des doutes sur mon intégrité. Mais pourquoi est-on si jaloux et si méprisant à mon endroit ? La nature humaine, sans doute. Je n'en ferais pas tout un plat si l'on faisait tout de même preuve d'un peu d'humanité. Or, quand un bonhomme du nom de Michel Crépault, lui-même journaliste automobile et directeur de plusieurs publications, vient me rapporter que les gens du métier ont hâte que je meure, j'encaisse très mal un coup aussi bas, aussi répugnant. D'ailleurs, ces mêmes individus ont déjà manifesté leur morbidité et leur manque total de respect à l'endroit de mon camarade Jacques Rainville lors de son décès en soumettant leur candidature pour le remplacer avant même que son corps ait été inhumé. Voilà certes un tableau peu reluisant de certains de mes collègues…

Bien qu'il y en ait plusieurs à qui le chapeau va très bien, il y a des exceptions à toute règle. Ceux qui mesurent leur talent au nombre de voyages auxquels ils sont invités font fausse route et ils succomberont fatalement à l'essentiel du métier qui est de fournir une opinion juste, dépourvue de cette flatterie qu'ils arriveront à croire indispensable pour satisfaire leur dépendance. Si tout le temps consacré au « club des voyages » était investi dans un meilleur apprentissage du métier, les jeunes auraient déjà fait un grand pas dans l'amélioration des connaissances nécessaires à la pratique du métier de journaliste automobile. On me demande souvent la route à suivre pour faire ce métier. Elle est selon moi très simple à tracer.

Il faut en premier lieu bien manier la langue, avoir un sens critique très développé allié à un talent pour la communication, posséder de bonnes notions de la conduite automobile, avoir un minimum de culture générale, connaître l'histoire de l'industrie de ses débuts à nos jours et, avant tout, éprouver une passion incommensurable pour l'automobile. D'ailleurs, sachez que plus la passion est forte, plus il y a de chances pour que votre réussite y soit proportionnelle. Finalement, et c'est peut-être ce qui sera le plus difficile, il ne faut surtout pas se laisser entraîner dans la spirale de la flatterie en devenant l'instrument plutôt que le critique des constructeurs automobiles. Trop de jeunes, dirigés par des arrivistes, sont devenus, souvent sans s'en rendre compte, des rédacteurs de publicité au lieu de journalistes intègres et crédibles.

Le milieu du journalisme automobile québécois est rongé depuis trop longtemps par la médisance et la suspicion, tare courante dans plusieurs sphères d'activité, mais qui prend ici des proportions démesurées. L'arrivée de ce que j'appellerais « les commerçants » y est sans doute pour quelque chose, car ces gens-là flairent l'argent. Il suffit de lire leurs textes pour se rendre compte que la passion en est complètement exclue. Leur appétit de voyages, de cadeaux et de faveurs spéciales est gigantesque tandis que les lecteurs ne sont pour eux qu'une quantité négligeable.

Si j'ai tracé un tableau si peu reluisant de ce métier, ce n'est pas pour décourager les jeunes de l'adopter, mais parce que je souhaite ardemment que l'on y fasse un grand ménage. L'automobile et le consommateur méritent mieux.

CHAPITRE XXV

PARLEZ-MOI DE VOUS

« Parlez-moi de vous », m'a dit ma charmante éditrice, Anne-Marie, évoquant sans y penser une chanson de Claude Gauthier. « Vous ne trouvez pas que j'en parle déjà suffisamment dans ces pages et ces pages de *je, me, moi* ? » lui ai-je rétorqué. « Assurez-vous bien que vous nous donnez accès à toutes les facettes de votre personnalité », a-t-elle ajouté. Pourtant, ça frise l'indécence, il me semble, et j'avoue m'être senti gêné tout au long de la rédaction de cette autobiographie. Et si l'on s'en fichait, de tout ce que j'ai fait, dit, écrit, décrit, analysé, décortiqué, animé et disputé ?

Bon, je plonge quand même, mais je ne sais pas très bien nager, comme j'ai dû l'écrire quelque part – lacune dont le responsable est mon camarade Jean-Pierre Coallier, puisque c'est lui qui m'a appris à me maintenir à flot, tout juste.

En bref, je suis terriblement orgueilleux, pointilleux, impatient, dominateur, rancunier et probablement dépositaire d'un tas d'autres défauts que je laisse le soin à mes ennemis de trouver.

Je crois avoir également, Dieu merci, quelques qualités qui sont, à mes yeux, la loyauté, le sens de l'humour, l'honnêteté, la gratitude, la franchise avec un gigantesque F (pour le meilleur et pour le pire) et d'autres que mes alliés pourront vous énumérer.

Mon esprit critique surdéveloppé a irrité la majeure partie des femmes de ma vie et, je serai honnête, quelques-uns de mes amis également. Par déformation professionnelle sans doute, j'ai cette manie de trop dire ce que je pense, que ce soit à propos de commentaires à la radio, de performances à la télévision, d'objets qui m'horripilent, d'articles de journaux, d'injures à la langue française et je ne sais trop quoi d'autre.

Je me confesse aussi d'être terriblement impatient, trait de caractère sans doute hérité de toutes ces années vécues dans un milieu où le temps se mesure en centièmes de seconde, c'est-à-dire la course automobile. J'y ai connu des circonstances où des tâches qui prennent ordinairement des heures sont réduites à des minutes et d'autres qui exigent quelques minutes (comme des arrêts aux puits) qui sont expédiées en une poignée de secondes. En course, changer quatre pneus et faire le plein est une affaire de moins de dix secondes, alors que la même opération est beaucoup plus longue dans la « vraie » vie.

Loin de moi l'idée de prétendre que tout pourrait toujours aller aussi vite, mais il est certain que l'on se traîne les pieds dans plusieurs sphères d'activité. Pour moi, on assiste à de la désorganisation organisée lorsqu'on doit attendre des jours sinon des semaines pour la moindre petite chose à réparer ou à entretenir. Que ce soit chez le réparateur d'accessoires électriques, le nettoyeur, le garagiste, sans oublier le médecin ou les hôpitaux, on doit apprendre à faire la queue et à cultiver la vertu de la patience. Et je ne parle pas de ces satanées boîtes vocales qui vous obligent à attendre et à attendre pour obtenir une information qui pourrait être fournie en quelques secondes. Il y a aussi la circulation qui me met en rogne : passer de longues minutes au volant d'une auto à attendre que ça avance est une perte de temps exaspérante.

À mon âge, cette perte d'un temps de plus en plus précieux est carrément insupportable. L'impatience qui me ronge se transforme en stress et le stress est à bannir si l'on veut dépasser l'âge moyen du grand départ… Alors, mon cher Jacques, on se calme.

Étant pointilleux et perfectionniste dans tout ce que j'entreprends, je confesse aussi ce défaut majeur d'exagérer chacune de mes opinions, sans réfléchir à la lassitude que mes propos peuvent inspirer. J'essaie très fort de restreindre mes envolées oratoires sur ceci et cela, mais « chassez le naturel, il revient au galop », comme on dit. Je promets ici solennellement d'essayer de mettre la pédale douce à l'avenir.

Compte tenu que je n'ai jamais eu la langue dans ma poche, que ce soit à l'égard des artistes ou des constructeurs automobiles, je vous surprendrai sans doute en vous avouant que je suis d'une timidité maladive. Du plus loin que je me souvienne, j'ai toujours été très conscient de cette faille de ma personnalité, qui me vaut la réputation d'être froid et distant ou, pire encore, snob et hautain. Beaucoup de gens croient à tort que je suis antipathique, inabordable, prétentieux et j'en passe. Ce n'est d'ailleurs qu'après avoir appris à me connaître qu'ils finissent par m'avouer qu'ils s'étaient forgé une fausse opinion de moi.

Ce trait de caractère explique sans doute pourquoi j'ai si peu d'amis véritables, situation qui m'afflige au plus haut point, puisque l'amitié pour moi est le bien le plus précieux que la vie puisse nous offrir. Ma timidité s'exprime de plusieurs façons; je suis particulièrement embarrassé par exemple par les gens auxquels je voue une immense admiration. J'irai notamment jusqu'à faire un détour pour ne pas me retrouver face à face avec mes idoles, de peur de ne pas savoir quoi leur dire pour leur démontrer jusqu'à quel point je suis un de leurs inconditionnels admirateurs. En revanche, si c'est dans le cadre de mon travail que j'ai à les côtoyer, comme cela m'est arrivé dans ma carrière de *disc-jockey*, une Céline Dion ne m'impressionne alors pas davantage que ma femme de ménage.

Quand je dis que ma timidité est maladive, je ne badine pas. Tout jeune, il me suffisait d'être au milieu d'une foule, à un événement sportif, par exemple, pour attraper un sacré mal de tête. Pire encore, j'éprouve énormément de difficulté à monter sur une scène et à faire face à un auditoire. Et comme je n'en suis pas à une contradiction près, j'ajouterai que moins il y a de monde devant moi, plus je suis mal à l'aise. Rien ne me terrorise davantage que d'avoir à m'adresser à une dizaine de personnes, car j'ai toujours l'impression que chacune est suspendue à mes lèvres et observe mes moindres gestes ou mes tics. En revanche, je suis capable de faire face à une caméra sans la moindre appréhension et avec l'impression d'être devant un grand trou noir.

Je dois me confesser aussi d'être un hypocondriaque incorrigible dont le sens de l'exagération atteint une telle dimension que je peux tout aussi bien m'inventer un cancer des sourcils ou des ongles d'orteils pour expliquer le moindre petit malaise physique. Encore récemment, j'ai failli mourir de peur en voyant les lettres CPG sur le résultat d'une radio des poumons que je rapportais à mon médecin. Pour moi, ma dernière heure était proche puisque l'hypocondriaque que je suis en avait conclu que CPG voulait dire « cancer poumon gauche » alors que le C était dans la réalité un Q et que PG avait une toute autre signification. Et quand je suis vraiment malade, c'est une victoire pour moi que de dire à mes proches : « Je vous l'avais bien dit que j'étais malade. »

Sur une note plus légère, j'ai aussi, bien sûr, des goûts particuliers, des manies, des lubies et je suis incorrigiblement impulsif. J'ai un faible sinon un fort pour les chemises, que j'achète à un rythme affolant. Je dirais même que je suis l'Imelda Marcos de la chemise quoique je n'aie pas encore réussi à atteindre le score astronomique de l'épouse du dictateur philippin qui se vantait de pouvoir chausser 700 paires différentes de souliers, de sandales ou de mocassins. Je résiste difficilement aussi aux robes de chambre et mon armoire à vêtements déborde de pulls en cachemire au point où je pourrais en porter un différent chaque jour

de l'hiver. Les montres font aussi des ravages dans mon portefeuille et je dois en avoir au moins deux douzaines, depuis les plus
simplettes héritées des constructeurs automobiles jusqu'aux plus
rares comme cette Longines portant l'inscription Ferrari qui me
fut offerte par le regretté Gilles Villeneuve à la suite d'une
rencontre de presse dont j'avais été l'animateur. Comme pour les
voitures, j'ai toujours un nouveau modèle en tête et la Longines
evidenza avec son design rétro m'est récemment tombée dans
l'œil.

J'essaie toujours d'être en avance sur les modes, ce qui
explique par exemple mon intérêt de l'époque pour les Heuer
que je portais il y a déjà 30 ans, bien avant que Tag ajoute son
nom à Heuer et transforme la marque en un objet commerciale-
ment désirable. En général, j'aime tout ce qui est différent, ce qui
fait sans doute de moi un anticonformiste qui a horreur d'être
comme tout le monde, alors que c'est là le principal souci de la
jeunesse d'aujourd'hui. Quand j'ai vu pour la première fois
quelqu'un avec des jeans troués, j'ai failli lui donner de l'argent
pour qu'il s'achète des pantalons convenables. Dans cette veine,
je ne comprends pas que l'on assiste à un spectacle habillé comme
«la chienne à Jacques» comme disait ma mère. Oui, oui, je sais,
ma blonde va dire que je suis vieux jeu, mais je suis comme ça. Je
ne supporte pas davantage les artistes qui se présentent sur scène
ou qui vont recevoir un prix dans un gala avec des haillons sur le
dos.

Par Monique et par Suzanne, ma conjointe actuelle et ancienne
libraire, j'ai aussi appris l'amour de la lecture, ce que je considère
comme un don, tellement c'est le seul loisir qui me permet de me
détendre totalement. Mes livres de chevet varient selon mes
humeurs, mais je ne rate jamais les Ken Follet, les Eric-Emmanuel
Schmitt, les Philip Roth, les Jean-Paul Dubois et j'ai lu toutes les
œuvres de Romain Gary qui me sont tombées sous la main. Au
moment où j'écris ces lignes, je viens de terminer le délicieux
livre de Benoîte Groult, *La Touche étoile*, et je viens d'entamer *La*

Troisième Lettre de Michèle Marineau, un roman tout à fait fascinant qui me vole chaque soir une bonne heure de sommeil.

Dans une autre veine, je m'intéresse aussi énormément aux arts graphiques. J'ai acheté mes premières toiles de peintres québécois (des Cusan) il y a plus de 25 ans, principalement pour tapisser joliment les murs de la maison. Avec les années toutefois, mon goût a changé, s'est affiné et je délaisse de plus en plus les paysages classiques et stéréotypés au bénéfice d'œuvres plus abstraites. J'ai en ce moment une bonne vingtaine de tableaux et, malheureusement, pas suffisamment de murs pour les accrocher. Chaque fois que je visite les galeristes du Vieux-Québec, j'en ressors avec une nouvelle acquisition.

Au rayon des sports, je me donne entièrement au tennis où, contrairement à la course automobile, je n'ai pas cette rage de vaincre ni même un esprit très compétitif. Je joue pour le plaisir de jouer et rien ne me satisfait davantage que de suer un bon coup, qu'importe le score du match. Pour autant que je brûle des calories et que j'excite mon rythme cardiaque, cela me satisfait pleinement.

Pour garder mon dos dans un état plus ou moins potable, je fais aussi quotidiennement une série d'exercices visant à renforcer les muscles de l'abdomen. Qu'il soit dix heures du soir ou trois heures du matin, je consacre mon quart d'heure journalier à ces exercices devenus indispensables à la suite de mes trois interventions à la colonne vertébrale (voir chapitre «Ma compagne, la douleur»). Je me suis déjà adonné au jogging, que je soupçonnerai toujours d'avoir été le grand responsable de mes problèmes de dos.

Je suis, comme vous l'aurez deviné, très discipliné et je déroge rarement aux règles de vie que je m'impose. Ainsi, je pratique avec assiduité la modération dans presque tout, que ce soit à table, au bar ou ailleurs. Seul le travail échappe à ce diktat. Je n'ai pas grand mérite, parce que je suis affligé d'un foie d'une extrême sensibilité et que le moindre abus de table se transforme en une terrible gueule de bois le lendemain avec maux de tête et nausées. J'adore le vin, mais je tolère très mal les piquettes offertes dans les restaurants sous le vocable éculé de vin maison. Curieusement, en Europe, je peux boire une bouteille complète de vin sans éprouver le moindre malaise, alors que la même consommation chez nous me rend carrément malade. Dans les années 1970, je m'intéressais davantage au vin et je fus l'un des premiers à découvrir que la Californie ne méritait pas la mauvaise réputation que l'on faisait souvent à sa production vinicole. J'ai même écrit des articles de magazine sur ma visite chez Mondavi dans la vallée de Napa, chez Heitz, Caymus, Clos Du Val, Stag Leaps, Sterling et quelques autres viticulteurs pour les faire mieux connaître.

À table, les gras ont toujours été exclus de mon alimentation, au point où la demoiselle venue m'interroger après mon opération pour le cancer de la prostate n'en revenait pas de constater à quel point je me démarquais du profil des victimes de la maladie. Le bœuf et les œufs font notamment partie des aliments que j'absorbe à très petites doses, voire un œuf brouillé par mois et un steak à la même fréquence.

FUMEUR PAR ACCIDENT

À présent, le tabac est devenu l'ennemi numéro un de la santé. Comme beaucoup de gens toutefois, j'ai été fumeur à l'époque où on avait l'air d'un « rejet » de la société si on ne l'était pas. La cigarette est entrée dans ma vie par accident. J'avais fait une publicité télévisée pour le tabac à pipe Old Port avec la ravissante Diane, un mannequin qui devint plus tard l'épouse de Paolo Noël. Comme je ne fumais pas à l'époque, j'arrivais difficilement à entrer dans la peau du vrai fumeur de pipe et celle-ci s'éteignait constamment au moment où je devais tirer une bonne bouffée. Après la trentième prise ratée, le réalisateur décida de demander à un technicien de se tenir accroupi près du fauteuil où j'étais assis et de me donner la pipe au tout dernier moment après s'être assuré qu'elle était bien allumée.

Une fois la publicité tournée, les représentants du commanditaire m'offrirent de garder toute la panoplie du parfait fumeur de pipe qu'ils avaient prévue pour l'occasion. Je quittai donc le studio avec tout l'attirail, pipes, paquets de tabac, briquets et divers outils de fumeur, sans oublier la fameuse blague à tabac. Convaincu que cela faisait très chic, je devins un fumeur de pipe, sans pourtant avoir perfectionné l'art de la maintenir allumée. Un beau soir, en prenant l'apéritif avec ma compagne Monique et alors que je commençais à sacrer contre cette satanée pipe, je lui demandai de me donner une de ses Rothmans pour mettre fin à ma colère montante. Ce fut le début de la fin ; dès le lendemain, je lui en demandai deux, puis trois et quatre jusqu'à ce que j'achète mon propre paquet. J'étais devenu fumeur à l'âge de 33 ans. J'évitais de fumer avant mes courses, sans pourtant savoir comment cela pourrait me nuire et quand, plusieurs années plus tard, on commença à en apprendre davantage sur les dangers du tabac, je pris la décision d'arrêter de fumer le jour de mes 50 ans.

Chose dite, chose faite. J'ai cependant eu une rechute quand j'ai appris que je souffrais d'un cancer de la prostate, mais je m'étais imposé la discipline de ne fumer que cinq ou six cigarettes par jour, l'une à l'apéritif et les autres pendant la soirée. Encore là, j'ai respecté ma promesse pour ensuite mettre un terme à cette nouvelle habitude. Je serai honnête toutefois en disant qu'il m'arrive à l'occasion de piquer une cigarette à des fumeurs autour de moi.

Les femmes qui me connaissent bien savent aussi que je suis plus doué qu'elles pour le magasinage. Quand un objet m'intéresse, je dois absolument voir tout ce qui se fait dans le même domaine avant d'acheter. Si je vais dans un centre commercial pour acheter ne serait-ce qu'une cravate, j'en fais le tour au complet afin de voir le choix et décider laquelle me plaît davantage.

MON PLUS GRAND REGRET

Vous ai-je dit que le plus grand regret de ma vie est de ne pas avoir appris à jouer d'un instrument de musique? Même quand j'étais très jeune, je rêvais d'être un musicien adulé et dans un geste d'orgueil tout à fait futile, je m'installais au piano mécanique qui trônait dans notre salon de Bienville, en ayant pris soin au préalable d'ouvrir les fenêtres bien grandes. J'installais un rouleau dans le compartiment au-dessus du clavier et je pédalais ardemment pendant toute la durée du morceau. Puis, précipitamment, je sortais sur la galerie avec mon air le plus détaché afin de faire croire aux passants que j'étais le musicien qui se cachait derrière le magnifique solo de piano qu'ils venaient d'entendre. Je précise ici qu'à Bienville, les maisons sont littéralement assises sur le trottoir comme cela se faisait souvent à l'époque de leur construction, ce qui permet de la rue d'entendre les gens qui haussent un peu trop la voix à l'intérieur… ou qui jouent d'un instrument de musique. Je suis retourné dans notre vieille maison du 109 rue Saint-Joseph récemment et l'occupante a bien voulu me permettre de visiter les lieux. Je vous avouerai que je m'y suis senti complètement perdu et que rien ne m'a permis de renouer un contact avec le passé. Tout me semblait tellement plus petit que dans mon souvenir que j'avais l'impression d'être un géant dans une maison de poupée.

Ce n'est toutefois pas le piano qui m'attirait pendant mes jeunes années; j'ai toujours eu un penchant pour l'accordéon en raison, probablement, de mon amour de la chanson française. Très jeune, j'achetais tous les disques d'Émile Prud'homme alors qu'aujourd'hui, c'est le talent exceptionnel d'un Yves Lambert qui me rend jaloux. On me dit qu'il n'est jamais trop tard pour apprendre et je conserve précieusement la carte de l'excellent accordéoniste Steve Normandin (l'accompagnateur de Clémence Desrochers) qui s'est offert à m'apprendre à manier décemment cet instrument si complexe. Il faudrait que je me dépêche avant que l'arthrite me rattrape. Une fois ce livre écrit, ce sera fort probablement mon projet suivant.

LE RIRE COMME THÉRAPIE

On aura remarqué en lisant ce livre que la vie m'a apporté mon quota de malaises, de douleurs, de stress, de peine, de déceptions et de tout ce qui peut vous plonger dans une profonde dépression. Si, malgré ces coups du sort, j'ai réussi à ne pas sombrer dans des solutions faciles et sournoises, c'est que j'ai toujours aimé rire de tout et de rien. Les jeux de mots, les imitations et les blagues en général ont sur moi une très grande emprise et, par expérience, j'irais même jusqu'à dire que l'humour me tient lieu de thérapie. J'aime rire et j'atteins quelquefois un tel niveau de décibels en le faisant qu'il m'arrive d'effrayer mes petits-enfants. En raison d'une bronchite chronique, je peux même quelquefois rire à en perdre le souffle, si bien que je dois m'assurer d'avoir un Ventolin près de moi en regardant d'anciens épisodes de *Seinfeld* ou de *La Petite Vie.*

Ce goût de rire ne date pas d'aujourd'hui. Je me souviens par exemple que Les Cyniques me demandaient toujours d'être présent lorsqu'ils enregistraient des disques devant public. J'ai le rire franc, facile et sans doute contagieux, ce qui, paraît-il, créait un effet d'entraînement. Lorsque Michel Barrette et moi avons animé *Prenez le volant* en l'an 2000 à TVA, mes éclats de rire devinrent quasiment légendaires. N'empêche que je considère le rire comme une thérapie méconnue qui m'a souvent permis de reprendre le chemin de la santé et qui s'est élevée en bouclier contre la dépression. Monique avait d'ailleurs téléphoné secrètement à Claude Meunier après mon cancer de la prostate pour lui demander la cassette d'une émission spéciale de Ding et Dong que la télévision de Radio-Canada avait diffusée. Selon moi, certains humoristes, Claude Meunier en tête, devraient être officiellement reconnus pour l'effet thérapeutique que leurs meilleurs numéros peuvent avoir sur des maladies d'ordre psychosomatique.

J'inclurais sans hésitation dans ce groupe de médecins par l'humour des types comme Yvon Deschamps, Daniel Lemire et Jean-Marc Parent (un autre accroc de l'automobile) dont les observations sur la vie ou l'actualité valent tous les antidépresseurs du monde.

Finalement, rien ne me fait autant plaisir que la satisfaction du devoir accompli. Je n'arrive pas à trouver une phrase moins éculée pour décrire jusqu'à quel point le travail bien fait me comble de bonheur. Toute ma carrière, j'ai connu des moments heureux après avoir signé un bon texte ou animé une émission au cours de laquelle je m'étais senti à mon meilleur. C'est là par contre un couteau à double tranchant : chaque fois que mon travail ne me satisfaisait pas, j'étais tracassé et secoué d'une profonde déception pour plusieurs jours. Voilà pourquoi je suis pointilleux et terriblement orgueilleux.

MA MAÎTRESSE LA LANGUE FRANÇAISE

Je m'en voudrais de clore ce chapitre de familiarités sans toucher un mot de mon grand amour pour la langue de chez nous. Cette langue est depuis longtemps ma maîtresse, à la fois dans mon discours et dans mes écrits. À ce titre, je m'emploie à la caresser, à ne pas l'offenser et à mettre en valeur la beauté des mots. Je ne dis pas que j'ai toujours réussi à lui rendre l'hommage qu'elle mérite mais, à quelques exceptions près, je lui ai toujours manifesté beaucoup de respect. Dans la mesure du possible, j'ai évité de tomber dans le piège de la facilité, que ce soit pour faire de l'humour ou m'adapter aux expressions à la mode.

Je n'en respecte pas moins les mots particuliers et les expressions cocasses qui composaient le singulier vocabulaire de ma mère – j'aurais sans doute besoin de l'entièreté de cet ouvrage pour les énumérer. Plusieurs refont surface à l'occasion et me font bien rire, mais je n'ai jamais eu la sagesse de les noter afin de pouvoir en faire un recueil un de ces jours. Permettez-moi d'en relever quelques-uns, qui sont incrustés au tréfonds de ma

mémoire : « gavion » (un traîneux), un « quêteux monté à cheval » (un faux riche), « éjarré » (écarté), « *snow go* » (chasse-neige),
« laide comme les sept péchés capitaux » (aucun commentaire),
« trimpe » (un voyou, du mot anglais *tramp*), « écourtichée »
(court-vêtue), manger « à son chien de saoul » (manger plus que
de raison), « baucher » (faire la course en auto), « breillet » (maillot
de bain) ou « débiffé » (fatigué).

Beaucoup de gens d'un grand âge possèdent aussi des tas de
mots qui ne sont plus usuels et dont l'étymologie est souvent
aussi intéressante que révélatrice. On a tort de se moquer de ce
langage sous prétexte qu'il est erratique, suranné et ridicule, alors
qu'il s'agit souvent des racines mêmes de notre façon de parler
actuelle.

Justement, j'en profiterai pour présenter mes excuses à ma
mère pour avoir mis en doute la correction d'un des mots qu'elle
utilisait souvent et qui était parfaitement approprié à son discours.
Comme j'avais un appétit qu'elle jugeait difficile, elle me lançait
souvent : « Qu'est-ce que tu veux que je te fasse à manger, des
ortolans ? » Pendant longtemps, j'ai cru qu'il s'agissait encore
d'un de ces mots inventés ou dénaturés que ma mère utilisait
comme tant d'autres. Or, un jour, j'ai eu l'idée de consulter le
dictionnaire et la surprise d'y trouver ce qu'était un « ortolan » :
c'est un oiseau rare considéré comme un mets d'un grand raffi-
nement et dont on se délecte dans la haute société. Si j'avais été
moins prétentieux, je serais allé voir plus tôt dans mes vieux
Quillet et j'aurais pu lui présenter mes excuses de son vivant.
Voilà, c'est fait, même si elle est bien loin pour m'entendre, la
pauvre.

L'HEURE CRITIQUE DES HOMMAGES

Pour moi, le signe le plus irrécusable que vous êtes parvenu à un
âge avancé est quand un producteur de cinéma vous demande
l'autorisation de tourner votre biographie. Les hommages de ce
genre n'arrivent habituellement pas avant que vous soyez en fin

de parcours. Dans mon cas, j'ai trouvé que l'on m'avait enterré un peu trop tôt, puisque la réalisation de ma biographie par une équipe du Canal D eut lieu quelques semaines seulement après la mort de Monique, en juin 1997.

On me fit notamment la surprise de retrouver une Ford Mainline tout à fait identique à ma première voiture neuve achetée en 1955. Pour ajouter à cette délicate surprise, c'est Michel Barrette qui s'amena au circuit Mont-Tremblant au volant de cette vieille Ford.

La bio s'intitulait *Un homme, deux passions* pour faire allusion à mes penchants pour la chanson et l'automobile. En plus de Michel, on avait recueilli le témoignage de « ma chum de filles » Caroline Desrosiers, qui en est maintenant à sa sixième ou septième prestation du genre. J'ai bien hâte de lui rendre la pareille ! Finalement, Alain Stanké avait aussi raconté quelques épisodes de notre jeunesse, après notre rencontre à CKVL alors que nous avions tous les deux 19 ans.

MON PLUS BEAU CADEAU POUR MES 70 ANS

Le plus beau et le plus touchant cadeau que l'on m'ait offert m'a été présenté à l'occasion de mon 70e anniversaire. Il s'agit d'un DVD réalisé à mon insu, patiemment et amoureusement, par Brigitte et son mari Mathieu Bouthillette. C'est l'histoire de ma vie en 30 minutes avec des photos dont j'avais oublié l'existence, une musique à faire pleurer et des témoignages de divers amis et connaissances. J'avoue être incapable de le regarder sans verser une larme ou deux. Voir ainsi résumée une bonne partie de ce qu'a été ma vie est carrément bouleversant. Mathieu a bien fait sa recherche, allant même jusqu'à inclure en guise de prélude les faits marquants de l'année de ma venue au monde : la naissance du bingo dans les églises, du hamburger et de quelques autres curiosités. L'année 1934 a aussi été témoin de la mort de *Bonnie and Clyde* tandis que l'Oscar du meilleur film avait été remporté par *It happened one Night* (*New York-Miami* en version française), qui mettait en vedette Claudette Colbert et Clark Gable.

Ce DVD fut projeté sur écran géant lors d'une grande fête à la maison de Richard Petit, à Laval, au milieu de ses Ferrari de collection. J'y retrouvai l'équivalent de mon âge de parents, d'amis et de connaissances que j'avais côtoyés tout au long de ma double vie. Mon restaurateur préféré, Elio, avait même sacrifié son samedi pour venir nous préparer ses délectables petites pizzas à la sauge qui font la joie de la clientèle du Ferrari, son resto de la rue Bishop.

Ceux et celles qui n'avaient pu se libérer avaient gentiment accepté de livrer leurs souhaits à la caméra de Mathieu. J'en profite encore une fois pour les remercier tous : Jacques Bienvenue, mon grand rival en piste, René Homier-Roy, qui a dit qu'il plaisantait quand il m'avait jugé « hors d'âge » pour faire de la course automobile, Alain Stanké, qui a blagué en rappelant que l'on draguait les mêmes filles, Michel Fyen-Gagnon, mon photographe témoin de certains dérapages compromettants, Nadine et Selim Saman, Jacques Guertin, le proprio de Sanair qui m'a remis un trophée qu'il m'avait astucieusement chipé il y a fort longtemps, Mario Ciaburi, Jean-François Jarry, Mario Petit et, finalement, Michel Lauzon de Lauzon Porsche, qui m'a offert une superbe réplique en cristal de la Porsche 911 40ᵉ anniversaire tout en me faisant l'honneur de me considérer comme le Paul Frère du Québec.

MA VIE ET CE QU'IL EN RESTE

Quand on a comme moi été affaibli par un cancer de la prostate et des lésions faciales précancéreuses, que l'on souffre de douleurs chroniques au dos et de toutes les afflictions propres à un septuagénaire, on se demande souvent si la route qu'il nous reste à parcourir possède encore quelques kilomètres de joie, de bonheur et de félicité. Si j'exclus les craintes suscitées par les maux précités, je crois être en bonne santé – c'est du moins ce que disent mes médecins. J'ai, parole du docteur François Saint-Maurice, le cœur d'un homme de 50 ans, et les docteurs Savard, Charest et Barakett qui me traitent à l'occasion n'arrivent pas à trouver quoi que ce soit d'anormal à l'hypocondriaque que je suis. Quant au réputé chirurgien orthopédiste, Pierre Ranger, il s'assure que mes genoux usés, mes articulations et mon arthrose me permettent de continuer à abuser de la machine encore plusieurs années. Je me soumets à un examen médical complet chaque année en guise de prévention et aussi pour faciliter le renouvellement de mon permis de coureur automobile. En effet, j'aimerais disputer encore quelques courses de voitures anciennes avec cette Porsche 911 identique à celle avec laquelle j'ai gagné le championnat du Québec en 1968. Non seulement cela me donne l'impression de rester jeune, mais c'est aussi l'occasion pour moi de vivre des moments de qualité avec le plus vieux de mes fils, François, qui, comme son père, souffre d'une passion incurable pour les Porsche. Le temps que je ne lui ai pas consacré alors qu'il était jeune, j'essaie de le rattraper aujourd'hui.

Mon autre fils, Pierre, a aussi eu sa petite poussée d'enthousiasme pour les voitures de course et il s'est même rendu jusqu'à la deuxième place du championnat de formule Ford de l'école Jim-Russell à Mont-Tremblant. Il n'était toutefois pas assez discipliné pour poursuivre avec succès dans une voie qui lui a ravi l'un de ses bons amis, Bertrand Fabi, qui s'est tué à sa deuxième saison de courses en Europe.

Jusqu'à maintenant, mon état de santé est rassurant, mais malgré les douces paroles de mes proches qui ne cessent de répéter que je ne fais pas mon âge, je sens bien que si la volonté y est, la carrosserie, elle, ne veut pas toujours suivre mes impulsions. En course par exemple, je me débrouille encore assez bien, mais je devine que mes performances tiennent souvent à ma profonde connaissance des circuits où j'évolue, que ce soit à Mont-Tremblant ou sur l'île Notre-Dame. Dans un autre environnement, il se pourrait que mes réflexes ne me permettent pas de me tirer aussi bien d'affaire.

Pour garder la forme, je joue régulièrement au tennis et je fais un peu de vélo, ce qui veut dire pas assez. Malgré tout, ma qualité de vie se dégrade sournoisement sans que je sache trop pourquoi. La bouteille de vin rend les lendemains pénibles, toute tâche non habituelle me fait découvrir des muscles endoloris dont j'ignorais l'existence, chaque effort au-dessus de la normale m'essouffle et les relations sexuelles ne sont pas toujours celles que promet la publicité de Viagra. J'ai fini par accepter de mettre la pédale douce, de pratiquer la modération et de vivre en m'adaptant à ces travers qui, inexorablement, deviennent mes nouveaux compagnons de vie. Une chose est certaine : la route qu'il me reste à parcourir est beaucoup plus courte que celle que j'ai franchie, quoi qu'en dise ma chère conjointe, Suzanne. D'ailleurs, le seul fait d'écrire mon autobiographie n'est-il pas la plus belle preuve que le voyage tire à sa fin ? Évidemment, certains se prêtent à un tel exercice très tôt dans leur existence, mais je me demande bien ce que l'on peut avoir à raconter à l'aube ou au mitan d'une vie.

À mon âge, si j'ose mentionner que le temps presse ou qu'il n'en reste pas beaucoup, je me fais gracieusement rabrouer par ceux et celles qui m'aiment et dont le refrain est toujours le même : « En forme comme tu l'es, tu vas vivre jusqu'à 100 ans. » Que répliquer face à de tels élans d'optimisme ? Rien, sinon que le décompte est commencé et que l'on n'y peut rien. Ce temps qu'il reste, il faut en déguster chaque jour, chaque heure et chaque minute. Pour moi, le temps perdu est justement ça, du temps perdu qui ne reviendra jamais. Quand on a 30, 40 ou 50 ans, ce n'est pas si grave, mais à mon âge, je trouve horrible d'être immobilisé dans ma voiture pendant une heure à cause d'un embouteillage. Nous sommes, dit-on, dans un siècle où tout se fait plus rapidement qu'avant et, pourtant, on n'a jamais le temps de faire ce que l'on voudrait. Je dois planifier soigneusement mon temps pour voir mes amis, mon dentiste Pierre Rochon, Richard Petit, Claude Carrière, mes partenaires de tennis, Larry Boulet et Léonard Courtemanche, et celui qui se fait appeler « mon cardiologue financier », J.A. Thibault, sans quoi nous serions des mois et des mois sans prendre de nouvelles l'un de l'autre.

Je suis même gêné de ne pas faire d'effort pour voir mon ancien compagnon de route, Alain Stanké. Notre dernière rencontre remonte à quatre ou cinq ans, alors qu'il m'avait fait jouer le rôle d'un vendeur de voitures pour l'une de ses insolences d'une caméra.

En effet, n'ayant rien perdu du sens de l'humour qui l'habite depuis son adolescence, il m'a utilisé comme complice dans l'une de ses célèbres insolences. Pour cet épisode, il avait choisi de me faire jouer le chroniqueur automobile que je suis essayant d'arrondir ses fins de mois en devenant vendeur de voitures. J'acceptai de me prêter au subterfuge, qui consistait à faire croire aux acheteurs potentiels que s'ils acceptaient de payer un supplément de 5 000 $ pour leur auto, je me ferais un plaisir d'y apposer ma signature, entraînant de cette façon une augmentation substantielle de la valeur de leur acquisition.

Ai-je besoin de vous dire que les clients du concessionnaire GM de l'île des Sœurs ne le voyaient pas du même œil ? Aucun n'accepta ma proposition, quoique l'un d'eux me lança : « Si t'as tant besoin d'argent que ça, je vais te donner 5 000 $, mais j'ai pas besoin de ton autographe sur mon char. » Bref, même si personne ne s'était laissé avoir, l'épisode avait donné lieu à des moments fort drôles, au grand plaisir d'Alain Stanké.

Enfin, je me suis promis l'an dernier de me rapprocher de mes petits-enfants et, pourtant, cela ne s'est pas produit aussi fréquemment que je l'aurais souhaité. Ils sont cinq (Véronique, Jean-Philippe, Alyssia, Marie et Valérie) à attendre un papi qu'ils ne voient pas assez souvent.

RÉSISTER À LA RETRAITE

Bien des gens autour de moi, incluant mes enfants, se demandent pourquoi je résiste à la retraite. D'abord, quand on est pigiste comme je le suis depuis fort longtemps, on a le loisir de décider du moment le plus approprié pour refermer la porte. Je pourrais facilement laisser le reste de ma vie s'écouler paisiblement en m'adonnant à mes activités préférées et en passant plus de temps avec Suzanne, la femme qui a presque tout abandonné pour venir vivre à mes côtés. Par ailleurs, une vie à deux quotidienne et répétitive peut voir naître une lassitude moins souhaitable que des absences occasionnelles. Le problème cependant est que ce que j'aime le plus au monde, c'est précisément le travail que je fais depuis près de 45 ans. Je suis accroché à l'automobile comme un poisson à un hameçon et je suis incapable de m'en libérer. J'aime conduire, disséquer une automobile, la pousser dans ses derniers retranchements, apprécier ses qualités, découvrir ses points faibles et faire part de mes découvertes à mes lecteurs ou auditeurs.

Chose certaine, je n'ai pas l'intention de me croiser les bras et de regarder mourir le temps que l'on tue. Il y a très certainement des retraités heureux, mais j'en vois trop autour de moi qui dépérissent à ne rien faire d'autre que de repérer l'aubaine de la semaine, qui s'atrophient à regarder les autres s'activer à la tâche et qui finissent par les envier d'être encore dans le coup, encore productifs. D'une manière ou d'une autre, il faut garder le contact, au risque de s'avancer lentement mais sûrement dans le gouffre de la sénilité. Il y a une chanson qui dit que « Le travail, c'est la santé » et j'en fais instinctivement le thème de ma vie. C'est sûrement la meilleure façon de rester jeune et de faire échec au pessimisme qui devient de plus en plus présent au fur et à mesure que l'on avance en âge. Mon mentor, Paul Frère, est aujourd'hui âgé de 90 ans et il continue de voyager partout dans le monde pour faire l'essai de nouvelles voitures. Comme nous avons plusieurs traits en commun, j'espère que celui de la longévité en fait partie.

La seule chose qui me rassure sur mon avenir est ma maturité d'adolescent. Je n'agis pas comme un homme de mon âge, je suis délinquant, je chante, je crie, je bondis d'enthousiasme quand je réussis un coup fourré au tennis et, entre vous et moi, je « déconne » plus souvent qu'à mon tour juste pour m'amuser. J'imite à peu près tout le monde, je refais les bulletins de nouvelles que j'écoute à la radio, je pouffe de rire devant des affiches ridicules, bref, si quelqu'un pouvait entendre tout ce que je raconte quand je suis seul, on m'expédierait illico dans un hôpital psychiatrique. En fin de compte, je refuse catégoriquement de porter le poids des ans et d'assumer moralement et physiquement mon statut de septuagénaire. Toutefois, malgré toute ma passion et mon désir de continuer à pratiquer un métier que j'ai pratiquement créé, il reste que je dois trouver quelqu'un qui sera prêt à me permettre de continuer à travailler, ce qui est moins facile. Notre télévision est obsédée par la jeunesse, très souvent au détriment de l'expérience et du savoir. Tout récemment, j'avais été un des candidats retenus par un producteur pour animer au Canal Historia une émission retraçant l'histoire de l'automobile au Québec. Même si je l'ai pratiquement écrite, cette histoire, on a opté à la place pour un présentateur plus jeune. Allez donc comprendre pourquoi l'allure a préséance sur les connaissances ! En raison surtout de ma franchise, des rancunes du milieu et de la main-d'œuvre bon marché qui pullule dans le journalisme automobile, les portes se ferment devant moi mais s'ouvrent à des rédacteurs prêts à flatter tout le monde pour faire partie du cercle des initiés. Peut-être me considère-t-on comme trop vieux, dépassé, périmé pour m'offrir du boulot ? L'an dernier, par exemple, j'avais tricoté un projet qui me paraissait plutôt divertissant pour la première chaîne de Radio-Canada. J'avais proposé une émission estivale au cours de laquelle se rencontreraient la chanson et l'automobile. J'ai plein d'anecdotes amusantes où les deux sujets se recoupent, comme une rencontre inopinée avec la chanteuse française Lucienne Delyle et son mari le chef d'orchestre Aimé Barelli, que j'avais croisés à Paris dans les années 1970 alors que je cherchais les bureaux de Fiat dans un immeuble de l'avenue de la 5e Armée. La SRC, par la voix de Mme Hélène Parent, m'apprit que l'on avait promis la case horaire disponible à quelqu'un d'autre… et voilà le monsieur qui repart avec sa petite valise sous le bras. C'est le triste sort de bien des gens de mon âge.

Étrangement, ce sont les avocats qui requièrent mon expertise depuis quelques années, ce qui me permet de récupérer partiellement les lourds honoraires que j'ai dû verser à certains membres de leur confrérie. Il y a deux ans, j'ai été chargé de préparer un volumineux document sur la puissance exagérée de certains modèles Hyundai alors que l'an dernier les conseillers légaux d'Infiniti ont eu recours à mes services dans une cause les opposant à la compagnie BMW. La marque allemande accusait sa rivale japonaise de vol d'identité en affirmant être la seule détentrice de la lettre M dans l'appellation de modèles de voitures. En un mot, la firme bavaroise qui commercialise des voitures comme la M3 ou la M5 affirmait que les Infiniti M35 et M45 risquaient de semer la confusion chez les consommateurs. Mon rôle de témoin expert était de réfuter les arguments de BMW en offrant une opinion personnelle étoffée par de nombreux documents démontrant que la lettre M avait souvent été utilisée dans le passé par d'autres constructeurs et que sa perception chez l'acheteur était celle d'une voiture haute performance de petite série typique à BMW et n'ayant aucun rapport avec les Infiniti M.

Ayant souvent vanté les voitures BMW, je n'étais pas là pour les dénigrer, mais simplement pour débattre une question de propriété intellectuelle. J'ai donc eu de nombreuses rencontres avec l'avocat de la défense Me Warren Springings, mais ce que je retiens surtout de cette affaire, c'est ma comparution en cour qui se déroula dans des circonstances assez particulières. N'ayant pas été prévenu de la date approximative de mon interrogatoire, j'avais planifié une vacance d'un mois en Italie et principalement en Toscane. Comme il était hors de question que je revienne au Canada au beau milieu de mon voyage, la firme d'avocats qui m'employait décida en dernier recours de tenir mon audition en cour par la voie des télécommunications. C'est ainsi que par un lundi de la fin octobre 2006, je me retrouvai à Florence en Italie dans un salon privé de la Pietra, une superbe villa datant des années 1400 léguée à l'Université de New York par l'écrivain italo-britannique Harold Acton à sa mort en 1994. Dans ce studio ou cette cour de justice improvisée, Telus avait installé une caméra et un moniteur qui renvoyaient mon image à Toronto pendant que l'écran de télé me transmettait le déroulement du procès et, surtout, les interminables questions de l'avocat de BMW. Quant à l'avocat d'Infiniti, il était à mes côtés en Italie sous la constante surveillance d'une représentante du constructeur allemand venue expressément de Munich pour s'assurer qu'il n'y aurait aucune infraction au code juridique dans de telles circonstances. Si j'ai aimé l'expérience pour son unicité, je dois dire que ce ne fut pas une partie de plaisir. Être mitraillé de questions quelquefois insignifiantes par un avocat qui vous donne souvent l'impression de faire votre propre procès est assez fastidieux. Du coin de l'œil, j'apercevais souvent Me Springings qui m'incitait au calme quand j'étais sur le point d'exploser et d'envoyer promener l'avocat de la poursuite. Pendant sept heures, de 15 à 22 heures, je me suis soumis à cet exercice qui ne ressemblait pas du tout à une activité de vacances. Il fallut attendre pendant plusieurs mois la décision du juge qui trancha en faveur de BMW. Infiniti décida illico d'aller en appel et le jugement initial fut renversé quelques semaines plus tard. J'appris par la suite que ce n'était pas la première fois que ces deux compagnies s'affrontaient sur ce genre de terrain. Nissan (propriétaire du groupe Infiniti) avait déjà joué les attaquants à propos de la lettre Z dont elle réclamait la paternité (240Z, 350Z, etc.) afin d'empêcher BMW d'utiliser le même sigle sur ses roadsters Z3 et Z4. Le conflit se régla à l'amiable, ce qui est toujours la solution idéale quand on pense à ce qu'a dû coûter notre stage à La Pietra.

D'une certaine manière, l'expérience qui précède nous envoie une contradiction flagrante assez révélatrice : face à la justice, plus on est vieux, plus on est crédible, ce qui est loin d'être le cas en général dans la société d'aujourd'hui.

Comme le dit Benoîte Groult dans son dernier ouvrage, *La Touche étoile* : « Quand on ne se sent pas vieux, le regard des autres se charge de nous rappeler qu'on l'est. » Je dirais que c'est le regard des autres qui nous appesantit, déjà prêt à nous enfouir dans le coffre aux souvenirs. Et, pour finir sur une note plus gaie, on se rend compte que l'on est vieux quand, dans un ascenseur bondé d'hommes, vous êtes celui qu'on laisse descendre en premier. Cela dit, je persiste et je signe.

SVP, DONNEZ-MOI
VOTRE VIEUX TACOT

J'ai beaucoup reçu de la vie et je tente d'en remettre un peu en faisant du bénévolat, notamment en étant porte-parole du programme Auto Rein de la Fondation canadienne des maladies du rein. Donnez-moi cette vieille auto complètement déglinguée qui dépare votre terrain ou cette « minoune » brinquebalante qui pourrait vous jouer un mauvais tour. Vous contribuerez à dépolluer l'atmosphère et le paysage, à améliorer la sécurité routière et, surtout, à sauver des vies. En effet, l'argent perçu en revendant votre épave à un recycleur permettra d'accélérer la recherche sur les maladies du rein. On ira chercher votre vieux bazou et on vous remettra en plus un reçu d'impôt.

Téléphonez au 1 888 228-8673 pour obtenir plus de renseignements.

Merci et bonne route.

ANNEXE I

MES VOITURES ET CELLES DES AUTRES
Près de 2 500 voitures à l'essai

Pour deux raisons, j'ai pensé qu'il serait préférable d'isoler dans un chapitre spécial la chronologie et l'historique des diverses voitures dont j'ai été propriétaire : d'abord pour ne pas ennuyer le lecteur qui n'a qu'un mince intérêt pour l'automobile et ensuite pour me permettre d'en dire un peu plus long sur certains modèles, comme le souhaitent sans doute bon nombre de fanatiques qui, comme moi, sont dévorés par cette passion que plusieurs ne comprennent pas. Il eût été difficile autrement de m'attarder sur ce sujet sans rompre la continuité du récit.

J'avoue aussi que je me suis inspiré (comme souvent d'ailleurs) de mon collègue et ami Paul Frère qui, dans un livre autobiographique, a procédé de la même façon : un chapitre consacré aux voitures de route et un autre aux voitures de course.

Allons-y.

« LES P'TITS CHARS ANGLAIS »

Je venais d'avoir 20 ans quand je suis devenu un automobiliste à part entière. C'était en 1954 et mon choix s'était porté sur une anglaise, une Morris Oxford. Il faut dire qu'à cette époque, l'industrie britannique de l'automobile était omniprésente au Québec. Les autos *made in England* étaient tellement populaires que les voitures importées (nonobstant leurs diverses origines) étaient toutes considérées comme des « p'tits chars anglais ». En plus des Morris de la British Leyland, il y avait les MG, les Austin, les Sunbeam, les Riley, les Humber, les Daimler, les Triumph, les Vauxhall, les Anglia, les Prefect et bien évidemment les somptueuses Rolls-Royce, Bentley et autres Jaguar. J'en oublie d'ailleurs un certain nombre tellement l'invasion britannique était importante. Est-il besoin de vous dire que les mécanos de ces concessionnaires étaient très affairés à réparer des voitures aux côtés desquelles les Lada des années 1990 étaient des parangons de fiabilité. On disait que pour acheter une Jaguar il fallait absolument se mettre en ménage avec un mécanicien de la marque, et que leur système électrique Lucas était si vacillant que ce fournisseur méritait le surnom de « prince des ténèbres » (*prince of darkness*), ce qui aurait d'ailleurs pu être le titre d'un roman ou d'un film d'horreur.

Ma Morris à moi avait été achetée d'occasion, car avec les 100 $ par semaine que j'empochais à CKVL, il me fallait modérer mes transports, sans vouloir faire de jeu de mots.

Ce que j'ai surtout retenu de cette voiture, c'est qu'elle possédait des clignotants bien particuliers : c'étaient des palettes placées de chaque côté du pilier B de la carrosserie, qui se soulevaient à l'horizontale lorsque le conducteur déplaçait vers la droite ou vers la gauche une manette logée au centre du volant. Et comme il fallait ramener celle-ci à sa position originale pour abaisser le sémaphore, il m'arrivait souvent de l'oublier. Les autres automobilistes me lançaient alors de tonitruants « baisse ta palette ! » pour me signaler mes absences de mémoire.

Après en avoir entendu de toutes les couleurs, je décidai, au bout d'un seul petit mois, de divorcer d'avec mon anglaise et de me rabattre sur la plus petite voiture américaine du temps, une Wyllis Aero usagée qui, en dépit de son nom, était aussi aérodynamique qu'un réfrigérateur. Mais je la trouvais belle et j'en étais plutôt content. Les Wyllis étaient des voitures marginales produites par la compagnie qui fut à l'origine des premières Jeep. Elle abandonna peu de temps après sa division automobile.

MON PROFESSEUR ALAIN STANKÉ

L'achat de ma première voiture neuve, quatre mois plus tard, fut étroitement lié à ma solide amitié avec Alain Stanké alors que nous travaillions, à CKVL – lui comme réalisateur et moi comme annonceur. Alain et moi étions inséparables : nous travaillions ensemble, prenions des vacances ensemble, écrivions ensemble et allions même jusqu'à « cruiser » les filles ensemble. Il n'était donc que normal que nous achetions notre première voiture neuve ensemble. Notre choix s'était porté sur une grosse Ford 1955, lui la version de luxe Crestline et moi le modèle de base, la Mainline, toutes deux de la même couleur, bleu clair pour ne pas dire bleu poudre. Nous les avions achetées chez Pagé Automobiles, le gros concessionnaire Ford de Verdun, d'un vendeur qui s'appelait Jean Lebègue (ça, c'est de la mémoire, monsieur!). Notre impatience d'en prendre livraison fut rudement mise à l'épreuve compte tenu que la compagnie Ford était aux prises avec une grève qui dura plusieurs mois. L'hiver était à nos portes lorsqu'on nous remit les clés de nos voitures respectives payées moins de 2 000 $ chacune.

Avec toute l'innocence de la jeunesse, il fut décidé que notre première fin de semaine de propriétaires d'un beau « char » neuf allait consister en un voyage à Québec. J'irais montrer ma nouvelle acquisition à ma mère à Lévis et Alain allait faire son « frais » auprès de sa blonde amérindienne Alanis, qui n'en avait pas moins des cheveux de jais. À l'aller, il avait beaucoup neigé et les congères le long de la route près de Berthierville devaient bien avoir un gros mètre de hauteur. J'étais devant Alain et n'ayant jamais conduit en hiver, je m'amusais comme un fou en faisant valser la voiture d'une congère à l'autre dans des dérapages spectaculaires et pas du tout contrôlés. À la première occasion, Alain, qui était mort de rire mais aussi un peu inquiet, m'offrit de m'enseigner quelques notions de conduite, ce qui allait lui permettre pour le restant de nos vies de proclamer qu'il a non seulement été mon premier éditeur, mais aussi celui qui m'a appris à conduire. Entendons-nous pour dire qu'il a partiellement raison.

UN PREMIER ACCIDENT

J'ai toujours eu un goût prononcé pour le changement. Autant pour les maisons (j'en ai eu une bonne douzaine en tout) que pour l'automobile, je cède à mes coups de cœur – d'autres diraient que je suis un éternel insatisfait. Ma Ford Mainline ne resta donc pas longtemps garée devant chez moi. Il faut dire que j'avais appris à la détester profondément après mon premier accident. N'ayant visiblement pas mis en pratique les précieux conseils de mon ami Alain sur la conduite en hiver, ma belle Ford bleu poudre me donna une peur bleue du côté de Drummondville (voir chapitre IV). Je rentrais de Thetford Mines, où j'étais allé visiter Berthe, celle qui allait devenir ma première femme et la mère de mes enfants. Ma Ford fut réparée, mais je n'avais plus le goût de la revoir, ce qui me donna une parfaite excuse pour m'en défaire.

MON CHAR D'ASSAUT

J'étais mûr, me disais-je, pour une grosse voiture qui me protégerait en cas d'accident, comme on avait faussement tendance à le croire à l'époque. Dans un geste que je ne m'explique pas encore et qui allait complètement à l'encontre des principes que je défendrais plus tard, je me portai acquéreur d'une espèce de rouli-roulant répondant au nom de Buick Special. C'était un modèle 1956 affublé d'un toit noir et d'une carrosserie bourgogne. Même s'il s'agissait de la moins chère et de la plus petite des Buick offertes à ce moment-là, je venais de mettre les pieds dans le haut de gamme. Je n'ai aucun souvenir particulier de cette voiture sans intérêt, sauf qu'elle était munie de deux immenses boursouflures sous la forme de butoirs incorporés au pare-chocs avant. J'avais l'impression de conduire un char d'assaut capable d'emboutir l'arrière de n'importe quelle autre auto sans même subir une égratignure. Et c'est ce qui arriva un beau jour. Un conducteur m'avait fait une entourloupette sur l'avenue du Parc. Au feu rouge suivant, je lui enfourchai son coffre arrière avec les deux grosses parures chromées de ma Buick. La rage au volant venait de faire son apparition.

Quant à moi, j'allais dire adieu à la voiture américaine pour un bon bout de temps, pas tellement par mécontentement, car je ne me souviens pas d'avoir eu de problèmes majeurs (hormis ma mauvaise conduite) avec ma Ford ou ma Buick, mais plutôt parce que le virus de l'automobile avait commencé à me dévorer avant de s'attaquer sournoisement à mon petit compte en banque. Je rêvais de Peugeot 403, d'Alfa Roméo Giulietta, de Hansa Goliath (une allemande méconnue) et de diverses autres voitures qui devaient avoir la valeur de revente d'une potiche achetée à rabais au Dollarama. Toutefois, les concessionnaires qui vendaient ces belles étrangères étaient d'avis contraire et me demandaient une petite fortune en plus de l'échange de ma grosse Buick. Les représentants de ces marques européennes étaient aussi arrogants que peu accueillants et c'est tout juste s'il ne fallait pas payer un prix d'entrée pour avoir le privilège de pénétrer dans l'espèce de réduit qui leur servait de salle d'exposition.

UNE AUTRE ANGLAISE

Excédé, je me suis rabattu sur le premier concessionnaire GM, où j'avais aperçu un modèle qui ressemblait à une mini Buick avec une carrosserie bicolore comme sa grande sœur. Le toit était anthracite et le reste saumon. Quétaine, dirait-on aujourd'hui, mais j'avais eu un coup de cœur pour ce qui était une Vauxhall Cresta 1957. Après avoir longtemps vociféré contre les voitures britanniques, j'avais été séduit par une autre anglaise.

Je précise ici que ces voitures étaient construites par la filiale de General Motors en Angleterre et commercialisées au Canada chez les concessionnaires de la compagnie. GM vendait des Vauxhall alors que Ford écoulait les Consul, Zephyr, Anglia ou Prefect construites, elles, dans un pays qui tirait une grande fierté de son industrie automobile, mais dont les produits ne méritaient pas du tout une telle révérence. Conséquemment, l'industrie britannique fut la première à souffrir de l'arrivée des Japonais sur le marché nord-américain. Ces derniers, des maîtres de la copie, s'inspirèrent fortement des automobiles britanniques en prenant soin de supprimer leurs points faibles. Ce fut le début de la fin pour les voitures fabriquées au pays de Sa Majesté.

UNE PREMIÈRE ALLEMANDE

Ma brave Vauxhall ne fut qu'un entremets avant que je donne libre cours à mes convictions du temps en achetant une authentique européenne, une allemande par-dessus le marché. Non, ce n'était pas une Volkswagen (je n'ai jamais été très séduit par la Beetle), une Mercedes et encore moins une Porsche, bien que cette dernière n'était pas très loin sur ma liste. C'était plutôt une Borgward Isabella du millésime 1958, une parfaite inconnue dont l'exotisme m'avait attiré. Laissez-moi, sans prétention, faire votre éducation automobile. Borgward était une marque allemande établie à Brême et qui connut beaucoup de succès en Europe au début des années 1950 en proposant sa berline deux portes Isabella. Avec son excellente qualité de construction, son comportement routier sportif et son agrément de conduite, ce modèle fut l'ancêtre de la célèbre Série 3 de BMW – dont les premières versions furent en réalité des séries 2, la 1600-2 et la 2002 en version tt et tti. Notons que le chiffre 2 de leur appellation correspondait à leur nombre de portes et ces modèles n'existèrent jamais en configuration quatre portières; l'Isabella de Borgward non plus, d'ailleurs.

Devinez qui m'avait vanté les mérites de cette voiture complètement inconnue au Québec et m'en avait finalement vendu une? Nul autre que le comédien Pierre Valcourt (le Guillaume de la célèbre famille Plouffe) que j'avais rencontré au stand de la compagnie à l'un des premiers Salons automobiles du Québec au Palais du Commerce. Avec la famille Parent de Saint-Jérôme, Pierre était l'importateur de ces grandes routières allemandes, et cela, bien avant que les premières BMW débarquent en Amérique. Je me souviendrai toujours qu'il en faisait la démonstration en grimpant sur les trottoirs pour illustrer l'efficacité de la suspension à quatre roues indépendantes dont les Borgward étaient équipées, ce qui était une rareté à l'époque. La manœuvre était non seulement dangereuse mais, entre vous et moi, elle ne prouvait pas grand-chose tout en risquant de causer de sérieux dommages aux pneumatiques. Je fis un pacte avec Pierre : tu cesses ce genre de cabrioles et j'achète la voiture. Il acquiesça et je devins l'heureux propriétaire (pas pour longtemps) de cet objet de curiosité qu'était la Borgward Isabella.

Nul besoin de dire que le petit garage de Saint-Jérôme qui distribuait ces voitures ne possédait pas un inventaire de pièces très substantiel, ni une main-d'œuvre formée avec la même rigueur que les artisans allemands les plus têtus. Le moindre pépin transformait le plaisir de conduire la Borgward en une aventure qui vous amenait de la simple frustration à une exaspération en règle. Je me suis donc très vite aperçu que j'avais fait une mauvaise affaire et que mon mariage d'amour avec cette Isabella avait complètement écarté toute rationalité en moi. N'était-il pas insensé de payer le fort prix (environ 4 000 $) pour une voiture inconnue chez nous dont la valeur de revente serait minime et qui n'était vendue que par une poignée de concessionnaires ne possédant ni les pièces, ni l'équipement ni le personnel pour les entretenir ?

On a du mal à imaginer que le type qui affichait un tel manque de réflexion dans le choix de ses voitures personnelles ait pu devenir le conseiller automobile de centaines de milliers de Québécois. Mais, comme on le dit souvent, on apprend de ses erreurs et c'est probablement ce qui m'est arrivé.

ALFA ROMÉO : MA PREMIÈRE VOITURE SPORT

Toujours est-il que ma seule option était de me défaire de ma Borgward en l'offrant en échange contre une autre voiture marginale. De cette façon, le vendeur ne pourrait pas me dire que ma voiture était invendable, puisque les siennes n'amenaient pas non plus des foules dans les salles d'exposition. Je veux parler des Alfa Roméo ; celle que je convoitais était le superbe coupé Giulietta Sprint Veloce que j'aimais follement en raison de son immense lunette arrière qui lui donnait une certaine ressemblance avec l'Aston Martin du temps. La marque était représentée au Québec par un concessionnaire on ne peut plus britannique nommé Budd and Dyer, situé rue Sainte-Catherine Ouest. On y vendait aussi des Jaguar, des Aston Martin ainsi que le duo Rolls-Royce-Bentley. C'était l'antre de la bourgeoisie westmountaise. Avec mon anglais très approximatif (un seul vendeur y baragouinait le français), je réussis à leur refiler ma Borgward pour me retrouver, moyennant un supplément de plus de 2 000 $, le fier propriétaire de ma première voiture sport, une Alfa Roméo Giulietta Sprint Veloce 1960. Il suffisait de prendre un petit accent italien et de décliner le nom de la voiture pour se donner l'impression d'être le frère de Tony Massarelli. J'étais d'ailleurs allé voir un réputé tailleur italien pour qu'il me confectionne l'habit qui fait le moine.

Toutefois, cette italienne était aussi capricieuse qu'elle était belle. Avec son moteur 4 cylindres 1,3 litres à double arbre à came en tête, il fallait constamment lui faire la cour pour avoir le droit de profiter pleinement de ses 103 chevaux-vapeur. Dès que ses carburateurs double corps Weber étaient à peine désajustés, le moteur toussotait et peinait au point où il me devenait impossible de doubler un cycliste le moindrement en forme. J'allais faire régler la carburation chez Budd and Dyer et je n'étais même pas encore rendu à CKVL (à sept ou huit kilomètres) que le moteur tombait en état de catalepsie. J'adorais pourtant la voiture, même si ma famille, qui comptait déjà deux enfants, y était aussi à l'étroit que dans une armoire à balais. La tenue de route en faisait surtout une voiture Grand Tourisme confortable, mais les lignes de cette Alfa et l'exquise sonorité de son moteur me donnaient le sentiment d'être au volant d'une petite Ferrari.

Je fus encore plus convaincu de sa valeur le jour où j'assistai à ma première course automobile au circuit de Saint-Eugène en Ontario. Il y avait là une Alfa Spider pilotée par Henry Grace, qui se bagarrait constamment avec Ross de St. Croix au volant d'une MGA TC (twin cam). Il me rendait fier d'être un client Alfa Roméo.

Je ne veux pas trop revenir sur ce dont je traite dans un autre chapitre, mais je souligne que ce coupé sport est celui avec lequel je fis mes premières armes en course automobile. Ce sport était alors beaucoup plus accessible et pas mal moins sophistiqué qu'aujourd'hui. Pour courir, il suffisait de se présenter à la piste avec sa voiture de route, d'y avoir installé une ceinture de sécurité, d'appliquer du ruban gommé sur les phares pour éviter les débris de verre et d'y apposer un numéro sur les flancs. Et vous deviez évidemment avoir fait « votre école », c'est-à-dire avoir suivi un cours d'une fin de semaine sur les règlements de la course et la façon de rouler sur un circuit sans vous rendre ridicule. Mon Alfa de route n'était pourtant pas du tout adaptée au pilotage sportif, en raison principalement de sa suspension beaucoup trop souple. Le roulis dans les virages était effroyable et je me faisais dépasser par la horde des Porsche 356 qui étaient très populaires à l'époque. L'Alfa Roméo ne m'ayant pas enchanté non plus par sa fiabilité, il n'en fallut pas plus pour que je décide de passer dans le camp ennemi, celui des Porsche. Encore une fois, mon investissement de 5 000 $ (le prix de l'Alfa) prit une sérieuse dégringolade lorsque je rendis visite au concessionnaire Porsche de la rue Sainte-Catherine pour commander un roadster Super 90 1961 de couleur ivoire.

En parcourant récemment le livre de Paul Frère, *My life full of cars*, quelle ne fut pas ma surprise de constater que mon mentor avait été propriétaire lui aussi d'une Alfa Roméo Sprint Veloce, qu'il avait comme moi abandonnée pour les mêmes raisons en faveur d'une Porsche Super 90.

UNE PORSCHE PISTE ET ROUTE

Cette dernière acquisition marqua le début d'une longue union avec la marque allemande, union qui s'avérerait déterminante dans ma carrière. La Super 90 et les modèles qui suivirent allaient me permettre de fréquenter à maintes reprises la plus haute marche du podium. J'y ai gagné une solide réputation dans le milieu de la course automobile, mais surtout une précieuse crédibilité auprès du public. En effet, quand j'ai commencé à faire des essais automobiles, mes débuts dans ce domaine avaient été précédés de plusieurs victoires dans diverses épreuves disputées au Québec et à l'étranger.

Ma Porsche Super 90 1960 était un modèle roadster (décapotable) doté du moteur 4 cylindres de 1 600 cm^3 que l'on pouvait commander en trois versions : 65 chevaux dans le modèle de base (Normal), 75 dans la version S et 90 dans la Super 90. Ce moteur à cylindres à plat et refroidi par air était une extrapolation de celui que l'on retrouvait dans la célèbre Beetle. Il était assorti d'une boîte de vitesses manuelle à quatre rapports, la seule au catalogue, et il faudrait attendre plusieurs années avant que Porsche consente à doter ses voitures d'une transmission automatique. Comme je l'ai écrit plus haut, la course au Québec était alors dans sa tendre enfance ; le seul circuit quasi indigne de ce nom était situé à la frontière du Québec et de l'Ontario, près de Rigaud. On l'appelait « la piste de Saint-Eugène » (le circuit Connor pour les anglophones). Elle était aménagée sur les résidus d'un vieil aéroport militaire. Qu'importe, c'est là que j'ai fait connaissance avec les vedettes locales de la course automobile tels Peter Ryan, David Greenblatt et Ross de St. Croix, sans oublier celui qui allait devenir mon copilote en course d'endurance, l'Américain Bob Bailey.

Pour ne pas trop empiéter sur le chapitre de ma vie consacré à mes voitures de course, je ne m'étendrai pas trop longtemps sur ma Porsche Super 90. Je la mentionne ici simplement parce qu'elle servait à la fois à mes déplacements quotidiens et à mon loisir de fin de semaine, lorsque je devenais « un fou dans une Porsche », comme le clamait souvent Jean-Pierre Coallier lorsqu'il présentait ma chronique automobile dans le cadre de l'émission *Jeux d'hommes* à Télé-Métropole.

Ma deuxième Porsche, un coupé Super 90 1963, servit aussi à me véhiculer de Saint-Bruno aux studios de CKVL à Verdun tout comme elle me permit de m'attaquer plus sérieusement à la course automobile (voir le chapitre « Mes voitures de course »). Je l'avais commandée avec deux types de sièges : des fauteuils confortables pour la route et des baquets Recaro pour la piste. C'était une voiture à double vocation et c'est sans doute celle qui confirma mon admiration pour ces créations allemandes, solides comme le roc. Cette Super 90 spéciale fut ma dernière à faire double emploi. J'allais plonger tête première dans le monde de la course automobile semi-professionnelle avec une voiture préparée à cette fin et choisir mes voitures de route sans arrière-pensée.

UNE CORVAIR ENVERS ET CONTRE TOUS

Malgré les sévères dénonciations de Ralph Nader, l'avocat américain qui consacra une partie de sa carrière à enquêter sur les déficiences des voitures américaines et qui devint célèbre avec son livre *Unsafe at any Speed* consacré aux dangers de la Chevrolet

Corvair, je me suis laissé séduire par ce modèle, principalement parce qu'il s'inspirait de mes anciennes Porsche tout en étant offert à un prix considérablement plus avantageux. Nader avait critiqué le mauvais design de la suspension arrière à essieu oscillant qui rendait la voiture très vulnérable au capotage. Il faut préciser que la Corvair possédait un gros moteur six cylindres implanté à l'arrière (comme les Porsche et les Volkswagen) qui la rendait passablement survireuse. Pour l'année 1965, General Motors avait toutefois sérieusement retravaillé ladite suspension et concocté une version sport, la Corvair Corsa, que je trouvais très chouette avec sa boîte manuelle, son volant en bois et divers autres accessoires habituellement réservés aux voitures de sport.

Je fus plutôt emballé par la voiture, dont le moteur à compresseur de 180 chevaux était particulièrement performant pour l'époque. Je déchantai le jour où nous revenions toute la famille d'une excursion de ski à Sutton et où le moteur rendit l'âme sur l'autoroute. Ma réaction fut celle de tout acheteur d'une voiture neuve qui n'avait pas dépassé 5 000 milles : je me présentai chez le concessionnaire Chevrolet (Duval Motors) le lendemain pour réclamer un remboursement ou une compensation. Je ne voulais plus revoir ma belle Corsa jaune citron. Nous nous entendîmes pour ce que l'on appelle familièrement un achat « change pour change ». Je lui rendais la voiture et il me donnait une Chevrolet Chevelle familiale en échange. J'avais enfin compris que je devais devenir un père de famille sérieux et un coureur automobile organisé. Ma vaillante Chevelle (une 1965 ou 1966) allait donc servir pendant trois ans à remorquer mes voitures de course. Jamais une voiture ne me fut plus utile que ce gros *station-wagon* blanc qui fréquenta tous les paddocks de course du Canada et des États-Unis avec une surprenante assiduité.

Après la Chevelle, j'achetai la première Toyota Celica à mon épouse pour remplacer sa Mini – que j'avais probablement conduite plus souvent qu'elle tellement je m'amusais avec cette auto passe-partout achetée pour moins de 1 000 $, flambant neuve bien sûr.

MON FLIRT BMW

Avec une carrière partagée entre mon boulot de *disc-jockey* à CKVL, l'animation du *Club du disque* à Télé-Métropole, mon numéro de transmission de pensée au cabaret et l'écriture d'articles pour *Radiomonde*, mes revenus avaient engraissé mon compte en banque au point où je pouvais me permettre l'achat de voitures un peu plus chères. Mon premier coup de cœur pour les Porsche refit surface et, au hasard d'un voyage à New York, je découvris une magnifique Porsche 356B. Elle avait déjà quelques années mais rien n'y paraissait et elle m'accompagna pendant plusieurs mois avant que je la cède en échange d'une des premières 911 de cette couleur orangée qui fut populaire pendant une brève période et qui a refait surface récemment. Je n'ai pas de souvenirs particuliers de cette voiture, sans doute parce qu'ils furent occultés par une autre création allemande qui suscita chez moi un vrai coup de foudre.

En effet, je n'avais pas roulé 500 mètres que je tombais amoureux de la BMW 2002 de 1970. Cette attachante berline sport deux portes me fit découvrir ce que devait être l'agrément de conduite. À son volant, j'avais l'impression de retrouver toutes les qualités de la Porsche à moindre prix avec, en prime, une bien meilleure habitabilité. Pour moi, c'était une 911 carrossée en berline. Celle que je décidai d'acheter après en avoir fait l'essai pour *Le Guide de l'auto 1971* était par une heureuse coïncidence de la même couleur que ma dernière Porsche. Que ce soit à la radio, à la télé ou dans mes articles de *La Presse*, je ne tarissais plus d'éloges pour la BMW 2002, qui était animée par un 4 cylindres de 2 litres développant 113 ch. et jumelée à une boîte de vitesses manuelle à 4 rapports. Tout cela pour la modique somme de 3 795 $! Malgré une carrosserie très haute accentuée par une immense surface vitrée, la voiture avait une superbe tenue de route et j'eus énormément de difficulté à lui trouver des défauts. C'était sans doute l'amour aveugle. Pendant ce temps, les concessionnaires BMW s'en donnaient à cœur joie et vendaient des 2002 en affichant partout mes commentaires élogieux à son endroit. J'avais même écrit à son sujet : « Si la perfection n'est pas de ce monde, elle rôde sûrement quelque part autour de Munich » (où se trouvait le quartier général de BMW).

UNE BMW PROBLÉMATIQUE

Mon admiration pour la marque bavaroise monta encore d'un cran quand je pris le volant de son modèle haut de gamme, la Bavaria, qui était en réalité l'ancêtre de la Série 5. Sa douceur et son silence de roulement s'ajoutaient aux qualités déjà observées dans la 2002. On ne pouvait malheureusement pas en dire autant de la fiabilité. Bien que je n'aie pas souvenance du problème exact, je me rappelle que le sympathique Kuno Wittmer, un champion de rallye qui était concessionnaire BMW, m'appela un jour dans un état de grande panique pour me dire que la voiture souffrait non seulement d'un défaut majeur, mais aussi que celle que j'avais achetée n'était pas neuve, ayant été préalablement vendue à un autre client, qui l'avait retournée. Kuno était furieux de s'être fait passer un tel sapin et le fit savoir en termes non équivoques à l'importateur privé qui distribuait alors les produits BMW au Canada. Il avait même déclaré qu'il suggérerait à son client (moi) de les traîner devant les tribunaux pour obtenir un remboursement. Le temps de cligner des yeux trois fois et ma Bavaria était de retour chez le concessionnaire pendant que je quittais les lieux avec un chèque égal au prix payé pour l'auto.

Sans pouvoir imputer mes choix futurs à cet incident, il n'en demeure pas moins que je n'ai plus jamais acheté de BMW. Cela n'a rien à voir non plus avec le fait que ce constructeur ne m'a jamais invité à la présentation de l'un de ses nouveaux modèles entre 1966 et 1995, même si j'ai été celui qui a le plus contribué au succès de la marque au Québec.

Après la Bavaria, j'étais tellement pris par mon travail d'essayeur automobile, tant pour *La Presse* que pour Radio-Canada, qu'il n'était pas rare que l'on trouve trois ou quatre voitures différentes dans l'espace de stationnement en face de ma maison de Saint-Bruno. Par manque d'espace mais aussi parce que je n'avais pratiquement plus besoin d'une voiture personnelle, je décidai de ne plus en acheter et d'utiliser plutôt celles que plusieurs constructeurs m'offraient gracieusement pour des essais à court ou à long terme. Je me souviens d'une multitude de Renault, de diverses Citroën DS, dont un *break* que nous utilisions comme car de tournage pour mes émissions *Prenez le volant* à Radio-Canada. Malgré la faible puissance de son moteur, il était fort bien adapté à ce travail et tenait la route comme une sangsue. Je me rappelle aussi d'une Fiat 124 coupé 1972, d'une Volkswagen 1500 familiale, d'un coupé Alfa Roméo 1973 et d'une flamboyante Lamborghini Miura que je devais essayer pendant une semaine mais qui resta chez moi au moins deux mois parce que je n'arrivais pas à rejoindre son propriétaire.

À 280 KM/H SOUS LES YEUX DE LA POLICE

L'anecdote mérite d'être racontée. Un jour de l'été 1971, à l'époque où Radio-Canada avait ses studios rue Dorchester Ouest dans l'ancien hôtel Ford, je reçus la visite d'un immigrant haïtien, surgi de nulle part avec, sous le bras, une étourdissante Lamborghini Miura, rendue encore plus ostensible par sa couleur orange. Je venais tout juste de terminer l'enregistrement d'un épisode de *Prenez le volant* et mon visiteur s'identifia comme étant Eugène Carrié. De race noire, distingué et très élégant, il me demanda sans autre forme de préambule si j'étais intéressé à faire l'essai de sa Lamborghini Miura. L'offre était tellement mirobolante que je crus d'abord à un canular. La marque italienne n'avait même pas de concessionnaire au Canada et voilà que ce monsieur venait m'offrir tout bonnement une voiture de rêve sans que j'aie fait la moindre démarche pour l'emprunter. M. Carrié m'expliqua qu'il avait dû quitter précipitamment la république d'Haïti et qu'il avait réussi à amener avec lui, via les États-Unis, une Lamborghini Miura, marque dont il deviendrait sous peu le concessionnaire pour le Canada. Je l'emmenai manger au restaurant *Le Paris* (où j'étais quasiment un abonné) et je compris alors certaines choses sans les comprendre. Il se baladait dans un camion Ford rempli à ras bord d'effets personnels, d'un lit, d'une commode, d'un matelas et d'un tas de boîtes renfermant je ne sais quoi. Ami du régime Duvalier, il avait dû fuir Haïti en toute hâte pour échapper sans doute aux conséquences d'un coup d'État.

Je n'entrerai pas dans les méandres de la politique et je me contenterai de dire que la fameuse Miura devint pratiquement un obstacle dans mon stationnement. Certes, elle était incroyablement rapide, comme je l'avais démontré lors d'un tournage pour l'émission *Prenez le volant* au cours duquel les policiers de la Sûreté du Québec avaient accepté de fermer une section de l'autoroute 30 encore en construction.

Avec mon caméraman recroquevillé à ma droite et manipulant sa grosse caméra Éclair, j'avais poussé la Miura jusqu'à 172 mph (280 km/h) sans le moindre effort. J'avais même découvert à la hauteur de la sortie pour la rue Montarville une légère courbe que je n'avais jamais vue auparavant tellement elle était insignifiante. Toutefois, à 280 km/h dans ce virage en apparence inoffensif, j'avais eu une pensée pour la Sainte Vierge et son fils. Sur le circuit Mont-Tremblant, la Miura avait aussi éclipsé tous les chronos (2,02 ms.) enregistrés jusque-là par toutes les voitures mises à l'essai pour mon émission de télé.

Toujours est-il qu'au moment de lui remettre sa précieuse cargaison, monsieur Carrié était introuvable et je n'avais plus le goût d'entendre le bruit affreux du bouclier avant de la Miura qui raclait le sol chaque fois que j'entrais dans mon stationnement. Quand je repense à cet incident, je me dis qu'il est quand même exceptionnel d'avoir à supplier quelqu'un de venir vous débarrasser d'une voiture aussi spectaculaire. Finalement, il refit surface et vint récupérer sa voiture pour ensuite m'envoyer une lettre me réclamant le coût des réparations au bouclier avant. Choqué par une telle arrogance, je décidai de lui expédier en retour une facture de stationnement pour deux mois, ce qui mit un terme à ses réclamations.

Il y eut ensuite une longue époque au cours de laquelle je louais des Mercedes Benz. De la 450 SL à la 300 S Turbo Diesel, j'ai dû conduire six ou sept modèles de la firme allemande entre les années 1973-74 et le début des années 1980. Jamais aucune d'elles ne me donna le moindre ennui. Il faut dire que c'était bien avant que l'électronique se mette à contrôler les diverses composantes des voitures et les transforme pratiquement en des robots complètement rebelles. Hier, tiens, j'étais au volant d'une Bentley Continental hyper sophistiquée et lorsque j'ai appuyé sur le klaxon, la radio s'est allumée toute seule. Allez donc comprendre.

96 MODÈLES FORD

Ce fut ensuite pour moi une longue traversée du désert comme conseiller spécial chèrement payé de Ford, ce dont je traite d'ailleurs dans une autre partie de cette autobiographie. Je me limiterai ici à énumérer quelques-unes des voitures qui, par contrat, m'ont été assignées par mon employeur entre 1985 et 1993. Le contrat me donnait droit, tout comme à mon épouse et à ma fille Brigitte, à une voiture neuve renouvelée tous les trois mois. C'est donc dire qu'en huit ans, une partie de la famille Duval eut droit à 96 différents modèles Ford. Quelques-uns furent agréablement mémorables, d'autres moins. Il y eut notamment cette Ford Tempo attribuée à mon épouse Monique et qui tomba en panne un beau jour alors qu'elle venait de franchir le pont Champlain, ou encore la Lincoln Continental qui fut privée de freins dans une avenue achalandée de West Palm Beach en Floride.

Entre les nombreuses Escort, Mustang GT, Merkur XR4Ti, Scorpio, Lincoln Mark VII et autres Taurus, je serais malhonnête de ne pas souligner que les pannes de ce genre furent l'exception plutôt que la règle. Conséquemment, je n'ai jamais eu le moindre questionnement sur la validité de mon choix d'être porte-parole de Ford. Ce fut à mon avis l'une des belles époques de cette compagnie, dont la Taurus à elle seule s'avéra une grande réussite. J'avais inévitablement été ébloui par sa version SHO à moteur Yamaha de 220 chevaux, qui était une vraie bombe sous des dehors paisibles. C'était la voiture piège par excellence, c'est-à-dire un modèle dont personne ne soupçonne les performances et qui, au premier feu vert, était capable d'humilier bien des sportives de renom.

À propos de la SHO, l'anecdote suivante est le microcosme de ce qui a mené l'industrie automobile nord-américaine vers sa débâcle actuelle. Un propriétaire de SHO ayant éprouvé des ennuis de moteur, le concessionnaire en avait fait part aux gens de Yamaha. Moins de trente minutes plus tard, un ingénieur appelait du Japon pour fixer un rendez-vous au client pour le lundi suivant, soit dans trois jours. À l'heure et à la date convenues, deux représentants du motoriste japonais débarquaient à Dorval en provenance de Tokyo pour investiguer la panne de moteur. J'avais alors souligné à mes patrons qu'il y avait là une belle leçon à tirer sur la manière de traiter les clients et de se bâtir un capital de fidélité. Évidemment, personne ne m'avait écouté.

La première Lincoln Mark VII fut aussi, contre toute attente, une voiture très agréable à conduire. C'était un gros coupé d'une apparence plus ou moins grotesque, mais grâce à un V8 fort éloquent, une suspension réglable, des pneus à taille basse et une qualité de construction assez soignée, on finissait par lui découvrir un agrément de conduite étonnant. En hiver toutefois, la suspension pneumatique devenait assez problématique et la voiture pouvait s'affaisser, victime d'une défaillance de ses amortisseurs gonflables. Je conduisis également l'insipide Merkur Scorpio, qui n'était rien d'autre qu'une Ford Granada allemande rapidement apprêtée à la sauce nord-américaine.

Rappelons pour mémoire que quand Ford décida d'importer en Amérique quelques-unes de ses créations européennes, on créa la marque Merkur, un nom si mal choisi qu'il constitua probablement l'erreur numéro un dans le fiasco qui allait suivre. Le premier modèle à faire son apparition fut la XR4Ti de 1995, une berline sport dérivée de la Sierra européenne et qui était censée devenir la rivale de la BMW de série 3. Elle se vendait quasi au même prix, ce qui fut encore là une erreur magistrale. Pourquoi achèterait-on une Ford importée à moteur 4 cylindres quand on pouvait se procurer une BMW 325 pour un déboursé similaire? Sans compter que la BMW faisait pas mal plus d'effet auprès du voisinage…

Quant à la Scorpio, elle était si laide qu'une Aztek aurait passé complètement inaperçue à ses côtés. Elle n'avait pas non plus la fiabilité d'une Mercedes de prix et format similaires. En quittant Ford en 1992, je fis l'acquisition de la Ford Escort familiale que mon épouse conduisait à l'époque. Revendue à un membre de la famille, la voiture a roulé sa bosse sans problème majeur pendant au moins 200 000 kilomètres, contredisant ainsi la réputation de modèle problématique qui collait à ses tôles.

C'est à la fin de 1993 que je fis mon retour sur le marché de l'automobile. J'aurais très bien pu me satisfaire des voitures que l'on me prêtait de semaine en semaine à des fins d'essais, mais ma passion de l'automobile me donnait le goût d'être propriétaire de ma propre voiture. C'était le triomphe de la passion sur la raison.

Un jour, j'étais allé voir au cinéma *La Firme*, avec Tom Cruise, un film dans lequel on offre en cadeau à son personnage une splendide Mercedes Benz E320 cabriolet. Ce fut pour moi l'amour instantané. Le lendemain, en préparation pour un long voyage aux États-Unis, je devins propriétaire de cette voiture accroche-cœur qui était l'une des plus chères dans la salle d'exposition du concessionnaire. Je l'ai vendue puis rachetée pour des raisons sentimentales que je raconte ailleurs et je ne suis pas près de m'en défaire. C'est d'abord un classique, une auto très rare destinée à devenir un modèle de collection et il s'agit en plus, selon de nombreux spécialistes, de l'une des meilleures voitures du monde. Cette Classe E marqua la fin des Mercedes Benz robustes, solides et quasi dépourvues de plastique bon marché ou de gadgets électroniques.

AUDI ET PORSCHE

Après m'être retrouvé sans voiture pour quelques mois, j'avais emprunté une Audi 90 Quattro Sport pour un voyage à Boston et je dois avouer qu'elle m'avait beaucoup impressionné. Il s'agissait d'une voiture de presse dont la compagnie s'apprêtait à se défaire et je décidai d'en faire l'acquisition. Habitant à Knowlton, ce qui implique des déplacements quelquefois périlleux sur les routes enneigées des Cantons de l'Est, je me disais que c'était la voiture parfaite pour moi. Et elle le fut pendant de nombreuses années. Chaussée de bons pneus d'hiver, cette voiture était un véritable tracteur dans la neige et je parie que son temps d'accélération entre 0 et 100 km/h était aussi bon sur une surface enneigée que sur l'asphalte. Cette Audi 90 Quattro m'a tellement rendu de loyaux services sans la moindre défaillance que je l'ai beaucoup regrettée quand je m'en suis finalement départi huit ans plus tard, à la fin de 2002. Elle n'était cependant qu'une bonne servante et n'arrivait pas à calmer ma folie des voitures de sport.

C'est ainsi qu'après une longue réflexion d'à peu près un dixième de seconde, j'allai voir mon ami Jacques Gervais chez Auto Strasse. Quelques mois avant, j'avais eu l'occasion d'essayer en Allemagne la nouvelle Porsche 911 Targa 1996 de la série 993. Elle se distinguait par son immense toit vitré qui permettait de jouir de la conduite à ciel ouvert sans sacrifier la superbe silhouette du coupé 911 comme le fait la version cabriolet. C'était pour moi le meilleur de deux mondes. Malheureusement, ce modèle fut un fiasco complet sur le plan de la conception et fut une parfaite démonstration que même un constructeur très réputé comme Porsche peut faire des erreurs. Après avoir si souvent mis en garde les automobilistes contre les mécaniques non éprouvées, je venais de faire la sourde oreille à mes propres conseils. Bref, j'étais tombé dans le piège avec l'innocence de ceux qui reçoivent un courriel leur annonçant qu'ils ont gagné le gros lot à une quelconque loterie. Ma grande déception venait de ce fameux toit soleil qui craquait telle une vieille chaise berçante. Je ne pouvais plus supporter le concert de petits bruits émanant de cette grande surface vitrée chaque fois que je roulais sur la moindre aspérité du revêtement.

Je dois avouer toutefois que les représentants de l'usine furent d'une compréhension que mon rôle de critique automobile avait sans doute contribué à leur inspirer. On accepta de remplacer ce modèle 1996 par un 1998 qui, me disait-on, avait fait l'objet des corrections nécessaires. Encore une fois, ma crédulité fut ébranlée, puisque cette seconde 911 Targa était sans doute légèrement moins bruyante mais encore loin de la perfection. Trois ans et 23 000 kilomètres plus tard, je réussis, non sans mal, à me défaire de cette Porsche. Mais il faut croire que la mémoire est une faculté qui oublie, car j'essayai de la racheter deux ans plus tard, sans succès.

Après avoir vanté à tous les vents l'Infiniti G 35, je m'en suis procuré une sans même bénéficier d'un rabais spécial. La première version avait un inconvénient majeur : comme toute propulsion, avec ses deux roues motrices arrière, je me rendis compte dès l'hiver venu que malgré l'anti-patinage, la voiture n'était pas très à l'aise dans la neige. À l'apparition de la version à quatre roues motrices, j'ai tout de suite réglé mon problème. Je roule désormais dans une G35X de couleur bleu nuit, comme ma première Porsche Super 90, mes deux 911 Targa et mon cabriolet Mercedes. Quelle voiture de ma couleur préférée viendra s'ajouter à cette liste dans les mois ou les années à venir ? Je l'ignore pour l'instant, mais disons que mes plus beaux rêves sont en ce moment peuplés par l'Aston Martin DB 9 Vantage. Qui vivra verra !

Dernière heure – Finalement, je n'ai pas acheté cette beauté britannique, parce que j'ai vite déchanté après avoir conduit un modèle d'occasion n'affichant que 4 000 kilomètres au compteur. Malgré une si faible usure, la DB 9 avait perdu beaucoup de son lustre, elle faisait entendre des bruits de caisse et son moteur semblait avoir le hoquet. J'ai plutôt jeté mon dévolu sur ce que je considère comme la meilleure des Porsche jamais construite, l'aguichante Cayman S, avec laquelle je m'amuse beaucoup. Incorruptible passionné de belles automobiles, je fais du lèche-vitrine en ce moment. Le coupé Mercedes Benz CL 550 m'est tombé dans l'œil, mais qu'en est-il de l'hiver avec cette propulsion? Sans même attendre la réponse, je me suis laissé envoûter par son opulence sans penser deux minutes que mes trois autos sont de celles que l'on met à l'abri de novembre à avril. De toute évidence, il me faut réorganiser mon petit parc automobile et apprendre à suivre mes propres conseils.

2 400 VOITURES ESSAYÉES

Grosso modo, j'ai acheté pour moi et mes conjointes un peu plus de deux douzaines de voitures jusqu'ici, ce qui est loin de tous les chiffres faramineux atteints par certains de mes amis dont la consommation de voitures est plus compulsive que la mienne. En revanche, là où je les bats tous, c'est quand je fais le décompte des voitures que j'ai conduites à des fins d'essai dans le cadre de mon travail. D'ailleurs, c'est l'une des questions que j'entends le plus souvent de la part des gens que je rencontre : «Monsieur Duval, combien de voitures avez-vous essayées dans votre vie?» Étant peu porté à tenir des comptes, je n'ai pas de chiffre précis à avancer et comme je ne suis pas du type à inventer pour impressionner la galerie, je me contenterai de répondre à cette question par simple déduction. Ce faisant, je suis sûr que je ne serai pas très loin du compte.

Cela fait maintenant plus de 45 ans que je sollicite des automobiles afin d'en faire l'évaluation, soit pour les journaux, la radio, la télévision ou, bien sûr, mon livre annuel. En général, je dirais que je conduis une voiture différente chaque semaine et s'il y a des semaines vides, il y en a aussi où j'ai deux voitures, sinon trois à ma disposition. Là-dessus, il y a les vacances, le temps des fêtes et certaines périodes où j'ai juste envie de conduire ma propre bagnole. Allons-y donc avec 50 voitures par année pendant 48 ans, puisque j'ai commencé à griffonner des impressions de conduite ici et là autour de 1960. Cela nous donne un total de 2 400 véhicules, toutes catégories confondues.

De ce nombre approximatif, il y en a eu des ordinaires, des extraordinaires, des époustouflantes, des catastrophiques et j'imagine que vous aimeriez que j'en choisisse quelques-unes parmi les plus mémorables, peu importe leur catégorie.

MÊME GM EN AVAIT HONTE

La première qui me vient en tête parmi les désastres de notre chère industrie nord-américaine est une Buick Riviera décapotable 1982, qui avait toutes les tares de ce type de voiture en plus d'être affligée d'un comportement routier dérisoire. Cette Buick était une telle honte que la relationniste de General Motors, Paulette Charbonneau, m'avait mentionné qu'elle acceptait de me la prêter à la condition expresse que je n'écrive rien à son sujet. Je respectai ma promesse, en me contentant d'émettre seulement des commentaires oraux. Si personne ou presque n'a souvenir de cette désastreuse Buick, plusieurs se rappelleront probablement l'une des plus grandes atrocités à nous arriver de Detroit, la Gremlin de 1970 d'American Motors, une marque aujourd'hui disparue, avec raison. Cette horreur devait rallier les acheteurs en quête d'une petite voiture et faire échec à la popularité montante des automobiles japonaises. La Gremlin ressemblait à une grosse voiture américaine typique qui se serait fait aplatir le postérieur par un gros camion. Je l'avais littéralement assassinée en écrivant qu'elle réunissait les défauts d'une grosse voiture et les inconvénients d'une petite. «On se demande ce qu'elle vient faire sur le marché», avais-je conclu.

Une autre voiture que j'avais poivrée, et qui mérite sa place parmi les catastrophes, est la Ford Maverick, que l'on voulait présenter comme une rivale des créations européennes et nippones. Lors de son lancement en 1969, j'avais notamment écrit à son sujet : « Si l'on veut nous faire croire que la Maverick est une voiture de conception européenne, c'est de l'imposture pure et simple. »

Que dire aussi de la Dacia, cette Renault 12 ressuscitée au début des années 1980 par les Roumains et envoyée chez nous bien après la disparition de la version française originale ? J'en avais dit que « dans le marché du beau, bon, pas cher, la Dacia s'arrête au pas cher ».

À ce chapitre, elle se posait en rivale de la Lada, cette berline soviétique de 1979, devenue avec le temps synonyme de rusticité, de bon marché et de camelote. Justement, j'en avais dit que « malgré l'arrivée de nouvelles boîtes de vitesses, la Lada demeure une Lada, soit une voiture rus…tique, peu agréable à conduire et dont la valeur de revente fait pleurer de rage ses nombreux ex-propriétaires ». Dans la même ligue, la Yougoslavie nous expédia au milieu des années 1980 un autre colis empoisonné en provenance d'un constructeur appelé Yugo. L'importateur nord-américain était nul autre que cet étrange M. Bricklin, le créateur de la voiture éponyme dont la population du Nouveau-Brunswick a conservé un bien mauvais souvenir. Les acheteurs de Yugo ne le tinrent pas en haute estime non plus, tellement cette trottinette était une atrocité. Pour se venger, un groupe d'artistes new-yorkais eurent la divertissante idée de lancer un concours consistant à transformer une Yugo en un objet aussi ridicule que risible. L'une devint un piano, une deuxième une cabine téléphonique, une troisième une toilette portable, etc. Le musée Juste pour rire en profita pour exposer une vingtaine de ces œuvres d'art pendant tout un été à la fin des années 1990 et Lucie Rozon me demanda d'agir comme porte-parole de cette loufoque exposition baptisée « Yugo Next ».

Mais les temps ont changé et il devient de plus en plus difficile d'enfoncer le clou des voitures modernes, disons celles d'après 1990. Il s'en trouve néanmoins quelques-unes qui ne méritaient pas une seconde d'attention. Je pense aux abominables Land

Rover Discovery et Freelander, plus habiles à tomber en panne qu'à défier les embûches des terrains les plus coriaces; à l'inutile Kia Sportage; aux ennuyeuses premières Saturn; au Ford Excursion à côté duquel le Hummer ressemble à un Dinky toy; et aux infâmes Chrysler Neon, bonnes dernières dans toutes les catégories. Sachez enfin que le prix et la réputation d'une marque ne sont pas toujours garants de qualité. À titre d'exemple, je vous réfère au Spyder Maserati de 2003, dont le châssis trop peu rigide se tordait dans les virages en plus de provoquer des oscillations du tableau de bord au point où la boîte à gants s'ouvrait toute seule. Que voilà de belles qualités pour une voiture de plus de 100 000 $ parrainée par Ferrari! J'en avais fait l'essai à Mont-Tremblant en compagnie de Luigi Chinetti fils (le fils du premier importateur Ferrari en Amérique) et il avait été outré par la piètre qualité de construction de cette Maserati. « Cette voiture est une vraie merde », tel avait été son commentaire final.

Heureusement, l'industrie automobile a quelquefois un côté plus réjouissant. J'avais consacré l'édition 25ᵉ anniversaire du *Guide de l'auto* (celle de 1991) au bilan de mes voitures préférées. Je pense que vous aurez deviné que celle qui vient en tête de liste est la Porsche 911. Pour son agrément de conduite très particulier, son architecture désormais unique dans l'industrie (moteur arrière et non avant ou central), sa robustesse et les nombreux succès qu'elle m'a procurés en course, cette Porsche, même dans ses dernières versions, est ma préférée et celle dont je conserve les meilleurs souvenirs. Lors de mon premier essai en 1968, elle se vendait 8 000 $ et le litre d'essence coûtait 10 cents.

La deuxième automobile parmi mes préférées est cette inoubliable BMW 2002 que j'avais aimée au point d'en acheter une en 1970. Jamais, à l'époque, je n'aurais imaginé que l'on puisse avoir autant de plaisir avec quatre portières et une banquette arrière.

La Mini, d'abord connue sous le nom d'Austin 850, fait aussi partie de mes coups de cœur absolus. Je ne l'avais même pas conduite pour en faire un compte rendu, mais parce que l'un des commanditaires de CKVL, le grand magasin L.N. Messier, me l'avait prêtée pour un jour ou deux. Cet établissement avait organisé une promotion avec le poste de Verdun, dont la fréquence était 850, afin de vendre des Austin 850 pour 8,50 $ comptant et 8,50 $ par semaine par la suite. L'idée était bonne et l'offre attrayante, sauf que ceux qui en avaient eu l'idée avaient oublié certains détails. Les gens achetaient l'auto pour l'été, la gardaient quatre ou cinq mois puis cessaient de faire les paiements. Le magasin n'avait d'autre choix que de reprendre les voitures, ce qui fit monter les inventaires de voitures d'occasion tout en faisant chuter les prix. L.N. Messier n'allait pas s'en remettre, mais la Mini venait seulement d'entamer une carrière glorieuse.

En 1971, deux voitures avaient retenu mon attention de spécialiste en la matière : la Datsun 240 Z, une voiture de sport très douée offerte à un prix étonnamment accessible, et la Plymouth Duster 340, un coupé deux portes qui venait se frotter à la Mustang 351 et à la Firebird Trans Am. Cette Plymouth était selon moi la plus homogène des trois et elle affichait un comportement routier à l'européenne en plus des 275 chevaux de son moteur V 8.

Comment oublier l'irrésistible Ferrari Daytona de 1972 dont j'entends encore le moteur V 12 fendre l'air des Laurentides lors de mon essai au circuit Mont-Tremblant. Cette voiture de sport est et demeurera l'un des plus grands chefs-d'œuvre de l'histoire de l'automobile. Elle était rapide, mais pas tout à fait dans la même ligue que ce qui suit.

AU VOLANT D'UNE FUSÉE

Si l'on me demandait quelle est la voiture la plus rapide qu'il m'ait été donné d'essayer, je répondrais sans la moindre hésitation la Porsche 956. Un missile, une fusée, une avion à réaction, un jet… il n'y a pas d'autres mots pour décrire ce fabuleux engin. L'essai non prévu de ce prototype sport, gagnant de multiples courses d'endurance, découla d'un événement tout à fait fortuit comme il ne s'en produit pas souvent.

Séjournant en Floride, j'étais allé faire mon tour à la piste de Moroso située dans l'arrière-pays de West Palm Beach, pensant y voir trois ou quatre voitures de sport tournant sur le circuit afin de trouver les bons réglages pour une prochaine course. À ma grande surprise, le paddock était presque rempli de superbes échantillons de Porsche, Ferrari, Corvette et autres bolides de même acabit. À un certain moment, je déambulais dans les puits en lorgnant une superbe Porsche 956 lorsque je fus interpellé par un pilote en costume de piste qui s'adressa à moi en français, prétendant me connaître. Il se présenta : son nom était Morris Shirazi, c'était un Iranien ayant vécu plusieurs années à Montréal, où il avait travaillé dans la vente de voitures d'occasion haut de gamme.

Sachant que j'étais pilote et m'ayant déjà vu courir, notamment à Trois-Rivières, il m'offrit de faire l'essai de sa voiture. J'étais sûr qu'il s'agissait d'un simple geste de politesse et je lui répondis que je n'avais ni combinaison, ni casque, ni gants, bref aucun des accessoires de sécurité requis pour tourner sur un circuit. Qu'à cela ne tienne ! Il se tourna vers son épouse en lui disant de m'emmener dans sa caravane, où je trouverais certainement des accessoires à ma taille.

Cinq minutes plus tard, ses mécanos me sanglaient dans la Porsche et j'étais parti pour la gloire. Je fis quelques tours de reconnaissance à basse vitesse, tant pour me familiariser avec le circuit qu'avec la voiture. Quand je décidai d'y aller à fond, la poussée fut tellement énorme et l'accélération si foudroyante que je me mis tout de suite à chercher la pédale de freins. La Porsche s'était extraite du dernier virage pour dévaler la ligne droite à la vitesse de l'éclair. Je plongeai sur les freins afin d'être à la bonne vitesse pour négocier le virage qui venait vers moi avec une rapidité folle. Mon second réflexe fut de me dire qu'il ne fallait surtout pas tenter de battre des records en quelques tours. Je me laissai griser par les 670 chevaux du moteur double turbo de cette machine envoûtante pendant quelques tours pour finalement rentrer aux puits, ébahi par la rapidité de cette Porsche très spéciale. Pendant deux jours, j'arborai un large sourire né du contentement d'avoir vécu ce jour-là une expérience sans pareille. Pensez-y : 380 km/h en vitesse de pointe et le 0-100 km/h en 2,8 secondes ! Et c'était il y a plus de 20 ans.

RENAULT ET *SLEEPERS*

Revenons sur terre et à mes voitures préférées, un palmarès au sein duquel je ne peux ignorer l'espiègle Renault 5. L'industrie automobile française, désormais absente du marché canadien, nous a donné sa part de voitures plastifiées, brinquebalantes et baroques – et je pourrais ajouter pas très sérieuses, comme j'avais eu l'occasion de m'en rendre compte en essayant une Renault 18. Un jour, lorsque je refermai la portière un peu brusquement, la calandre (en plastique, bien sûr) était tombée par terre. Mais la 5 était pour moi une Mini réinventée, avec un confort inhabituel pour une si petite voiture et un format qui lui permettait de passer dans un trou de serrure.

J'ai toujours aimé les voitures trompe-l'œil ou voitures pièges, celles que les Américains appellent des *sleepers*. Ce sont des modèles qui conservent l'air innocent de la sage berline dont elles sont dérivées, mais qui proposent, sans en avoir l'air, des performances hors du commun. J'ai déjà fait mention de la Ford Taurus SHO, mais il faut y ajouter la Mercedes Benz 190 E 2,3-16 de 1985. Ce modèle se distinguait des autres 190 (la petite Mercedes) par son moteur Cosworth 16 soupapes de 185 chevaux et un comportement routier très relevé.

Si j'ajoute quelques créations plus récentes à ce palmarès des voitures mémorables que j'ai eu l'occasion d'essayer, je me dois d'inclure au moins celles qui m'ont suffisamment plu pour que j'en fasse l'acquisition. Cela comprend l'étonnante Infiniti G35 et la Porsche Cayman S, un duo auquel j'ajouterais les Audi A4 et S4, la Mazda 3, la Mercedes Benz E55 AMG et la Ferrari F 430, la Mazda Miata et plusieurs autres qui transformeraient ce chapitre en un copieux album commémorant un demi-siècle d'automobiles fascinantes.

AUX « COMMANDES » DE L'AVENIR

On me permettra de contourner ce qui est normalement la spécificité d'une autobiographie, c'est-à-dire le passé, pour tenter de soulever le voile sur ce que pourrait être l'automobile du futur. Fréquemment, à des fins politiques et face à des changements climatiques inquiétants, il est de mise de clamer haut et fort que la sacro-sainte voiture est en voie de détruire notre planète. Il semble qu'après avoir façonné notre environnement, l'automobile en soit devenue l'ennemie numéro un aux yeux d'un nombre grandissant d'écologistes sans autre formation que quelques articles pas toujours hautement scientifiques lus çà et là. Il faut donc se débarrasser de notre dépendance pétrolière et cultiver le propre, le vert, le sans-tache. Justement, à quoi ressemblera cette voiture miracle dont rêvent tous les propagandistes de l'assainissement atmosphérique ? Est-il réaliste de croire que nous l'aurons un jour, ou faisons-nous face à une énorme utopie ?

Personnellement, j'entretiens des doutes quant à la réalisation de la voiture tout électrique et je me pose en même temps une sérieuse question. Comment se fait-il que l'on n'ait pas encore réussi à mettre au point une batterie pouvant emmagasiner suffisamment d'énergie pour propulser une voiture sur plusieurs centaines de kilomètres ? N'est-ce pas là le plus gros échec technologique du 20e siècle ? Avouez qu'à une époque où on expédie des hommes ou des femmes dans l'espace aussi facilement que si on les envoyait en pique-nique à l'île d'Orléans, on est en droit de se demander si les ingénieurs ne se sont pas tourné les pouces au cours des 100 dernières années. Y a-t-il eu collusion de la part des pétrolières pour endiguer toute tentative de l'industrie de se tourner vers des sources d'énergie renouvelables ? Autant de questions sans vraies réponses. La seule consolation que l'on puisse avoir vient des efforts timides (certains diront trop timides) de quelques constructeurs automobiles pour créer des voitures « propres ». Curieusement, ce sont les deux plus gros qui polissent leur image avec ce genre de projets : Toyota, qui est vraiment monté au front de l'innovation suivi, de loin, par General Motors.

À l'heure actuelle, tout le monde penche vers les hybrides, mais il est admis qu'il ne s'agit que d'une solution temporaire et d'un entre-deux entre la voiture classique à moteur à essence et celle qui ne sera animée que par un moteur électrique consommant de l'hydrogène.

SANS VOLANT NI PÉDALES

À l'automne de 2002, grâce à General Motors, j'ai pu m'installer au volant (même s'il n'y en avait pas) de l'avenir sur les pistes d'un aéroport de la région de Fréjus en France. Il s'agissait évidemment d'un prototype, mais d'un véhicule roulant et parfaitement utilisable, contrairement aux plus récentes études de GM avec des voitures mues par des piles à combustible, comme la Volt.

Sa devancière s'appelait la Hy-Wire, un véhicule expérimental qui innovait de deux façons : par son guidage entièrement électronique issu de la technologie *drive by wire* et par son châssis de type « planche à roulettes », une plate-forme de 28 centimètres de hauteur capable de recevoir toutes les composantes de la voiture. Le guidage électronique a permis notamment d'éliminer le volant, le pédalier et le levier de vitesse, contribuant à l'aspect révolutionnaire de ce prototype. Quant à la plate-forme, elle renferme le moteur électrique, les réservoirs d'hydrogène, les 200 piles à combustible ainsi que la direction et les freins. Grâce à cette dernière caractéristique, la voiture est parfaitement modulable et sa carrosserie peut être échangée pour une autre en moins d'un quart d'heure. C'est là à mon sens une solution d'avenir au même titre qu'une auto entièrement indépendante des sociétés pétrolières qui, de toute manière, sauront bien se recycler dans l'hydrogène.

Il ne faut toutefois pas se leurrer : la voiture électrique à tout faire est encore loin de la réalité. Dans un climat comme le nôtre, par exemple, où de nombreux éléments, outre le moteur, exigent une source électrique (chauffage, dégivrage, etc.), il ne faut surtout pas s'imaginer que l'on pourra partir en excursion de ski avec toute la petite famille et se frayer un chemin par monts et par vaux dans un véhicule spacieux à propulsion électrique. Pour parodier je ne sais trop qui : il ne faut pas rêver en cinémascope. L'autonomie minime de ces voitures risque de les confiner à une utilisation urbaine. GM affirme malgré tout qu'aux environs de 2020, la moitié de la production automobile sera composée de voitures à piles à combustible et l'autre moitié de voitures à motorisations conventionnelles.

Il n'en reste pas moins qu'en conduisant ce laboratoire roulant qu'est la Hy-Wire, j'ai été projeté en avant d'une décennie. Ce fut, à tout le moins, une expérience insolite. D'abord, j'avais l'impression d'être assis dans un aquarium tellement la surface vitrée est immense, grâce à ce pare-brise qui se prolonge jusqu'au niveau du pare-chocs avant. Vue panoramique assurée. L'autre sensation étrange vient du bloc de commandes fait de deux poignées dont on manie les manchons à la manière d'un guidon de moto. Dans ce dernier cas, il faut un certain temps pour s'y habituer et on devine que c'est du cinéma.

L'aspect le plus notable est évidemment l'absence de bruits mécaniques, remplacés par un léger sifflement du moteur électrique dont le tuyau d'échappement ne restitue aucun CO_2 : seulement une légère vapeur se traduisant par la présence de petites gouttes d'eau au sol.

Tout cela fait rêver, mais qu'en est-il dans la réalité ? La voiture essayée, malgré son dénuement apparent, cache une technologie sophistiquée et lourde. De format moyen, cette traction avant cinq places accusait un embonpoint de 1 900 kilos rendant ses performances plutôt modestes. En somme, ce n'est pas encore le nirvana, mais ce qui est rassurant, c'est que l'on travaille à peaufiner à tous

les points de vue la voiture électrique à piles à combustible ali-
mentées à l'hydrogène, et ce, pour le plus grand bien des générations futures.

ANNEXE II

LA COURSE AUTOMOBILE,
SES JOIES ET SES DRAMES

« Jacques Duval, racer and broadcaster, did much to popularize the very Anglo pastime of sports car racing with French Canadians and was instrumental in creating Le Circuit in 1964 as the home track for Quebec racers[2]. » — *The Chequered Past, Sports car racing and Rallying in Canada 1951-1991*, David A. Charters, University of Toronto Press.

L'ÉLÉMENT DÉCLENCHEUR

Contrairement à bien d'autres, cette drogue qu'est la course automobile ne m'a pas attiré dès mon jeune âge. Ni le monde de l'automobile, d'ailleurs. La preuve en est que mes premières voitures neuves furent une Ford, tout ce qu'il y avait de plus ordinaire, et

---

2. « Jacques Duval, coureur automobile et diffuseur, a fait beaucoup pour populariser le passe-temps très anglo-saxon de la course automobile chez les Canadiens français et fut l'un des responsables de la création du Circuit en 1964, la piste locale des coureurs Québécois. »

une Buick, qui était sans l'ombre d'un doute l'antithèse de la conduite sportive.

Chez moi, le déclic pour l'automobile s'est fait autour de 1958 lorsque j'ai acheté une voiture allemande que personne ne connaissait et qui était en quelque sorte ma première prise de position contre la médiocrité des créations nord-américaines. Avec le recul, je constate aussi que j'ai toujours cherché à me démarquer des autres en fuyant tout ce qui est connu, populaire, tendance, à la mode ou bon chic bon genre, en achetant des produits hors du commun. Des produits que j'abandonne dès que tout le monde les découvre et que l'on commence à les voir un peu partout. Il en est ainsi aussi bien pour les voitures que les montres (mon second dada), les stylos, les vêtements, les accessoires de travail, etc. Certains appellent cela de l'originalité, d'autres de la vanité.

Il faut dire que mon engouement pour l'automobile a eu son élément déclencheur dans mon entourage de l'époque. Je travaillais à CKVL où un collègue technicien, Claude Gauthier, était un bon ami de la famille Labelle qui tenait un petit garage de ruelle (sans préjudice) tout à côté de la station. J'y allais à l'occasion visiter Jean-Marc, Gerry et Douglas, ce dernier étant un ingénieur de talent nanti de profondes connaissances sur l'automobile. Il m'avait offert de me prêter une partie de sa collection de magazines automobiles et nous ne rations jamais une occasion de discuter voitures, en dépit du fait que j'étais encore un néophyte en la matière.

À force de lire et de jaser avec Douglas Labelle, mon intérêt pour l'automobile grandissait au fur et à mesure que mes connaissances s'accumulaient. Mon mentor connut une bien triste fin plusieurs années plus tard. Avec son épouse et deux de ses enfants, ils s'étaient arrêtés pour consulter le menu d'un restaurant quelque part dans les Cantons de l'Est et ils furent écrabouillés contre le mur de l'établissement par un camion en panne de freinage dans une côte perpendiculaire à l'endroit où ils se trouvaient. Aux funérailles en l'église de Boucherville, je n'avais jamais vu des scènes aussi poignantes de tristesse et de désespoir.

Toujours dans le petit garage des frères Labelle, la conversation tourna un jour autour de la course automobile et j'acceptai d'accompagner Claude Gauthier et ses copains à la piste de Saint-Eugène, un petit bled à cheval sur la frontière de l'Ontario et du Québec à proximité de Rigaud.

Ce dimanche passé à regarder courir les Ross de St. Croix, Henry Grace, Gary Ross, John Sambrook, Ludwig Heimrath, Peter Lerch, Sam Nordell et autres allait faire chavirer ma vie et l'orienter dans une direction bien différente de celle du monde artistique. Autrement dit, ce fut le coup de foudre instantané et ma première bouffée d'une drogue dont je n'allais jamais me lasser.

UN SPORT ANGLOPHONE

Brièvement, je me dois de rappeler que cette piste en piteux état, tracée à même les pistes d'atterrissage d'un ancien aéroport militaire, est l'endroit qui a vu naître la course automobile au Québec. Le circuit Saint-Eugène, comme on l'appelait pompeusement, précéda de quelques années celui du Mont-Tremblant. Quand j'y suis allé pour la première fois en 1958, la majorité des coureurs étaient de langue anglaise et le contingent francophone était plutôt mal représenté : il se limitait à Jacques Couture (qui devait ouvrir plus tard l'école Jim-Russell) avec sa Morgan, André Gibeau dont j'ai oublié la monture et un certain Paul Villeneuve qui baragouinait quelques mots de français. Quant à moi, l'annonceur de radio, j'étais pour eux un parfait inconnu.

Ces gens-là faisaient partie du MG Car Club (rebaptisé plus tard MMRC, pour Montreal Motor Racing Club) qui était en charge de l'organisation des courses et dont il fallait absolument être membre pour pouvoir courir à Saint-Eugène. Comme toutes les réunions se tenaient exclusivement en anglais (c'était le Québec des années 1960, ne l'oubliez pas) et que je ne comprenais pas un strict mot de ce qui se disait, j'avais demandé à Claude Gauthier de me servir d'interprète. C'est d'ailleurs cette immersion dans un milieu anglophone ainsi que mes nombreuses lectures de magazines automobiles américains qui m'ont appris les rudiments de la langue anglaise. Et je dis bien les rudiments, puisqu'un jour, ayant souvent entendu les mots *fuck* et *fucking* sans trop en connaître la vraie signification et parce que je trouvais que ça sonnait bien, j'avais commandé dans un restaurant *a fucking soup,* pour me faire instantanément rabrouer par mon copain interprète, qui m'expliqua qu'un homme bien élevé s'abstenait de profaner son vocabulaire avec de telles expressions.

Avant de plonger tête première dans la course, toutefois, je m'étais fait la main en rallye, d'abord avec l'Austin 850 (Mini) de mon épouse, puis avec des Renault mises à ma disposition par Renault Canada qui commanditait cinq minutes d'informations sur la course automobile chaque lundi sur les ondes de CKVL. À l'époque, les rallyes étaient d'un ennui mortel et ressemblaient beaucoup plus à des exercices de mathématiques qu'à des épreuves de vitesse. Après trois ou quatre tentatives infructueuses, je décidai que cette branche du sport automobile n'était pas pour moi et que mon seul et unique désir était de faire de la course.

Ayant fait l'achat d'une Alfa Roméo Giulietta Sprint Veloce en 1959, un coupé sport dont la version décapotable remportait d'honorables succès sur les circuits, j'entrepris de lui coller un numéro sur les portières et du ruban gommé sur les phares afin d'aller écumer les pistes de course du pays. Si les voitures ne requéraient pas beaucoup de modifications, les pilotes pour leur part devaient obligatoirement participer à une école de conduite pour que l'on vérifie s'ils n'avaient pas surestimé leurs capacités. Si ce n'était pas le cas, vous étiez soumis à une autre évaluation lors d'une série de courses destinées uniquement aux pilotes « novices » ou débutants.

UN PREMIER TROPHÉE

J'ai encore dans mes armoires mon tout premier trophée couronnant une 2ᵉ position dans une de ces épreuves. Le moniteur qui m'avait enseigné les trajectoires idéales dans les virages, les freinages tardifs, le maniement de la boîte de vitesses et les autres subtilités de la conduite en circuit était nul autre que Peter Ryan, la jeune étoile montante de la course automobile. J'étais loin de m'imaginer que je serais appelé quelques années plus tard à lui écrire un hommage posthume lorsqu'il trouva la mort dans une course de formule 2 en Europe.

Lors de cette première épreuve pour débutants, j'avais été précédé au fil d'arrivée par une Porsche conduite par Bob Bailey, un jeune Américain de 17 ans qui allait devenir un bon ami et mon copilote dans plusieurs courses d'endurance entre 1968 et 1971. Résidant à Burnt Hills près d'Albany dans l'État de New York, Bob n'était qu'à 3 h 30 de voiture de Montréal et il avait choisi de courir au Canada parce qu'il n'avait pas l'âge légal (18 ans) pour le faire aux États-Unis. Mon Alfa Roméo Grand Tourisme n'était pas de taille pour lutter contre les Porsche 356 qui, elles, pouvaient être considérées comme de vraies voitures de sport.

C'est ce qu'il me fallait pour me battre d'égal à égal avec les plus rapides. Mon histoire d'amour avec l'Alfa se termina par un divorce à l'italienne qui m'amena à un mariage de raison avec l'une de ces robustes allemandes arborant les armoiries de la ville de Stuttgart où elles étaient construites. Je n'avais jamais aimé l'allure de la Porsche 356 A, que l'on surnommait d'ailleurs le « *bathtub* » en raison de sa carrosserie en forme de baignoire inversée. Pour l'année 1960, l'usine allemande avait toutefois modifié légèrement l'apparence des 356 en leur donnant notamment des pare-chocs avant et arrière moins tombants. En plus, une nouvelle version plus puissante, la Super 90, avait été introduite avec un moteur de 1 600 cm³ de 90 chevaux. J'avais opté pour le roadster, qui avait l'avantage d'être moins lourd que le cabriolet. Il était de couleur ivoire, ce qui peut paraître banal en soi, sauf que c'est ce modèle qui fut à l'origine de mon amitié avec Bob Bailey. Sa voiture était identique à la mienne : même couleur, même année, même modèle. Bob et moi sommes restés très près l'un de l'autre au fil des ans, sans doute parce que l'automobile a toujours été au cœur de nos préoccupations. J'ai emprunté la route du journalisme alors que lui a choisi celle du commerce. De simple vendeur de tapis en fibre de cocotier (*coco mats*), il est devenu l'un des plus importants fournisseurs de tapis d'origine pour l'industrie automobile avec deux usines aux États-Unis et une en Suisse.

Nos moyens étant limités, dans ce temps-là, on se nouait vite d'amitié avec tous ceux qui faisaient de la course avec une monture similaire à la nôtre. On s'échangeait des impressions, des réglages, des conseils et, souvent, des pièces de rechange. À ses débuts, Bob Bailey était excessivement agressif au volant, bien que de nature très calme dès qu'il sortait du cockpit de sa Porsche. Sa témérité lui valut un certain nombre d'excursions dans les ballots de foin qui délimitaient le parcours du circuit de Saint-Eugène et un spectaculaire tonneau dans les S qui eut pour effet de lui faire gagner à une vitesse folle quelques années de maturité.

On retrouvera Bob Bailey un peu plus tard dans ce chapitre, mais pour respecter l'ordre chronologique de ma carrière en course, je dois revenir brièvement à mon roadster Super 90 avec lequel je courais une fin de semaine sur deux et qui me servait de voiture de ville le reste du temps. J'avais déniché un mécano du nom de René Hardy, un jeune Français travaillant dans une station Shell dans le nord de Montréal. Il prétendait avoir travaillé sur des voitures de course en Europe avant son arrivée au Canada. Il était fort sympathique, mais je ne pense pas froisser personne en disant qu'il ne connaissait que les rudiments du métier. Nous sommes quand même restés ensemble près de deux ans et s'il n'avait pas l'expertise que j'avais souhaitée, il donnait au moins un caractère sérieux à ma carrière de coureur automobile. J'avais mon mécano personnel, ce qui était déjà tout un accomplissement dans les années d'enfance de cette discipline sportive.

La Super 90 m'a mené à Mosport, Harewood Acres (le Saint-Eugène des Ontariens) et à quelques autres pistes de l'Est des États-Unis, dont Limerock et Bridgehampton.

DE GASPÉ À PERCÉ

Éparpillés partout dans la maison, de mon bureau au salon en passant par le sous-sol, le cabanon et Dieu sait où, j'ai des dizaines et des dizaines de trophées de toutes les formes attestant de mes résultats du début. Il serait fastidieux d'en faire l'énumération, mais disons que sur une de ces nombreuses chopes à bière qui semblaient avoir la cote dans le temps (à moins qu'elles aient été achetées en solde), je lis : « CBC Trophy Race 2nd in class 1961 ». Ne me demandez pas ce que venait faire la CBC dans cette histoire. Je soupçonne toutefois que l'ami Bob McGregor y était pour quelque chose, lui qui présentait une émission de 15 minutes, *RPM*, chaque lundi soir à la radio de CBM. Ce que j'ai de plus précieux par contre, c'est le trophée Stirling Moss que le célèbre coureur britannique avait cédé au Montreal Motor Racing Club (MMRC) pour qu'il soit remis pour une période de 12 mois au pilote québécois s'étant le plus illustré en course automobile (*The outstanding driver of a sports car*). Ayant remporté ce trophée trois fois d'affilée (1963, 1964 et 1965), j'eus le privilège de le garder à perpétuité et il trône fièrement à la place d'honneur à la maison. Il a même une grande valeur de collection, puisqu'il porte les noms de gagnants précédents comme Peter Ryan et Jacques Couture en plus d'être authentifié comme une pièce remise initialement à Stirling Moss par *Il prefetto di Bari*.

Même si elles sont loin d'avoir la même signification, j'ai conservé aussi ces fameuses plaques en bois me rappelant de délicieux souvenirs ainsi que mes victoires dans ma catégorie aux courses de côtes annuelles organisées à Gaspé et Percé par le club Cerf de Québec. Chaque année, nous partions de Québec en groupe, fiers comme des paons, au volant de nos voitures sport en direction de la Gaspésie. Il y avait là plusieurs inconnus qui allaient devenir des personnalités dans leur domaine respectif. D'abord, Me Richard Drouin (ex-président d'Hydro Québec), Jean Pouliot dans son Alfa Roméo (qui fonda plus tard le réseau TQS), Sam Lapointe (ingénieur de talent qui fit une carrière honorable chez Bombardier en plus d'être le frère du sénateur Jean Lapointe) et quelques autres.

C'était un voyage de quatre jours durant lequel nous faisions escale un premier soir dans une auberge, puis à Gaspé et à Percé. Je me souviendrai toujours de la voix de stentor de Richard Drouin qui s'était adjugé le rôle de réveille-matin et qui nous sortait du lit dès le lever du soleil, alors que certains d'entre nous avaient à peine fini de cuver le mauvais vin ingurgité la veille lors d'un gigantesque *beach party* sur le bord du fleuve. Les villes de Gaspé et de Percé étaient en fête pour accueillir ces fous du volant qui escaladaient à Gaspé la côte menant du port au vieux séminaire et, à Percé, du bord de l'eau jusqu'au fameux restaurant Le Gargantua.

Pour les non-initiés, une course de côte (*hill climb*) est une épreuve au cours de laquelle chaque participant est chronométré séparément. C'est celui ayant franchi la distance dans le temps le plus court qui est sacré gagnant. La course de Percé était particulièrement hasardeuse, compte tenu que l'on roulait sur une route de terre tandis que la côte de Gaspé était asphaltée.

UNE DEUXIÈME PORSCHE

En 1961, je répétai mon exploit de l'année précédente en retournant chez moi avec deux jolies plaques en bois officialisant mes deux victoires de catégorie avec, cette fois, un coupé Porsche Super 90 à carrosserie allégée. Ce fut là ma première voiture un tantinet préparée pour la compétition. Il s'agissait, mécaniquement, d'une Super 90 comme les autres, à l'exception de ses portes en aluminium et de ses sièges sport Recaro. Avec son poids allégé, elle était un brin plus rapide que le modèle de série, surtout lorsque j'entreprenais de lui retirer son silencieux au profit d'un tuyau d'échappement libre. À bien y penser, elle n'était peut-être pas plus performante que mon ancienne, mais elle faisait un bruit d'enfer qui laissait supposer le contraire. Et les sièges Recaro offraient un tel maintien latéral que l'on avait l'impression que la tenue de route était meilleure. Pourtant, ces anciennes Porsche avaient encore un essieu arrière oscillant qui, avec leur moteur arrière, les rendait aussi valseuses que des Françaises d'un autre âge dansant la java dans une célébration du 14 juillet.

Les Ontariens d'origine allemande qui couraient avec nous avaient trouvé un moyen de compenser la piètre tenue de route de leur Porsche : ils avaient procédé à de nombreuses modifications, tant côté moteur que côté suspension, de sorte que j'avais l'air d'un parfait crétin au volant d'une voiture en apparence identique. Malgré quelques bons résultats çà et là, je me dis que j'en avais assez de jouer les figurants et de me faire humilier par ces Horst, Hans, Ludwig, Fritz et compagnie.

L'expérience aidant, j'appris que pour gagner en course automobile, il faut y mettre non seulement l'effort mais aussi les sous, et beaucoup de sous de préférence. Je donnai également congé à mon mécano de fortune pour engager un bonhomme que l'on m'avait chaudement recommandé et qui avait au moins l'avantage d'être un Allemand pure laine, ce qui était pratiquement un statut indispensable pour travailler sur une voiture aussi différente que la Porsche, avec son moteur arrière à cylindres à plat refroidis par air. Il s'appelait Werner Finkbeiner. Originaire de Pforzheim, il avait immigré au Canada en 1959 et travaillait pour Auto Hamer, le concessionnaire Volkswagen-Porsche.

Le moins que l'on puisse dire est qu'il s'agissait d'un personnage très spécial, compétent, minutieux, très honnête, peu démonstratif, mais bourru à l'occasion et farouchement réticent à s'adapter à son pays d'adoption. Chez lui, on parlait allemand, on mangeait allemand et on vivait à l'allemande dans un environnement où tout était *made in Germany*. Sa vie se limitait à se rendre à son travail chez Auto Hamer sur la rue Royalmount et à rentrer chez lui une fois la journée terminée. Après cinq ans de vie québécoise, il n'avait jamais encore mis les pieds au centre-ville et il aurait été complètement perdu si jamais il avait dû bifurquer de son chemin habituel.

LES COURSES SUR GLACE

Comme la saison de courses en circuit est largement tributaire du climat et que le nombre d'épreuves n'arrivait pas à satisfaire mon appétit de la compétition, je m'inscrivais souvent à des courses sur glace au début des années 1960. Autant j'avais de la difficulté à obtenir de bons départs sur piste sèche, autant la glace m'était favorable. Ma technique était toute simple. Au lieu de m'énerver comme tout le monde en faisant tourner le moteur à fond et d'accélérer péniblement en faisant patiner les roues, je m'élançais en 2ᵉ vitesse en enfonçant les gaz tout doucement. Invariablement, je me retrouvais en tête au premier virage. Ensuite, c'était la meute des Mini (super efficaces dans ce genre de course) qui me fondait dessus.

Pour ma part, je conduisais les voitures qui me tombaient sous la main : la Renault 8 de ma femme, notamment, avec laquelle j'escaladai une congère, une Renault 1093 prêtée pour un essai routier ou une Austin 1100 empruntée au brave M. Coiteux, qui était alors le plus important concessionnaire de voitures anglaises au Québec. Je me souviens d'avoir été très mal à l'aise en lui rapportant sa voiture, puisque je m'étais offert un tonneau magistral lors d'une autre de ces courses où l'on jouait aux autos tamponneuses. Or, M. Coiteux m'avait simplement dit : « Ce sont des choses qui arrivent. » Ces courses se tenaient un peu partout à Montréal et aux alentours, souvent à un club nautique comme celui de Lachine ou de Saint-Vincent-de-Paul. La plus importante fut sans doute celle disputée sur le lac Mercier à Mont-Tremblant, qui se voulait une sorte d'initiation à la course automobile pour les gens de la région avant l'ouverture du circuit quelques mois plus tard.

MA 3ᵉ PORSCHE, UN CITRON

Revenons aux courses estivales. Ma seconde saison avec la Super 90 n'était pas terminée que je me retrouvai propriétaire d'une Porsche Abarth Carrera Zagato, un engin qui, par ses performances dans diverses épreuves européennes, m'apparaissait comme l'outil idéal pour faire avaler leur choucroute de travers à mes «amis» allemands. Ce fut, au contraire, le début d'un vrai calvaire. Un mot d'abord sur la voiture : cette Porsche est probablement l'une des plus curieuses concoctions à avoir jamais franchi le portail des usines du constructeur allemand à Stuttgart. Il s'agissait d'une mécanique de Porsche Spyder (comme celle de James Dean, notamment) avec son célèbre moteur à quatre arbres à cames en tête d'une rare complexité, habillée d'une carrosserie dessinée par la firme italienne Zagato et coiffée du nom Abarth issu d'un producteur de systèmes d'échappement sport très populaire à l'époque. Les carrosseries de Zagato se distinguaient notamment par leur toit *dubble bubble* (à double bulle). Pensez simplement au conflit de personnalité qui peut opposer les Allemands et les Italiens et vous comprendrez mieux l'incongruité de cette Porsche : le je-m'en-foutisme (*va piano, va sano*) du tempérament italien face à la rigueur allemande. C'est peut-être ce qui explique que la voiture ne fut produite qu'à quelques exemplaires (moins de 20 selon les meilleures estimations). Malgré tout, cette Porsche hybride connut sa part de succès tant en rallye qu'en course, à l'exception de la mienne, rachetée d'occasion d'un Américain employé de la NASA en Floride et éditeur de bouquins techniques à ses heures.

Ce Monsieur, du nom de John Bentley, avait annoncé sa perle rare dans un magazine spécialisé pour le prix d'environ 6 500 $ et j'avais mordu à l'appât sans me poser la moindre question sur l'état de la voiture. J'étais allé à sa rencontre à Teaneck au New Jersey (le quartier général de Porsche) un dimanche matin et là, dans le parking, je lui avais donné mon chèque en échange de ce rarissime objet.

Quelques jours plus tard, j'étais à Mont-Tremblant pour essayer ma nouvelle acquisition que mon ami Andy Cobetto, le patron du cabaret Casa Loma, avait accepté de commanditer à hauteur de 3 000 $, somme versée en argent sonnant et d'une provenance inconnue. Dès les premiers tours de piste, je me rendis bien compte que la voiture n'était pas très rapide, mais je me disais que les chronos viendraient démentir mes impressions. Erreur… Mon mécano Werner me rendit l'épouvantable verdict : la superbe Abarth Carrera était plus lente que ma Super 90 alors que, normalement, elle devait être beaucoup plus performante. Après des dizaines et des dizaines de tours pour me familiariser avec la voiture, j'étais péniblement arrivé à égaler seulement les temps de ma précédente monture.

Je décidai malgré tout de m'inscrire à la dernière grande course de la saison à Mont-Tremblant, ce qui d'une manière assez inattendue me permit de résoudre l'énigme entourant le piètre rendement de ma dernière acquisition. Cette Porsche, de toute évidence, avait connu des jours meilleurs et était loin de posséder toute la sophistication de ses semblables. Vers le septième ou le huitième tour de la course, je me battais pour une place au milieu du peloton avec une Sunbeam Tiger et la Jaguar de type D de Hugh Dixon, qui s'était fait une petite réputation comme guitariste. J'étais entre les deux quand, dans les S du circuit, la Sunbeam devant moi fit un tête-à-queue. Incapable de l'éviter, je lui rentrai dedans pour finalement me retrouver face à la Jaguar de Dixon. Ce dernier vint à son tour défigurer l'avant de ma voiture et cet accrochage mit fin à ma course de même qu'à celle des deux autres coureurs accidentés.

La Porsche Abarth étant dotée d'une carrosserie en aluminium, sa remise en état posait un problème compte tenu du nombre restreint d'ateliers spécialisés dans la réparation de ce type de métal. Finalement, je fus référé au garage Sports Car

Specialists de la rue Victoria à Westmount, où la réparation fut révélatrice. Du moins, elle permit d'éclaircir une partie du mystère entourant les contre-performances de la voiture. On découvrit qu'elle avait déjà été accidentée et que toute la partie avant avait été grossièrement maquillée avec du carton-pâte. Au même moment, mon mécano en profita pour retirer le moteur afin d'aller voir ce qui ne tournait pas rond et sa découverte le plongea littéralement dans un état d'incrédulité semblable à celui du joaillier qui, en faisant l'expertise d'un diamant, se rend compte qu'il a affaire à un faux. Contre toute attente, le vilebrequin du moteur de ma Porsche était celui d'un minibus Volkswagen! Honte, sacrilège, ignominie, scandale, bref les adjectifs ne manquaient pas pour décrire un tel rafistolage qui expliquait assez clairement les laborieuses performances de ma Porsche. C'était comme retrouver un moteur de Kia dans une Ferrari. Impensable.

Je décidai d'avaler ma pilule et de ne pas faire de réclamation auprès du vendeur, sachant d'avance que mes chances de récupérer quoi que ce soit étaient fort minces. Je mis la voiture en vente pour 5 000 $ et un acheteur astucieux s'en empara dans les plus brefs délais. Toutefois, encore là, je ne fus pas très perspicace. Parce qu'il s'agissait d'un modèle rare produit en toute petite série, la Porsche Abarth Zagato répondait à tous les critères d'une future voiture de collection. Vous auriez de la difficulté à en trouver une de nos jours sans débourser tout près d'un million de dollars. Pire encore, j'allais répéter la même bêtise en vendant pour une chanson mes deux voitures de course suivantes, la 904 Carrera GTS et la 906 Carrera 6, deux autres Porsche qui occupent aujourd'hui une place de choix parmi les modèles les plus convoités par les collectionneurs. J'y reviendrai.

UN HORS-LA-LOI PAR AMOUR DE LA COURSE

L'achat de ma Porsche 904 fut aussi une aventure rocambolesque dont les nombreuses péripéties vont de la falsification de documents à la témérité la plus aveugle. L'histoire, qui n'est pas à donner en exemple, démontre également jusqu'où on peut aller pour satisfaire cette irrésistible passion de faire de la course automobile. Mais commençons par le commencement.

Au lieu de vendre ma Porsche Super 90, je m'étais débarrassé de la fameuse Abarth Zagato alors qu'il eût été combien moins idiot de faire le contraire. Quoi qu'il en soit, j'avais vu Stirling Moss courir avec une Porsche 904 à Mont-Tremblant et à Mosport et même si j'étais loin de prétendre avoir le même talent, je me disais que c'était le type de voiture dans lequel je me sentirais à l'aise. Vers la fin de 1964, j'avais repéré une annonce dans un périodique américain offrant une 904 pour environ 7 500 $. Son propriétaire était à Chicago et comme mon budget était extrêmement limité, je n'avais pas les sous pour acquitter le montant en entier et payer les frais de douane, ni même pour la faire transporter à Montréal par camion.

Ce fut alors le début d'une machination qui ressemble à une véritable intrigue de film policier. J'offris d'abord au vendeur d'accepter ma Super 90 en paiement partiel de sa 904, ce qu'il accepta sans même avoir vu ma voiture. Je l'avisai que j'irais prendre possession de l'auto au début de décembre et que je la conduirais jusqu'à Montréal par la route. Mon but était non seulement d'économiser les frais de transport mais d'essayer de franchir la frontière sans rien déclarer. Pour mettre toutes les chances de mon côté, j'avais demandé à Hans Gehrig, un ami qui faisait de la course avec nous et qui était un orfèvre de renommée mondiale, de me fabriquer une reproduction exacte de la plaque utilisée par Porsche pour inscrire le numéro de série et le nom du carrossier (Reuter) de la voiture. Je lui avais donné un vrai numéro de série, soit celui de la Porsche Super 90 que j'allais offrir en échange. Comme le certificat d'enregistrement se limitait à une description très sommaire de la voiture (Porsche Coupé 1964), il me suffirait d'apposer la copie de la plaque d'identification sur la 904 pour être à l'abri de tout soupçon si jamais les douaniers devaient se montrer curieux. Ils feraient effectivement face à une

Porsche coupé 1964 (la 904 était bien un coupé construit en 1964) et à un certificat d'enregistrement portant le même numéro de série que celui apparaissant sur l'auto et que j'avais collé à l'intérieur du coffre avant à l'aide d'une abondante quantité de colle Lepage.

Comme si cette petite escroquerie n'était pas suffisante, j'avais aussi recueilli quelques dollars d'une amie, Ginette Martin, qui faisait elle aussi de la course dans une Porsche Super 90 de série. Comme la mienne était légèrement plus performante, elle m'avait convaincu de l'échanger pour la sienne en sachant très bien que le vendeur de la 904 n'y verrait que du feu, puisqu'il s'attendait à recevoir une Super 90 qu'il n'avait pas vue de toute façon. Une fois le marché conclu, c'est évidemment le numéro de série de cette voiture qui fut inscrit sur la plaque par Hans Gehrig. Soit dit en passant, ce dernier fit plus tard partie de l'équipe canadienne de bobsleigh en vue des Jeux olympiques d'hiver.

La suite de l'histoire ne manque pas de piquant non plus. Un samedi matin, nous partîmes, mon mécanicien et moi, pour nous rendre dans la région de Milwaukee afin d'aller quérir la voiture qui allait faire de moi un hors-la-loi, un individu prêt à commettre les pires ignominies pour se procurer… un char. Il en fallait du culot pour échafauder un plan semblable et je me demande encore aujourd'hui comment j'ai pu faire preuve d'autant de témérité ou d'innocence. Car ce n'est pas tout. Non seulement j'allais importer illégalement une voiture et risquer de me retrouver en prison, mais la 904 n'était pas à proprement parler une voiture faite pour la route, à plus forte raison pour des routes enneigées même si, convenablement équipée, elle s'était illustrée dans le rallye de Monte Carlo.

Comble de malheur, mon mécano Werner resta coincé à la frontière entre Windsor et Detroit parce qu'il ne s'était pas rendu compte que son passeport venait tout juste d'expirer. Je lui trouvai un motel où il camperait jusqu'à mon retour le lendemain après-midi et je partis donc seul vers les États-Unis à une époque de ma vie où je n'étais pas encore très à l'aise en anglais, comme on a pu le constater plus haut. À Milwaukee, tout se passa très bien : le vendeur, Henry Heuer, comme de nombreux résidants de cette ville, avait d'étroites accointances avec le commerce de la bière et une fortune en conséquence. Il ne fit aucun cas de la Super 90 tandis que la 904 m'apparaissait impeccable dans sa livrée gris argent.

Elle était chaussée de pneus de course Dunlop et nul besoin de vous dire que l'intérieur était d'un dépouillement extrême : pas de radio, un chauffage minimal, aucune insonorisation, des vitres latérales coulissantes en plexiglas, aucun rangement, bref une voiture ne possédant que le strict nécessaire dans une optique de légèreté.

Je pris la route du retour et tout se passa bien pendant les premiers 200 kilomètres. Toutefois, à peu près à mi-chemin entre mon lieu de départ et Detroit, le ciel ouvrit ses vannes pour en laisser choir ces charmants petits cristaux blancs qui font la joie des skieurs et le désespoir des automobilistes mal préparés à leur faire face. Il eut été difficile d'être plus profondément dans l'embarras que je l'étais à ce moment-là : ou bien je prenais un motel et j'attendais que ça passe, ou bien je me trouvais des pneus à neige et ça presse.

DANS L'ILLÉGALITÉ ET LE BLIZZARD

Transporté par une forte dose d'adrénaline, je choisis la dernière option et décidai de dénicher un garage ou une station-service qui aimerait justement rendre service à un petit Québécois pris dans un blizzard de neige au volant d'une sorte d'engin spatial. Chanceux, je tombai sur un atelier de réparations de Volkswagen, où l'on me vendit deux roues de Beetle chaussées de pneus d'hiver que l'on installa à l'arrière. Dans ce temps-là, on n'avait pas encore découvert les bienfaits d'une monte d'hiver aux quatre roues et de toute façon, je n'avais strictement pas de place pour transporter plus de deux des quatre roues d'origine. La 904 étant privée d'un vrai coffre à bagages, celles-ci se retrouvèrent sur le siège du passager à ma droite. Plus question de faire monter des auto-stoppeuses, ni même mon mécano qui m'attendait à Windsor de l'autre côté de la frontière. Mon coup de chance lors de cette saute d'humeur de la météo fut que les Porsche du temps étaient encore très proches des Volkswagen, qui furent à l'origine des célèbres machines de Stuttgart. D'où leurs roues interchangeables.

Jusqu'à la rencontre tant redoutée avec les agents de la douane, mon voyage se déroula sans incident. C'est finalement une femme qui, en deux temps trois mouvements, mit fin à ma frayeur sans doute mal dissimulée. Elle endossait l'uniforme des agents de la douane et elle m'accueillit avec une interpellation qui eut l'effet d'une compresse chaude sur un muscle endolori : « *Well I guess that with such a small car you don't have anything to declare?* » Ce à quoi je répondis « no madam » en essayant de dissimuler ma nervosité de m'être vu offrir de façon aussi inattendue un véritable sauf-conduit. Et sans autre forme de procès, je rentrai au Canada au volant d'une superbe Porsche 904 portant le numéro de série d'une Porsche Super 90 1964 et avec laquelle j'allais véritablement entamer ma carrière de pilote de course dans diverses épreuves de calibre international, en plus de gagner deux championnats du Québec.

Je retrouvai mon mécanicien à Windsor, mais le pauvre n'avait pas de place pour s'asseoir, puisque le siège du passager de cette voiture deux places était accaparé par les deux roues qui avaient été enlevées. Nous décidâmes donc de remettre les roues originales et de revendre celles que j'avais achetées pour une somme ridicule. Fort heureusement, le temps se fit plus clément jusqu'à notre retour à Montréal.

Cette voiture était si unique qu'elle fit l'objet de tout un tapage publicitaire orchestré par mon premier commanditaire sérieux, Monsieur Muffler. Peinte en jaune par les ateliers d'Armand Cristofaro, ma 904 GTS fit l'objet de nombreux reportages dans les journaux « artistiques » et fut livrée à la curiosité publique lors du premier Salon de l'auto sport tenu à l'aréna Maurice-Richard. Il faut dire que la voiture avait de la gueule et même une ligne qui ne paraîtrait pas démodée aujourd'hui. Habillée d'une carrosserie en fibre de verre relativement lourde, la 904 se caractérisait par son moteur central, le fameux quatre arbres à cames préalablement utilisé dans la série des RS. Idéal pour les courses d'endurance, où il n'avait aucun mal à rafler les honneurs de la catégorie 2 litres, ce modèle s'avéra désavantagé par sa faible cylindrée dans les épreuves nord-américaines que je m'apprêtais à disputer. Et, comble de malchance, ma première course avec la 904 me donna plus de soucis que de plaisir. Je m'étais même plaint à l'époque d'avoir été victime d'une combine visant à me faire mal paraître.

Comme j'allais le découvrir tout au long de ma carrière, tant comme coureur que comme animateur ou journaliste, la popularité est quasiment considérée comme un crime au Québec. Il suffit d'avoir du succès pour que la jalousie et l'envie montrent leurs crocs sous la forme d'un dénigrement de bas étage. Dans le cas présent, dès ma première course avec ma nouvelle Porsche, je dus subir l'humiliation d'affronter deux pilotes européens conduisant, eux aussi, une 904. Non seulement ces messieurs avaient-ils une plus grande expérience que moi de la voiture, mais ils avaient eu accès aux plus récentes améliorations apportées à celle-ci par l'usine Porsche. Ce qui me choqua le plus, c'est que l'organisateur de la course, le Players 200 qui marqua l'ouverture officielle du nouveau circuit Mont-Tremblant, avait invité ces deux Hollandais tout à fait inconnus en leur offrant une généreuse prime de départ sans oublier leurs frais de déplacement. J'allais donc étrenner ma nouvelle acquisition dans une course regroupant principalement des voitures de course de forte cylindrée, mais aussi des voitures identiques à la mienne et carrément plus rapides.

Aux yeux des spectateurs qui n'étaient pas au courant de toutes ces petites subtilités, j'avais l'air d'un promeneur du dimanche dans cette 904 présentée partout dans la presse comme la nouvelle fusée qui allait raser le bitume de Mont-Tremblant en des temps records. Mon camarade Jean-Pierre Coallier, avec qui je travaillais à CFTM (Canal 10), avait même écrit un éditorial dans un quotidien pour défendre ma position et blâmer les organisateurs de m'avoir traité avec un tel manque de considération. Je ne m'étais pas opposé à affronter de meilleurs pilotes, mais que l'on paie deux inconnus pour venir me battre avec des voitures plus puissantes étaient pour le moins un coup bas. L'un de ces deux pilotes, Ben Pon, s'est par la suite installé aux États-Unis dans la région de Monterey. Je ne l'ai pas encore rencontré, mais j'ai habité dans son hôtel et goûté le vin de son réputé vignoble, Bernardus Winery, à Carmel en Californie.

LE SUCCÈS SOURIT AUX AUDACIEUX

Malgré ce début frustrant, mes saisons 1965 et 1966 avec la 904 furent parmi les plus valorisantes de ma carrière. La voiture était d'une robustesse qui confirmait l'arrogance du directeur des courses de Porsche, le baron Huske von Hanstein, qui m'avait répondu : « *A Porsche never breaks* » (une Porsche ne se casse jamais) lorsque je lui avais demandé avant le début de la saison quelles étaient les pièces les plus susceptibles d'exiger un remplacement sur la 904. Et force est d'admettre que mon interlocuteur avait raison puisqu'en deux ans de course, jamais la voiture n'exigea la moindre réparation d'importance. Vers la fin de ma deuxième saison, et celle-ci comprenait entre autres les 12 Heures de Sebring, le moteur n'avait même pas été touché et continuait à tenir le coup en dépit de l'épaisse fumée blanche qui s'échappait de son tuyau d'échappement après quelques secondes de ralenti.

Je me servis d'ailleurs de cet écran de fumée – au sens propre – pour déjouer mes adversaires. De la première rangée de la ligne de départ, je faisais exprès pour garder le moteur au ralenti jusqu'à l'abaissement du drapeau vert. Lorsque celui-ci marquait le départ de la course, les pilotes se trouvant derrière moi devaient conduire à l'aveuglette tellement la fumée gênait leur visibilité, ce qui me donnait un léger avantage.

Par ailleurs, malgré ces signes d'épuisement, le moteur de ma 904 semblait avoir gagné quelques chevaux et la voiture était plus rapide que jamais.

Condamné à jouer les seconds violons dans les courses d'attraction principale (Players 200, Trophée Pepsi Cola, Can-Am, etc.) de Mont-Tremblant ou d'ailleurs, je me débrouillai beaucoup mieux dans les épreuves régionales du championnat du Québec et dans les courses d'endurance. Je fus sacré champion du Québec pour la première fois avec la 904 en plus de décrocher une troisième position au Sundown Grand Prix, une course de six heures disputée sur le circuit de Mosport en Ontario, alors que j'étais secondé par Horst Kroll.

Plus encore, j'avais été élu « Le chauffeur d'auto de courses le plus populaire de l'année » [sic!] lors d'un scrutin populaire organisé par la brasserie Labatt. Ça vous flatte le Québécois, ça, mon ami!

Sur un ton plus sérieux, j'avais aussi fait belle figure aux 12 Heures de Sebring de 1966 en compagnie, une fois de plus, de Horst Kroll comme copilote et mécanicien en chef. Horst, un Allemand habitant à Toronto, était aussi habile derrière le volant que sous le capot d'une Porsche. Je lui avais donc confié la préparation de la voiture en vue des 12 Heures de Sebring 1966, course qui fut marquée par une double tragédie, dont l'une nous toucha de très près.

DRAME À SEBRING

En plus de la nôtre, deux autres voitures avaient été inscrites par une équipe canadienne : les deux Ford GT 40 de l'écurie ontarienne Comstock, avec Eppie Wietzes et Craig Fischer comme pilotes dans l'une et le Québécois Jean Ouellet secondé par Bob McLean de Vancouver dans l'autre.

Le départ de la course fut donné à 10 heures sous un soleil radieux. En 1966, on utilisait encore le départ Le Mans, au cours duquel les pilotes se tiennent debout d'un côté de la piste et, quand le drapeau s'abaisse, bondissent vers leur voiture stationnée en biais de l'autre côté du circuit. Cela dit, il devait être environ 14 heures quand cette belle journée tourna au drame. Je conduisais la 904, avec laquelle nous nous étions installés en bonne position dans notre catégorie, lorsqu'un drapeau jaune apparut à l'entrée du virage à gauche marquant le début des S, sous un pont permettant aux piétons de traverser la piste. Je ralentis pour me trouver soudainement devant l'effarant spectacle que redoute chaque pilote de course : sur ma droite, à plusieurs dizaines de mètres de la piste, gisait une Ford GT 40 en flammes, littéralement enroulée autour du seul arbre à des kilomètres à la ronde.

Le circuit de Sebring est aménagé sur les terrains d'un aéroport et est absolument plat tout en étant libre de tout obstacle... à l'exception de cet arbre de malheur. À mon second passage, la voiture flambait toujours et je crus reconnaître à sa livrée qu'il s'agissait d'une des représentantes de l'équipe canadienne Comstock. Je n'avais aucun moyen de savoir qui était le pilote et dans quel état il se trouvait. À l'époque, les communications radio entre le pilote et les puits n'existaient pas. Mais l'horrible vérité ne tarda pas à se manifester sous la forme d'un drapeau noir déployé devant les puits de l'écurie Comstock pour signifier à l'autre voiture de réintégrer le paddock. Nul besoin de nous faire un dessin dans des circonstances semblables. Si le directeur d'une équipe décide d'agir de la sorte, c'est la plupart du temps en signe de deuil. Tout ce que j'ignorais à ce moment-là était lequel de mes camarades était l'infortunée victime. À mon arrêt au stand pour le plein d'essence et un changement de pilote, j'appris qu'il s'agissait de Bob McLean et que son accident avait été provoqué par la perte d'une roue.

Détail curieux, on eût dit que cet accident était latent, qu'il rôdait dans l'air. La veille de la course, Jean Ouellet, le coéquipier de McLean, m'avait confié qu'il se sentait inconfortable dans la voiture en raison de sa très haute vitesse et de ses performances si élevées qu'il se demandait comment un pilote pouvait développer des réflexes assez rapides pour contrôler un tel engin. Pourtant, il n'avait pas fait ses classes dans une brouette et s'était fort bien débrouillé au volant d'une Cobra très performante. Toujours est-il que Jean me confia après la mort de McLean qu'il abandonnait la compétition et que le plaisir qu'il en retirait n'était pas suffisant pour compenser la mort d'un coéquipier.

Ironie du sort, j'avais failli être choisi pour conduire la Ford GT aux 12 Heures de Sebring quand Paul Cooke, le directeur de l'écurie, avait tenu une séance d'évaluation des candidats au circuit de Mont-Tremblant. J'avais réalisé de très bons chronos, tout comme François Favreau, un excellent pilote québécois, mais pour des raisons un peu floues aucun de nous deux ne fut retenu.

À l'époque, je fréquentais déjà Monique, celle qui devait devenir ma compagne des 30 années à venir (voir chapitre « La mort dans l'âme »), mais elle était restée à Toronto, où elle travaillait à ce moment-là, en compagnie de l'épouse de Horst Kroll. La course faisant l'objet de fréquents reportages sur une station de radio de la Ville Reine, nos deux compagnes avaient les oreilles vissées sur le récepteur afin de suivre les exploits ou déboires de leurs hommes. Elles en furent quittes pour 12 heures d'angoisse, puisque les premières nouvelles émanant de Sebring faisaient état d'un grave accident qui avait coûté la vie à un pilote canadien. Comme nous n'étions que 8 sur les quelque 100 pilotes inscrits à revendiquer la nationalité canadienne, elles se voyaient aux prises avec une sorte de roulette russe qui leur faisait craindre le pire à chaque nouveau bulletin d'informations. Finalement, nos compagnes connurent un certain soulagement lorsque le nom du pilote décédé fut annoncé officiellement environ deux heures après l'accident, ce qui, d'autre part, fit resurgir chez elles les dangers inhérents à la course automobile et les inquiétudes qu'elles tentaient tant bien que mal de dissimuler chaque fois que leur conjoint montait dans une voiture de course.

Leur calvaire était même loin d'être terminé puisqu'en début de soirée, un autre reportage radio en provenance de Sebring vint de nouveau les plonger dans les tréfonds de l'anxiété : « Six spectateurs ont été tués en début de soirée aux 12 Heures de Sebring lorsque le conducteur d'une Porsche est venu en collision avec la voiture de Mario Andretti, projetant les deux bolides dans l'enceinte réservée au public. » Ce fut encore là le début d'un troublant suspense pour nos deux amies, qui ne savaient pas quel conducteur de Porsche était à l'origine de cette mortelle tragédie. Elles durent une fois de plus prolonger leur propre épreuve d'endurance avant de connaître le nom du pilote impliqué, l'Américain Don Wester. Cet accident démontra cruellement le danger de conduire à la tombée du jour sur le circuit de Sebring. Non seulement le soleil devient aveuglant pour les pilotes, mais la visibilité est rendue encore plus aléatoire par la fumée des feux de camp allumés par les spectateurs, qui semble flotter au ras du sol.

Finalement, est-il besoin d'ajouter que nous n'avions guère célébré ce soir-là notre deuxième place de la catégorie Grand Tourisme et que nous sommes rentrés au bercail en nous posant des tas de questions sur le bien-fondé de la course automobile.

C'était d'ailleurs une époque où la mort rôdait constamment autour des circuits. Les décès dans ce sport étaient si courants que certaines revues anglaises les rapportaient comme s'il s'agissait de faits divers. Que ce soit en sport-prototypes, en formule 1, en Nascar, en Indy ou dans toute autre discipline de la course automobile, les mesures de sécurité n'avaient pas atteint le niveau de sophistication d'aujourd'hui et les morts se multipliaient.

Mais passons à des moments plus heureux de ces années où l'amateurisme du sport avait au moins l'avantage de le rendre plus facile d'accès sur le plan financier et surtout immensément plus cordial à fréquenter.

Ma saison 1966 vit ma 904 changer de livrée, abandonnant sa robe jaune striée de blanc et son commanditaire Monsieur Muffler pour un habillage rouge brillant aux couleurs de GL Lebeau. J'en profite d'ailleurs ici pour remercier ces entreprises dont le coup de pouce m'a aidé à atteindre mes objectifs et à mettre en piste des voitures compétitives.

Pour cette seconde saison au volant de la 904, j'avais non seulement gagné encore une fois plusieurs épreuves régionales, mais je m'étais aussi très bien classé dans des courses plus importantes comme la Labatt 50 où, sous une pluie battante, je n'avais été précédé au drapeau à damiers que par la puissante Ford GT-40 de 5 litres d'Eppie Wietzes. Une autre seconde place couronna mes efforts dans la course de la Saint-Jean commanditée par CKVL qui fut gagnée par un coureur dont plusieurs n'ont jamais oublié le nom on ne peut plus germanique de Lothar Motschenbacher. C'est durant cette course que Luigi Chinetti fils vit le prototype Ferrari qu'il avait emprunté à son père sans lui en parler être complètement détruit par un incendie à la suite d'un accident dans le virage numéro 1 du circuit Mont-Tremblant.

TRISTE FIN

Je n'oublierai pas de sitôt ce qui devait être ma dernière course au volant de la Porsche 904. À l'automne de 1966, après avoir décroché un autre championnat du Québec, je l'avais vendue pour une bouchée de pain à un pilote débutant de Toronto qui, j'allais le découvrir plus tard, avait plus d'argent que de talent pour conduire une voiture de course.

À l'achat, il m'avait dit qu'il souhaitait l'inscrire à la dernière course de la saison à Mont-Tremblant et comme il s'agissait d'une épreuve d'endurance de six heures, il souhaitait que je sois son copilote. J'acceptai sa proposition avec bonheur, même si j'avais déjà promis à David Greenblatt de partager le volant de sa Ferrari Dino prototype. J'allais m'arranger pour conduire la Porsche lorsque David serait au volant de la Ferrari et piloter cette dernière pendant que l'acheteur de ma 904 prendrait le relais. Cet ambitieux projet montre jusqu'à quel excès la passion du sport peut conduire.

Pourtant, je n'eus pas à me soumettre à une telle discipline, puisqu'en prenant le volant de la 904, son nouveau propriétaire en perdit le contrôle dans le virage rapide faisant suite au S du circuit et fit quelques tonneaux avant de s'immobiliser sur le dos dans un amoncellement de débris. La voiture qui m'avait si bien servi pendant deux saisons reposait en bordure de piste, complètement aplatie. Le spectacle était triste, d'autant plus que le pilote avait été grièvement blessé au dos. Seul le résultat de la course me redonna un certain sourire : David et moi avions mené la Ferrari Dino 206 à une éclatante victoire pour clore cette saison 1966.

Quant à ma 904, elle emprunta par la suite une drôle de route pour finalement disparaître dans les méandres énigmatiques du monde des collectionneurs. L'année suivante toutefois, après avoir été superbement reconstruite par Horst Kroll, elle réapparut aux 6 Heures de Mont-Tremblant. Elle prit ensuite la route de Vancouver avant de refaire surface plusieurs années plus tard au New Jersey. Je reçus un coup de fil du nouveau propriétaire en quête d'informations sur l'histoire de cette Porsche 904. Celle-ci était reconnaissable entre toutes à cause de ses prises d'air latérales plus grandes et plus évasées que celles d'origine. C'est Horst Kroll qui avait eu l'idée de cette petite modification afin d'améliorer le refroidissement des freins arrière, juste avant la course de Sebring. Finalement, on m'a rapporté dernièrement que ce splendide coupé avait fait partie de la collection privée du comédien Jerry Seinfeld, dont je suis un fervent admirateur.

Tant qu'à faire du « name dropping », je peux aussi vous dire que ma voiture de course suivante, une Porsche Carrera 6 (aussi appelée 906), est devenue il y a quelques années la propriété de Claude Picasso, le fils du célèbre peintre, grand amateur de voitures et collectionneur renommé. Je tiens l'information du Montréalais Jerry Pantis qui achève un bouquin consacré à l'histoire complète de chacune des Porsche 906 produites par l'usine. Il se trouve que celui-ci est le fils de Dennis Pantis, un producteur et distributeur de disques avec lequel j'ai eu autant d'engueulades épicées que de joyeuses conversations pendant mes années de critique musical.

Toutes ces Porsche que j'ai vendues au prix d'une Toyota Corolla d'occasion vieille d'au moins cinq ans valent aujourd'hui une petite fortune. La Abarth Carrera est estimée à plus de un demi-million de dollars, tandis que la 904 coûte facilement 500 000 $ et la Carrera 6 autour de 700 000 $ lors de ces fameux encans consacrés à la revente de voitures de course rares. Ma seule consolation d'avoir raté le gros lot est de savoir que plusieurs autres coureurs automobiles ont été d'aussi mauvais investisseurs que moi.

LA MORT TOUJOURS OMNIPRÉSENTE

Mais je brûle les étapes alors que cette fameuse Porsche Carrera 6, que j'ai pilotée sous la couleur orangée du fabriquant de filtres Fram, a sa propre histoire. C'est aussi à son volant que j'ai connu quelques-uns des plus beaux moments de ma carrière, même si l'aventure avait bien mal commencé. Cette 906 était la propriété de l'Américain Doug Revson, le frère d'un autre coureur automobile, tous les deux héritiers de l'empire de produits de beauté Revlon. Malheureusement, ils n'ont pas joui longtemps de leur bonne fortune.

J'avais rencontré Doug à Mont-Tremblant en septembre 1966, alors qu'il était venu participer à une course Can-Am avec sa Porsche 906. Je lui avais manifesté mon intérêt pour la voiture et il m'avait assuré qu'il communiquerait avec moi en fin de saison. Au début de janvier 1967, Revson me téléphona pour me demander si j'étais toujours intéressé à sa 906, pour laquelle il demandait 12 500 $. Sans même savoir où je trouverais l'argent nécessaire, je lui répondis que je voulais l'acheter, mais pas avant de l'avoir examinée en compagnie de mon mécanicien. Comme il habitait à New York, le déplacement était facile et dès le dimanche suivant, nous rappliquâmes à l'aéroport La Guardia, où Doug eut l'amabilité de venir nous chercher. La voiture passa le test et pour adoucir la pilule, son propriétaire m'offrit de me donner un moteur supplémentaire que son mécano avait remis à neuf.

Je décidai sur-le-champ d'acheter la 906 en promettant à son propriétaire de venir la chercher le dimanche suivant, chèque en main. De retour à Montréal, je fis le tour de toutes les compagnies susceptibles de commanditer ma nouvelle acquisition. Un ami qui travaillait dans une agence de publicité, s'occupant entre autres du compte de la compagnie Fram, me donna un sérieux coup de pouce et en l'espace de 24 heures, j'avais obtenu la somme de 5 000 $ qui me manquait pour payer en entier la Porsche 906. Ma seule déception fut que Doug Revson ne put me livrer le second moteur au même moment que la voiture, prétextant que celui-ci se trouvait chez son mécanicien et qu'il me le ferait parvenir plus tard. Hélas, je n'en vis jamais la couleur. Je téléphonai à Doug à quelques reprises et il me promettait toujours de s'occuper de l'affaire séance tenante. Par la suite, il partit faire une saison de course en Europe et les communications devinrent plus difficiles.

Puis, un beau matin, alors que j'étais à Mont-Tremblant au lendemain d'une séance d'essais, la section des sports de *La Gazette* me tomba sous les yeux. Au bas d'une page, un titre annonçait : « *Doug Revson killed in a racing accident* » (Doug Revson perd la vie dans un accident de course). La nouvelle me foudroya et la fréquence des accidents graves en course à cette époque me fit longuement réfléchir. Bon an, mal an, deux ou trois pilotes mouraient sur un circuit et il suffisait de regarder des photos récentes montrant un groupe de coureurs automobiles pour constater que plusieurs d'entre eux n'étaient déjà plus de ce monde. Qu'il s'agisse de Bob McLean, Jean Behra, Lorenzo Bandini, Jo Schlesser, Lucien Bianchi, Ricardo Rodriguez et maintenant Doug Revson, la course automobile m'apparaissait soudain comme un sport exigeant et implacable. Pourquoi continuer, alors ? me direz-vous. Je n'ai jamais vraiment eu de réponse à cette question autre que les clichés habituels : « La course, c'est une drogue ; je ne peux pas m'en défaire ; c'est par goût du dépassement ; la sensation de défier la mort est indescriptible» et patati et patata. Personnellement, après des accidents mortels, je décidais de continuer en me croisant les doigts tout en me disant que ce genre de drame n'arrive qu'aux autres. Ce n'est pas brillant comme explication, mais la vérité, c'est que l'on ne sait pas comment réagir, point.

Aussi matérialiste que cela puisse paraître, la mort de Revson signifiait pour moi que je devais dire adieu à mon moteur. Toutefois, Doug avait un frère, nommé Peter, plus célèbre que lui et qui devait courir à Mosport quelques mois plus tard. Je ne voulais pas le relancer tout de suite et j'attendis la tenue de la course avant de lui parler. Snob, arrogant, suffisant, le monsieur ne me laissa même pas finir mon explication et m'envoya sur les roses. Il personnifiait parfaitement l'imbuvable jeune homme riche et célèbre, tout le contraire de son frère Doug, simple et sympathique.

En dépit de ce petit incident, ma Porsche 906 fut ma véritable porte d'entrée dans le cercle de la course automobile semi-professionnelle. Cela ne veut pas dire pour autant que l'argent coulait à flots. J'étais si démuni financièrement que je n'avais même pas de camion ou de familiale pour emmener la voiture d'un circuit à l'autre et embarquer tout le matériel nécessaire. J'avais toutefois réussi à convaincre Citroën Canada de me prêter un *break* (*station wagon*) DS 21 dont le moteur 4 cylindres développant à peine 100 chevaux allait sans doute être soumis au pire test de toute son histoire. La preuve en est que le manuel d'instructions de cette voiture ne comportait pas une seule ligne sur le poids tracté qu'elle pouvait assumer, pas plus qu'il n'affichait de recommandations sur les précautions à prendre pour affronter une piste de course. La «pôvre» DS 21 joua aussi le rôle de car de tournage pour mon émission de télé *Prenez le volant* diffusée à Radio-Canada, communément appelé à l'époque le «Canal 2». C'est donc dire que notre Citroën se baladait entre les circuits de Mosport, Watkins Glen ou Mont-Tremblant, tant pour transporter ma Porsche que pour brûler du caoutchouc à tenter

de rester devant la voiture testée chaque semaine pour la télévision. Or, malgré cet abus qui dépasse tout ce que n'importe quel
journaliste pourra jamais infliger à une voiture, la DS 21 tint le
coup et afficha la robustesse du rocher de Gibraltar.

UNE COURONNE DE LAURIERS À TROIS-RIVIÈRES

Quand vient le moment de raconter mes plus belles sorties au
volant de la 906, il y en a plusieurs qui me viennent à l'idée. Il y a
notamment le premier Grand Prix de Trois-Rivières que je rem-
portai en 1967 et à propos duquel je retiens l'anecdote suivante.
J'avais obtenu le temps le plus rapide aux qualifications mais,
parmi les participants, il y avait un certain Serge Adam qui pilotait une Sunbeam Tiger – qui n'était rien de moins qu'une Alpine
à moteur Ford – dont les accélérations dépassaient de beaucoup
son comportement routier plutôt défaillant. Bref, elle accélérait
comme un boulet de canon mais devait ralentir facilement
100 pieds avant toutes les autres voitures pour arriver à passer le
premier virage. Malgré ses 240 ch. et un poids d'environ 600 kg,
ma Porsche était légèrement plus lente en ligne droite. Toujours
est-il que Serge, un bon ami, vint me voir pour me proposer un
pacte. Comme il s'agissait d'un départ arrêté et qu'il partait de la
5e place, il savait qu'il pouvait doubler tout le monde et se présenter en tête au premier virage. Il me demanda de le laisser passer
devant pour qu'il puisse faire le premier tour de la course en tête.
Après, je pourrais le doubler et il s'occuperait de retarder la meute
derrière. Serge fut fidèle à sa parole et réussit à s'accrocher à la 3e
position malgré des freins sur lesquels il aurait pu faire cuire un
œuf tellement ils avaient été chauffés à blanc. Quant à moi, ce fut
la couronne de lauriers (ou était-ce du sapin ?), le champagne (ou
était-ce du Baby Duck ?) et un joli trophée présenté par le maire
et une authentique Miss Grand Prix.

Je n'oublierai jamais non plus la course présentée en lever de
rideau au premier Grand Prix du Canada de Mosport en 1967. Je
n'étais pas reconnu pour prendre de bons départs ; c'était comme

si un sixième sens m'empêchait d'abuser de la mécanique d'une voiture, dans ce cas-ci l'embrayage. On doit se souvenir que dans ce temps-là, les autos s'élançaient à partir d'une position arrêtée comme c'est encore le cas en formule 1. Il m'arrivait souvent de gagner des courses, mais non sans avoir dû rattraper des voitures plus lentes m'ayant doublé au départ. Mosport avait également des plateaux plus relevés que Mont-Tremblant, tant il était vrai, même à cette époque, que l'argent circulait davantage chez nos voisins ontariens qu'au Québec.

J'avais donc obtenu la «pole position» aux qualifications et je m'étais extirpé du peloton comme si une rétrofusée m'avait projeté en avant. Les autres Porsche, les Ferrari, les Corvette et les Cobra avaient rapetissé dans mon rétroviseur, de sorte que je devais avoir facilement 100 mètres d'avance sur tous les autres en abordant le deuxième virage de Mosport. J'ignore ce que j'avais mangé ce jour-là, mais je dévorais littéralement le bitume ontarien et ma domination était telle que ce fut hors de tout doute une course bien ennuyeuse pour les spectateurs. Malgré tout, il devait y avoir un bon nombre de Québécois parmi eux, car mon tour d'honneur fut accompagné de quelques belles salves d'applaudissements.

Je terminai la saison 1967 sur une bonne note en participant à deux courses Can-Am dans la catégorie de 2 litres et moins. La première épreuve se déroulait à Mont-Tremblant et je m'étais classé deuxième, derrière l'Américain Joe Buzzeta dans une voiture identique à la mienne. Cela m'avait permis de glaner six points au championnat pour le trophée Doug Revson (créé quelques mois après son décès) tout en me donnant le goût de m'inscrire à la course suivante au circuit de Riverside en Californie. Il ne restait toutefois plus beaucoup de sous dans la tirelire et le voyage risquait de coûter cher.

Avec mon enthousiasme habituel, je réussis à convaincre François Favreau, lui-même coureur, de faire le voyage aller-retour en compagnie d'un ami au volant de la Citroën, avec notre vieille remorque transportant mon précieux cargo. J'acceptais de leur payer de petites vacances en échange de ce « service ». De mon côté, j'étais parti là-bas en avion avec Monique dans l'intention de prolonger le voyage en combinant course et tourisme. Avec une veine incroyable et une série de coïncidences quasi hollywoodiennes, nous retrouvâmes François et son copain à la porte du motel que j'avais loué à la minute même où le duo arrivait sur place après plus de 5 000 kilomètres de route.

Alors que l'on pourrait croire qu'un tel trajet s'accompagne nécessairement d'une couple d'anecdotes savoureuses, rien d'exceptionnel ne s'était passé et il ne restait plus qu'à rallier le circuit le lendemain pour nous familiariser avec son tracé et participer aux essais officiels. À Riverside, la concurrence était cependant plus étoffée qu'à Mont-Tremblant et j'eus à composer avec les titans de la catégorie. De plus, ces gens-là connaissaient le circuit comme le fond de leur poche. Malgré tout, sans mécanicien et avec une équipe composée de Favreau et compagnie, je m'emparai de la quatrième position (derrière Joe Buzzeta, Scooter Patrick et Monte Shelton), ce qui marquait en même temps mes adieux à la Porsche 906. Même si je n'avais participé qu'à deux courses de ce championnat, mes neuf points me permirent de décrocher la cinquième place au classement de fin d'année. En plus des quelques courses précitées, la voiture me permit de signer mon premier championnat du Québec.

De toutes mes voitures de course, c'est la 906 qui m'a laissé les meilleurs souvenirs et je l'aurais bien conservée plus longtemps si un changement de règlement (seules les voitures sport ou de tourisme devenaient éligibles au championnat du Québec) ne m'avait pas obligé à m'en départir. D'ailleurs, une superbe toile de l'artiste montréalais Louis Hébert montrant cette Porsche en pleine action me fait face au moment où j'écris ces lignes. Cet immense tableau est non seulement magnifique, mais il me rappelle quelques-uns des moments les plus heureux de ma carrière en course.

UNE PORSCHE COMMANDITÉE PAR GM

Les collectionneurs vont sans doute pousser les hauts cris, mais je répétai la même bêtise qu'avec mes précédentes voitures de course en échangeant la 906 contre une banale Porsche 911 S, une voiture de série accessible à tous. En revanche, la 906 n'avait été construite qu'à une centaine d'exemplaires et son potentiel d'appréciation était énorme, comme en font foi les prix qu'une telle relique commande aujourd'hui.

Mais cessons de pleurer sur mes chères disparues pour nous attarder brièvement à mes 911, la première étant un modèle 1967 qui fut mis en piste grâce à la commandite d'un concessionnaire, non pas de Porsche, mais de General Motors, rien de moins. Ma 911 S rouge courait en effet sous les couleurs de Goyette Auto de Chambly, qui nous avait aussi fourni une familiale Buick que nous utilisions à la fois comme car de tournage pour *Prenez le volant* et pour transporter la voiture de course.

Comme je l'ai dit, l'abandon de ma 906 pour une 911 m'avait été dicté par le nouveau règlement du championnat du Québec, qui excluait les voiture sport prototypes au profit de modèles plus abordables, légèrement modifiés mais encore très près des voitures de série. La Porsche 911 S GT était faite sur mesure pour cette catégorie et, à son volant, je pouvais envisager une saison beaucoup mieux remplie qu'avec la 906. Par exemple, dès le 18 février 1968, je me retrouvai en piste à l'occasion du Grand Prix Esso qui se déroulait sur les plaines d'Abraham à l'occasion des fêtes du Carnaval de Québec.

Je venais tout juste de prendre livraison de la voiture, que j'avais ramenée de Chicago par la route, et mon mécanicien n'avait même pas eu le temps de régler le moteur. Ce n'était pas tellement grave toutefois, puisqu'il s'agissait d'une course sur glace où la puissance est plus nuisible qu'utile sur une piste à faible adhérence. La course fut un véritable carnaval de démolition, comme l'avait écrit le journaliste Pierre Luc dans le journal *Montréal Matin* du lundi suivant. L'une des victimes du mauvais état de la piste fut l'Ontarien Craig Fischer qui, pendant les essais libres, percuta un lampadaire au volant de sa trop puissante Chevy II. La voiture était K.O., mais Craig se disait qu'il n'avait pas fait tout ce trajet pour n'être qu'un simple spectateur et, à la surprise générale, il se présenta à la ligne de départ avec la grosse familiale qui lui avait servi à tracter sa voiture de course. Tout le monde s'apprêtait à se payer sa tête, mais c'était sans compter le talent de Craig Fischer et sa détermination. La moquerie fit rapidement place à l'incrédulité lorsque celui-ci se pointa au fil d'arrivée vingt secondes derrière ma Porsche 911 S, en deuxième position du Grand Prix du Carnaval de Québec.

En course, j'avais presque toujours le numéro 58 et j'imagine que l'on se demande pourquoi j'avais choisi ce chiffre. Figurez-vous que c'est par économie; mon choix initial était le numéro 85, qui correspondait à la fréquence du poste de radio CKVL sur la bande AM où je travaillais à ce moment-là. Quand on me refusa ce numéro parce qu'il appartenait déjà à quelqu'un d'autre, j'avais déjà acheté les chiffres sur papier autocollant et je n'avais pas l'argent pour m'en procurer d'autres. J'inversai alors le 85 qui devint le 58. Bingo!

3e EN FLORIDE ET CAUCHEMAR EN ANGLETERRE

Après le froid et la gadoue de Québec, c'est sous le soleil de la Floride que ma nouvelle 911 fut mise à l'épreuve. Je m'étais inscrit aux 12 Heures de Sebring en compagnie de Horst Kroll. Encore une fois, la voiture se comporta comme un charme et nous réussîmes à nous classer parmi les 10 premiers, terminant 9e au classement général et 3e de la catégorie Grand Tourisme au sein d'une grille qui regroupait plus de 60 voitures.

Cette performance me valut d'être invité par la compagnie BP (l'un de mes commanditaires) à participer au BOAC 500 à Brands Hatch en Angleterre. Je me reposais en Floride lorsque je reçus un appel de mon ami Rod Campbell m'annonçant la bonne nouvelle. L'autre pilote sélectionné était Craig Fischer de Toronto, que j'avais affronté dans le fameux Grand Prix Esso à Québec. On me confiait le volant d'une Porsche Carrera 6 ou 906 tandis que Craig serait le copilote d'une Lola T70. Ayant piloté avec succès ma propre 906 l'année précédente, l'aventure me paraissait moins troublante.

L'ennui, c'est que je ne possédais pas de passeport, pour la simple raison que je n'étais jamais allé ailleurs qu'aux États-Unis. Monique s'occupa de secouer la bureaucratie pour que le fameux document me soit remis avant mon départ. Je vous raconterais bien tous les menus détails de ma première course en Europe, comme ma découverte d'une voiture épouvantablement mal en point – avec volant à droite et levier de vitesse à gauche – et d'une piste inconnue à la suite d'une nuit sans sommeil, mais je vous renvoie plutôt à un chapitre précédent de ces mémoires, où je raconte l'événement en long et en large, y compris la minute de deuil à la mémoire de Jim Clark décédé quelques minutes avant notre course (Voir chapitre « Un début laborieux en Europe », paragraphe « la mort en direct »).

UN QUATRIÈME CHAMPIONNAT

De retour au Canada, ma 911 S était tout le contraire de cette infâme 906 de Brands Hatch : elle fonctionnait comme une horloge. Je marquai six ou sept victoires pour finalement remporter mon quatrième championnat du Québec avec deux points d'avance sur mon rival de la saison, André Samson, qui pilotait une Cobra. Cela me valut, du commanditaire Alitalia, un voyage en Angleterre à l'école de Jim Russell pour l'année suivante.

Quand en 2004 j'ai décidé de me joindre à mon fils François et de préparer une Porsche pour les courses de voitures anciennes (*vintage*), c'est ma 911 de 1968 que je voulais faire revivre. François a trouvé un modèle identique au Texas et, après l'achat, nous en avons fait une réplique exacte de la Porsche qui m'avait valu le championnat du Québec en 1968. Détail cocasse, c'est mon fils François qui, cette même année, alors qu'il n'avait que 12 ans, était allé cueillir à ma place (comme j'étais à l'étranger à ce moment-là) le trophée que l'on m'avait décerné au Gala Excellence dans la catégorie course automobile.

À la mi-saison, le docteur Jean-Paul Ostiguy, qui faisait de la course un peu en dilettante, m'avait offert de partager le volant de la Porsche 906 qu'il avait achetée l'année précédente à l'occasion des 6 Heures de Watkins Glen, un circuit de l'État de New York considéré comme un maillon important de l'histoire de la course automobile en Amérique. Si je me souviens de cette course, c'est qu'elle fut disputée par une chaleur torride de plus de 100 degrés Fahrenheit. Dans les voitures fermées, la température pouvait atteindre 140 degrés et les pilotes tombaient comme des mouches. En général, ils réussissaient à rentrer aux puits, mais ils étaient incapables de sortir de la voiture tellement ils étaient épuisés et déshydratés, sinon tout simplement inconscients. Personnellement, j'avais pris le départ de la course et conduit la première heure. Je cédai la voiture au docteur Ostiguy et ce n'est qu'après avoir ingurgité plusieurs pilules de sel que je retrouvai mes esprits. Malheureusement, ce fut pour apprendre que mon copilote venait d'avoir un accident et que notre course était terminée.

Cela se passa beaucoup mieux deux mois plus tard quand, encore une fois, Jean-Paul me demanda de partager le volant de sa Porsche 906 pour les 6 Heures de Mont-Tremblant. Même si le *doc* s'était rendu célèbre (et riche sans doute) à faire maigrir ses patients (dont Ginette Reno), il n'était pas aussi à l'aise avec un volant dans les mains qu'avec un stéthoscope et il me fallait constamment reprendre le temps perdu après l'une de ses présences en piste. Malgré tout, nous fûmes les premiers à faire déployer le drapeau à damiers. Comme j'étais au volant pour ce dernier relais et que nous avions près de dix tours d'avance (c'était une course de six heures, rappelons-le) sur mon ancienne Porsche 904 conduite par mon ami Horst Kroll, je décidai de ralentir pour lui permettre de se hisser à ma hauteur. Et c'est côte à côte, dans un beau portrait de camaraderie, que nous croisâmes le fil d'arrivée.

BIENVENUE... JACQUES

Malgré ses fidèles et loyaux services, ma Porsche 911 fut victime de cette quête de performances toujours supérieures qui caractérise n'importe quel coureur automobile. Je la cédai à un nouveau venu en compétition qui allait non seulement me donner du fil à retordre, mais qui devint un excellent pilote. Il s'appelait Jacques Bienvenue et nos routes se croisèrent à maintes reprises, puisqu'il marcha aussi sur mes traces dans le monde du journalisme automobile.

Quant à moi, je décidai de rester fidèle à la Porsche 911, mais de faire l'acquisition d'une version spécialement préparée à l'usine en vue des courses de la catégorie Grand Tourisme. Cette Porsche 911 T se démarquait des autres modèles de la série par sa carrosserie allégée (par la suppression de l'insonorisation notamment) et, principalement, par son moteur 6 cylindres 2 litres de 240 chevaux (à 8 200 tours par minute) emprunté à la 906. Il faisait appel notamment à des bielles en titane dont les écrous seulement coûtaient 40 $ pièce. Bref, j'avais entre les mains une voiture gagnante et cela fut confirmé à ma première sortie, aux 24 Heures de Daytona Beach de 1969.

Pendant les essais, tous les pilotes de Porsche écarquillèrent les yeux en nous voyant rouler aussi vite. Il faut dire que j'avais mis un certain temps à m'habituer à l'anneau de vitesse de Daytona et que mon tout premier tour m'avait sidéré. N'ayant jamais roulé sur un circuit aussi rapide, il me fallut une bonne dizaine de tours avant de me convaincre de ne pas lever le pied à l'entrée des virages inclinés, si familiers aux amateurs de courses de stock cars. La première fois, j'eus l'impression de m'apprêter à défier les forces de la nature en attaquant ces virages à plus de 230 km/h. Cependant, après m'être fait doubler par les prototypes qui roulaient entre 40 et 60 km/h plus rapidement que la

911, je trouvai le courage de garder le pied au plancher. J'étais secondé par George Nicholas et André Samson; nous étions littéralement au-dessus du lot et nous en fîmes la preuve en nous emparant de la 9e place au classement général et de la 2e dans la catégorie GT. À part une légère fuite d'huile qui avait envahi l'habitacle en début de course et qui avait été corrigée prestement, notre course se déroula sans aucun autre pépin mécanique. Mon mécano Werner était particulièrement satisfait, puisqu'il avait pris soin de faire une vérification complète de la voiture et particulièrement du moteur. Il m'a rappelé tout récemment qu'il était venu l'installer pendant le Salon de l'auto où la voiture était exposée. En compagnie d'un collègue, l'opération n'avait nécessité que dix minutes, ce qui avait suscité un grand intérêt de la part des spectateurs venus assister à l'événement.

Le mauvais sort allait toutefois nous rattraper lors de la course suivante, les 12 Heures de Sebring, la deuxième épreuve de l'année inscrite au championnat mondial des constructeurs. À la suite de notre très honorable performance de Daytona, des journalistes comme Pierre Luc (*Montréal Matin*) et Jean D. Legault (*La Presse*) fondaient beaucoup d'espoir en l'équipe Duval-Nicholas pour cette course, à un point tel que plusieurs Québécois se déplacèrent pour venir nous applaudir. J'en profite ici pour remercier ces deux journalistes qui m'ont toujours traité honnêtement et qui m'ont donné un sérieux coup de pouce dans certains moments difficiles. L'épouse de George, Carmen, et mon amie Monique furent même invitées par un pharmacien de Granby, grand amateur de courses, à se joindre à lui pour faire le voyage en avion dans son Cessna bimoteur. Après une remise en état à la suite des 24 Heures de Daytona, le moteur de la 911 semblait encore plus en forme; vous auriez dû voir la mine des Américains quand je réussis à battre le record du tour dans la catégorie GT 2 litres. Mon assistant mécano, Gerald dit Gerry Labelle, fut lui-même estomaqué et m'accorda tout le crédit de cette performance lorsque les autres pilotes de Porsche vinrent demander ce que notre 911 avait dans les entrailles.

ATTERRISSAGE D'URGENCE

Si tout allait bien sur la piste de Sebring, il en était tout autrement sur les pistes de l'aéroport de Jacksonville, en Floride, où nos amies devaient atterrir pour un dernier plein d'essence avant de rallier Sebring. Au beau milieu de la nuit du vendredi au samedi, la veille de la course, je fus réveillé par quelqu'un qui cognait à la porte de ma chambre de motel. C'était le propriétaire qui voulait nous annoncer qu'il avait reçu un appel d'un policier de Jacksonville lui demandant de nous prévenir que nos compagnes étaient sous surveillance à l'hôpital après avoir fait un atterrissage d'urgence à l'aéroport local. Le bimoteur de notre bon samaritain avait éprouvé des ennuis avec le train d'atterrissage et avait dû se poser sur le ventre en présence de tout un régiment de pompiers, de secouristes et d'ambulanciers. Ce vendredi soir, l'incident avait fait la manchette des bulletins de nouvelles télévisés. Heureusement, personne n'avait été blessé sérieusement et notre pharmacien Maurice, qui en avait vu d'autres, décida de louer un autre avion pour venir nous rejoindre à Sebring. Je n'ai jamais compris que Monique, qui détestait l'avion à en mourir, n'ait pas été plus marquée par cet incident.

Comme une mauvaise nouvelle n'arrive jamais seule, leur apparition à Sebring en début d'après-midi coïncida avec notre abandon de la course à la suite d'ennuis de moteur alors que nous occupions la première position de notre catégorie. Frustrant!

De retour au Québec, la saison locale fut chaudement disputée grâce à la présence en piste de Jacques Bienvenue avec lequel j'avais des bagarres épiques. Il était coriace, l'ami Jacques, mais je savais profiter de ses fautes de débutant. Auteur d'excellents départs, il me devançait souvent dans le premier tour et je m'installais dans ses rétroviseurs jusqu'à ce qu'il commette inévitablement une erreur qui m'ouvrait la porte. Je gagnai toutes les courses de cet été-là sauf une, des résultats qui me permirent de remporter mon cinquième championnat du Québec.

Comme chaque année en fin de saison, le circuit Mont-Tremblant était l'hôte d'une course d'endurance de six heures, que nous avions déjà gagnée en 1967 et 1968. Pour l'épreuve de 1969, je fis appel à mon copilote habituel, George Nicholas, et je voulus également donner sa première chance à Yvon Duhamel, reconnu comme l'un des meilleurs pilotes de motos en Amérique. Il avait manifesté de l'intérêt pour la course automobile et je dois dire qu'il se débrouilla fort bien au volant de ma Porsche 911. J'ai appris que son fils Miguel, dans un DVD, a déclaré que son père avait roulé plus vite que moi et, tout en comprenant l'admiration naturelle qu'il a à son endroit, j'ignore totalement ce qui a pu le pousser à proférer un tel mensonge. La vérité est qu'Yvon avait fait du bon boulot, mais qu'il était à au moins une seconde de nos meilleurs temps, à George et à moi. Yvon Duhamel n'a pas besoin que l'on mente pour faire savoir qu'il était très talentueux. Quoi qu'il en soit, l'important est que nous ayons gagné la course et qu'il s'agissait, dans mon cas, d'une troisième victoire d'affilée dans cette épreuve. Comme il s'agissait également de ma pre-mière sortie aux couleurs de mon nouveau commanditaire, Sunoco, le résultat était particulièrement gratifiant.

L'incident Duhamel me rappelle que malgré les résultats, les trophées et les accolades, cette vie n'était pas qu'une enfilade de félicitations. Beaucoup de préjugés circulaient dans le milieu automobile, souvent accompagnés de commentaires disgracieux. Un article du journal *La Semaine* écrit en 1969 fait justement écho à la situation en titrant : « Le coureur automobile Jacques Duval a su faire oublier l'animateur de télévision ». L'auteur cite une de mes réponses à ses questions portant sur ma réaction face à la critique : « (…) à un certain moment, je me suis mis à douter de mes aptitudes, jusqu'au jour où l'on m'a demandé de participer à des essais en compagnie des dix meilleurs pilotes du moment. J'ai fait les meilleurs temps et, à partir de ce moment, on a cessé de me considérer comme un artiste en promenade du dimanche.»

1970, UNE SAISON EN DENTS DE SCIE

Bien que cela ne me soit pas arrivé souvent, j'avais décidé de disputer la saison de courses 1970 au volant de la même voiture que l'année précédente. Cette 911 avait été si véloce qu'il m'apparaissait normal de la conserver dans l'espoir d'obtenir autant de succès qu'en 1969. J'avais cependant commis l'erreur de sous-estimer la concurrence et de considérer la victoire comme une chose acquise.

Comme chaque année au début du mois de février, nous prîmes le chemin de la Floride pour courir les 24 Heures de Daytona sur l'anneau de vitesse également utilisé pour les courses de la série Nascar. La seule différence est que les voitures de sport empruntent en plus un circuit routier tracé à l'intérieur de l'anneau de vitesse et dont l'accès se trouve avant le premier virage incliné.

Tout se passa bien pour les 15 premières heures et nous avions même réussi à devancer une autre 911 S pilotée par Gérard Larousse (qui fonda plus tard sa propre écurie de F 1) et Jean Sage (futur directeur de l'écurie Renault de F 1). Malheureusement, au petit matin, George Nicholas revint aux stands à pied après avoir abandonné la voiture sur le circuit avec une boîte de vitesses bloquée. On peut difficilement s'imaginer la déception et la colère qui découlent d'une pareille mésaventure. Pendant plusieurs semaines, nous nous étions préparés à la course en nous souciant de mille et un détails, depuis le transport de la voiture à l'hébergement de l'équipe technique, en passant par la mise au point de la voiture, l'obtention des formulaires de douane, la licence FIA, l'inscription à la course, etc. Puis, alors que nous touchions au but, tout s'écroulait comme un château de cartes. Dans de telles circonstances, voulez-vous savoir ce que je faisais?

Je me tapais une bonne cuite et, une fois saoul comme un Polonais, je me laissais aller aux pires sottises, comme lancer des oranges pourries du bord d'une route dans l'espoir qu'elles aillent s'éventrer dans le pare-brise d'une auto. Pas brillant, j'en conviens !

Malgré tout, je retrouvai tous mes sens et je revins à la réalité pour les 12 Heures de Sebring le mois suivant. Lors de cette course, nous aurions sans doute pu gagner la catégorie Grand Tourisme, n'eût été d'un accrochage que j'avais eu avec la Ferrari de Sam Posey et la Porsche 917 de Vic Elford. Le premier dérapa devant moi et je ne pus l'éviter, ce qui me projeta contre la voiture d'Elford. Ce fut l'abandon pour ces deux-là tandis que ma 911, un peu amochée, put rester en piste, non sans se ressentir de l'accident. Chaque fois que je freinais, par exemple, les clignotants se mettaient à fonctionner pendant quelques secondes. Le phare avant gauche avait été endommagé et il est probable que cela ait causé un problème dans le système électrique.

Même si nous n'y fîmes pas d'étincelles, nous contentant d'une autre 2e place en GT et d'une 15e position au classement général, Bob Bailey, George Nicholas et moi eûmes beaucoup de plaisir cette année-là à Sebring. La grande attraction de la course avait été la présence de Steve McQueen, le populaire acteur, qui conduisait une Porsche 908 en compagnie de Peter Revson. McQueen avait été victime d'un accident de moto ou de VTT quelques semaines avant l'épreuve et il avait quand même décidé de prendre part aux 12 Heures avec une jambe dans le plâtre. Lui et Revson livrèrent une lutte sans merci à la Ferrari 512 S de Mario Andretti, qui gagna mais avec une très mince avance sur le tandem Revson-McQueen. Nul besoin de préciser que c'est Peter Revson qui avait entamé la course à la suite du départ Le Mans et qui avait piloté pendant les trois quarts de l'épreuve.

LE DÉPART LE MANS

L'épreuve des 12 Heures de Sebring avait en effet ceci de parti-culier que l'on utilisait toujours le fameux départ Le Mans pour lancer la course. Quinze minutes avant l'heure prévue pour le départ, les voitures devaient être alignées en diagonale du côté droit de la piste tandis que les pilotes prenaient place du côté opposé, face à leur voiture. Quand le drapeau vert s'abaissait à 10 heures pile, il était assez spectaculaire de voir les pilotes bondir vers leur voiture à toute vitesse dans l'espoir de gagner quelques précieuses secondes sur un autre pilote un peu moins doué physi-quement pour ce genre de sprint. Nous devions monter dans la voiture, boucler le harnais de sécurité à cinq sangles et démarrer le moteur avant de nous élancer dans un incroyable chassé-croisé de voitures qui arrivaient de partout. Bref, il fallait des yeux tout le tour de la tête pour n'accrocher personne.

Curieusement toutefois, les accidents étaient plus rares qu'aujourd'hui avec les départs lancés. En revanche, un problème de sécurité se posait, puisqu'il arrivait très souvent que des petites voitures de fond de grille réussissent à se hisser tout près de la tête du peloton, devant des prototypes deux fois plus rapides dont les pilotes ne voulaient que les doubler au plus sacrant. On imagine bien aussi que pour réussir un départ Le Mans, il fallait être d'un calme olympien et que certains pilotes trop nerveux s'avéraient d'une gaucherie sans nom au moment de boucler la ceinture de sécurité.

Je me souviens qu'une fois, pendant que je m'exerçais au départ la veille de la course, George Nicholas avait verrouillé la portière de notre 911 tout en laissant la fenêtre grande ouverte. Dans l'excitation du moment et même s'il ne s'agissait que d'une répétition, j'avais mis presque dix secondes avant de me rendre compte qu'il me suffisait de tirer sur le bouton de verrouillage pour que la porte s'ouvre. Une autre fois, au moment du vrai départ, je me trouvais à côté de Dick Smothers, membre d'un duo comique très célèbre à la télé américaine. Tout ce que j'avais trouvé à lui dire pour détendre un peu l'atmosphère avait été que moi aussi je faisais de la télévision. Nul doute que le monsieur avait dû être très impressionné…

Lors des départs Le Mans, nous les conducteurs de Porsche, bénéficions d'un mince avantage qui fait aujourd'hui partie de la légende de la course automobile. Contrairement à la presque totalité des voitures, la clé de contact des Porsche est placée à gauche du volant, particularité qui vient de l'héritage sportif de la marque. Cette astuce permettait aux pilotes de boucler leur ceinture de la main droite tout en lançant le moteur de la main gauche, ce qui se traduisait sans doute par un gain de quelques dixièmes de seconde et, peut-être, de quelques positions d'avance en début de course. Aujourd'hui, même au Mans, ce type de départ appartient à l'histoire.

EN PISTE ET... AUX TOILETTES AVEC GRAHAM HILL

Avant de quitter Sebring, permettez-moi d'ajouter une anecdote plutôt amusante, qui démontre de manière assez embarrassante l'état pitoyable des lieux. Avant le départ de la course, le stress aidant, on éprouve souvent le besoin d'aller aux toilettes. En suivant les flèches indiquant la direction de ce lieu de soulagement, je me retrouvai derrière une sorte de mur en bois où s'alignaient quelques cabinets d'aisance séparés par le néant. On s'assoyait en faisant mine de ne pas voir le voisin, mais j'avais tout de même reconnu à mes côtés le champion du monde de formule 1, Graham Hill. Le sachant doué d'un sens de l'humour très britannique, je ne pense pas qu'il se soit senti mal à l'aise, mais il reste que je peux quand même me vanter de ce moment de grande intimité avec une célébrité de la course automobile.

Au cours de mes 18 années de compétition automobile, je me considère privilégié d'avoir couru contre (ou avec) quelques-uns des pilotes dont les noms sont profondément ancrés dans l'histoire de la course quand ils ne sont pas devenus de véritables légendes : Graham Hill bien sûr, John Surtees, Bruce McLaren,

Dan Gurney, Jim Clark, Jackie Stewart, Phil Hill, Mario Andretti, Pedro Rodriguez, A.J. Foyt et de nombreux autres. Si j'ai eu le bonheur de côtoyer toutes ces célébrités de la formule 1, c'est que, dans les années 1960 et 1970, la carrière de ces coureurs ne se limitait pas aux Grands Prix et qu'ils arrondissaient leurs fins de mois en s'adonnant au pilotage de prototypes pour le compte de divers constructeurs. Comme ces voitures évoluent le plus souvent dans des courses d'endurance, ce qui était ma spécialité, nous partagions souvent le même bitume. La grande majorité étaient des êtres charmants qui ne ressemblaient en rien aux divas que l'on croise souvent aujourd'hui dans les paddocks de formule 1.

UN GRAND HONNEUR DE PORSCHE

Au Québec, Jacques Bienvenue devint un adversaire de plus en plus redoutable, surtout après que son mécanicien eut arraché son rétroviseur intérieur afin qu'il ne se laisse plus distraire par ma présence derrière lui. Ce fut à son tour de gagner le championnat, même si j'avais réussi à le battre dans une épreuve préliminaire au Grand Prix de Trois-Rivières. Malgré cette saison en dents de scie, j'oubliai tous mes déboires à l'automne de 1970 quand je fus invité au souper annuel de la compagnie Porsche à Stuttgart, un événement destiné à couronner les pilotes privés s'étant distingués au volant de voitures de la marque. Après une journée au circuit de Hockenheim à rencontrer les pilotes d'usine (Jo Siffert et Pedro Rodriguez) qui faisaient de leur mieux pour nous donner la frousse au volant des puissantes 917, je me vis remettre par Ferry Porsche lui-même une bielle en titane signée de sa main en guise de trophée pour mes accomplissements des dernières saisons. Cet honneur fut suffisant pour me faire oublier les dizaines de milliers de dollars dépensés chez Porsche depuis le début de ma carrière.

En serrant la main de M. Porsche, je me mis à penser à ce jour lointain où, lors d'une réunion du club Porsche du Québec (sans doute trop arrosée), nous l'avions appelé au téléphone à

4 h. du matin, heure d'Europe, pour lui demander d'apaiser les rumeurs qui circulaient concernant une alliance avec Mercedes Benz dans la construction d'une voiture de course aux couleurs allemandes. C'était une fanfaronnade de notre part et nous étions loin de nous imaginer qu'elle irait aussi loin. Nous avions obtenu tout bonnement le numéro de sa résidence de Stuttgart en le demandant à l'information d'outre-mer et, à notre grande stupéfaction, M. Porsche lui-même avait courtoisement répondu à l'appel.

Cela dit, ce geste de reconnaissance à mon égard prit une tout autre tournure l'année suivante.

MA PLUS BELLE VICTOIRE

La voiture qui me permit de remporter la plus belle victoire de ma carrière est aussi celle qui me causa le plus de soucis et qui fut à l'origine de ma rupture avec Porsche. À la fin de la saison 1970, je vendis ma 911 pour m'intéresser à un nouveau modèle présenté par le constructeur allemand comme le *nec plus ultra* dans la catégorie Grand Tourisme de moins de 2 litres. Il s'agissait de la Porsche 914-6 GT, construite à quelques exemplaires seulement par le département compétition de l'usine. Elle se distinguait surtout par son moteur 6 cylindres à plat avec bielles en titane emprunté à la Porsche 906 et développant 230 chevaux, comparativement à 125 seulement pour une 914-6 de série. La voiture me fut livrée la veille de Noël par un cargo aérien d'Air Canada et on s'empressa de la peindre aux couleurs de Sunoco avant de l'exposer au Salon de l'auto. Sitôt l'événement terminé, la 914 fut chargée sur une remorque et transportée à Daytona Beach, où j'irais la rejoindre par avion pour disputer les 24 Heures avec Bob Bailey et George Nicholas.

Des 48 voitures inscrites, pas moins de la moitié étaient dans la même catégorie que nous (2,5 litres et moins). C'était la promesse d'une compétition féroce. Même si nous n'avions pas les moyens financiers de la plupart de nos rivaux, j'avais recruté l'ancien chef d'équipe de notre plus redoutable adversaire, Peter Gregg, un dénommé Sonny Vogel, qui avait échafaudé son propre plan pour battre son ex-patron. Ce dernier avait obtenu un temps de qualification légèrement meilleur que le nôtre dans une voiture identique. Il n'y avait toutefois pas de honte à partir deuxième, surtout qu'une course de 24 Heures, c'est très long, selon un bon vieux cliché.

Je pris le départ de la course et réussis à échapper à l'inévitable bousculade du premier tour tout en gardant Peter Gregg et sa 914-6 GT orangée dans mon viseur. À chaque tour, Monique ou un équipier me présentait le panneau indicateur affichant mon dernier temps et les lettres OK, signifiant que je respectais le plan de match de Sonny, c'est-à-dire de laisser Gregg abuser de sa mécanique pour rester en avant et ainsi garder nos autres adversaires derrière. Selon notre chef d'équipe, la tactique idéale consistait à attendre la nuit et un temps plus frais, salutaire à la mécanique, pour foncer en avant. Ce vieux renard avait vu juste et quelques heures avant la tombée du jour (la course avait débuté à 15 heures) Gregg entrait aux puits avec un moteur sérieusement mal en point. Il restait à bien gérer le reste de la course. Je m'amusai une bonne partie de la nuit à changer de position avec la Ferrari Daytona de Sam Posey, que je doublais dans la partie sinueuse du circuit et qui reprenait l'avantage dans la ligne droite. Cela dura près de deux heures, à tel point que nous en étions venus à nous saluer chaque fois que l'un doublait l'autre. Ce qu'il y avait de plus ahurissant toutefois en conduite nocturne, c'était de vous faire doubler par les meneurs, ces prototypes Porsche ou Ferrari de la catégorie supérieure qui semblaient soudés les uns aux autres et s'amenaient sans crier gare à une vitesse supersonique. Après une ou deux fois, je me méfiais de ce que j'avais surnommé « l'express de minuit ».

Le seul incident se produisit au petit matin quand une pluie fine se mit à tomber sur la piste, rendant la conduite particulièrement hasardeuse à plus de 200 km/h dans les virages inclinés.

Nous n'avions pas prévu le coup et notre faible budget ne nous avait pas permis d'acheter un jeu de pneus pour la pluie. Nous décidâmes d'installer les pneus d'origine de la voiture, des Pirelli de route que l'on disait très bons par temps de pluie. Hélas, ce fut une grossière erreur et cela faillit nous coûter cher lorsque je perdis le contrôle de la 914 à l'entrée d'un virage à environ 160 km/h. Pendant ce magistral tête-à-queue au cours duquel la voiture ne cessait de virevolter, je ne m'inquiétais pas de mon propre sort, mais seulement des dommages que la voiture allait subir et aux conséquences de ma maladresse. Je voyais la victoire s'envoler et je ne pensais qu'au moral de l'équipe dont les nombreux efforts seraient réduits à néant.

Le petit Jésus était sans doute de mon côté car la voiture s'immobilisa finalement sans avoir rien touché. À 14 h 58, le dimanche, j'entrepris le dernier de nos 579 tours du circuit de 3,81 milles de Daytona Beach. En passant le fil d'arrivée, je ne pus m'empêcher d'éclater en sanglots en voyant tous les membres de l'équipe sauter de joie, lançant leurs casquettes dans les airs et se donnant de chaleureuses accolades.

Nous avions terminé à la septième position au classement général et à la première place de la catégorie GT, un exploit peu commun pour une voiture à moteur 2 litres. C'était aussi la première fois qu'une équipe canadienne parvenait à un tel résultat dans une épreuve du championnat du monde des constructeurs, une performance qui n'a pas été égalée depuis. Nous avions couvert 2 206 milles (environ 3 700 kilomètres) à la moyenne de 91,9 mph, un nouveau record de la classe GT. De plus, nos 11 arrêts aux puits de ravitaillement avaient totalisé seulement 18 minutes. C'est d'ailleurs cette efficacité de l'équipe combinée à la grande régularité des pilotes qui expliquait en bonne partie notre réussite. Et pour ceux que ces détails intéressent, nous avions effectué 13 317 changements de vitesse (23 par tour). Plus tard sur le podium, où nous rejoignîmes Pedro Rodriguez, Jackie Oliver (les gagnants au classement général sur une Porsche 917K) et Miss

Univers, on fit entendre l'hymne national du Canada et cette cérémonie fut incontestablement le plus beau souvenir de ma carrière
de coureur automobile. Comme l'avait fait remarquer un journaliste le lendemain, il s'agissait alors de la toute première victoire
internationale dans les annales du sport automobile canadien.

Après le podium, j'eus droit à une entrevue radiophonique
au cours de laquelle le commentateur me présenta sous le nom
de « Jayquess Devil », déchaînant les rires de tous ceux qui
parlaient français autour de nous et ils étaient nombreux. Mon
commanditaire Sunoco avait invité les gagnants d'un concours
organisé par la compagnie dans ses stations-service partout au
Canada. Le plus drôle, c'est que Sunoco commanditait aussi la
toute-puissante équipe Penske, qui disposait d'une Ferrari 512
(faisant désormais partie de la collection privée de M. Lawrence
Stroll, propriétaire du circuit Mont-Tremblant) conduite par l'un
des meilleurs pilotes du monde en la personne de Mark Donahue.
Or, malgré des moyens imposants, la voiture n'avait pas pu faire
mieux qu'une 3e place, retardée par des ennuis mécaniques.

De retour à Montréal, ce fut l'euphorie et le maire Drapeau
nous invita à signer le livre d'or de la ville lors d'une somptueuse
réception commanditée par la brasserie Molson et Jacques
Bienvenue Auto. Tous les membres de l'équipe étaient présents, y
compris ceux que nous avions recrutés en Floride et qui avaient
fait le voyage pour la circonstance.

Comme je l'ai souligné plus haut, cette fameuse Porsche
914-6 GT ne fut que déception par la suite. Dès la course
suivante, les 12 Heures de Sebring, où tout le monde s'attendait
à nous voir renouveler l'exploit de Daytona, la voiture se révéla
beaucoup moins compétitive. Il était évident qu'elle avait souffert du stress des 24 Heures et le châssis manquait de rigidité
pour affronter le circuit bosselé de Sebring. La tenue de route
avait fondu, le passage des vitesses était devenu laborieux et la
torsion du châssis avait même fait craquer le pare-brise. Après
d'horribles qualifications, la course ne fut guère mieux et j'ai

même oublié comment elle se termina tellement elle me laissa un goût amer après le triomphe de Daytona. C'est Internet qui m'a rafraîchi la mémoire tout en confirmant notre pitoyable résultat des 12 Heures de Sebring, où nous fûmes crédités d'une peu reluisante 17e position au classement général, assortie d'une 4e place dans notre catégorie. À titre anecdotique, le même site Internet signale que l'astronaute Pete Conrad avait aussi participé à la course dans une voiture identique à la nôtre, mais qu'il fut contraint d'abandonner à cause d'ennuis mécaniques. Au moins, nous n'avions pas été les seuls à être laissés en plan par la Porsche 914-6 GT.

Je contactai l'usine et on m'apprit que l'on était au courant de la faiblesse du châssis et qu'une trousse de renforcement serait bientôt disponible pour la somme de 2 000 $. Après avoir payé 12 500 $ pour cette 914 que l'on m'avait dit modifiée pour la course, je n'étais pas prêt à débourser ce supplément, surtout après la victoire et toute la publicité dont l'usine avait bénéficié à l'occasion des 24 Heures de Daytona. J'étais même allé à New York enregistrer des publicités radiophoniques et mes citations apparaissaient dans les brochures de la marque. Conséquemment, je pensais avoir droit à un peu plus de considération de la part des gens de chez Porsche. Je décidai de finir la saison avec cette voiture un peu bancale tout en me promettant de ne jamais plus acheter une Porsche.

PAS CONTENT, LE MONSIEUR

Comme si ce n'était pas suffisant, nous allions connaître l'ignominie de ne pas nous qualifier en vue des 6 Heures de Watkins Glen dans l'État de New York. Je me souviens très bien que pendant les qualifications, le pilote suédois de F 1 Joakim Bonnier me fit un doigt d'honneur dans un virage où je ne roulais pas aussi vite qu'il l'aurait souhaité. J'allai le voir plus tard pour lui dire qu'il n'était qu'un imbécile et que s'il voulait rouler sur la piste en solo, il n'avait qu'à la louer pour lui tout seul.

Ce fut sans doute la frustration qui, une fois de plus, me fit agir comme je l'ai fait lors de la dernière course de la saison sur le tout nouveau circuit de Sainte-Croix près de Québec. Ayant reçu un drapeau noir (indiquant de rentrer aux puits à cause d'une infraction) que je ne croyais pas mériter, je refusai pendant plusieurs tours d'obtempérer aux ordres du directeur de la course. Je savais que j'avais doublé un concurrent sur un drapeau jaune (interdiction de dépasser), mais il s'agissait d'une voiture en panne qui roulait très lentement et dont le conducteur m'avait fait signe de passer pour ne pas me retarder indûment. Les officiels voyaient toutefois mon geste autrement et décidèrent de m'imposer une pénalité. Mon copilote prit le volant pendant que, fou de rage, j'escaladais quatre à quatre les marches de l'escalier conduisant à la tour de contrôle. Je me mis à enguirlander le directeur de course pour finalement clore la conversation en lui lançant mon casque protecteur dans les jambes. Manque de chance, mon interlocuteur se déplaça pour l'éviter et le casque atterrit aux pieds d'une pauvre femme qui n'avait rien à voir avec tout ça. J'eus l'air d'un imbécile et cet incident reflète bien ce que fut ma saison 1971 après le septième ciel de Daytona.

Ironie du sort, cette Porsche 914-6 GT revint dans ma vie 20 ans plus tard, soit en 1991, après avoir été rachetée par un passionné de ce modèle, Gary Wigglesworth, qui la remit exactement dans le même état que lors de son triomphe à Daytona Beach. Même les chiffres placés tout croches à la hâte en 1971 ont été replacés de la même façon, tandis que mon nom et celui de mon mécano Werner Finkbeiner apparaissent toujours sur le montant central. Quand je revis la voiture lors d'un événement soulignant les 20 ans de l'épreuve floridienne, j'eus un choc et me sentis basculer deux décennies en arrière. Bob Bailey était là aussi et nous roulâmes ensemble dans la voiture dans une petite course fraternelle baptisée « Les 24 Minutes de Daytona ». L'auteur de la renaissance de notre voiture nous expliqua que l'habitacle avait subi de lourds dommages lors d'un incendie causé par un court-circuit et au cours duquel le propriétaire d'alors avait été grièvement brûlé.

Aujourd'hui, la voiture est la propriété de Tom Burdge, qui l'a rachetée de Gary Wigglesworth avant son décès. Elle est toujours dans son état original et j'ai eu le bonheur de la piloter en piste il y a deux ans au circuit Mont-Tremblant. La mémoire étant ainsi faite, j'avais oublié tous les problèmes qu'elle m'avait causés pour ne me rappeler que le plus beau moment de ma carrière. Cette Porsche est devenue avec le temps une sorte d'icône hautement respectée par les connaisseurs, puisqu'elle est l'une des seules 914-6 GT à avoir gagné une épreuve aussi prestigieuse que les 24 Heures de Daytona. Cela lui confère un statut particulier et, surtout, une valeur de collection qui fait que son propriétaire hésite désormais à disputer à son volant des courses de voitures anciennes.

UN SÉRIEUX ACCIDENT

En 1972, après avoir été surnommé « Monsieur Porsche » à cause de ma fidélité à la marque et à mes succès avec ses voitures, ce fut le divorce et le début d'un éclectisme qui me vit conduire aussi bien une Renault 17 Gordini que d'immenses Chevrolet Camaro et Corvette. C'est d'ailleurs au volant de cette dernière que j'ai été victime de l'un des plus sérieux accidents de ma carrière.

Commanditée par BF Goodrich, cette Corvette, que je partageais avec l'Ontarien Al Mason, servait en quelque sorte de banc d'essai pour un pneu de route radial haute performance. Malgré leur excellent rendement dans un environnement routier, ces pneus n'étaient pas tout à fait adaptés à la course et, selon les circuits, ils nous faisaient perdre de 3 à 6 secondes par tour par rapport à une voiture identique chaussée de pneus de course *slicks*, c'est-à-dire sans rainures. Au freinage, par exemple, il fallait s'y prendre plus tôt.

C'est ce que j'omis de faire lors de ma première course au circuit de Sainte-Croix au volant de cette Corvette. En outre, mes repères étaient gravés dans mon cerveau à partir de la conduite de mes nombreuses Porsche précédentes. Au bout de la ligne droite, les roues de la Corvette se bloquèrent suite à un freinage un peu trop appuyé et j'allai m'encastrer dans les glissières de métal bordant le dernier virage du circuit. Le choc fut si brutal qu'il fallut pas moins de 30 minutes pour dégager la voiture emprisonnée par les rails de sécurité. Je n'avais pas été blessé, quoique j'aie longtemps soupçonné que mes douleurs au dos apparues peu après étaient attribuables à la violence de l'impact lors de cet accident.

Le reste de la saison au volant de cette Corvette de 550 chevaux ne fut guère plus reluisant. En vérité, aux yeux du public qui se souvenait de moi comme d'un pilote gagnant, j'avais l'air d'un inepte débutant; les gens ignoraient que nos contre-performances s'expliquaient par la présence de pneus inadaptés.

Au cours des années suivantes, les budgets de courses étaient devenus astronomiques. Alors que je m'en étais tiré jusque-là avec des dépenses variant entre 15 000 $ et 25 000 $, les deux seules options désormais étaient de « suivre la parade » avec un budget de famine ou de rester compétitif moyennant des investissements de 100 000 $ et plus. Je n'en avais pas les moyens et je me laissai solliciter par Renault Canada qui, avec l'aide de Renault Longueuil, avait préparé une 17 Gordini de 160 chevaux pour laquelle la compagnie cherchait un autre pilote afin de seconder Mario Vallée. J'acceptai ce rôle et aussi celui de metteur au point, car la voiture éprouvait de sérieux problèmes de tenue de route. Il n'était pas facile de mettre la puissance au sol dans une traction comme la Renault 17. Je suggérai quelques modifications et l'adoption d'un différentiel autobloquant, ce qui nous fit tout de suite gagner quelques secondes.

Cependant, je me battais désormais pour des places d'honneur (dans les dix premiers peut-être) et non pour la victoire et je ne me suis jamais plu à faire de la simple figuration. Me défoncer pour grappiller une huitième place n'a jamais été ma tasse de thé. Je perdis graduellement tout intérêt pour le sport jusqu'à l'ouverture du circuit de l'île Notre-Dame à l'occasion du premier Grand Prix du Canada en 1978. Je tenais absolument à faire une course sur cette nouvelle piste avant de fermer les livres. Ladite course se termina au bout de quelques minutes à cause d'ennuis mécaniques. Je décidai de ranger mon casque jusqu'à ce que Jacques Bienvenue me demande, quelques mois plus tard, de le seconder comme copilote de sa Porsche 935 pour une épreuve de quatre heures à l'autodrome de Saint-Eustache. Je retrouvais là une voiture robuste, fiable, agréable à conduire et c'est sans mal que nous réussîmes à gagner cette minicourse d'endurance.

RETOUR EN PISTE À 71 ANS

Cette année-là, j'avais plus ou moins fait mon deuil de la course automobile, mais c'était une retraite à la manière de ces artistes qui en sont à leur 27e tournée d'adieu et qui n'ont pas perdu la passion de leur métier… ou de l'argent. Comme il est exclu de faire la moindre petite « cenne noire » en course automobile au niveau amateur au Québec, c'est évidemment mon engouement démesuré pour ce sport qui m'a fait reprendre le volant, d'abord en 1982 avec une éprouvante Ford Escort GT et, plusieurs années plus tard, en Vintage (courses de voitures anciennes) en compagnie de François, que j'hésite à appeler mon fiston depuis qu'il a célébré ses 50 ans.

Mon premier fils nourrit un amour frôlant l'idolâtrie pour les Porsche 911, qu'il achète d'occasion et qu'il revend après leur avoir donné une nouvelle jeunesse. Je sais d'où il tient sa fanatique admiration pour ces voitures allemandes, mais j'ignore totalement ce qui a fait de lui un bricoleur hors pair capable de démonter une 911 du premier au dernier boulon et de la reconstruire sans se retrouver avec des pièces en trop. Sa dernière conquête est cette Porsche 1973 que nous nous partageons depuis trois ans dans les courses de voitures anciennes. Notre équipe s'appelle d'ailleurs *Duval et fils*. Je m'adonne aussi à ce qu'il est convenu d'appeler les épreuves pour « célébrités » (pas toujours célèbres) comme la course de New Beetle organisée à l'occasion du Grand Prix du Canada en 2000 par Volkswagen. Comme la voiture ne se vendait pas au rythme escompté par le constructeur allemand, principalement parce qu'on lui avait accolé l'image d'une voiture de filles, le service de marketing de la marque avait eu l'idée d'implanter en Amérique une série qui marchait très bien en Europe, la New Beetle Cup. Deux épreuves avaient été prévues pour l'Amérique, une sur le circuit Gilles-Villeneuve et l'autre à Road Atlanta en Géorgie.

Pour en retirer le maximum de visibilité, Volkswagen avait eu l'idée de confier les voitures à diverses personnalités du monde de l'automobile et principalement à des pilotes ayant une expérience de la course automobile. Je fus l'un des 18 pilotes invités pour la course de Montréal. Peu chanceux, je tirai d'ailleurs le numéro 18 lors du tirage au sort des positions de départ. Un journaliste automobile bien connu que je ne nommerai pas réussit à s'inventer une carrière de coureur automobile pour être admis sur la grille alors qu'un bonhomme comme Bertrand Godin ne fut même pas retenu parmi les participants. Et c'est ce même journaliste qui me ferma la porte quand je voulus le dépasser à l'entrée des S peu après la ligne de départ, endommageant suffisamment ma voiture pour m'empêcher de continuer. On eut dit que la guerre qui sévit depuis longtemps dans le milieu du journalisme automobile avait trouvé son champ de bataille sur le circuit Gilles-Villeneuve.

Le responsable de l'accrochage précité n'en était d'ailleurs pas à sa première gifle à mon endroit. Vers la fin de mon séjour chez Ford, Alain Stanké et moi avions mis sur pied un projet d'émission de télé sur l'automobile. Alain avait même investi pas mal d'argent pour tourner une émission pilote d'une demi-heure montrant à quoi pourrait ressembler l'émission que nous avions en tête et qui s'appelait *Automag*. Plusieurs années auparavant, j'avais fait enregistrer ce titre, que je trouvais chouette, dans le but de l'utiliser un jour pour un magazine automobile écrit ou télévisé. L'émission pilote fut présentée au responsable des émissions de TVA, Michel Chamberland. Ce dernier ayant ensuite quitté son poste, notre projet resta sans suite, mais il fut habilement récupéré plus tard par notre coureur automobile improvisé, avec le titre que nous avions suggéré. Croyez-moi, ce n'était pas le fruit du hasard, puisque l'ex-employé de TVA faisait partie de la maison de production responsable de l'émission *Automag*. Mes efforts pour récupérer le titre furent vains, compte tenu qu'un nom qui n'a pas été exploité pendant plusieurs années revient au domaine public. Cela s'appelle néanmoins du plagiat et dénote un manque d'imagination total.

Le même titre fut repris peu après pour un magazine automobile et, malgré l'objection qu'il était ma propriété, je fus incapable encore une fois d'intenter une poursuite, pour la même raison que la fois précédente. Encore une fois, ce monde que j'ai aimé passionnément pendant la plus grande partie de ma vie m'est apparu sous un jour misérable où l'orgueil pousse à jouer du coude et du couteau sans aucun égard pour ceux qui en ont tracé la route.

PALMARÈS PARTIEL DE JACQUES DUVAL EN COURSE AUTOMOBILE

Au cours d'une carrière en course automobile étalée sur 18 ans, Jacques Duval a accumulé plus de 125 trophées. Ainsi, en 1969, au volant d'une Porsche 911, il a récolté 11 victoires d'affilée, un succès couronné par le titre de Champion du Québec.

Les résultats dans les pages suivantes ont été regroupés à partir de souvenirs personnels, d'articles de journaux ou d'extraits du livre *RPM* de Pierre Luc. Faute d'une documentation exhaustive, plusieurs résultats sont malheureusement manquants. (JD)

PRINCIPAUX TITRES

Année	Titre	Trophée	Voiture
1963	Meilleur pilote de voiture sport au Québec	Trophée Stirling Moss	Porsche Super 90
1964	Meilleur pilote de voiture sport au Québec	Trophée Stirling Moss	Porsche Super 90
	Champion, 2e position	Championnat du Québec	Porsche Super 90 GT/ Porsche Carrera Abarth Zagato
1965	Meilleur pilote de voiture sport au Québec, champion du Québec	Trophée Stirling Moss	Porsche 904
1966	Champion du Québec	Trophée Stirling Moss	Porsche 904
1967	Champion du Québec	Coupe Alitalia	Porsche 906
1968	Champion du Québec	Coupe Alitalia	Porsche 911 S
1969	Champion du Québec		Porsche GT

RÉSULTATS

Année	Position	Course	Lieu	Voiture
1961	2^e	Course novice	Saint-Eugène	Porsche Super 90 roadster
	2^e	Trophée CBC	Saint-Eugène	Porsche Super 90 roadster
	1er	Voitures sport 1600 cm^3	Saint-Eugène	Porsche Super 90 roadster
1962	1er	Course de côte	Gaspé	Porsche Super 90 roadster
	1er	Course de côte	Percé	Porsche Super 90 roadster
	1er	Voitures sport 1600 cm^3	Saint-Eugène	Porsche Super 90 roadster
1963	3^e	Voitures sport, 2 litres et moins	Saint-Eugène	Porsche Super 90 coupé GT
	1er	Course de côte	Gaspé	Porsche Super 90 coupé GT
	1er	Course de côte	Percé	Porsche Super 90 coupé GT
1964	**1er de classe, 3e classement général**	Players Québec	Mont-Tremblant	Porsche Super 90 GT
	1er	Course de côte	White Face Mountain, Vermont	Porsche Super 90 GT

Année	Position	Course	Lieu	Voiture
1965	1er	Oak Cup Trophy races	Mosport	Porsche 904
	1er	Voitures sport	Mont-Tremblant	Porsche 904
	1er de classe	Players Québec	Mont-Tremblant	Porsche 904
	2^{e}	Players 200	Mont-Tremblant	Porsche 904
	3e avec Horst Kroll	Sundown GP	Mosport, Ontario	Porsche 904 GTS
1966	2e en catégorie avec Horst Kroll	12 Heures de Sebring	Floride	Porsche 904
	1er de classe	Trophée Pepsi-Cola	Mont-Tremblant	Porsche 904
	2^{e}	Labatt 50	Mont-Tremblant	Porsche 904
	2^{e}	Players 200	Mont-Tremblant	Porsche 904
	3^{e}	Players Québec	Mont-Tremblant	Porsche 904
	1er avec Dave Greenblatt	6 Heures de Mont-Tremblant	Mont-Tremblant	Ferrari Dino 206
1967	1er Voitures sport toutes catégories	Players 200	Mosport	Porsche 906

Année	Position	Course	Lieu	Voiture
1967	1er	Grand Prix de Trois-Rivières	Trois-Rivières	Porsche 906
	2^e	Course USAM	Mont-Tremblant	Porsche 906
	2^e	Course Can-Am	Mont-Tremblant	Porsche 906
	4e moins de 2 litres	Course Can-Am	Riverside, Californie	Porsche 906
	1er avec Jean-Paul Ostiguy	6 Heures de l'ACAM	Mont-Tremblant	Porsche 906
1968	1er	Grand Prix Esso (course sur glace)	Plaines d'Abraham, Québec	Porsche 911 S
	1er	Voitures sport	Mont-Tremblant	Porsche 911 S
	1er	Grand Prix de Trois-Rivières, course voitures sport	Trois-Rivières	Porsche 911 S
	3e de classe avec Horst Kroll	12 Heures de Sebring	Floride	Porsche 911 S
	4e de classe avec Mario Cabral	BOAC 500	Brands Hatch, Angleterre	Porsche 906
	2^e	Course Trans Am	Mont-Tremblant	Porsche 911 S

Année	Position	Course	Lieu	Voiture
1969	11 victoires			
	1er avec George Nicholas et Yvon Duhamel	6 Heures de Mont-Tremblant	Mont-Tremblant	Porsche 911 S
1970	7 victoires			
	2e de classe avec George Nicholas et Bob Bailey	12 Heures de Sebring	Floride	Porsche 911 T
1971	1er GT avec Bob Bailey et George Nicholas	24 Heures de Daytona	Floride	Porsche 914-6 GT
	4e GT avec Bob Bailey et George Nicholas	12 Heures de Sebring	Floride	Porsche 914-6 GT
1978	1er avec Jacques Bienvenue	3 Heures de Saint-Eustache	Saint-Eustache	Porsche 911 RSR

INDEX PARTIEL DES NOMS CITÉS

Ma mère, Gabrielle Baribeau, dans ses plus
beaux atours. Elle avait 34 ans.
(archives personnelles)

Mon père, Omer Duval, avec sa moustache
hitlérienne.
(archives personnelles)

Moi, il y a 72 ans.
(archives personnelles)

Avec ma première blonde,
Annabelle Larue, la petite
voisine.
(archives personnelles)

La maison sur le trottoir : le 109 rue Saint-Joseph à
Bienville (Lévis) où j'ai grandi.
(archives personnelles)

Me voilà à 8 ans, « prisonnier »
du Pensionnat Saint-Louis de
Gonzague. Notez ma coupe de
cheveux « bol de soupe ». On
met un bol sur la tête et on
coupe ce qui dépasse.
(archives personnelles)

Ma première épouse, Berthe, et moi lors de notre première rencontre, inconfortablement installés sur le capot de ma Ford 1955 au lac du Huit à Thetford Mines.
(archives personnelles)

À 24 ans, déjà marié et bien nourri, tenant mes deux fils dans mes bras, Pierre à gauche et François à droite.
(archives personnelles)

Une initiation à la course automobile pour mon fils Pierre, ici près du virage Namerow au circuit Mont Tremblant.
(archives personnelles)

Berthe, en 1963, avec notre progéniture au grand complet, Brigitte, Pierre et François.
(archives personnelles)

Toute la famille grandit au contact des voitures de course. Ici, c'est Pierre près de mon Alfa-Roméo Giulietta Sprint Veloce 1960.
(archives personnelles)

François, quant à lui, rêvait déjà à sa première Porsche au volant de ma 906, ma plus belle voiture de course.
(archives personnelles)

Ce jour-là, Brigitte, 3 ans, faisait la « babounne », pas contente de poser devant la bruyante Porsche 904 GTS de son papa.
(photo : © Gilles Corbeil)

Ma photo préférée. Sur la ligne de départ du circuit Mont Tremblant en 1969, le père Duval 35 ans et ses rejetons, François 13 ans, Pierre 11 ans et Brigitte 6 ans, prêts pour le sprint de la vie. (archives personnelles)

Avec Brigitte, Monique, son chat adoré Tom à notre 3e maison de Saint-Bruno en 1978.
(archives personnelles)

Avant que j'épouse Monique, j'ai eu l'honneur d'être le témoin de Rogy (Rogatien Vachon) à son mariage dans les années 1970. Ici, mon grand ami ne semble pas apprécier la façon dont j'embrasse la mariée, Nicole.
(photo : © James Gauthier)

Le mariage, c'est du gâteau. Monique et moi lors du grand jour en 1982.
(archives personnelles)

Ma meilleure amie, Caroline Desrosiers, est un peu ma sœur, une sœur que je n'ai jamais eue. Notre amitié est forte de plus de 30 ans.
(archives personnelles)

L'abbé Jean-Guy Dubuc avait gentiment accepté de célébrer notre mariage à la maison. Parmi les invités, à gauche de Monique, Marie Labelle (un peu cachée) et Nicole Vachon, et à ma droite, Gaby, la mère de Monique et Gérald Labelle.
(archives personnelles)

Une brochette d'assoiffés : mon fils François, Paul Colbert, Bob Ferland, le nouveau marié, Gérald Labelle, Serge Ruhlmann, Bob Harding, Jean-Guy Dubuc et Rogatien Vachon.
(archives personnelles)

Ma belle-sœur Julie et son mari, Serge Ruhlmann, le frère de Monique à notre mariage.
(archives personnelles)

Ma filleule Annie lors de mon mariage avec Monique, en 1982. Elle est aujourd'hui mariée et mère d'un garçon, Jérémy.
(archives personnelles)

L'auteure de mes jours et moi le jour de mon mariage avec Monique, en 1982. Ma mère avait alors 76 ans.
(archives personnelles)

Monique n'a séjourné que 5 semaines dans sa maison de rêve à Knowlton. Ceci est la dernière photo d'elle et moi avant son décès.
(archives personnelles)

Séance de bronzage sur la plage de Singer Island, en Floride : dans l'ordre habituel, Paul Colbert et son épouse, Denyse St-Pierre, mon fils Pierre, Monique et devinez qui? (archives personnelles)

Partons la mer est belle… Monique et moi en balade sur l'Intracoastal en Floride. Je venais d'apprendre que j'étais atteint d'un cancer. (archives personnelles)

De père en fils. Quelques sages conseils à Pierre au moment où il s'apprête à disputer une course de go-kart.
(archives personnelles)

Mon fils François avec ses deux enfants, Véronique (celle qui risque de faire de moi bientôt un arrière-grand-père) et Jean-Philippe.
(archives personnelles)

La musicienne de la famille, Valérie, harpiste, qui vient d'être admise au Conservatoire de Vincent d'Indy.
(archives personnelles)

Papi avec les deux filles de Brigitte : Alyssia (debout) et Marie.
(archives personnelles)

Vous avais-je dit que j'avais le don d'ubiquité ? Encadré par ma fille Brigitte et mon fils François lors de mon 70ᵉ anniversaire, je suis également au volant de la Fiat Multipla de Richard Petit. (archives personnelles)

Une scène trop coutumière de ma vie d'automobiliste impénitent.
(archives personnelles)

Celle que la chance a mise sur mon chemin, Suzanne Charest, ma conjointe actuelle lors d'une réception chez nos amis Josée et Pierre Rochon.
(archives personnelles)

Ma première photo « professionnelle ». Je me prends pour Humphrey Bogart avec l'imper et le regard ténébreux. (archives personnelles)

À CKVL, il n'y avait pas pénurie d'annonceurs. En studio ici, Claude Duparc, Normand Maltais, moi et Léon Lachance. Derrière la vitre, le technicien Jean-Guy Masson. (archives personnelles)

Claude-Henri Grignon

Sainte-Adèle,
2 Mars , 1956

à Monsieur Jacques Duval,
    Poste CKVL,
    Verdun, Province de Québec.

Cher monsieur Duval,

            J'ai lu avec curiosité et
un plaisir évident l'article que vous avez consacré à ma modeste personne dans RADIOMONDE du
3 mars 1956. Sans plus de phrases je tiens à
vous en remercier tout de suite.

            Vous dites de grandes vérités
qui devraient réjouir mes ennemis. Vous avez vu
juste et franchement vous méritez des félicitations.

            Vos éloges sont exagérés. C'est
le genre qui veut cela mais les esprits avisés auront
tout de suite égalisé les plateaux de la balance.

            Dans quelques jours on fera le
barda dans ma bibliothèque. J'essaierai de mettre
la main sur une série complète des PAMPHLETS DE
VALDOMBRE et je vous en ferai cadeau.Il y a dans cet
ouvrage qui dura six ans quelques dizaines de pages
qui ne devraient pas vous déplaire. Faites-moi donc le
plaisir de frapper à ma porte lorsque vous viendrez à
Sainte-Adèle. L'entretien que nous aurons pourrait
peut-être nous profiter.

                    Cordialement à vous avec mes hommages
à Madame,

                    (Claude - Henri GRIGNON).

La lettre que m'adressa Claude-Henri Grignon, l'auteur des *Belles Histoires des pays d'en haut* (Séraphin) après que je l'eus interviewé pendant mon voyage de noces à Ste-Adèle. (archives personnelles)

Notre reporter Jacques Duval et son épouse en compagnie de Gilbert Bécaud.

Notre reporter Jac Duval, à gauche, a été la première personne à accompagner cet apprenti-pilote (qui désire garder l'anonymat) dans une envolée. Il a par la même occasion reçu son baptême de l'air. Lire ses impressions dans cette page.

Gilbert Bécaud, que j'avais très bien connu à mes débuts à Québec, m'invita à une rencontre de presse à Montréal en compagnie de mon épouse à l'occasion de l'un de ses premiers spectacles.
(archives personnelles)

Mon copain d'enfance, le pilote Jacques Lemelin, inaugura avec moi les bulletins de circulation du haut des airs en 1958. Incorrigible casse-cou, il perdit la vie peu de temps après alors qu'il travaillait comme pilote de brousse.
(archives personnelles)

Jac Duval interviewant Yves Montand.

Les deux "Kid Gaucho", Pierre Fournier, désarmé, et Jac Duval, de l'autre côté du revolver ... mais ne vous en faites pas, Willie Lamothe et ses Cavaliers des Plaines viendront sauver le "bon".

Yves Montand m'avait confié que les Français étaient nuls dans la production de films musicaux.
(archives personnelles)

À CKVL, j'animais notamment au Café St-Jacques l'émission de Willie Lamothe en compagnie de Pierre Fournier avec le déguisement de circonstance.
(archives personnelles)

M. Hubert Aquin qui caresse l'idée d'un Grand Prix automobile de Montréal, expose ses vues au comité et aux membres du C   b Auto Sport Métropolitain.

Une photo très rare. Le célèbre écrivain Hubert Aquin fait part
de son projet d'un Grand Prix du Canada, en 1963, devant
les membres du Club Auto Sport Métropolitain. À ses côtés,
Monique, pendant que je fais le guet derrière.
(archives personnelles)

« Jac Duval: démon du disque et
de la vitesse » résume bien ce que je
faisais en 1966 sur la couverture du
TV Hebdo.
(archives personnelles)

Quelqu'un devait m'aimer beaucoup au magazine *TV Hebdo*. M'y voici
une autre fois en première page, avec Dominique Michel cette fois, pour
annoncer mon émission *33 Tours* à Télé Métropole.
(archives personnelles)

Table ronde au *Monde du Spectacle* mon émission où les débats étaient
quelquefois vigoureux, sinon scabreux. Cette semaine-là, je recevais
Paolo Noël, Jean-Pierre Ferland, Jacques Blanchet et Pauline Julien.
(archives personnelles)

PIERRE ET JAC

L'homme au bandeau, c'est moi, les yeux aussi. Pierre Fournier fait appel à mes dons de voyant dans cette photo officielle du duo Pierre et Jac, les maîtres de la transmission de la pensée.
(photo : © Lausanne)

Un brin de maquillage dans notre loge du cabaret Casa Loma où nous étions fréquemment à l'affiche.
(archives personnelles)

Cheveux longs, favoris copieux, chemise fluo, costume Mao blanc, la Miss en shorts hyper-courts : le maire Jean Drapeau devait sûrement se demander dans quel zoo il avait atterri quand il avait accepté de m'accompagner au circuit Mont Tremblant.
(archives personnelles)

Au vieux circuit de St-Eugène, ma première voiture de sport-course, une Alfa Roméo, accusait un roulis accentué par rapport aux Porsche de la même catégorie.
(archives personnelles)

Ma première victoire en course en 1961 avec ma Porsche Super 90. Mon mécano, René Hardy, tient le drapeau à damiers pendant le tour d'honneur.
(archives personnelles)

Ma deuxième Porsche (ici avec le drapeau à damiers de la victoire) était une Super 90 comme la première, mais en version coupé. Elle était commanditée par les disques Trans Canada.
(photo : © Lionel Birnbom)

Sortie de piste dans une course sur glace avec la Renault 10 de mon épouse. Notez en riant que je n'avais pas pris le temps d'enlever le support à skis… sans doute pour avoir un meilleur freinage en cas de capotage.
(photo : © Lionel Birnbom)

Sur la grille de départ à ma première course en monoplace au volant d'une Formule Vee louée à Nassau, dans les Bahamas. J'avais terminé 5e derrière un certain A.J. Foyt.
(archives personnelles)

Ma voiture de course m'ayant fait faux bond à Mont Tremblant en 1966, mon ami Claude Gauthier m'avait offert de me prêter sa Porsche 911 de route. Il avait même poussé le dévouement jusqu'à y fixer lui-même le numéro.
(archives personnelles)

Ma Porsche Carrera Abarth Zagato de 1964, que j'avais surnommé « ma poubelle ». L'ordure n'en vaut pas moins 1 million de dollars aujourd'hui.
(archives personnelles)

Ma très belle Porsche 904 lors de l'ouverture du circuit Mont Tremblant en 1965.
(photo : © Charles Breil)

Quand j'étais jeune et beau, j'avais hérité de la 7e place au concours des 10 plus beaux hommes
du Canada sous l'égide de Lise Payette.
(archives personnelles)

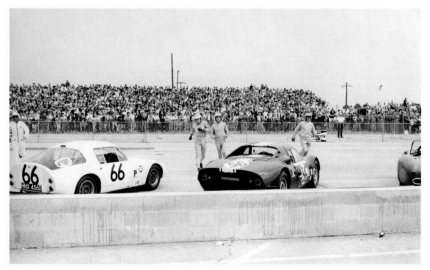

Départ Le Mans à Sebring, en Floride : je me dirige avec une enjambée de retard vers la Porsche
56. Le Canadien Bob McLean perdit la vie sous mes yeux pendant cette épreuve.
(archives personnelles)

Avant le départ des 12 Heures de Sebring de 1966 avec mon copilote Horst Kroll.
(archives personnelles)

Plein d'essence et changement de pilote aux 12 Heures de Sebring 1966. Je cède ma place à
Horst Kroll au volant de la Porsche 904 en route pour une deuxième place de la classe GT.
(archives personnelles)

Mon mécano, Werner Finkbeiner, exhibe fièrement le drapeau à damiers pendant le tour d'honneur à la suite de ma victoire au premier Grand Prix de Trois-Rivières, en 1967, au volant de ma Porsche 906.
(archives personnelles)

Quelques minutes avant le départ du BOAC 500 à Brands Hatch, en Angleterre, avec mon copilote, le Portugais Mario Cabral. À nos côtés, l'infâme Porsche 906 # 22.
(archives personnelles)

Silence, le monsieur se concentre avant le départ.
(archives personnelles)

Peintre talentueux spécialisé dans les tableaux sur la F1, Louis Hébert a accepté d'immortaliser ma Porsche 906 sur cette toile qui occupe une place d'honneur dans mon bureau. La voiture appartient désormais à Claude Picasso, le fils de Pablo.
(archives personnelles)

Au Salon de l'auto 1969, les visiteurs pouvaient admirer ma dernière voiture de course, une Porsche 911 T, dans un décor évoquant mon palmarès des dernières années.
(archives personnelles)

Àprès avoir acheté mon ancienne Porsche 911, Jacques Bienvenue m'a poursuivi comme mon
ombre pendant toute l'année suivante pour la grande joie des spectateurs.
(archives personnelles)

Premier d'une épreuve préliminaire au Grand Prix de Trois-Rivières de 1968 sur Porsche 911 S.
(archives personnelles)

À Mont Tremblant, devant la Porsche Sunoco, je présente mon mécanicien chef Werner Finkbeiner, son assistant Gérald Labelle et Laurent « peanut » Laliberté.
(photo : © Gilles Corbeil)

Entouré d'Yvon Duhamel à gauche et de George Nicholas avec le trophée des gagnants des 6 Heures de Mont Tremblant en 1969.
(archives personnelles)

Le guerrier en route vers son char avant une course Trans Am à Mont Tremblant. Il terminera 2e.
(archives personnelles)

En compagnie de George Nicholas à gauche et de Bob Bailey, mes partenaires dans ce qui fut ma plus belle victoire en course : 1er en GT aux 24 Heures de Daytona Beach 1971.
(archives personnelles)

J'aurais bien envie de vous dire que je m'apprêtais dans ma Porsche 914-6 GT # 5 à dépasser Mark Donahue dans sa Ferrari 512 (# 6), mais ce serait mentir. Ce qui ne m'a pas empêché de terminer 1er en Grand Tourisme.
(photo : © Jim Mollit)

Après plus de 10 ans à conduire des Porsche, me voilà pilote de la Corvette 454, dont les performances étaient handicapées par l'obligation de chausser des pneus de route fournis par B.G. Goodrich.
(archives personnelles)

Pour moi, ce passage de Porsche à Corvette fut un choc brutal.
(photo : © Pierre Nicolas)

COURSES CJMS
BARON CAPITANAL

conducteur   2e S.Belair
Jacques Duval   3e F.Jarraud
proprietaire   temps
La Ferme Capitanal   1:47-2
Blue Bonnets Pony, 1e Div 10 Oct 76

Troquant les chevaux vapeur contre un seul petit cheval, j'avais participé en 1976 à une course de poneys (et de célébrités ?) à Blue Bonnets organisée par CJMS. Mon « Baron Capitanal » m'avait permis de battre Serge Bélair et le regretté Frenchy Jarraud.
(archives personnelles)

L'ex-pilote de F1 René Arnoux se paie littéralement ma tête avant le départ de la course de New Beetle au circuit Gilles-Villeneuve en 2000.
(archives personnelles)

Journaliste invité à participer à la course Honda au circuit Gilles-Villeneuve en 2004, les jeunes ne me firent pas de cadeau. Parti 17e, je remontai jusqu'à la 9e place, quelquefois sur trois roues.
(archives personnelles)

La Porsche 911 de l'équipe Duval et fils fait revivre la voiture avec laquelle j'ai gagné le championnat du Québec en 1968. Je la pilote avec mon fils François dans les épreuves de voitures anciennes.
(photo : © Leslie Hart)

Un émouvant retour en arrière. En 2005 à Mont Tremblant, j'ai retrouvé ma Porsche 914-6 GT victorieuse à Daytona 34 ans plus tôt. Elle a été impeccablement conservée dans son état d'origine par son propriétaire actuel, Tom Burdge.
(photo : © Harrington photography)

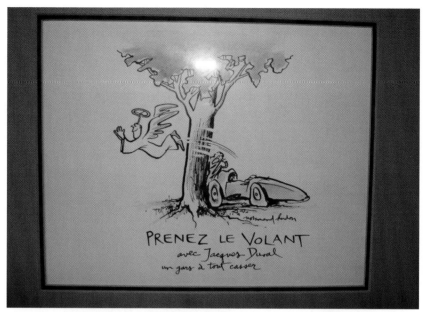

Comme je l'écris au début de cet ouvrage, il y a longtemps que je devrais être au paradis... ou en enfer. Le talentueux Normand Hudon l'avait illustré bien avant dans cette caricature publiée dans *La Presse* à la fin des années 60.
(archives personnelles)

Avec Pierre Perreault, coanimateur de *Prenez le volant*, dans les « s » du circuit Mont Tremblant, avec la voiture essayée ce jour-là, une Renault 16.
(photo : © La Fortune Studio/Raymond Turgeon)

Un hommage à tous mes caméramans : une Lotus Europa fonce vers la caméra au circuit
Mont Tremblant pendant un tournage de *Prenez le volant*. Bob Mason est le preneur de son.
(archives personnelles)

Vrai ou faux : mon premier caméraman de *Prenez le volant*, Léo Thompson, avait si peur qu'il fallait l'enchaîner dans le compartiment arrière du car de tournage? Faux : c'était pour l'empêcher d'être gêné par la force centrifuge.
(archives personnelles)

Lors des deux dernières années (72-73) de *Prenez le volant*, notre car de tournage, une Camaro en tenue Trans Am, pouvait aisément tenir tête aux Ferrari et Lamborghini mises à l'essai. Il fallait être courageux toutefois pour penser que l'arceau arrière aurait pu résister à quelques tonneaux.
(archives personnelles)

Comme en témoigne la plaque d'immatriculation de la Honda S600 et le car de tournage improvisé que nous avions utilisé ce jour-là, il s'agit ici du premier reportage d'un essai automobile réalisé à Mont Tremblant pour l'émission *Prenez le volant*.
(archives personnelles)

Je tends le micro à Pedro Rodriguez sous l'œil curieux d'Olivier Gendebien, deux pilotes célèbres dont se souviendront les plus âgés.
(photo : © Bernard Venne)

La pose qui glorifie entre une Corvette C3 et un modèle expérimental au studio de design de General Motors à Detroit, en 1968.
(archives personnelles)

Ma première visite à l'usine Ferrari en 1968, à l'époque où les secrets des F1 n'étaient pas gardés aussi férocement qu'aujourd'hui.
(Photo : © René Delbuguet)

La plus belle Ferrari jamais construite, la splendide Daytona au circuit du Mont Tremblant.
(archives personnelles)

Le créateur de la Chevrolet Corvette, Zora Arkus Duntov, m'explique le comportement du dernier modèle en vue d'un slalom sur les pistes d'essai de GM à Milford, au Michigan. (photo : © P.H. Talbot)

La Lamborghini Miura, qui fut pendant longtemps la voiture la plus rapide parmi toutes celles essayées à *Prenez le volant*. Sur une route fermée à la circulation, j'avais atteint 172 MPH avec cette voiture.
(archives personnelles)

En 1968, la vie de play-boy sur la Riviera italienne avec une splendide Maserati Ghibli.
(archives personnelles)

Le prototype de la voiture de route que le pilote de F1 Bruce McLaren voulait commercialiser.
Après le décès du pilote, la voiture fut acquise par un concessionnaire GM de Waterloo, qui
me l'avait prêtée pour un essai.
(archives personnelles)

Devant le palais royal à Tokyo lors de mon premier voyage au Japon, en 1971, pour visiter Toyota City… en Toyota bien sûr.
(archives personnelles)

Les rôles sont inversés. J'apprends à notre hôtesse japonaise comment manipuler les baguettes.
(archives personnelles)

Pour les Olympiques de 1976, l'ORTO m'avait engagé pour piloter le car de tournage, une Beetle dépouillée de sa carrosserie. Le caméraman était placé à l'arrière et ses images étaient relayées à l'hélicoptère, qui nous suivait. La voiture de réserve était conduite par Ken Hill derrière. (photo : © Armand Trottier)

Sur la place Rouge à Moscou, en 1979, près d'une limousine dans le plus pur style américain des années 50.
(archives personnelles)

Une expédition dans le Grand-Nord canadien à bord de camions Ford, en 1980.
(archives personnelles)

Second franchissement du cercle arctique : pour marquer l'ouverture du Dempster Highway, en 1980, Ford avait organisé une expédition entre Whitehorse et Inuvik, 800 km dans un univers de froid, de silence et de grands espaces.
(archives personnelles)

À Brescia, en Italie, en 1994, au départ des Mille Miglia, nous tournons un épisode de *Kilomètre heure* pour le Canal D.
(archives personnelles)

Toujours en Italie, cette fois en Sicile, j'avais eu l'occasion de rouler, un trop bref instant, dans une Bugatti Type 35 1928.
(archives personnelles)

Deux amis, deux journalistes-photographes
et c'est la seule photo que nous ayons de
nous deux. Alain Stanké et moi lors du
lancement du *Guide de l'auto 1972*.
(archives personnelles)

Nous sommes en 1978, *Le Guide de
l'auto* a été publié pour la première
fois en 1967 et on en trouve ici 14
exemplaires de mes œuvres. Trouvez
l'erreur.
(archives personnelles)

Grand amateur de soleil, me voici, casquette à l'envers, en train d'écrire *Le Guide de l'auto* à la machine à écrire sur le patio de notre maison de la rue Champ Doré à St-Mathieu-de-Belœil. (archives personnelles)

Pour le lancement du 30ᵉ *Guide de l'auto*, Richard Petit, généreux comme toujours, avait fait confectionner un gâteau reproduisant la couverture du livre. (archives personnelles)

Ce même Richard avait décoré la devanture de son magasin d'une Fiat 500 coiffée d'une immense reproduction du *Guide de l'auto 1996*. (archives personnelles)

C'est à mon tour de donner la frousse à Michel Barrette lors d'un essai de la VW New Beetle de course que j'avais été invité à conduire au circuit Gilles-Villeneuve.
(archives personnelles)

Michel Barrette me montre sa collection de *Guide de l'auto*, qui fait partie des milliers de souvenirs de toutes sortes de son musée automobile personnel.
(archives personnelles)

Au volant de la voiture la plus rapide qu'il m'ait été donné de conduire, une Porsche 962, que j'avais essayée sur le circuit de Moroso près de Palm Beach, en Floride.
(archives personnelles)

Avec mon confrère Tony Whitney (tenant un cartable), en compagnie du bâtisseur automobile Ferdinand Piëch, à gauche, l'ingénieur qui a façonné Volkswagen, Audi et Porsche et avec lequel j'ai toujours eu des relations très cordiales ainsi que Bernd Pischetsrieder.
(archives personnelles)

Cette Porsche 911 Turbo qui avait atteint 248 km/h sur l'anneau de vitesse de Blainville en 1980 était la propriété du jeune Lawrence Stroll, aujourd'hui propriétaire du circuit Mont Tremblant, entre autres choses.
(archives personnelles)

Face à la caméra du Canal Évasion, lors de la présentation d'une Ferrari F430 sur la propriété de mon ami Larry Boulet, à Saint-Bruno.
(archives personnelles)

Avec son allure d'engin spatial, la Hy-Wire est un véhicule de recherche mis au point par General Motors et devant mener à la voiture électrique.
(archives personnelles)

Au volant de la voiture de demain, la Hy-Wire à piles à combustibles de GM à Fréjus, en France.
(archives personnelles)

On ne rit plus… Champion du Québec en course automobile en 1968, je fis partie du défilé de la St-Jean-Baptiste.
(Photo : © John Taylor)

Il y a plus de 30 ans, j'avais participé à une campagne pour encourager le transport en commun.
(archives personnelles)

En 1970, j'étais conservateur de l'exposition estivale « L'homme et la course automobile » dans l'ancien pavillon du Canada. J'y avais invité notamment Stirling Moss, assis dans son ancienne voiture, et mon collègue belge Paul Frère.
(archives personnelles)

Le commendatore Enzo Ferrari, celui dont la passion l'a mené à créer la marque automobile la plus vénérée du monde.
(archives personnelles)

Avec le triple champion du monde de F1, Jackie Stewart, avant que je devienne son vis-à-vis comme porte-parole français de Ford Canada.
(archives personnelles)

Avec Jean Graton, l'auteur de la BD Michel Vaillant, que j'avais interviewé pour mon émission *Prenez le volant*. (archives personnelles)

En guise de remerciements, Jean Graton avait fait de moi un ami de Michel Vaillant dans une de ses bandes dessinées parue dans la revue *Tintin*. (archives personnelles)

J'avais prêté ma face de lune pour un album à colorier destiné à apprendre les signaux de la route aux jeunes. (archives personnelles)

Ma dernière entrevue avec Gilles Villeneuve avant son décès en 1982, alors que j'étais analyste de course automobile pour TVA.
(photo : © Daniel Cyr)

Nelson Piquet, le double champion du monde de F1 que l'on disait suffisant et peu bavard, s'était montré d'entretien facile. (archives personnelles)

Alain Prost s'était aussi montré très affable en entrevue. (archives personnelles)

L'hommage de Maranello, Italie, à Gilles Villeneuve. Son Québec natal n'en a pas fait autant. (archives personnelles)

Un lunch mémorable à la Colombe d'Or à Saint-Paul de Vence, en 1978, avec Monique et
Christian Tortora.
(archives personnelles)

Pour *Les Insolences d'une caméra* de mon ami Alain Stanké, j'ai accepté de devenir vendeur
de voitures et de faire croire aux gens que pour 5000 $ j'autographierais leur voiture afin
d'augmenter sa valeur.
(photo : © Alain Stanké)

Les membres du groupe La Bottine Souriante sur mon bateau, le *Paradiso*, en 1994, à St-Jean-sur-Richelieu. On distingue entre autres Michel Bordeleau, Jocelyn Lapointe et Yves Lambert. (archives personnelles)

Mon plus grand rêve : apprendre à jouer de l'accordéon comme Yves Lambert. (archives personnelles)

Ma maison avec vue. Enfin, le calme.
(archives personnelles)